U0930795

临沭县革命老区发展史

临沭县革命老区建设促进会
中共临沭县委党史研究中心　编

图书在版编目（CIP）数据

临沭县革命老区发展史 / 临沭县革命老区建设促进会，中共临沭县委党史研究中心编. -- 北京：中国文史出版社，2024. 11. -- ISBN 978-7-5205-4992-9

Ⅰ. K295.24

中国国家版本馆 CIP 数据核字第 2024CY1952 号

责任编辑：薛未未

出版发行：**中国文史出版社**
社　　址：北京市海淀区西八里庄路 69 号院　　邮编：100142
电　　话：010-81136606　81136602　81136603（发行部）
传　　真：010-81136655
印　　装：山东黄氏印务有限公司
经　　销：全国新华书店
开　　本：170mm × 240mm　16 开
印　　张：31
字　　数：382 千字
版　　次：2024 年 11 月第 1 版
印　　次：2025 年 8 月第 1 次印刷
定　　价：179.00 元

《临沭县革命老区发展史》编纂委员会

总 序

在举国欢庆新中国成立70周年前夕，中国老区建设促进会王健会长请我为《全国革命老区县发展史》丛书作序，作为一名在老区战斗过并得到老区人民生死相助的老兵，回首往事，心潮澎湃，感慨万千，深感义不容辞，欣然应允。

中国革命老区，是以毛泽东为代表的中国共产党人在领导人民推翻帝国主义、封建主义和官僚资本主义三座大山，争取民族独立和人民解放伟大斗争中建立的革命根据地。在这片红色的土地上，诞生了无数可歌可泣的革命英雄儿女，为后人树起了一座不朽的丰碑。她是新中国的摇篮，是党和军队的根。

在艰苦卓绝的战争年代，老区人民把自己的命运与中华民族的命运紧紧地联系在一起，与中国共产党和人民军队的命运紧紧地联系在一起，他们生死相依，患难与共。我曾亲历过战争年代，并得到过老区红哥红嫂的救助，切身感受到发生在身边的一幕幕撼天动地的革命故事，在那极其艰难的条件下，老区人民倾其所有、破家支前，不怕艰难困苦，不怕流血牺牲。“最后一碗米送去做军粮，最后一尺布送去做军装，最后一件老棉袄盖在担架上，最后一个亲骨肉送去上战场”，这是当时伟大的老区人民为建立新中国作出巨大牺牲的真实写照，它将永远镌刻在中国共产党、中国人民解放军、中华人民共和国的历史丰碑上。他们的光辉业绩永载史册，他们的革命精神必将影响一代又一代的革命新人，造就一代又一代的民族脊梁。

在社会主义革命和建设时期，革命老区和老区人民响应党的号召，面对落后的面貌、脆弱的经济、恶劣的生态环境，他们本色不变，精神不丢，自力更生，艰苦奋斗，干一行爱一行。始终坚持“革命理想高于天”，自觉做共产主义远大理想的坚定信仰者和忠实实践者，勇于向恶劣的自然环境和贫穷落后宣战，他们在各条战线上为国建功立业，用平凡的双手创造了一个又一个不平凡的奇迹，彰显了老区人民的崇高精神和人格力量。

在改革开放的伟大进程中，老区人民解放思想，勇于创新，发奋图强，攻坚克难，老区的经济社会建设取得了辉煌成就。特别是在改变中国的面貌、中华民族的面貌、中国人民的面貌、中国共产党的面貌的伟大实践中发挥了至关重要的作用。老区人民既是改革开放的参与者，也是改革开放的推动者。

艰苦练意志，危难见精神。老区人民在近百年的革命战争、社会主义建设和改革开放的伟大实践中，孕育形成了伟大的老区精神：爱党信党、坚定不移的理想信念；舍生忘死、无私奉献的博大胸怀；不屈不挠、敢于胜利的英雄气概；自强不息、艰苦奋斗的顽强斗志；求真务实、开拓创新的科学态度；鱼水情深、生死相依的光荣传统。这是党和人民宝贵的精神财富、丰厚的政治资源，是凝心聚力、振奋民族精神的重要法宝，也是社会主义核心价值观的重要内容。

中国老区建设促进会怀着强烈的政治责任感和历史使命感，组织全国各地老促会人员克服困难，尽心竭力编纂《全国革命老区县发展史》丛书，记录老区的光辉历史和辉煌成就，传承红色基因，弘扬老区精神，是功在当代、利及千秋的一件大事。手捧这部丛书的部分书稿，读着书中的故事，倍感亲切，深感这部丛书具有资政、育人、存史的社会功能，有着重要的时代和历史价值。它是不忘初心、牢记使命的源头活水，是赞颂共产党、讴歌老区人民的一部精品力作，是弘扬老区精神、传承红色记忆的丰厚载体，是一项继承优秀传统文化、弘扬革命文化、发展社会主义先进文化，坚定“四个自信”的宏大文化工程。它必将成为一种文化品牌，为各界人士了解老区宣传老区支持老区提供一部有价值的研究史料。希望读者朋友们能从中了解并牢记这些为党和民族的利益不断奉献的老区人民，从中得到教益，汲取人生奋斗的精神动力。

新时代赋予新使命，新起点开启新征程。让我们更加紧密地团结在以习近平同志为核心的党中央周围，坚持以习近平新时代中国特色社会主义思想为指导，增强“四个意识”，坚定“四个自信”，做到“两个维护”，弘扬老区精神，铭记苦难辉煌，为实现“两个一百年”奋斗目标，实现中华民族伟大复兴的中国梦作出新的更大的贡献！

迟浩田

2019年4月11日

序

中共临沭县委书记 [signature]

在纪念中国人民抗日战争暨世界反法西斯战争胜利80周年之际，由临沭县革命老区建设促进会、中共临沭县委党史研究中心联合编纂的《临沭县革命老区发展史》出版了，这是临沭县地方史研究又一份沉甸甸的硕果，也为我们开展红色传承教育提供了不可多得的宝贵教材，值得祝贺！

习近平总书记指出，革命老区是党和人民军队的根，我们不能忘记我们是从哪里走来的，永远都要从革命历史中汲取智慧和力量。回望百年党史，老区精神如同一座屹立不倒的精神灯塔，穿越历史，启迪未来，烛照着我们党的奋斗征程。临沭县是著名的革命老区，沂蒙精神的重要发祥地之一。临沭革命老区的发展史，贯穿硝烟弥漫的革命战争年代、激情燃烧的建设时期、波澜壮阔的改革开放时期、创造辉煌的中国特色社会主义新时代，书写了英勇不屈的壮丽史诗、描绘了砥砺前行的生动画卷、谱写了彪炳史册的光辉篇章，凝结着无数革命前辈的鲜血和汗水，是一部艰苦卓绝的斗争史、筚路蓝缕的创业史、光辉灿烂的成就史。

革命战争年代，临沭县曾是山东党政军领导机关所在地，是全省政治、军事中心和后方基地。临沭人民在中国共产党的领导下，与一切反动势力展开了艰苦卓绝、不屈不挠的斗争，为新中国的诞生作出了应有的贡献。新中国成立后，临沭县各级党组织和人民群众围绕恢复和发展生产这一中心任务，奋力拼搏、无私奉献，初步建立了社会主义的基本经济制度。党的十一届三中全会后，党领导临沭人民成功进行了社会主义现代化建设，实现了临沭经济的高速发展与社会的全面进步。党的十八大以来，特别是2013年11月25日，习近平总书记怀着对老区人民的深情厚谊，来到临沭县朱村视察，作出了“让老区人民过上好日子”的重要指示，临沭县各级在习近平新时代中国特色社会主义思想指引下，牢记嘱托、砥砺奋进，带领全县人民以饱满的热情和干劲，拼搏进取、勇往直前，如期打赢脱贫攻坚战，全面建成小康社会。

如今，新一届县委、县政府牢记习近平总书记“让老区人民过上好日子”的殷切嘱托，围绕建设“强富和美”现代化临沭总体目标，聚焦落实“三个走在前”，完整、准确、全面贯彻新发展理念，服务融入新发展格局，扎实推进工业强县、创新立县、兴农稳县、生态美县、文化润县、民生惠县、善治安县“强富和美”七大工程，高水平建设鲁南高质量发展先行区、沂蒙老区“好日子”示范区、精致美丽卫星城，不断开创中国式现代化临沭实践新局面。2024年，在市对县综合绩效考核中，临沭县蝉联一等奖，连续三年站稳第一方阵，在临沭发展历程中刻下了光辉印记。这来之不易的成绩，源于全县广大企业群众的勠力同心、拼搏实干，凝聚着各级党员干部的担当作为、倾情奉献。全县上下始终以“事争一流、唯旗是夺”标定航向，以“立足一域、多作贡献”加压奋进，以“靠前一步、海阔天空”笃定落实，以昂扬姿态朝着建设“强富和美”现代化临沭的宏伟蓝图阔步前行。

欲知大道，必先为史。习近平总书记指出，学习党史、国史，是坚持和发展中国特色社会主义、把党和国家各项事业继续推向前进的必修课。这门功课不仅必修，而且必须修好。《临沭县革命老区发展史》全面记述了临沭人民在中国共产党领导下创建党组织、开展革命斗争、建立革命根据地的光辉历程。同时展现了临沭老区人民在党的领导下，发扬老区的革命精神和光荣传统，进行社会主义建设，特别是改革开放和党的十八大以来，临沭县委、县政府团结带领全县人民勠力同心、砥砺奋进，圆满完成脱贫攻坚、全面小康等重大任务的奋斗历程，是对广大党员干部群众和青少年进行党性教育、革命传统教育、爱党爱国教育的生动教材。

以史为鉴，启迪未来。当今世界正经历百年未有之大变局，我国正处于实现中华民族伟大复兴的关键时期，我们面临着难得的机遇，也面临着严峻挑战。县第十三次党代会描绘了临沭未来宏伟的蓝图。奋斗新时代、奋进新征程，我们要继承和发扬老区和老区人民的光荣传统，大力弘扬老区精神，争当老区精神的传承者和践行者。新的征程上，让我们更加紧密团结在以习近平同志为核心的党中央周围，以深入贯彻中央八项规定精神学习教育为动力，用好《临沭县革命老区发展史》这部丰富的教材，动员全县各级党组织、广大党员干部群众，砥砺奋进干事业、勇争一流促发展，朝着建设“强富和美”现代化临沭阔步迈进，为全面建设社会主义现代化国家、全面推进中华民族伟大复兴而努力奋斗！

编纂说明

2017年6月，中国老区建设促进会组织全国各地老促会启动编纂《全国革命老区县发展史》丛书，按照“建立中国共产党、成立中华人民共和国、推进改革开放和中国特色社会主义事业”三大里程碑的历史脉络，系统书写革命老区百年历史，深入挖掘革命老区红色文化资源，这对于充实丰富中国革命史籍宝库、在新时代传承红色基因、弘扬革命精神、强固根本，对于激励人们在新的历史条件下夺取中国特色社会主义伟大胜利，实现中华民族伟大复兴的中国梦具有重要意义。

丛书编纂以习近平新时代中国特色社会主义思想为指导，以《中国共产党历史》《中国共产党的九十年》等重要文献为基本依据，以党的领导为核心，以老区人民为主体，以老区发展为主线，体现历史进程特征，突出时代发展特色，坚持辩证唯物主义和历史唯物主义相统一、历史真实性与内容可读性相统一的原则，书写革命老区从站起来、富起来到强起来的光辉革命史、不懈奋斗史、辉煌成就史，把老区人民的伟大贡献、伟大创造、伟大成就、伟大精神充分展示出来，形成一部具有厚重历史特征和鲜明时代特色的精品力作。这是一部培根铸魂、守正创新，既为历史立言，又为时代服务，字里行间流淌着红色血脉、催生着革命激情的传世之作。丛书的编纂出版将成为讴歌党讴歌人民讴歌时代、传播红色文化、为革命老区和老区人民树碑立传的重要载体。

丛书按照编年体与纪事本末体相结合、以编年体为主的编写体例确定框架结构；运用时经事纬、点面结合的方式记述史实；坚持人事结合、以事带人的原则处理人与事的关系；采取夹叙夹议、叙论结合以叙为主的方法展开内容。做到了史料与史论、历史与现实、政治与学术统一，文献性、学术性、知识性相兼容。

为编纂好《全国革命老区县发展史》丛书，打造红色文化品牌，中国老区建设促进会认真组织积极协调，提出政治立场鲜明、史料真实准确、思想论述深刻、历史维度厚重、时代特色突出、编写体例规范、篇目布局合理、审读把关严格、出版制作精良的编纂出版总要求，力求达到革命史籍精品的精神高度、思想深度、知识广度、语言力度，增强丛书的权威性和社会影响力。各省（区、市）、市（州、盟）、县（市、区、旗）老促会的同志，以强烈的使命感、责任感和紧迫感，勇于担当，积极作为，认真实施，组织由老促会成员、专家学者等参加的十余万人编纂队伍。编纂工作主体责任在县，省、市组织协调、有力指导、审读把关。各方面人员以高度负责的精神和科学严谨的态度，满腔热情地投入工作，为丛书编纂出版做出了重要贡献。丛书编纂工作还得到了党和国家有关部委、地方各级党委政府及有关部门的大力支持和积极参与，社会各界也给予了热情帮助。中共中央政治局原委员、中央军委原副主席、原国务委员兼国防部长迟浩田上将，对老区人民怀有深厚感情，对革命老区建设发展十分关注，欣然为《全国革命老区县发展史》丛书作总序。

丛书由总册和1599部分册（每个革命老区县编纂1部分册）组成，共1600册。鉴于丛书所记述的史实内容多、时间跨度长和编纂时间紧，不妥之处，敬请批评指正。

中国老区建设促进会

1940年1月，临沭这片红色热土诞生了首个由中国共产党领导的县级民主政权，开启了人民当家作主的新纪元，经过八十余年的艰苦奋斗与创新发展，“强富和美”的蓝图正化作生动实践——工业筋骨日益强健，创新引擎轰鸣作响，田园绽放希望之光，青山绿水相映成辉，文化血脉滋养心田，民生暖阳普照城乡，平安基石稳固四方。站在新的历史方位，临沭正以昂扬姿态奋力谱写新时代篇章，让老区人民的幸福愿景真正成为现实。

①县造纸厂 ②县发电厂 ③县酒厂 ④县化肥厂 ⑤县磷肥厂

① 金正大集团
② 史丹利集团
③ 金沂蒙集团
④ 百事食品（山东）有限公司

⑤ 常林集团
⑥ 沂蒙老区集团
⑦ 伟业集团

国家火炬计划临沭复合肥产业基地

中华人民共和国科学技术部

二00七年三月

⑤

① 2012年10月27日，中国民营科技促进会临沭新兴产业园在滨海高新区奠基

② 2017年8月19日，成立现代农业技术推广服务联盟，实现政企融合推动现代农业技术推广服务新模式

③ “沭心办”政务服务平台对建设项目进行“数字画像”

③

⑦

聚焦创新立县，激活高质量发展源动力

④ 打造的光电产业园

⑤ 2007年3月，临沭县被国家科技部授予“国家火炬计划复合肥产业基地”

⑥ 高端晶振智能制造园区

⑦ 全生物降解制品生产基地

■ 茶厂工人在采摘茶叶

■ 工人在晾晒柳编产品

■ 第八届蓝莓文化旅游节举行

■ 生产车间内，工作人员正在分拣地瓜

■ 曹庄镇黄庄村养鸡专业户收获鸡蛋

■ 青云镇沙窝村种植的万亩板栗园

■ 金丰公社工作人员在小麦田间进行植保服务

山东省临沭县

创建全国优质化肥（复混、复合肥料）生产基地先进县

国家质量监督检验检疫总局

二00五年十一月

■ 全国优质化肥（复混、复合肥料）生产基地先进县

■ 20世纪80年代的县城

■ 20世纪90年代的县城

■ 县城新貌

■ 人民公园

■ 义水老街商业区

古琅琊八景之首——苍山叠翠

冠山

夹谷山

沭河古道

■ 老电影院

■ 工人文化宫

■ 老图书馆

■ 非物质文化遗产——柳编

■ 非物质文化遗产——莫氏绒绣

2022年全国武术套路锦标赛在临沭举行

2024年山东乡村文化旅游节启动仪式在临沭县举办

2023年9月27日，举行"不忘初心跟党走·歌声嘹亮献祖国"大型爱国歌曲演唱活动

■ 中医进社区进行健康义诊

■ 为适龄妇女进行“两癌”筛查

■ 搭建人才服务平台举行“春风行动”招聘会

■ 妇幼保健院

■ 中医药医共体

■ 医养结合的社区康养中心

■ 新成立的苍源河实验学校

■ 开展城市防汛抢险队伍演练

■ 检察院、法院、国家金融监督管理总局临沭监管支局、财政局签订协议，优化协作配合机制，严厉打击金融犯罪行为

■ 先进的社会治理指挥调度中心

法院干警走进企业进行普法宣传

一揽通办中心工作人员正在分流工单审核答复工单

临沭县被授予“双拥模范县”

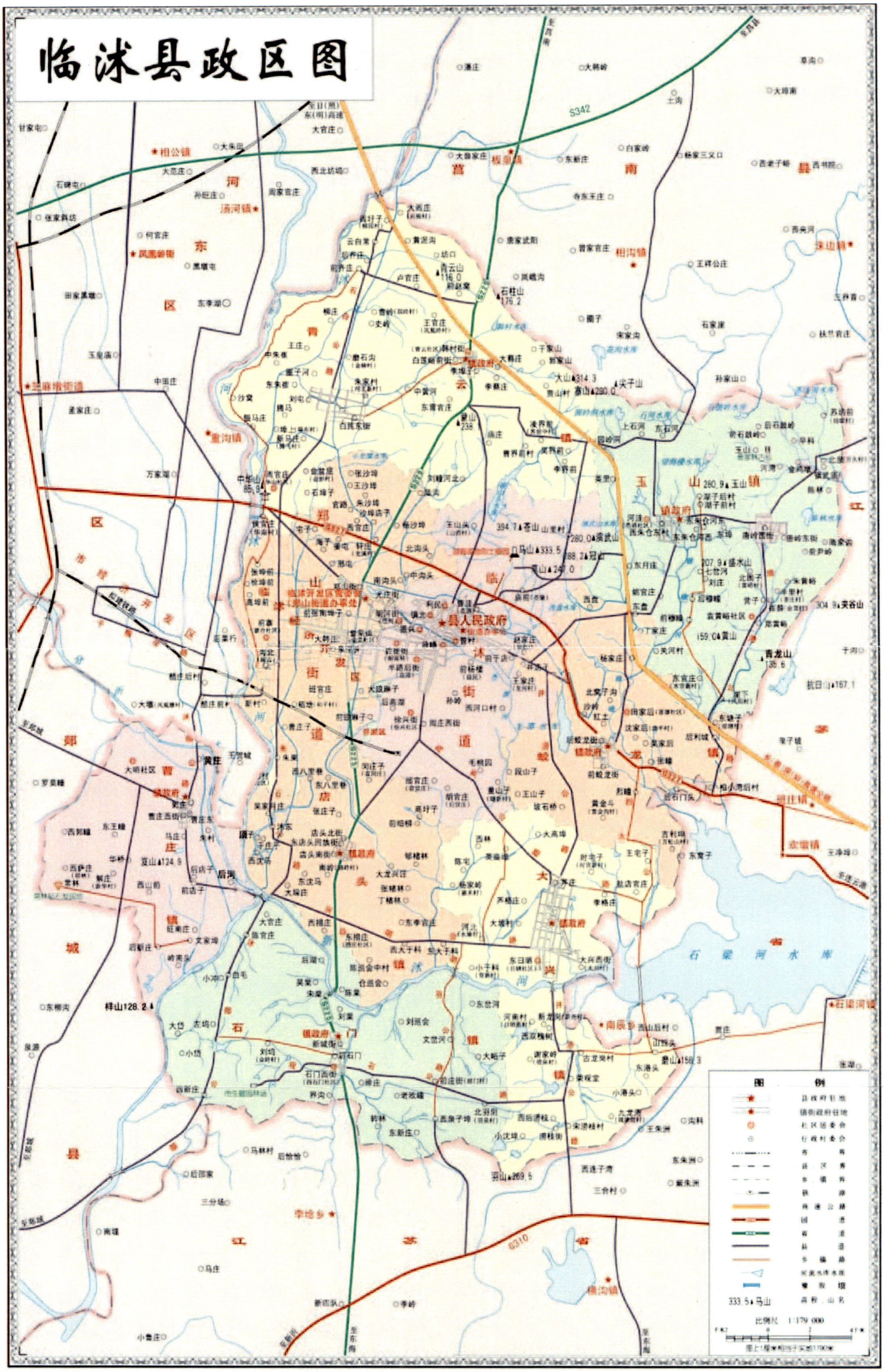

临沭县政区图

图 例

图例	说明
★	县政府驻地
★	镇街政府驻地
◎	社区居委会
⊙	行政村委会
	省界
	县、区界
	乡、镇界
	铁路
	高速公路
	国道
	省道
	县道
	乡镇路
	河流水库水库
	橡胶坝
333.5▲马山	高程、山名

比例尺 1:179 000

图上1厘米相当于实地1790米

ISBN 978-7-80754-972-7 2015年3月第1版 2015年3月第1次印刷 印数：0001-2000 定价：20.00元 覆膜：68.00元

临沭县国土资源局 组编 山东省地图院 编制 山东省地图出版社出版·印刷·发行

鲁SG(2015)009号

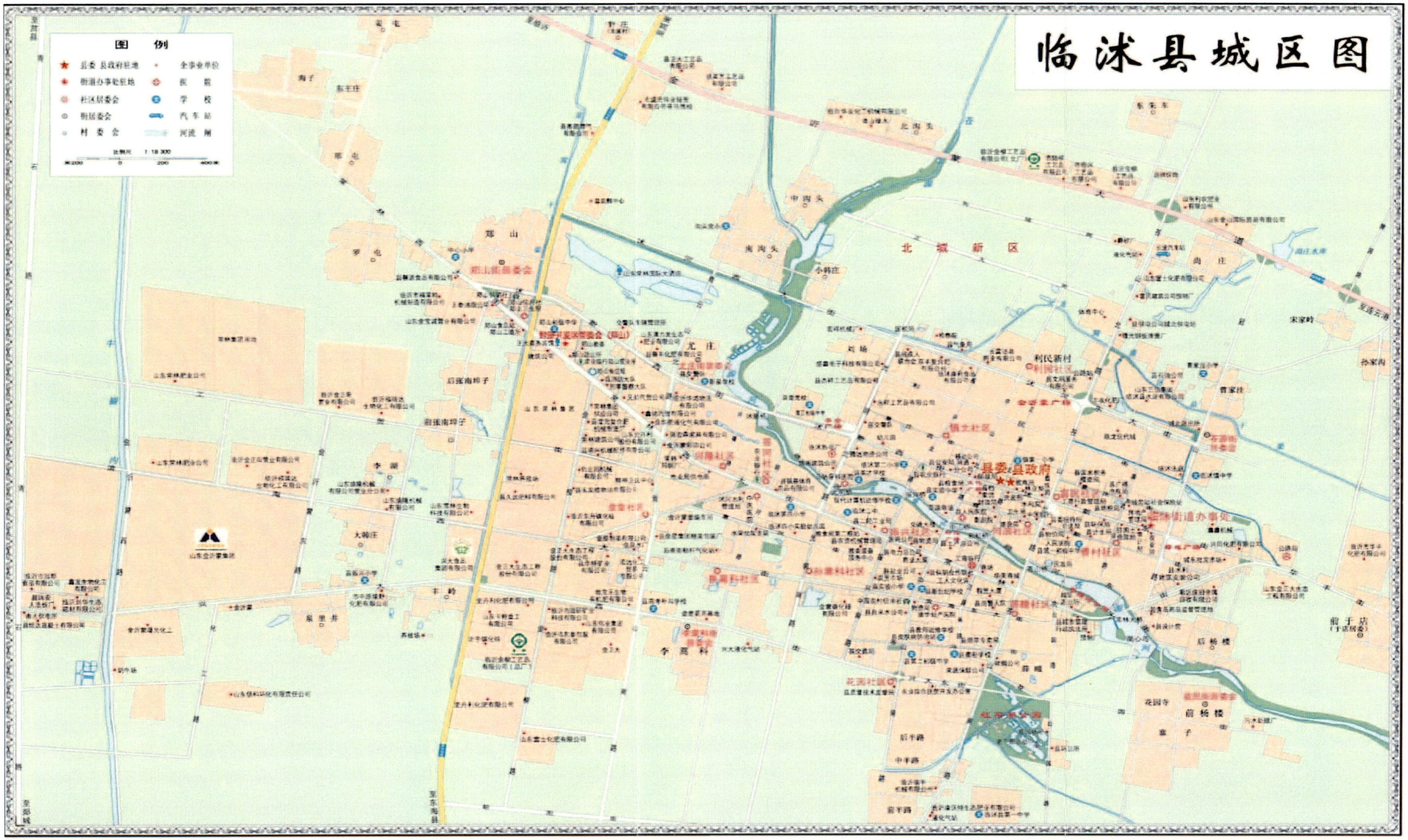

临沭县城区图

图例

县委 县政府驻地	企事业单位
街道办事处驻地	医院
社区居委会	学校
街居委会	汽车站
村委会	河流 闸

比例尺 1:18 300

北城新区

郑山街道委会

县委 县政府

郑山

罗屯

中沟头

南沟头

小韩庄

刘场

利民新村

尚庄

宋家岭

曹家庄

办家岭

李湖

大韩庄

丰岭

东里井

李庄

后张南岭子

前张南岭子

前于店

后杨楼

前杨楼

花园寺

后平路

中平路

前平路

东东屯

北沟头

ISBN 978-7-80754-973-4 2015 年 3 月第 1 版 2015 年 3 月第 1 次印刷 印数：0001-2000 定价：20.00 元 覆膜：68.00 元

鲁 SG(2015)010 号

临沭县国土资源局 组编 山东省地图院 编制 山东省地图出版社出版·印刷·发行

电话：0531-88930993 邮编：250014

地址：济南市 环东路 6090 号

目 录

第一编　新民主主义革命时期

（1931 年夏—1949 年 10 月）

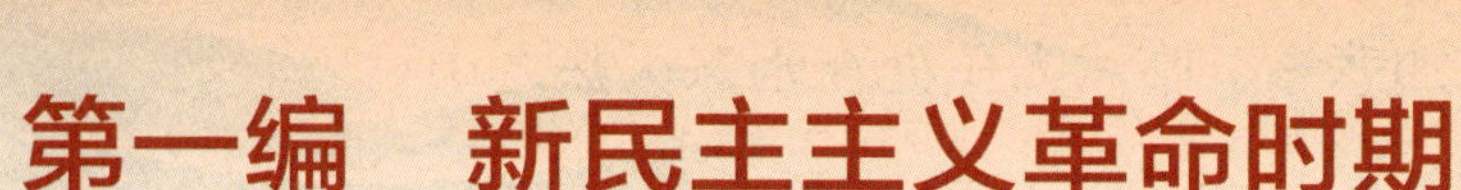

第一章　临沭县党组织的创建和发展

第一节　中共临沭县党组织产生的社会背景

临沭县隶属山东省临沂市，地处山东省东南部，北依莒南县，西靠临沂市沂河新区，西南与郯城县毗邻，东部、南部与江苏省赣榆、东海接壤，县城驻地临沭街道。临沭县是 1940 年 1 月中国共产党新设置的一个县，县境东部、北部原属临沂县第五区，西部、南部原属郯城县郯五区。1936 年以后，郯五区析置郯六区、郯七区。抗日战争时期，临沭县的区域范围是：北起苍山，南至马陵山，西临沂河，东至朱樊。抗战胜利后，西北部的沂滨区划归临沂县，北部原属沭水县的朱仓、苍山、青云 3 区及石河区一部划入临沭县。至 1949 年中华人民共和国成立，临沭县辖有沂东（李家庄）、岌山（曹庄）、钟山（重沟）、大兴、桃园（店头）、蛟龙、玉山（朱仓）、夏庄、苍山（韩村）、青云（白旄）10 个区，545 个村庄，296287 人。

清末至民国时期，临沭县一带不仅地理位置偏僻，交通闭塞，而且政治、经济、文化十分落后。特别是鸦片战争以后，随着丧权辱国的《南京条约》《北京条约》等一系列不平等条约的签订，中国逐步沦为半殖民地、半封建社会。帝国主义、封建主义、官僚资本主义的政治压迫和经济剥削，使临沭民众生存环境十分恶劣，人民生活状况更加悲惨，临沭人民处在水深火热之中。

一、帝国主义的政治侵略与经济掠夺

思想上实行奴化。1840 年爆发的鸦片战争，以中国失败并赔款割地而告终。《南京条约》等一系列不平等条约的签订，不仅严重危害了中国主权，而且使中国开始沦为半殖民地半封建社会，导致了小农经济的解体。第二次鸦片战争以后，腐败无能的清政府签订了丧权辱国的《北京条约》，尤其“允许西方传教士到中国租买土地及兴建教堂”的条款，使大批西方传教士依此来到鲁南一带，通过设立教堂，奴化劳苦大众的思想。1892 年（清光绪十八年），德国人在沂州府城西北隅建天主教堂。1924 年，刘疃河北村农民李文瑞因家庭贫困，在临沂张庄教堂领洗入教，成为临沭一带第一个天主教信仰者。1927 年，临沂基督教会派牧师于允忠、长老王锡恩和滕县华北神学院 2 名学生组成布道团，在今曹庄镇大哨村（时属郯城县）搭起大棚进行传教，半个月发展信徒 7 人，后逐渐发展到吴家月庄、张南埠子等地。这些传教士通过发展会员，建立起一整套宗教机构和传教机构。传教士披着慈善的外衣，以扩大慈善事业笼络人心，向人民贩卖精神鸦片，为帝国主义侵略中国制造借口，以此削弱人民的反抗斗志。传教士一方面向人们灌输“安分守己”“打不还手骂不还口”“求得死后上天堂”等奴化教育，一方面与官府勾结，操纵地方政权，腐蚀国家机器，残害社会进步力量，为帝国主义在中国最具有欺骗性和广泛性影响的侵略工具。

经济上实行掠夺。1901 年 9 月 7 日，《辛丑条约》的签订，表明清政府已成为帝国主义统治中国的工具，标志着中国已完全沦为半殖民地半封建社会。由于受重农抑商的儒家思想影响，自给自足的农业经济一直是临沭本土经济的主要特征，人们身上穿的是本地手工作坊织成的土布，吃的是自家土地产的粮食，用的是土制的农具。西方列强势力的入侵，帝国主义商品倾销和资本输出的实施，打破了临沭自给自足的小农经济现状。由于关税不能自主，外国商品充斥市场，不仅当地的农副产品、矿产资源和手工业制品被掠走，而且使资本主义工业品大量涌入。一时间，人们的吃穿用度都打上了“洋”的烙印：洋布、洋线、洋袜、洋油、洋烟、洋火等。洋货充斥城乡，严重妨碍了本地手工业的发展，阻碍了民族资本工商业的发展。原本弱小的手工业在资本主义高效率高产出的大工业冲击下，纷纷破产和停业，造成自给自足的自然经济解体，广大手工业者失去了赖以生存的产业。加上官府繁重的苛捐杂税，人民大众受尽资本家的剥削和压迫，大量的小生产者变成无产者（雇工），有的成为资本主义大工业的工人，有的被迫流离各地逃荒谋生。

临沭境内西南部与郯城东北部接壤的石羊岭、金鸡岭一带，矿产资源储藏量丰富，历史上以盛产金刚石而著名。1897 年，有美国人、德国人先后到临沭莫疃乡一带购买金刚钻石，他们在此廉价购买土地 2452.099 亩，其中美国人买地 870 亩，德国人买地 1582.099 亩。他们建立开采公司，雇佣当地农民，掠夺矿产资源。1907 年，德国人朱德尔在郯城北部开采矿三年。20 世纪二三十年代，日本人也曾前来进行金刚石掠夺。至于他们挖走、掠夺多少钻石，一直没有确切数字。帝国主义的疯狂侵略和掠夺，使临沭脆弱的经济濒临崩溃的边缘。

帝国主义除掠夺临沭矿产外，还焚烧农户房屋。1899 年 4 月 22 日，五六十名德国兵侵犯兰山韩家村、白莲峪村（今临沭县青云镇）等处，逐撵居民，焚烧民房 300 余间。烧毁衣物、器具、粮食、树木、银钱、文约等，损失共值银 47620 两，造成 40 余户居民无家可归。

二、封建统治阶级的压榨与剥削

1911年爆发的辛亥革命，虽然推翻了两千多年的封建君主专制制度，引发了中国社会的巨大变革，但由于资产阶级的妥协性和软弱性，没有提出反帝反封建的革命主张，更没有真正建立民主制度，其革命的不彻底性使帝国主义势力没有被完全消除，外国资本家和列强依然对中国进行掠夺和干涉。特别是中国农村的土地问题没有得到解决，以封建地主阶级为代表的封建势力根深蒂固，封建地主土地所有制经济依然居主导地位，对人民实施残酷的压迫和剥削，农民依然生活在饥寒交迫中。到20世纪初，中国社会的矛盾更加激化，日益尖锐的阶级矛盾已上升为主要矛盾。

封建势力和地主阶级把持着农村的政治、经济特权，对农民进行疯狂的压迫和剥削。官吏、军阀、地主、土匪沆瀣一气，政治上搞极端专制，广大农民根本没有民主可言。在思想文化上，封建统治阶级利用代表了全部封建宗法的思想和制度的政权、族权、神权、夫权，严酷禁锢着农民。在经济上，土地被大地主家族所垄断，不到10%的地主、富农占有了大量的土地，贫苦农民遭受着地主阶级以地租为主要形式的残酷剥削。由于受封建土地制度的束缚，当时农业生产资料大部分掌握在地主、富农手中，生产力得不到解放，加之农业技术落后，生产条件差，粮食产量极低，大灾之年经常颗粒无收。

根据土地改革前夕对临沭境内大部分村庄的调查，在54422户、231241人中，共占有土地886348亩。其中，地主1690户，占总户数的3.1%，人口9123人，占总人口的3.95%，占有土地198914亩，占总土地数的22.44%，人均22.8亩；富农2774户，占总户数的5.1%，有14024人，占总人数的6%，占有土地140543亩，占有总土地的15.9%，人均15.86亩；中农18349户，占总户数的33.7%，有82666人，占总人口的35.7%，占有土地348227亩，占总土地的39.3%，人均4.21亩；贫农31609户，占总户数的58%，共有125428人，占总人口的 54.3%，占有土地 198664 亩，占总土地的 22.44%，人均占有土地 1.58 亩。

雇工和地租是临沭一带地主、富农剥削农民的主要方式：雇工有长工和短工之分，长工雇期一般为一年。期满后，地主、富农对长工可以续雇，也可辞退另雇。长工多在农历正月十六日上工，九月九日（重阳节）结工。报酬根据体力强弱、干活质量而定，年报酬额分 15、20、30 元（银元）不等。有的不给钱，除了管吃管住外，给一定数量的粮食。除了男雇工，还有“老妈子”一类的女佣人，在地主家侍候主人、洗衣做饭等。长工除起早摸黑在田里从事繁重的劳动外，回到地主家里还要从事挑水、劈柴、喂牲口、碾米磨面等家务。长工的饮食则是“穇子煎饼两把捧，喝的糊粥照人影”。

农民租种地主的土地，一般年景，佃户与地主或“五五”或“四六”或“三七”分成，农民辛辛苦苦劳动得来的果实，大部分落到地主的手里。额外还有双出种、扣饲料、白种地、干拔工、借一还二、春借秋还、佃农妇女义务针线工、婚丧义务帮工等。

在临沭一带，自耕农和半自耕农占农户的大多数。他们虽不直接受地主、富农的剥削，但其收入缴纳租税后，粮食所剩无几，常年生活在饥馑状态。每逢旱涝歉收，农民生活无着，加上旧社会捐税名目繁多，有省政府下发的国库捐，县政府的建设捐、治安捐、招待捐、子弹捐、抚恤捐、店铺捐、清查人口捐等等。农民除缴田赋正税外，每年还要缴两次田赋副税、临时捐税等名目十几种。各行各业，如牙行、斗行、秤行、猪行、鸡行等，行行巧立名目，对农民千方百计敲诈勒索，临沭一带农民的生活极端艰难。

旧社会农民头上三把刀：“租重、税多、利钱高。”地主、富农以“放溜子”（高利贷）、“驴打滚，利滚利”来盘剥农民。而有的农民为应付一时的艰难，以房、地为质，向地主、富农借贷，到期还不上，利上加利，最后还不起债，只好交出土地成为佃农或雇农。更甚者卖儿卖女，有的逃荒要饭，有的被迫“下关东”，以至妻离子散。

三、军阀混战导致匪患猖獗

民国以后，北洋政府专制独裁，军阀长期混战造成百姓苦不堪言。

位于两省交界的鲁南临沭县饱受战乱影响，对当地的农村社会秩序造成了严重破坏，给人民带来了深重的灾难。许多百姓难以维持生计，加上事变此起彼伏以及军阀消极纵容，越来越多走投无路的人选择上山落草。一时间，交通闭塞的鲁南临沭一带，因“山高皇帝远”，盗贼四起，匪患猖獗。临沭一带流传着这样一句顺口溜：“羽山到磨山，土匪万万千。”由此可见土匪之多，亦见土匪和恶霸豪绅的勾结，给劳苦大众带来的匪患之苦。

当地百姓称土匪为“马子”。资料记载：在民国五年至民国二十四年的19年间，骚扰临沂地方、打家劫舍的股匪，有名的有50余股。其中曾流窜数省的刘桂堂匪部，更为全国匪患之首。至于昼伏夜出、仨一群俩一伙的散匪，更是不计其数。活动在临沭一带的有江苏的“老子把”、赵嬷嬷、徐大鼻子，莒南介石沟的“蜜子把”，临沭曹庄后新庄的赵连峰，苍山县抱犊崮的张继先等十几股土匪，严重扰乱社会、危及民生。土匪的人员构成大多是地痞、流氓、兵油子，或是刑事罪犯，也有坐地分赃的恶霸劣绅。虽然有些农民失足为匪，但他们有的只是为填饱肚皮，有的为官府所逼，也有的为土匪所诱而一时“下水”。他们时聚时散，经常于光天化日之下到各村烧杀抢劫，绑架拉户，无恶不作。

抢劫，绑票，私设集市、乱收税金、劫掠商号、敲诈勒索等是土匪的主要勾当。临沭曹庄后新庄土匪赵连峰，在马陵山占山为王后，为收取更多钱财，在翁屯村自设集市，乱收税金，造成这一带“民间双王法，百姓两重天”的局面。而绑票收取赎金则是土匪获得不义之财的主要手段。土匪把人绑架来后，在通知被绑架人家属送钱赎人的同时，对被绑架的人实行惨无人道的肉体和精神折磨，对青年妇女进行奸污，对男人眼上贴上膏药、耳朵内灌蜡烛，等等。如果不及时按要求送钱赎人，有的则被折磨致残，有的就被“撕票”。自民国初年，众股土匪在临沭一带先后制造了一起又一起骇人听闻的烧杀抢掠的惨案。

据史料记载，仅 1918 年至 1928 年 10 年间，张继先、赵嬷嬷、徐大鼻子、赵连峰、陈世昌等十几股土匪，先后在临沭一带制造了 10 余起特大惨案，残杀群众 3500 余人，焚烧房屋 5500 余间，掠牛驴 1800 余头。残酷的封建剥削，多如牛毛的苛捐杂税，惨不忍睹的土匪暴行，使临沭地区广大人民群众经常处于衣食无着、朝不保夕的苦难之中。特别在 1925 年前后，由于军阀混战、土匪蜂起，临沭一带匪患活动之猖獗，人民受匪患之苦，可谓到了无以复加的程度。广大民众民不聊生，弃家外逃，流落他乡，以致房屋倒塌，田地荒芜，杂草丛生，狐兔成群。临沭一带方圆近百里，几乎是村村遭劫，户户被抢。由于土匪横行，人民群众的生命财产受到极大的威胁，村民惶惶不可终日，很多乡民弃家外逃，成为“下关东”逃荒谋生的流民。

既然官府不能保护百姓，劳苦民众只好进行自保。各村纷纷在村子的四周垒起高高的围墙，组织本村青壮劳力，白天站岗放哨，晚上守护围子。为提高防御能力，不少村庄成立了村自卫队，专门请来武艺高强者训练乡民，还有的成立形式各异的抗匪组织。大刀会在当时临沭一带民间比较流行，沭河西岸的村庄与土匪红旗会、黄旗会等组织针锋相对，成立了皂旗会、联庄会等自卫组织。他们筹集资金购买了大刀长矛、枪炮火药，以抵抗土匪的袭击。随着形势的发展，一个村庄由于势单力薄，往往抵抗不住土匪的袭击，沭河西岸徐贺城村开明人士徐金六倡议，成立抗匪联庄会，一村有匪情则鸣枪吹号报警，周围各村庄闻讯前来支援，共同抵御土匪的袭击。联庄会按照有人出人、有钱出钱、有枪出枪的原则，费用给养由各村统筹解决，有效地抵御了土匪袭扰。沭河西岸临近匪区的村庄见联庄会御匪有效，也纷纷要求加入，使抗匪联庄会组织进一步壮大，成为当时郯东北地区一支重要的民间抗匪力量。

针对土匪猖獗的暴力洗劫，地主势力也借机拉起地方武装团练，一面抗匪自保，一面借机镇压农民。1925 年，蛟龙一带的村庄民众为抗匪自卫，33 个村庄成立了群众性抗匪自卫组织——联庄会。大地主胡伯衡当上联庄会会长，他有了这支武装力量以后，更加肆无忌惮地为害乡里，俨然是一位土皇帝。1930 年，称霸一方的胡伯衡被任命为临沂县五区区长，便大肆扩充武装，长短枪发展到近百支。四乡民众稍有违忤，即被指为盗匪，任意逮捕，吊打施刑，被害者不计其数。抗战期间，他投靠了日本侵略者当了汉奸，并接受日本侵略军的指令，组织“万善救国会”，在沭河两岸配合日本侵略军进攻抗日根据地，疯狂残害抗日军民。

面对匪患成灾的旧社会，临沭劳苦大众在饱受战乱中熬煎，他们期盼砸碎这黑暗的旧世界，期盼不再胆战心惊地“东跑西拉”，尽早摆脱社会离乱。

第二节　临沭县早期党员及革命活动

1917 年俄国十月社会主义革命的胜利，极大地鼓舞了中国人民，对中国社会产生了深远的影响，推动了五四运动的爆发，加快了马克思主义在中国的广泛传播，为促进马克思主义与中国工人阶级的结合奠定了基础。

一、俄国十月革命和五四运动给临沭社会带来的影响

鸦片战争以后，由于西方列强入侵和清朝封建统治的腐败，积贫积弱的中国社会战乱频仍，生灵涂炭，中华民族遭受了前所未有的苦

难。面对严重的民族危机和社会危机，中国社会各阶级、各阶层和各种政治力量都曾登上历史舞台，力图挽救国家于危亡之际。在无数仁人志士彷徨呐喊之际，列宁领导的布尔什维克党发动武装起义，成立了由马克思主义政党领导的第一个社会主义国家。俄国十月革命的胜利，极大地鼓舞了中国人民和中国的先进分子，对中国革命产生了巨大的影响，给正在黑暗中摸索的中国先进分子展示了一条新的出路，为苦苦探寻救亡图存出路的中国人民指明了前进方向。正如毛泽东同志所说的："十月革命一声炮响，给我们送来了马克思列宁主义。"十月革命把马克思主义从一种理论设想变成了现实社会制度构建，开创了人类社会崭新的发展道路。在此情况下，中国出现了一批赞成俄国十月社会主义革命、具有初步共产主义思想的知识分子。李大钊是在中国大地上举起十月社会主义革命旗帜的第一人，他预言，十月革命所掀动的潮流是不可阻挡的。以李大钊等人为代表的中国先进分子，从俄国十月革命的胜利中看到了马克思主义的伟大力量，开始积极传播马克思主义。

五四运动是在俄国十月社会主义革命的影响下发生的。1919 年 5 月 4 日，由于中国在巴黎和会上的外交失败，北京学生 3000 余人齐集天安门前举行示威，高呼"外争主权、内除国贼""取消二十一条""誓死力争，还我青岛"等口号，火烧赵家楼胡同卖国贼曹汝霖的住宅，久积在中国人民胸中的怒火如同火山一样爆发。五四运动是近代中国历史上第一次由学生、工人和其他群众掀起的反对帝国主义、反对军阀卖国的全国规模的革命斗争，表现了民族意识的觉醒，中华民族伟大复兴从此有了强大的精神动力。山东的反帝爱国斗争是五四运动的一个重要组成部分，对全国斗争形势的发展起到了重要推动作用，促进了马克思主义在山东的广泛传播。

1920 年 3 月，北京大学成立马克思学说研究会，这是中国最早学习和研究马克思主义的团体。王尽美与研究会建立了经常性联系，并成为研究会的通讯会员。1920 年夏秋，王尽美、邓恩铭等组织一批青年学生，秘密成立“康米尼斯特”学会。同年 11 月，济南进步学生发起成立励新学会，创办《励新》半月刊。山东这一时期创办的《曙光》《灾民号》《新山东》等杂志，在推动新文化运动、传播马克思主义方面发挥了重要作用。此时的齐鲁大地，革命形势如同风雨欲来，促进了山东早期党组织的诞生。

1921 年 7 月，中国共产党在上海诞生，参加中国共产党第一次全国代表大会的山东代表王尽美、邓恩铭等人回济南后，积极开展党的活动，开始有组织、有计划地学习、宣传马克思主义，建立和发展党的组织。1927 年，蒋介石、汪精卫相继背叛革命后，国内阶级关系发生重大变化。为挽救革命，中共中央临时常委会采取了一系列紧急措施，决定实行武装反抗。8 月 7 日，中共中央在湖北汉口召开“八七”会议，就国共两党关系、土地革命、武装斗争等问题进行了讨论，总结了大革命失败的经验教训，确定了土地革命时期的总方针，逐步开辟了以农村包围城市、武装夺取政权的道路，党的工作重点由城市转入农村，从此进入土地革命时期。哪里有剥削，哪里就有斗争，哪里有压迫，哪里就有反抗。1928 年，在郯东北部的禹王城，就出现过农民协会活动。一部分没有社会地位的知识分子和受欺压的中下层人物，将农民组织起来，打出一面红旗，旗上用黄布剪的一张犁，这是郯东北早期农民的抗争与觉醒。在土地革命战争时期，临沭一带开始有了党的活动。尽管党员很少，又没有正式党组织，但这些党员在严酷的白色恐怖下坚持开展革命活动，扩大了党的影响，播下了革命的种子，犹如星星之火，闪烁在黎明前的黑暗中。

二、临沭一带最早的党员及党组织活动

临沭一带党的早期活动是在接受了马克思主义的青年知识分子中开始的，之后逐渐发展到农村。1927 年 4 月，在济南入党的郯城、临

沂籍共产党员刘之言、孙振国回到家乡，开展革命活动，发展党组织，先后建立了中共鲁南第一支部、郯城县委（后改称临郯县委）。其间，在郯城县立师范讲习所求学的郯城县第五区禹王城村（后属于临沭县）学生马峭峰接受了革命教育，于 1931 年夏加入中国共产党，他是临沭一带最早的党员。1932 年春，马峭峰受组织委派，去上海参加“反帝大同盟”全国代表会议。他从上海带回的《红旗周报》《向导》《共产党宣言》等革命刊物，为在进步学生中发展党组织起到重要作用。回县后，通过本村在省立第三乡村师范学校（校址在临沂，以下简称三乡师）读书的学生马培卿，向三乡师党的外围组织“读书会”提供了一批革命书刊，介绍了在上海购书的秘密地址，促进了该校进步读书活动发展。下半年，临郯县委派马峭峰、王培桢（后又继派朱继箴）到禹王城村，以教书为掩护，开辟郯城县第五区（后属临沭县辖区）工作，马峭峰为主要负责人。

1933 年 7 月，临郯县委发动领导了著名的“苍山暴动”。因暴动消息泄密，致使暴动提前举行，遭到国民党军队的残酷镇压，致使暴动失败。临郯县委遭到破坏，县委主要负责人刘之言、郭云舫等 50 多名党员群众惨遭杀害，临郯地区的党组织与上级党组织失去了联系。在极端艰难的情况下，马峭峰根据自己掌握的地址，将暴动情况多次写信报告给上海党组织。1933 年冬，根据上海党组织的意见，马峭峰赶赴上海向党组织汇报，使马头一带的党组织与上级党组织建立了联系。1934 年春，因这种联系暴露，马峭峰等人被迫转移到外地。

1932 年 8 月，中共郯城县委（9 月改称临郯县委）派中共党员刘谐和（原名刘钝之）到临沂县第五区板泉崖小学任国语教师，借机传播革命思想，在进步教师中培养发展党员对象。刘谐和先后秘密发展了几名党员，于本年 12 月 17 日晚，成立了中共板泉崖支部。一时间，板泉崖小学成为当地中共党员活动的基地。这些党员在党支部的引导下，积极学习革命书籍，利用各种形式广泛进行革命宣传，壮大革命声势。1933年，在板泉崖小学读书的临沂五区坊口村（今属临沭县）学生史思恩，由同学李伴农（李文学）、帅树勋介绍入党，不久史思恩又介绍本村青年史思昌入党。1933年春，临郯县委准备在苍山举行暴动，板泉崖党支部认真执行临郯县委的指示，积极组织党员把交通员带来的"打倒国民党政府！""打倒土豪劣绅！"及《告鲁南同胞书》等标语传单印出来，在板泉崖逢山会的前夜，到处散发传单。共产党员史思恩、史思昌2人积极参加了这次散发标语传单、宣传革命道理的活动。这一活动的开展，在群众中产生了很大的影响。在他们的宣传影响和带动下，村中史思茂等进步青年先后走上革命道路。

1935年春，在临沂三乡师读书的禹王城村学生马自治由同学王涛介绍入党。翌年春，三乡师党支部成立，马自治担任党支部委员，在同学中秘密进行发展党员活动。1935年秋，马培卿邀请原三乡师同学、中共党员主纪先、马锦图分别到王桥、王店子（这两个村后属临沭县沂滨区）小学任教。这两名党员到校后，积极传播革命思想，在学生中成立了马列主义学习小组和反帝大同盟组织，举办大众夜校，建立大众剧团，开展抗日救亡运动。1936年4月，3人被国民党山东省捕共队逮捕。1936年下半年至1937年，中共党员王清溪在王家坊头（后属临沭县钟山区）小学教学，与后余粮墩（后属临沭县钟山区）大同盟成员陈乐善来往密切，秘密从事党的活动，发展抗日救亡力量。

▲ 马培卿

此时，临沭县还没有建立，辖区内虽然只有少量党员，没有正式的党组织，但是这些党员在严重的白色恐怖下坚持开展革命活动，在沭河两岸传播了马列主义，播下了革命的星火，为后来临沭一带党组织的建立和发展打下了坚实的基础。

第三节　中国共产党领导下的临沭抗日救亡运动

1937年7月7日，日本侵略军进攻卢沟桥，抗日战争全面爆发。七七事变第二天，中国共产党发表号召全国奋起抗战的宣言。号召"全中国同胞，政府与军队，团结起来，筑成民族统一战线的坚固长城，抵抗日寇的侵略！"同日，毛泽东、朱德、彭德怀等红军领导人致电蒋介石，表示红军将士愿意"为国效命，与敌周旋，以达保土卫国之目的"。

由于国民党当局采取消极防御的不抵抗政策，致使大片国土迅速丧失。1937年7月29日、30日，北平、天津沦陷，日军乘机兵分四路，长驱直入。8月13日，"8•13"淞沪会战爆发。10月3日，日军侵占德州，继而进逼济南、青岛。1938年4月21日，日军占领临沂城。同月，日寇占领郯城。面对国破家亡的灾难，鲁南各地发出不愿做亡国奴的怒吼。

一、临郯一带抗日救亡运动的兴起

1937年7月下旬，苏鲁豫皖边区特委书记郭子化从延安返回山东费县高桥村，传达中央抗日救亡会议精神，研究部署抗日救亡工作，形成"建立抗日民族统一战线、发动群众开展武装斗争、建立抱犊崮抗日根据地"的三项决议。1937年8月20日，国民党最高统帅部宣布成立第五战区，10月12日，李宗仁离开南京赴徐州正式就任第五战区司令长官。

1937年10月，郭子化根据中共河南省委的指示，以中共驻徐州代表的身份，通过萧县籍进步人士刘汉川的关系，同李宗仁进行了成功会谈。李宗仁接受中共提出的建立抗日民族统一战线的主张，促成了苏、鲁、豫、皖四省抗日民族统一战线的形成。李宗仁同意中共在徐州设立办事机构，特委机关从费县高桥搬到徐州。边区特委的任务是联系分散隐蔽的共产党员，建立共产党的组织，积极宣传中国共产党的抗日救国的方针和办法，动员民众参加抗战。边区特委通过这一渠道，积极开展统战工作，派一批共产党员、进步人士和爱国青年到各级动委会工作。并以动委会的名义在各地开办游击训练班，建立抗日救国组织，成立青年救国团，青年救国团在苏鲁豫皖 4 省的 30 多个县得到迅速发展。第五战区总动委会建立后，临沂地区各县都相继建立了各级动委会、各界救国会等，发动群众广泛开展抗日救亡运动。

日军占领北平后，中华民族解放先锋队（以下简称“民先”）全国总队部、北平队部、北平市学联的主要负责人于 7 月 29 日召开紧急会议，布置学生撤退到内地发动抗日救国运动。1937 年 9 月，中华民族解放先锋队山东省队部正式成立，在山东省委领导下开展抗日救亡工作。由此，山东各地的山东籍流亡学生和知识青年纷纷与省“民先”队部联系，成立“民先分部”。

临沭人民在中国共产党抗日救国主张的指引下，抗日救国热情空前高涨。1937 年 10 月至 1938 年，郯东北地区和临沂五区（后均属临沭）的进步青年禚宝梓、吴元英（女）、吴元玉（女）、高元栋、白俊明、白文华、马宗连、李少言、刘昌等，为谋求抗日救国的道路，先后辗转奔赴陕北。途经西安，经八路军驻西安办事处介绍，分别进入延安“抗大”、陕北公学、云阳青训班和安吴堡青训班学习。1937 年 11 月间，丁梦孙同志受中共山东省委派遣，到鲁南开展抗日救亡活动。与临沂地下党的负责人崔介、韩去非取得联系，组织抗日救亡团体“中华民族解放先锋队”。临沭一带的知识分子马培卿、陈乐善等参加了这一会议。

1938 年 4 月，在临沂师范讲习所读书的朱仓乡前湖子村李若愚，受学校中国共产党地下组织的影响，积极投入抗日救亡运动。日寇占领临沂后，学校被迫解散，他和李乾回家开了织布坊，招收了袁培春、李胜朋等 6 个进步青年当学徒工。他们以织布为名，秘密进行抗日宣传活动。组织 10 余名爱国青年参加了抗日青救团组织。在这些人的带动下，临沭一带迅速掀起抗日救国的热潮，这些抗日救亡活动的广泛开展，为临沭地方党组织的诞生和发展打下了基础。

1938 年 1 月，“民先”临沂总队部成立，郯东北地区（后来的临沭一带）爱国青年学生马培卿、陈乐善、马瑜、马子美、马峭峰等参加了这一组织，在郯东北地区积极开展抗日救亡运动。不久，在临沂特别支部委员丁梦孙的介绍下，马培卿加入中国共产党。同年 2 月，马培卿介绍陈乐善入了党，马培卿、陈乐善是抗战后郯东北地区最早的中国共产党党员。

二、临郯青年救国团成立

为适应抗日斗争形势的需要，破除“民先”存有的关门主义倾向，1938 年 4 月，临郯地区成立的数十个“抗日民族解放先锋队”“抗日民族解放促进委员会”改名为“临郯青年救国团”各分团组织。1938 年 5 月，丁梦孙受党组织派遣，在临沂南乡三重村成立临郯青年救国团总团（简称临郯青救团），这是共产党第一次在临郯地区成立的抗日群众团体，是当时临郯地区群众性最广泛的抗日组织。5 月至 6 月，郯东北地区青救团组织相继建立。在禹王城、韩家埠一带组建了临郯青救团第九分团，陈乐善任主要负责人，刘东岑任秘书，骨干有马炎、魏平斋、凌珠泉、刘绍宽、韩诤、徐相谦等人。活动范围逐步扩大到李家庄、八里屯、泉源、青山庵、道口、曹庄、醋大庄、南古庄、贺城等地，团员发展到 180 余人。在王桥、马家石河一带，组建了临郯青救团第十九分团，马相甫任主要负责人，骨干有马子方、马润生（马相仪）、孟正甫、石涵九、马思孔、朱化石、杨希哲等。十九分团向东发展到重沟、沭河以东，团员发展到100余人。在埠前店一带组建了临郯青救团第三十三分团。6月，临郯青救团组建抗日义勇队（后编入苏鲁人民抗日义勇队一总队），郯东北地区临郯青救团第九分团、第十九分团，先后动员庞世泽、吴作恩、吴韶卿、马金兰、萧凤先等一批青年加入了义勇队，开展对敌斗争。同时，临郯县委举办两期抗日武装骨干训练班，郯东北地区王识超（王士超）、许永昌、马瑜、王生阶、马思孔等参加了训练班。通过训练学习，训练班成员成为日后发动群众开展武装抗日斗争的骨干力量。

第四节　抗战初期临沭县党组织的建立与发展

山东是联结华中和华北的重要枢纽，历来为兵家必争之地。面对日军的进攻，国民党山东省政府主席兼第三集团军总司令韩复榘为保存实力，连续放弃济南、泰安和济宁等地昼夜南逃。山东不少地方一时变成无政府状态，呈现出一片紧张、混乱局面。

中共中央非常重视山东的战略地位，1938年1月5日，中共中央发出关于在山东发动游击战争建立根据地的指示。指示要求，针对山东被占领的环境和游击战争的任务，省委的工作应以发动游击战争与建立游击区的根据地为中心。同年11月25日，中共中央军委及毛泽东主席致电十八集团军总部，令八路军一一五师师部率三四三旅迅速进入山东，以开展山东地区的游击战争。中共中央的这些举措，标志着对山东游击战争的加强。

山东全境沦陷后，日寇留驻山东的部队有4万余人，此外还有伪军近万人。敌人主要是控制中心城市、重要港口以及铁路交通线，一时还无力向山东腹地广大城乡进攻，为我党开展广泛的游击战争、创建根据地创造了有利的条件。日军在其占领区内建立伪军、伪组织，以稳固其统治，在所占各主要城镇组织成立了治安维持会，“代行政府职权”，由汉奸充任会长。1938 年 3 月 5 日，日军成立了伪山东省公署。与此同时，国民党在山东乘机发展武装。1938 年初，蒋介石委任沈鸿烈为国民党山东省政府主席，4 月派石友三部由豫北入鲁，先到鲁南地区，后转入冀鲁边等地。此时山东境内的武装力量可以分成四部分：敌军（日军、伪军）、顽军（国民党顽固派）、友军（赞成抗日统一战线的国民党军队）和我们党的武装。其中我方军事力量最为薄弱。

1938 年 3 月 15 日，中共中央发出《关于大量发展党员的决议》，决议指出，大量地发展党员，是党目前迫切与严重的任务。决议极大地调动了各级党组织的积极性，扩大了统一战线，有效地促进了党组织的迅猛发展。在此背景下，作为偏远地带的临沭一带的党组织，逐渐发展壮大起来。

一、临沭一带第一个党支部的诞生

1938 年 1 月至 2 月，在临郯青年救国团县团部工作的马培卿、陈乐善先后加入中国共产党。同年 4 月，在中共临沂特别支部委员丁梦孙的指导下，成立了中共禹王城支部，隶属中共临沂特别支部。马培卿任支部书记，马峭峰任组织委员，马瑜任宣传委员，这是临沭一带最早的党支部。1938 年 5 月，中共中央决定将山东省委扩建为中共苏鲁豫皖边区省委，郭洪涛任书记。1938 年 5 月，中共临郯县委在三重村成立，韩去非任书记兼组织部长，禹王城支部隶属临郯县委。禹王城支部成立后，支部成员深入郯东北一带农村，利用同乡、同学、师生、亲友等各种关系，积极开展抗日救国宣传，动员进步青年学生、进步农民入党，壮大党员队伍。1938 年下半年至 1939 年，郯东北地区党员有了较大发展，郯东北地区的抗日活动更加高涨。

此时，国民党顽固势力对反抗剥削压迫有革命倾向的民间武装力量实行疯狂镇压，1938 年 6 月 2 日，大兴镇（今属临沭县）盐店官庄一带 40 多个村子的农民组成大刀会，要与贪污腐败的乡长算账。乡长向国民党郯城县长梁钟亭告急，梁钟亭遂派兵进行血腥镇压，惨杀大刀会众 43 人。

二、中共沂东特别支部成立

郯东北地区地处山东、江苏两省交界处，历来是官府统治薄弱之地。临郯青抗团成立后，郯东北一带抗日斗争风起云涌的形势，广大人民群众抗日救国活动的高涨，使国民党郯城县政府深感惶恐。

1938 年夏，国民党郯城县政府反动县长兼郯城县保安司令阎丽天，为加强其对郯东北地区的反动统治，在南古庄设立国民党郯城县政府第二办事处，亦称郯东北办事处，委派其亲信秘书陈冠华兼任办事处主任。陈冠华是一个极端仇视共产党和人民抗日活动的顽固分子，残酷镇压人民的抗日活动，先后制造了郯东北地区震动较大的国共摩擦事件。1938 年 11 月，因日军扫荡鲁南，临郯中心县委和临郯青救团负责人丁梦孙、周南、王永福等一行近 80 人向郯东北一带转移，在店头东部被国民党陈冠华部强行缴去步枪 20 多支、手枪 6 支和机枪 1 挺。后临郯中心县委派代表到国民党郯城县政府交涉，代表又被扣押。

为迅速开辟郯东北地区工作，经上级党组织刘剑同志（当时的鲁南特委组织部长）派遣，陈乐善到苍马地区沂河以东的连家埠、禹王城、韩家埠、马石河、姜墩一带，着手发展党组织，筹建党的特别支部等工作。1938 年 7 月，中共沂东特别支部成立，陈乐善同志任书记，萧凤先任宣传委员（不久参加临郯青救团抗日义勇队，马思孔继任），刘彪任组织委员（8 月任职）。沂东特支的主要任务是：过茅（沭）河，爬苍山，开辟苍（山）马（陵山）根据地。在十分险恶的工作环境下，沂东特支克服重重困难，以王桥、马家石河、王庄子、后余粮墩（这些村庄后均属临沭县沂滨区）一带为基点，逐步向沭河西岸开展党的活动。沂东特别支部的建立，为我党开辟郯东北地区抗战工作拉开了序幕。

1938 年 10 月，八路军四支队二团团长钱均、政委汪洋率领二团从十字路出发，到临郯一带活动。部队到达郯东北地区王桥、马家石河时，沂东特支和十九分团组织青年学生和群众杀猪宰羊，欢迎八路军的到来。当晚，在马家石河村召开了军民联欢大会，汪洋和十九分团常务马相甫分别讲了话。第二天，二团又在马家石河小学召开了士绅名流座谈会，当地士绅名流苏洪瑞、马应星、冯星垣、马步凯、白士元、魏平斋等到会，一致表示拥护共产党的抗日政策。八路军四支队二团在这一带的活动，扩大了八路军的影响，为打开临郯、郯东北地区的抗日局面，为沂东特别支部顺利开展工作打下基础。八路军的到来，也为青救团顺利开展工作起到积极作用：原来青救团的开支依靠募捐维持，部队到来后，九分团、十九分团利用部队影响，趁机开展募捐活动，向地主家送“捐启”，写明粮、款数目，该募捐活动解决了临郯青救团总团的诸多困难。

中共沂东特别支部成立后，发展了刘彪、马思孔、石涵九、马帮荣、刘惠忱、石金芝、庞法、马思禹、马锦龙等一大批进步青年入党。至当年底，已建立马家石河、王店子、后余粮墩 3 个党小组，为我党培养了一批干部。山东抗日军政干部学校随省委到岸堤（今沂南县境内）后，临郯县委选派石涵九、石明勋、庞强、马相甫、马润生、王晓春、王大昌、孟继亭等郯东北地区干部到该校学习，领导青救团九分团、十九分团组织抗日武装。1938 年 11 月，临郯青救团第十九分团在姜家墩（后属临沭县沂滨区）小学组建抗日义勇军。国民党郯城县长梁钟亭闻讯派兵镇压，捕去石涵九等 7 人，后石涵九等 6 人被放，一人被杀害，抗日义勇军被解散。与此同时，九分团也组织了一只 20 余人的武装，亦因国民党郯城县政府第二办事处主任陈冠华的多方破坏而解散。

三、马家石河等基层党组织先后成立

沂东特支的建立及其开展的抗日救国运动，在郯东北地区产生了积极的影响，迅速打开了郯东北地区的抗日局面。自1938年12月开始，临郯中心县委（1938年9月，临郯县委扩大为临郯中心县委）以青救团的名义，先后在徐圩子、芦汪子、沙埠等地举办了11期抗日训练班，郯东北地区数十名进步青年先后到训练班学习，该训练班培养了一大批抗日干部。其中被称为“老青年”的徐家贺城村进步知识分子徐金六（徐慎弢），于1939年夏来到训练班学习。他时年已68岁，他与青年一起学习，一起出操训练，学习结业后，徐老骑着毛驴，到各村宣传抗日救国的道理，在群众中产生很大的影响。这些受训练的进步学员结业后回到各村，进行广泛的抗日宣传，他们如燎原的星火，很快在群众中掀起了抗日的热潮。

中共沂东特支借助抗日运动高潮的兴起，以坚定的抗日分子和进步青年为发展党员对象，在条件成熟的村庄发展党组织。1939年3月，马家石河党支部成立，马邦隆任支部书记。至1939年年底，郯东北地区和临沂五区（后属临沭）先后建立了13个党支部，2个党小组，有党员200余人。这些党支部分别是：马家石河党支部；王店子党支部，刘彪、孟广生先后任书记；李家石河党支部，李鸣嵩任支部书记；重沟沟北党支部，庞法任支部书记；王桥党支部，马相周任支部书记；姜家墩党支部，刘福陶任支部书记；后余粮墩党支部，陈锡珍任支部书记（后陈乐盈任支部书记）；陈家湖党支部，王思义任支部书记；朱家庙党支部，许德星任支部书记；坡埠党支部，

▲ 徐金六

张金龙任支部书记；朱村党支部，王经奎任支部书记；后河口党支部，赵冠军任党支部书记；湖子党支部，李乾任党支部书记。两个党小组是：楼子党小组和刘村党小组。

四、中共苍马区委成立

郯东北地区党组织的不断发展壮大，为日后创建开辟“苍马根据地”创造了政治基础和群众基础。1939 年 4 月，在中共沂东特支的基础上成立了临沭县第一个区级党组织——中共苍马区委（亦称沂东区委）。苍马区委隶属临郯县委，陈乐善任区委书记，马思孔任组织委员，刘彪任宣传委员，石涵九任军事委员，庞法任青年委员。苍马区委担负起领导郯东北地区民众开展抗日斗争的责任，在秘密艰难的斗争环境中，进行了卓有成效的工作。至 1940 年春，临沭一带共建党支部 15 个，党小组 2 个，党员 150 余人，为开辟苍马根据地奠定了组基础。

1939 年 8 月，乘八路军陇海南进支队攻克李家庄的有利时机，中共苍马区委发动九分团、十九分团第二次组织武装，定名为“青抗营”。九分团组织了 20 多人，十九分团组织了近 50 人，有枪 25 支。后，陈冠华指使国民党顽乡长百般破坏，拒不供给粮饷，拉起的武装只好解散。同年秋，苍马区委书记陈乐善利用同学关系，到郯东北地区东部湖子村等地开展工作，先后建立了湖子、朱村、后河口等党支部。至此，郯东北地区，亦即后来的临沭一带正式有了中共党组织。

第二章　创建临沭县抗日根据地

日军侵占鲁南后，由于兵力不足，在鲁苏交界及郯东北一带山区存有一定的空白区。1939 年 6 月 21 日，毛泽东致电八路军总部：乘鲁南局面混乱，将一一五师师部、六八六团及萧华纵队一部开赴鲁南，以巩固鲁南根据地，并应大放县长、区长，及在可能条件下放专员，以争取政权。根据毛泽东的指示，一一五师师部决定创建以抱犊崮为中心的鲁南抗日根据地，并东进向滨海地区发展，发动群众抗日，建立地、县、区级抗日民主政权。八路军一一五师和山东纵队趁机开赴苍马地区，攻克国民党第二办事处——南古庄。郯东北第一办事处成立后，迅速建立抗日民主政权，开展独立自主的敌后游击战争，开辟形成了临沭县抗日根据地。南古庄的解放和郯东北第一办事处的成立，标志着郯东北地区以县级为单位活动的开始。

第一节　郯东北县级民主政权建立

一、八路军攻克南古庄

1939 年 11 月，一一五师东进支队开赴临郯地区。为支持郯东北地区的反顽斗争，实施一一五师“创建以抱犊崮（在今兰陵县境内）为中心的鲁南抗日根据地，向东发展与山东纵队活动地区连成一片”的战略计划，一一五师东进支队二大队由支队参谋长萧天贵和政治部主任姚子和率领，陇海南进支队三大队由司令员杨信、政委韩去非和政治部主任刘白涛率领，从郯马出发，于 1940 年 1 月 13 日进驻曹庄、郭庄、朱村、彭古庄（今属临沭县曹庄镇）一带。

部队的到来，使各乡正在训练的顽自卫队闻即溃散，南古庄陷入孤立。当地进步人士徐金六、钟伯荣、徐相谦、禚绍南等及时向部队汇报了南古庄的防守情况，为部队制定作战计划提供了依据。

15 日晚，解放南古庄的战斗打响了。我军兵分四路：一路是打援部队，他们沿沭河西岸北进醋大庄（对岸即南古庄），专门阻击欲渡河增援敌人的部队；其余我军在彭古庄渡过沭河，经月庄北进，在道埝村分成三路，从南、东、北三面包围了南古庄。激战一昼夜，陈冠华部伤亡惨重。16 日下午，陈冠华率残部逃跑，南古庄遂被攻克。南古庄战斗的胜利，标志着郯东北地区（即临沭一带）的解放。从此，该地区抗日活动由秘密转向公开。

▲ 南古庄解放纪念碑

二、郯东北第一办事处成立

1940 年 1 月下旬，临沭历史上第一个由中国共产党领导人民当家做主的县级抗日民主政权——郯东北办事处宣告成立。王克倬任主任，王次安任副主任（同年 3 月到职）。郯东北第一办事处的成立，是临沭以县级单位领导开展革命活动的开始，标志着中国共产党领导的临沭地方政权组织正式诞生。办事处推举各阶层代表组成了劳军委员会，徐金六（地方代表）、王次安（部队代表）任劳军委员会正、副主任。先后在曹庄、醋大庄、南古庄隆重召开军民联合庆祝胜利大会，其中南古庄的祝捷大会到会军民达 2 万余人。其间，八路军指战员广泛开

▲ 王克倬

展民运工作，走乡串户召开村民大会，吸收当地进步青年学生成立宣传队，排演抗战戏剧，歌唱抗战歌曲。大力宣传共产党的团结抗日主张，宣传毛主席的游击战和《论持久战》的战略思想，主动向地方士绅名流宣传党的抗日民族统一战线政策。不仅动员了广大群众积极投入抗战，也激发鼓舞了地方上层进步人士的抗日爱国热忱。

郯东北办事处成立后随部队活动，起初进驻大兴镇北辰和古龙岗以及海陵、赣榆边境一带，4、5月份移驻山子口村、李埝、邵家湖、裂庄、措庄一带。主要工作是为部队筹粮筹款、搜集情报，解决部队食宿粮草等军需，支持部队开展武装斗争。同时进行抗日统一战线政策宣传，发动群众开展抗日斗争。使原郯东北一带知名人士、社会名流基本都站到党的抗日民族统一战线方面来。5月以后，办事处的工作逐步转向开展地方各项工作。

郯东北办事处沿用旧区名称，成立了郯六区区公所，李贡九任区长，副区长由马子方（主持工作）担任。2月，郯东北办事处设财政科征收处和税所，税所设在文家埠、措庄、徐家贺城等地征收过境盐税，供给部队给养，这是在共产党领导下郯东北地区税收的开始。同年4月，沂滨区分区委成立，马思孔任书记。5月，郯六区分区委成立，李乾、郝旭光先后任书记。7月，郯七区分区委成立，李乾任书记。成立了郯七区区公所，区长陈问泉，副区长王南昌（主持工作）。办事处设立了秘书、民政、财政、建设等科，武翰柏任秘书科长，侯启民任民政科长，王厚甫任财政科长，王益三任建设科长。同时，办事处成立了100余人的武装大队，由王大昌负责。

三、郯东北地区动委会、青救团成立

1940 年 1 月，山东分局作出关于组织进步力量的决定，强调指出：组织进步力量，争取中间分子，深入群众工作，巩固和扩大我党我军，是转变时局、坚持抗战、团结进步的关键。这一决定，有力地指导了刚解放的郯东北地区的工作。

1940 年 3 月中旬，郯东北地区部分士绅名流和爱国青年在黄庄（今曹庄镇）集会，成立了临郯青年救国团郯东北办事处及其领导下的青年抗日先锋大队（简称青抗大队）。青救团办事处由马培卿任主任（4 月，由张克华继任），张克华、刘炬任副主任。青救团办事处的主要任务是组建青抗大队，发展抗日武装。接着，在黄庄举办了抗日训练班，100 余人参加了训练。为开展宣传工作，青救团办事处成立了一个约 30 人的青年剧社。青抗大队由石涵九、刘苍继先后任大队长，权新年任教导员，徐相谦（徐贞印）任供给处主任。活动地域主要在重沟、黄庙、陈家湖等接近敌占区的一带。春夏之交，青抗大队发展到 25 个中队 700 余人。为提高青抗大队的战斗力，初夏，东进支队派来张克华、权新年来青抗大队进行整顿。青抗大队后改称青抗营，权新年任教导员，建立了青抗营党支部，由权新年任支部书记。1940 年 5 月，青抗营 400 余人编入东进支队，10 月随东进支队编入一一五师教导第五旅，南下华中支援新四军。

1940 年春，中共山东分局领导下的动委会鲁南大队第二大队队长刘震西与该会民众武装部参谋长许大猷、韩世兰夫妇来郯东北地区西盘村（今临沭县西盘村）开展扩军工作，发展了具备 3 个营规模的鲁南动委会特务团，由刘震西任团长。3 月 30 日深夜，国民党临沂县蛟龙区区长胡伯衡纠集 20 余名反动武装分子包围西盘村，刘震西、许大猷夫妇被杀害于西盘村后的“磨脐沟”。

在宣传和发动群众的基础上，郯东北办事处着手成立抗日组织和抗日民主政权。继成立郯东北青年救国团办事处之后，3 月，又成立了郯东北动委会办事处。1940 年 3 月下旬，郯东北民众动员委员会（简称郯东北动委会）在王家贺城村（在今曹庄镇）成立，马培卿任主任，徐金六任副主任，郭鲁瞻任秘书科长，王晓春任组织科长，刘佃选任宣传科长，马汉飞（后叛变）、钟伯荣先后任武装科长，徐占一任总务科长。

1940 年春，郯东北地区职工救国会、农民救国会成立，赵孝亭任职工救国会会长，孟继亭任农救会会长。4 月，动委会动员部分中、西医生成立了医药救国会，吴仙洲任会长。这期间，郯东北地区镇压了一批汉奸，动委会和青救团在钟家贺城村处决了汉奸李举等人，郯东北办事处逮捕了文家埠村在“扫荡”时打着白旗欢迎敌人的陈廷和、陈廷魁。7 月，办事处在措庄处决了假借抗日名义对群众敲诈勒索的李某。这些措施，有力地打击了投降破坏活动。

四、中共苍马工作委员会成立

1939 年 12 月，山东纵队民运工作团成立。1940 年 4 月初，民运工作团随部队到达郯东北地区。在团长何雨田的带领下，民运工作团 30 余人以沭河西部地区为中心开展工作。他们深入乡村发动群众，自下而上地建立工、农、青、妇和自卫团等群众团体，发展党员，建立党组织。

1940 年 4 月，在原苍马区委的基础上，成立中共苍马地区工作委员会。由何雨田任副书记（无书记），陈乐善任组织部长，刘彪任宣传部长，石涵九任军事部长，张克华任青年部长，李建明任秘书（6 月到职）。苍马工委成立初，隶属中共山东一区党委第四地委。同年 5 月，中共鲁南区党委在鲁南天宝山区油篓村成立。7 月，鲁南区党委决定撤销原一区党委四地委，在此基础上建立鲁南三地委。随后成立三地委社会部，三地委书记李乐平兼任社会部长，社会科长危益民，组织部长刘殿臣，苍马工委随改隶三地委领导，苍马区委即行撤销。

中共苍马工委成立后，与各群众团体一起，共同领导郯东北地区抗日救亡运动，初步开展村级政权建设工作。不久，中共沂东分区委在黄庙成立。许多村庄实行民选村政权，由农救会召开村民大会，选出群众信任的人当村长。成立村自卫团，并民选出自卫团长，各村开展废除苛捐杂税、向富户“借粮”等活动，组织农民生产自救。5月，进行减租减息、增加工资运动，根据实际情况，实行四六分粮或者三七分粮。仅增资方面，雇工一般可增加工资1倍，这些活动，以郯六区开展得最好。

五、郯东北办事处改称苍马办事处

1940年夏，沭河西岸开始伪化，土顽反动势力开始抬头，新生的抗日民主政权面临着严峻的考验。在大敌当前的困境下，中共苍马工委、郯东北办事处、郯东北青救团、动委会等只好转移到郯东北地区。7月，郯东北办事处改称苍马办事处，原陇海南进支队三大队政治部主任刘白涛同志调任苍马工委书记兼办事处主任。秘书武汉柏，民政科长候其民，财政科长王厚甫、武装科长石涵九。1940年8月，苍马办事处改称鲁南专署第一行署第一办事处，办事处主任刘白涛（兼）。为加强党政军统一领导，苍马工委、苍马办事处着手进行党、政、军机构整顿。同年8月，苍马办事处对分散建立的地方武装进行

▲ 苍马办事处旧址

组织整顿，将办事处自身武装、动委会特务大队、五乡边防大队和青抗营升级后的余部，集中整编为苍马游击大队。至此，苍马地区开始形成了有力的党政军统一领导中心。游击大队下辖4个连，500余人，刘白涛任大队长兼政治部主任，钟伯荣任副大队长，于昆任参谋，杨柏任政治部副主任。

第二节　苍马大地燃起抗日烽火

一、开展百日反击顽固派斗争

1940年8月，国民党诸城县县长、保安三旅旅长梁钟亭（原郯城县县长），率部南返，妄图摧毁我新生的苍马抗日政权，重新统治沭河两岸。梁与苍马地区一切顽固派力量，如大兴的陈通三（原国民党郯七区区长）、陈康甫（国民党党员）、宋善九，夏庄的高树京（顽乡长），重沟的张宝鼎，前朱果的吴硕三（顽乡长）、武可达、张佃，蛟龙的胡伯衡（原国民党五区区长），大哨的许兰笙，黄庄的赵佃彩（顽乡长）等结成反共阵线，以2500余众的优势兵力，从东、北、西三面包围我抗日根据地，并步步为营，向前推进：在沭河东部，吴硕三率200余人，包围办事处月庄，办事处人员在政府党团书记、民政科副科长王范九指挥下，以一排兵力苦战一夜，击退敌人（后被称为第一次月庄事件）。此后，办事处撤至沭河西岸的河口村，由苍马游击大队政治部副主任杨柏率领部分兵力，坚守沭河南部沿岸。七区区公所驻地巡会村受到突袭后，撤至陈棠一带后又撤至大官庄。在北部，许兰笙、赵佃彩数次率部袭扰曹庄、郭庄和黄庄，均被击退。顽军占领南古庄、醋大庄。在西部，苍马游击大队副大队长钟伯荣率部分兵力坚守在曹庄一线。至8月底、9月初，苍马地区只剩下沭河西岸北至徐家贺城，南至旺南庄、岭南头，东到沭河西岸，西至曹庄的狭小地带，南北不到18华里，东西不到5华里，成为“一枪可以打透”的根据地。顽军在军事进攻的同时，还利用写恫吓信、劝降信等方式，封官许愿，分化瓦解抗日军政人员。在严重的形势面前，革命队伍中有70余人投敌或妥协。但大多数同志在苍马工委、苍马办事处的领导下，团结一致，坚定顽强，同顽军进行了艰苦卓绝的斗争。9月21日，东进支队二大队政治部主任姚子合率一营兵力前来支援。9月22日，国民党五十七军内部发生“锄奸运动”，梁钟亭和土顽势力失去了靠山，纷纷溃逃外地，反顽斗争取得了决定性胜利。这段斗争从6月开始，至9月胜利结束，计约100天，后称“百日奋战”。在百日反击顽固派斗争中，青救团办事处主任张克华到沭河东岸朱果村开展工作时，被土顽吴硕三部逮捕，坚贞不屈，受尽酷刑，惨遭敌人活埋，壮烈牺牲。

二、东北军发动“九二二”锄奸运动

在国民党顽固派掀起第一次反共高潮的刺激下，驻临沭地区东盘村的国民党五十七军军长缪澂流，置国家安危、民族存亡于不顾，积极进行反共投降活动，通过伪兴亚建国军鲁苏战区司令员李亚藩（原为缪的副官）的搭桥牵线，与驻守徐州的日军鹫津师团秘密签订了“互不侵犯、共同防共”的协定。该军一一一师是原东北军战斗力较强的一支部队，师长常恩多，一贯拥护停止内战、一致抗日的主张。“西安事变”前，曾代表官兵公意，向张学良将军秘密提出对

▲ “九二二”锄奸指挥部旧址

蒋介石实行兵谏的建议。“西安事变”后，来山东驻防，不久，即秘密加入中国共产党，成为中共特别党员。其麾下三三三旅旅长万毅，亦为中共特别党员。二人得知军长签订了投降反共的秘密协定后，决定将缪逮捕。1940年9月21日晚，他们派兵包围了五十七军军部和东盘村南的剧场。因一营长告密，在剧场看戏的五十七军军长缪澂流逃脱，其余通敌军官被扣押。第二日，常恩多、万毅等通电，提出“锄奸救国”的口号。这一正义行动，获得了抗日军民的赞扬，沉重地打击了国民党亲日派的投降政策，粉碎了敌、顽联合反共的阴谋，使苍马和鲁南、苏北、滨海地区的紧张局面有所好转。锄奸运动后，常、万率部北上，驻莒县、莒南一带。1942年8月3日，为反对国民党的投降、分裂、倒退政策，常恩多在苏鲁战区党政委员会政务处长郭维城（中共地下党员）的协助下，率所部2000余人在甲子山区脱离国民党军队。转移到根据地时，常恩多逝世。此后，该部仍用一一一师番号，万毅任师长，郭维城任副师长。1944年10月，根据山东分局、山东省军区决定，该部改编为八路军山东军区滨海支队。

三、中共苍马工委改称中共苍马县委

反击顽固派斗争的胜利，极大地鼓舞了苍马地区的干部群众。苍马工委抓住这一有利时机，大刀阔斧地开展工作：一是大张旗鼓地开展抗日宣传，广泛发动群众揭露敌、伪、顽的罪行，清查残留的反动势力及漏网分子，惩治罪大恶极的汉奸。二是乘势向东开辟新地区，苍马根据地由原来的沭河两岸，迅速扩延到北至苍山、南到马陵山、东到朱樊一带的连片区域。三是打破旧区制，重新划分行政区。1940年10月至1941年春，先后建立了7个区委、区政府。四是建立区中队，惩治盗抢犯罪，稳定社会秩序。五是统一财粮收支，开始征收田赋。征收盐税、货物税、集行税等，取消苛捐杂税。六是恢复和发展教育。

1940 年 10 月中旬，山纵二旅五团攻克临沂五区于家湖、三义口两个顽固派据点，解放了临沂五区沭河东岸大片地区。11 月，山纵二旅及临郯赣东边区游击支队反击赣榆县国民党顽固派，解放了赣榆县四、五、六、八 4 个区。使苍马地区与滨海南部地区联成一片。这一时期，农村党支部和党员数量也有了迅速发展。到 1942 年，全县党员发展到 1305 人，县、区、村各级党组织基本建立起来。1940 年冬，苍马地区动委会、青救团撤销，成立苍马地区各界救国联合会，同时建立各救会领导下的工、农、青、妇等组织。1940 年 11 月，拥有兵力 500 余人的苍马游击大队编入八路军主力部队沂河支队，苍马游击大队升入主力后，从县、区武装中队抽调武装力量重新组建苍马县大队，由刘白涛同志任大队长兼政委。

同年 12 月，苍马工委在店头清真寺召开群众大会，成立苍马伊斯兰抗日救国大队（又称苍马回民大队），刘白涛到会作了动员讲话，宣布由文益太任大队长。这支地方武装，由中共苍马工委统一领导，并与苍马游击大队一起，配合八路军一一五师东进支队二大队英勇奋战，为保住沭河以西的抗日根据地做出了贡献。

▲ 刘白涛

1941 年 1 月，苍马工委改称苍马县委，刘白涛同志任县委书记。

四、鲁南区党委工作团开辟苍马地区

为进一步开辟苍马地区，1940 年 10 月，鲁南三地委派出以王更生任团长的巡回工作团到苍马地区开展工作。同年 11 月，在八路军山东纵队2旅进入滨海地区南部的同时，鲁南区党委、鲁南三地委组织了200余人的苍马工作团（此时巡回工作团并入该团），进驻苍马地区和与苍马地区接壤的郯城、赣榆部分地区。工作团由鲁南区党委民运部长林乎加任团长，鲁南三地委民运部长王永福任副团长。工作团下设4个分团，有3个驻在苍马地区。苍马工作团的主要任务是：发动组织基层群众开展统战工作，广泛进行建党、建政和建立群众团体；建立各区、乡村政权，加强各区乡政权领导，提高区乡干部的政策观念和工作能力，统一财粮收支，征收田赋，建立区中队武装力量。工作团进驻半年多，对于苍马地区的开辟和建设，发挥了重要作用。工作团的干部，后来有许多留下任职，成为这一地区县、区、乡的领导骨干。

1940年11月，苍马地区参议会在沟头成立。在成立大会上，高赞飞代表鲁南参议会致辞，刘白涛、马培卿讲了话。会议遵循山东省战工会于1940年9月13日至11月12日召开的全省行政会议精神，实行“三三制”原则，民主选举参议员70余人，推选徐金六任参议长，韩瑞三任副参议长。驻会委员有陈乐善、肖伯谟、王乐平、魏平斋、郑德轩、吴仙洲等。随后，有条件的区乡也相继成立了参议会。

五、山东分局、山东战工会、一一五师等党政军机关进驻临沭

百日反顽斗争的胜利，苍马工作团对苍马地区的开辟，以及八路军山东纵队二旅对滨海南部抗日民主根据地的创建，使苍马地区出现比较安定的环境，为党政军移驻苍马地区提供了条件。

此时由于日伪的频繁“扫荡”，驻在鲁中地区的山东首脑机关，急需有个安定的环境。1941年3月上旬，山东分局、山东省战工会、一一五师师部从鲁中地区东渡沂沭河到达苍马地区。6月13日到达韩村，14日移驻西盘，28日移驻蛟龙湾。自此至1942年12月，在抗日战争最艰难的时期，山东党政军机关大部分时间驻在临沭，临沭成

为山东省的政治、军事指挥中心和大后方基地。有的机关还在临沭成立，如新华社就在临沭成立了第一个省级分社——新华社山东分社。党政军机关常驻在临沭县的蛟龙湾、朱樊、东盘、巡会等村，刘少奇、朱瑞、罗荣桓、萧华、谷牧等老一辈无产阶级革命家在这里工作过、战斗过。省机关的进驻临沭，直接指导临沭的抗战工作，使苍马地区的抗日斗争形势呈现出新的发展局面。

▲ 新华社山东分社纪念园

六、第二次反击顽固派斗争

1940 年冬，国民党顽固派再次掀起反共高潮，至 1941 年初“皖南事变”发生时，第二次反共高潮达到顶点。“皖南事变”发生后，苍马地区日伪加紧向东推行伪化政策，一部分旧政府的区乡长公开投敌，在沭河西部形成日伪顽合流局面。地方顽固势力兴风作浪，纠集当地反动势力向新诞生的抗日民主政权反扑。

自 1941 年 2 月起，苍马地区地方土顽势力聚小股武装，在根据地边缘，对我实行突然袭击，或潜入内地，昼伏夜出，残害抗日军民。仅 1941 年 2 月，相继发生了大兴区土顽陈通三率武装百余，夜袭大兴区古龙岗乡公所，打死乡长谢光斗，许兰笙、赵佃彩率部夜袭曹庄、郭庄，阴谋逮捕、暗杀在此开展工作的马培卿、徐金六、郭鲁瞻、徐联五等同志的事件。3 月 5 日，又发生了陈通三部包围我工作人员驻地西尧，捕去共产党员徐腾、李玉明和挂剑区土顽季景洲在集东村安设据点，与土顽王其信沆瀣一气，对挂剑区工作造成威胁的事件。与此同时，日寇为消灭日益壮大的敌后抗日力量，将侵华日军兵力的60%、伪军的90%以上，用于进攻共产党、八路军和抗日根据地。自3月21日，开始推行以强化乡村“自卫”力量，建立反共自卫团和保甲制，清查户口，实行“良民证”“身份证”，扩大整理治安军等为主要内容的第一次“治安强化”运动，对不同地区分别实行“清乡”“扫荡”“蚕食”。自此，抗日根据地进入最困难的时期。日伪自西向东蚕食，苍马地区除以前在李家庄、九曲店、玉皇庙、林宅子等处安设据点外，又在沭河西岸的马家石河、李家湖、陈家村、黄庙等处安设了据点。沭西抗日根据地逐渐缩小，沂滨区全部伪化，曹庄、郭庄、黄庄以西、以北地带，基本成为敌占区，党的活动转入秘密状态。

苍马县委领导全县人民，采取有力措施，在主力部队帮助下，经过顽强斗争，终于给顽匪以毁灭性的打击。一是充实力量，给一线顽匪以沉重打击。1941年2月至3月，一一五师教导二旅与五十七军补充团配合，在羽山、磨山一带消灭地方恶霸臧兆江反动武装，击溃高振东、时家善、李开珩等十几股土匪，初步打开了陇海路北东海县的局面。3月，一一五师教导二旅从苍马地区陈家巡会一带出发，与山纵二旅共同发起青口战役，历时6天，攻克青口外围海头、兴庄等8处据点。一举攻克青口，毙敌800余人，俘伪大队长以下800余人，解放了从拓汪到下口之间的海岸线和大片地区，改善了滨海地区从海上与华中、胶东的联系，为解决部队给养创造了条件。5月，四团在自卫团配合下，向盘踞在马陵山区一带的陈家埠、李家莫疃、后宅的数股土匪连续进行了多次围剿，歼匪130多人。6月，四团及地方武装对马陵山区、赣榆西部和玉山、磨山地区的土匪进行了全面清剿，半个月，歼匪200多人。人民群众的生命财产得到了保障，临沭一带抗日根据地得到巩固，为临沭成为山东党政军机关驻地打下了坚实的基础。对敌斗争中，县青救团办事处主任张克华、县武装科科长石涵

九、武装科副科长马连魁等壮烈牺牲。二是各区公所通令各村，严禁隐藏和资助顽匪，同时工作团深入农村，教育、组织基本群众，争取中间力量，瓦解敌人。三是开展统战工作，发挥社会知名人士、开明绅士的作用。教二旅统战科长樊复哉和四团敌工股长符浩等到大兴区，配合区公所召开统战座谈会，争取了不少青年知识分子和上层人士参加抗战。该区开明士绅郑亦桥，利用关系做通了匪首高振东的工作，使之保持中立，从而减轻了大兴一带反顽斗争的压力。四是依靠部队歼灭顽匪。

至下半年，苍马县社会秩序逐渐安定，根据地得到巩固和发展。8月21日，一一五师教导二旅在沂、沭河间发起反击梁钟亭部战役。在国民抗敌自卫军和临沭地方武装的配合下，一举攻克腾马庄、沙窝、重沟、大哨等据点，全歼梁钟亭之保安三旅第二团，粉碎了梁部封锁我滨海与鲁南联系的企图。经过这次战役，临沭一带的土顽势力土崩瓦解，历时半年的第二次反顽斗争取得了彻底胜利。

第三节　临沭抗日根据地的发展与壮大

一、中共苍马县委改称临沭县委，苍马办事处改称临沭县抗日民主政府

第二次反顽斗争的胜利，使苍马地区、滨海南部地区联成一片。中共山东分局、山东省战工会、一一五师师部进驻苍马地区后，根据《抗战第五年的山东十项建设运动》的指示：（一）建立真正进步民主的抗日政权；（二）建设自给自足的经济；（三）制定新民主主义的财政供给政策；（四）建立健全地方武装，开展群众性的游击战争；（五）深入战时动员，完成战时工作；（六）开展群众性的文化教育工作；（七）开展争取敌伪军与敌占区人民的工作，缩小敌占区；（八）加强农村统战，调剂劳资利益，改善人民生活；（九）努力

优待抗属，爱护抗日主力军；（十）厉行锄奸政策，切实保障人民民主权利。据此，苍马县委、苍马办事处大力加强苍马根据地建设，成立十项建设运动竞赛委员会，在全县开展十项建设运动，苍马根据地得到进一步巩固。为有力打击敌人，展开对日伪斗争，1941年8月上旬，苍马县委改称临沭县委，苍马办事处改称临沭县抗日民主政府。刘白涛任县委书记兼县长。同时，苍马县大队改称临沭县大队，吴作恩任大队长，刘白涛任政委，戴仁义、石涛先后任副政委。苍马参议会改称临沭县参议会，仍由徐金六、韩瑞三分任正、副参议长。8月，县委决定增设店头、钟山两个区。店头区由李佃俊任分区委书记，凌珠泉任区长，1942年，店头区改称桃园区。钟山区由马连吉任特支书记，吴天裕任副书记。1942年春，成立分区委和区公所，王振国任分区委书记，马连吉任区长。

1942年3月，中共山东分局决定，将鲁中区五地委（滨海区）与鲁南区四地委（沭海区）合并为滨海地委，直属中共山东分局领导。4月，滨海地委、专署、军分区在陈巡会正式成立。王众音任地委书记，谢晖任专员，何以祥任军分区司令员，王叙坤任政治委员。下辖日照、莒南、莒中、沭水、赣榆、海陵、临沭7个县委和莒北、日北、马陵3个工委。

二、中共沭河工委、沭河办事处成立

1941年6月，鲁南区党委在临沂县多福庄召开扩大会议，根据沂河沿岸已严重伪化的现状，决定把三地委沂河以东地区划出，成立鲁南区四地委、第四行署、第四军分区。1941年8月，鲁南区四地委、四行署、四军分区（亦称沭海地委、沭海行署、沭海军分区）在临沭县巡会村成立，辖临沭、海陵、郯城、赣榆4县。王永福任地委副书记（无书记）兼组织部长，穆林任宣传部长，刘亦夫任民运部长；刘白涛任行署主任，兼苍马工委书记、办事处主任；石世良任军分区司令员，纪华任政委。此时，四地委、四行署、四军分区驻临沭县巡会一带。1941 年 9 月 30 日，中共临沭县委、临沭县政府成立，刘白涛任县委书记。

针对日伪在沭河西部开展的“蚕食”、伪化日益严重的状况，为加强对沭河西部地区的领导，鲁南区四地委决定成立沭河工委、沭河办事处。刘克文任沭河工委书记，陈乐善任副书记，杨荣杰任组织部长，王迪湘任宣传部长。沭河办事处由刘东岑任主任，赵廷恩任副主任。同时成立沭河大队，刘东岑任大队长。沭河工委、沭河办事处辖沂滨、古贺、岌山、钟山等区。日军占领临沂后，在沂滨区修碉堡，安据点，派特务，组织新学会，建立乡公所、连环保等。至 1942 年初，他们先后在李庄、林宅子、黄庙、石村、李湖、玉皇庙、相公庄、九曲店、马石河、庄店子等村镇安上了伪据点。1942 年 3 月，因沭西形势恶化，沭河工委、沭河办事处撤销。

三、西山前人民浴血抗敌

西山前村位于沭河西岸、滨海南部抗日根据地的边缘，是滨海至鲁南秘密交通线必经之地。1940 年 1 月，苍马办事处建立后，西山前村建立了抗日民主政权，成立了抗日自卫团。自卫团在西山前乡乡长张作洪的带领下，打鬼子、抓汉奸、攻碉堡、割电线，抗日斗争十分活跃，被誉为“滨海南部地区战斗的堡垒”。由于西山前村地理位置重要，同时也是日伪“扫荡”我根据地的必经之地，因此，驻临沂日军川本和盘踞在沭河西岸的临沂保安大队长的许兰笙，视西山前为眼中钉、肉中刺。日军推行第二次“治安强化运动”不久，在窥知我主力部队在外线作战的情况后，1941 年 9 月 30 日拂晓，临沂、李庄等据点日伪军近 200 人，携带 10 余门小钢炮，20 余挺轻、重机枪，避开大路，绕过村庄，向西山前扑来。西山前乡乡长兼村自卫团长张作洪闻讯后，立即带领 100 多名民兵跑步到北岭阻击。埋伏在地堰上的张

▲ 张作洪

作洪看到日伪是有备而来，想到仅凭自卫团的力量难以与敌人在野外交锋，便果断地将全体民兵撤到村里，他们以围墙为掩体，坚守阵地，待机歼敌。张作洪带领乡分队和民兵100余人，在村内坚守阵地，击退了敌人数次进攻。全村男女老少齐上阵，用土枪、土炮、大刀、长矛、铡刀，同敌人展开了生死搏斗。战斗中，张作洪的小儿子牺牲，西山前村被敌人轰了108炮，张作洪一连打死3个日军，继续射击敌人时，头部中弹壮烈牺牲。尽管自卫团、民兵和全体村民拼死迎战，终因寡不敌众，村围墙被攻破。日伪进村后，杀死村民38人，捕去100多人，烧毁房屋500余间，抢劫牲畜、衣物不计其数。这场血战打退敌人数十次进攻，打死打伤日伪军150余人。为表彰西山前村抗击日伪军的英雄事迹，1942年底，滨海专署授予西山前村“抗日模范村”，追认张作洪为抗日民族英雄。

第三章　临沭掀起全民抗战高潮

第一节　开展整风运动，实行精兵简政

一、实行精兵简政

1941年12月，中共中央发出“精兵简政”的指示，要求缩编主力部队及其指挥机关，充实基层连队，加强地方武装和发展民兵，加强整训，提高战斗力。同时要求各抗日根据地切实整顿各级组织，紧缩机构和人员编制，加强基层，提高效能，节约人力物力，反对官僚主义。

山东抗日根据地于1942年春进行第一次精兵简政，同年9月9日，山东分局作出《关于贯彻精兵简政决定》，规定党政军群机关脱产人员不超过根据地总人数的3%，号召根据地人民咬紧牙关度过困难时期。中共中央和山东分局的一系列方针政策，给临沭党政军民指明了对敌斗争和根据地建设的方向。

1941年12月，一一五师在朱仓村召开会议，师政委罗荣桓向师直机关和滨海地区部队作了精兵简政的动员报告。报告决定：自本月起至1942年春，一一五师紧缩编制，减少非战斗人员。其中师直机关干部减少了66%，勤杂人员减少了44%，战斗部队也缩减了编制，但战斗连队得到了普遍加强，由过去每个连队平均70人充实到130人。精简中，山东分局、山东纵队指挥部、第一一五师师部合署办公，3个机关由原来的1万人缩减为3500人。

1942年春，临沭县撤销巡会区，挂剑区划归郯城县。同年7月，鲁南四行署在探索精兵简政的实践中，决定实行小区制，撤销原设立的分级政府，实行区直接领导行政村管理体制。鲁南四地委同时强调，在行政村建立党支部。与此相适应，四地委、四行署决定在全区开展

村选工作，县、区成立村选委员会，各组织选举工作队到区、村协助工作。到当年底，临沭全县设行政村200个，各行政村建立了村政委员会，改选了村长，并较好地执行了政权建设中的“三三制”原则。

自1942年春至1943年春，临沭县先后进行了3次精兵简政，将精简下来的编制人员，充实到基层战斗一线，使武装力量得到加强。通过精兵简政，临沭县区机关的人数，由1942年的342人精简到1943年的154人。地方武装由1942年的206人增加到1943的625人。全县脱产人员不到根据地人口的3%，临沭精兵简政的实施，转变了思想工作作风，提高了机关工作效率，减轻了群众负担，密切了党同人民群众的关系。

二、中共临沭县委改称临沭中心县委

1942年3月23日，中共山东分局决定，鲁中区第五地委与鲁南区第四地委合并为滨海地委，由山东分局直接领导。4月1日，中共滨海地委正式成立，王众音任书记，王永福任副书记。滨海地委下辖日照、莒南、莒中、沭水、赣榆、海陵、临沭7个县委和莒北、日北、马陵3个工委，行政机构仍称滨海专署，专员谢辉，副专员崔介。同时成立滨海军分区，何以祥任司令员，王叙坤任政委。1943年3月12日，中央军委决定成立山东军区，罗荣桓任司令员兼政委，黎玉任副政委，萧华任政治部主任。实行主力部队地方化，撤一一五师和山东纵队所属各旅、各支队的番号，部队整编为13个主力团，其余部队编为地方武装。4月，经中共中央批准，山东分局决定撤销滨海地委，建立滨海区党委，符竹庭任区党委书记，张晔任副书记。行政机构仍称滨海专员公署，谢辉任专员，崔介任副专员。一一五师教二旅、教五旅及滨海军分区番号撤销，合并成立滨海军区，陈士榘任司令员，符竹庭兼任政治委员。滨海主力部队实施精兵简政、干部降职使用原则，整编为3个主力团，其中在临沭一带活动的是以原教二旅四团为基础整编的滨海军区四团，原教五旅政委罗华生任团长，吴岱任政委。同时，临沭县大队整编为临沭独立营，陈士法任营长，铁瑛任政委，吴作恩任副营长。独立营下辖 3 个连，另辖古贺、沂滨、沂东（1944 年成立）3 个大队，共 900 余人。

1943 年 4 月，经上级党委同意，临沭县委改为临沭中心县委，王永福任书记。刘白涛任县长兼滨南特派员。临沭中心县委指导郯城、海陵等县的工作。1943 年 10 月，在滨海区二地委、二行署、二军分区成立的同时，临沭中心县委改为临沭县委，铁瑛任县委书记，李华林任副书记，刘炬、石鳌分别任组织部长、宣传部长，陈乐善任各救会会长，政府县长由张云榭担任。

三、全面开展整风运动

整风运动是抗日战争时期中国共产党在全党开展的一次伟大的马克思主义教育运动。主要内容是：反对主观主义以整顿学风；反对宗派主义以整顿党风；反对党八股以整顿文风。整风运动的方针是惩前毖后，治病救人，既要弄清思想，又要团结同志。1942 年 2 月，毛泽东在延安作了《整顿党的作风》和《反对党八股》的报告，不久中央发出《关于进行整顿“三风”学习运动的指示》，整风运动在全党逐步开展起来。

1942 年 3 月 31 日，中共山东分局在临沭县朱樊村召开会议，山东分局书记朱瑞传达了中共中央关于深入整顿“三风”的指示，并作了动员报告。在山东分局、滨海区党委的领导下，临沭县委从 1942 年春开始部署整风运动。整风运动期间，县级干部一般都被抽调到山东分局或地委整风队进行学习，其他干部坚持在职学习。除党员和负责干部外，同时也欢迎非党员干部参加。由于战事频繁，整风学习主要利用战斗间隙，采取在职学习和进入党校整风班学习，同时结合各种会议进行学习等方式。整风运动中，临沭地方党的各级组织认真学习了中共中央规定的22个文件，检查了抗战以来临沭地区党的领导上存在的主观主义和教条主义作风，对推动全体党员改造思想和改进作风起到了重要的作用。但这一阶段也存在着理论联系实际不够，对党员的思想改造重视不够等问题。1943年4月18日，为贯彻中共中央《关于继续开展整风运动的决定》，山东分局发出《关于重振整风学习的指示》，要求各地组织学委会，制订计划，继续开展整风运动。临沭县委充实了整风领导机构学委会，按干部情况分别编组，以加强学习效果。在新的阶段，整风的方法和步骤是：学习文件，联系实际开展相互批评和坦白运动，写出个人历史和思想反省自传，整风运动持续到1945年春。通过整风，广大干部在端正思想路线，增强党性，克服主观主义、宗派主义、教条主义等方面有了很大的提高，为夺取抗日战争的胜利打下了坚实的基础。

结合整风运动，临沭县委根据滨海区党委的部署，于1943年4、5、6月份，集中开展了一次民主运动，以反对脱离群众、压迫群众的新官僚作风。这次运动自上而下展开，4、5月份在县、区干部中进行，6月份在村干部中进行。为了搞好对村干部的民主教育，县、区按系统分批举办了培训班，参加人员达800余人。通过反对新官僚作风，各级干部的作风有了较大的转变。同时，结合民主建设运动，全县开展了整理与改造支部工作。这次整顿支部的中心任务是加强教育，对党员进行普遍培训，临沭县委先后举办了4期党训班，受训党员100余人。

第二节　开展减租减息运动

一、刘少奇同志进驻临沭

1942年，根据党中央、毛泽东的安排，中共中央政治局候补委员、华中局书记、新四军政委刘少奇在回延安途中，以中央代表身份到山东抗日根据地检查工作、解决问题。4 月 10 日，刘少奇一行到达中共山东分局和一一五师部队驻地——临沭县朱樊村（今属江苏省东海县）。

刘少奇在山东工作了近 4 个月。其间，除了到大树村（今江苏赣榆）调研外，大部分时间住在临沭朱樊，并到过夏庄、东盘调查工作。在山东临沭县，刘少奇深入实际认真调查研究，对山东工作提出了宝贵的意见，帮助山东分局解决了许多重大问题。1942 年 4 月 25 日至 29 日，中共山东分局在临沭朱樊村召开扩大会议，总结了山东四年的抗战工作，滨海区县、团以上领导干部参加了会议。根据刘少奇的指示，山东分局作出《抗战四年来山东我党工作总结与今后任务的决议》（以下称《决议》）。《决议》在充分肯定了党领导的山东抗日根据地四年来坚持敌后抗战的成绩的同时，指出山东工作中存在的缺点和错误：一是我党我军力量还不够强大，对中共中央指示“在山东争取优势”的任务未能完成，在反顽斗争上一度表现不力；二是对建立根据地的重大意义认识不够，根据地还不巩固；三是减租减息的开展还不够广泛深入，基本群众还没有深入发动和组织起来；四是丧失了一些建立政权的历史先机，已建立起来的政权还未成为真正拥有广大群众基础的民主统一战线的政权；五是党的组织还不够健全，工作不深入，领导不民主。同时，《决议》还分析了存在这些缺点和错误的原因，那就是客观上敌人过于强大，主观上是山东抗日根据地党组织在领导上缺少灵活的马列主义的眼光。以此为基础，《决议》提出了山东今后斗争的具体方针和目标。

自 4 月 26 日开始，刘少奇在临沭有针对性地向山东干部作了《关于山东工作》《群众运动问题》《中国革命的战略与策略》等 8 个报告，阐述了马列主义的思想原则，对山东的领导干部进行了一次系统的马克思主义理论教育。刘少奇统一了各级领导对形势和工作方针的认识，按照中央的要求统一了山东的军事指挥，正确处理了山东地区的“抗协”问题，端正了山东的锄奸工作政策，确立了广泛深入发动群众、开展减租减息运动的中心任务。对山东分局及滨海区党的建设、军队建设、思想建设及群众运动作了重要指示，指导、帮助山东分局正确总结了抗战4年工作的经验教训，使山东抗日根据地顺利地度过了抗日战争的严重困难时期。

1942年7月下旬，结束在山东指导工作的刘少奇离开滨海区，在教导二旅旅长曾国华、五团（边联支队）参谋长王六生的率部护送下，踏上返回延安的征程。于当年12月30日胜利到达延安。

二、发动群众开展减租减息运动

减租减息（简称“双减”）是中国共产党在抗日战争时期处理土地问题的基本政策。抗日战争进入严重困难的时期后，为了进一步焕发各抗日根据地广大农民抗日与生产的积极性，发展统一战线，团结各阶层坚持长期抗战，中共中央于1942年1月28日发布了《关于抗日根据地政策的决定》，规定“承认农民（雇农包括在内）是抗日与生产的基本力量。故党的政策是扶助农民，减轻地主的封建剥削，实行减租减息，保证农民的人权、政权、地权、财权，借以改善农民的生活，提高农民抗日与生产的积极性”。“减租照抗战前租额减低25%，减息以一分半为计息标准”，也就是通常所说的“二五减租，分半减息”。

临沭的减租减息运动，是在刘少奇同志的亲自指导和山东分局、滨海区委的直接领导下进行的，在整个山东抗日根据地的减租减息运动中，临沭县起到了典型的示范带动作用。1942年4月，刘少奇在检查指导山东抗日根据地工作时尖锐地指出：山东抗日根据地党组织没有认真发动群众开展“双减”工作，群众运动是各项工作中最薄弱的一环。刘少奇提出批评之后，中共山东分局立即于5月作出《关于减租减息改善雇工待遇开展群众运动的决定》和两个补充指示。接着，山东省战工会颁发了《山东省改善雇工待遇暂行办法》《山东省租佃暂行条例》《山东省借贷暂行条例》。山东各抗日根据地立即开展了“双减增资”群众运动，确定从麦收到年底，把这项工作作为第一位的中心任务在全省铺开。为加强对“双减”工作的领导，山东分局组织工作团进驻临沭、莒南两县进行试点，各级党委都派出得力干部到下级指导运动。

1942 年 5 月 10 日，滨海区临沭、莒南两县为全省“双减”实施中心县后，山东分局决定从党政军领导机关和抗大一分校抽调干部 200 余人组成两个工作团，分赴临沭和莒南两县试点，其中临沭县选在大兴、蛟龙试点。山东分局派驻临沭的“双减”工作团，由抗大一分校文工团 40 余人和该校民运工作团 20 余人组成，袁成隆任团长，李永淮任副团长。工作团下设 4 个工作队，重点在大兴区开展工作，团部驻盐店官庄村。他们采取“中心突破”的方法，以盐店官庄（队长李永淮兼）、大兴（队长刘知侠）、北辰（队长杨德明）、王宅子（队长张承骏）等村为中心，每个中心村又带动周围几个村庄。滨海区在临沭县利城村召开了由 400 余名干部参加的大会，具体部署全区的“双减”工作。

1942 年 5 月 12 日，驻守临沭的八路军主力部队一一五师师部也向所属部队发出指示，要求部队配合地方搞好减租减息，武装保卫夏收。根据山东分局统一部署，一一五师直属队和

▲ 临沭县“减租减息”运动试点工作团驻地旧址

教二旅抽调120名干部，与地方干部组成工作团，重点开展沭水县朱仓区、临沭县蛟龙区和赣榆县黑林区的“双减”工作。

刚开始，群众对“双减”有顾虑，怕工作团待不长，等工作团走了，地主又会把东西要回去，这样结了仇，吃不消。工作团在贫佃雇农中走访串联，讲明工作团一是走不了，就是走了，还有民主政府，民主政府是人民的政府，地主恶霸翻不了天。为把地主的嚣张气焰打下去，工作队抓住典型事例，发动群众，大张旗鼓地处理了罪大恶极的不法地主。大兴镇有个伪村长叫王守标，作恶多端，血债累累，群众见他不倒，都不敢起来。工作队调查清楚了他的罪行，组织群众和他斗争，按照政府法律把他逮捕惩办了。这件事在当地震动很大，人民群众欢欣鼓舞。针对有的认识模糊，认为是地主养活了穷人的观点，工作团采取算账对比的方法，成功地进行了“谁养活谁”的教育，群众随之被发动起来。工作团趁热打铁，于7月3日（农历五月二十日）在大兴区盐店官庄召开追悼大会，悼念1938年被国民党郯城县长梁钟亭杀害的死难群众。山东分局、滨海地委、临沭县委等各级领导机关派人到会，大兴区44个村庄3000余群众参加了大会。县长刘白涛出席会议并讲了话，临沭县委送了花圈。大会公布了3名破坏“双减”工作的杀人凶手，通过了组织自卫团的决议。大兴区举行了有2700余名民兵参加的声势浩大的自卫团大检阅，教导二旅向大会赠送了3支步枪、30多枚手榴弹。这两次大

▲ 贫农大娘在“双减”会上控诉恶霸地主的罪行

会狠狠打击了地主封建势力的嚣张气焰，被发动起来的群众革命热情高涨，根据地很快实行了“二五减租”和“分半减息”，佃农分到了粮食，雇工增加了工资，“双减”增资运动轰轰烈烈地开展起来。

工作团经过艰苦细致的组织宣传发动工作，各村农救会、妇救会，青救会、民兵队等相继成立。按照政策减了租息后，不仅群众的政治地位提高，而且在经济上也获得了一定的利益。小埠子广大佃户成群结队到大地主王庆春的仓库里向自家背回减租得来的粮食时，个个都眉开眼笑，人人都表现出了内心的喜悦，党和抗日政府的威信大大提高。山东分局书记朱瑞在听取临沭工作团的汇报后，充分肯定了大兴区的“双减”工作说：“你们这个梅花式的工作方式很好，以点带面，互相推动。”临沭县及时推广了大兴工作团的经验，“双减”工作逐步开展。不可忽视的是，农救会、青救会、妇救会等群众组织，对开展减租减息工作起到极为重要的作用。

1942 年 6 月底，中共山东分局和滨海地委在临沭县东盘村召开干

▲ 群众自发集会庆祝“双减”工作取得胜利

部大会，进一步布置“双减”工作。会上，袁成隆、管戈分别介绍了临沭县、莒南县“双减”试点工作的经验。刘少奇到会听取汇报并讲话，要求党政军群一齐抓，切实搞好“双减”工作。会后，临沭县委积极地行动起来，迅速在全县广大农村掀起了“双减”增资运动。据1942年底统计，仅临沭、莒南、沭水、赣榆4县，减了租的佃户有1990户，减租亩数达31274亩，共减租额109252斤。其中临沭县在两个月内就有1300多人增资，得粮90000多斤。据同年7月28日《大众日报》载：临沭两个月来2000余人参加农救会，1300多人增资粮食91420斤。至同年秋，临沭县进行“双减”的44个村中，1322人增资，减租1191户，土地11114亩；减息25户，减资1320元。全县雇工1871人，增资粮食220763斤。减租减息将贫雇农充分发动起来，不仅让广大农民在经济、政治上翻了身，而且形成了一支强大的阶级力量，群众一心一意拥护民主政府，抗日热情空前高涨，使我党真正在农村有了坚实的群众基础。

三、全面建立村级政权

减租减息运动是中国共产党领导的一场规模宏大的抗日民族统一战线土地政策，无论是现实意义还是历史意义，其影响都极其深远。减租减息运动在扭转抗日困局，促进各阶层形成共同抗日新高潮，提高农民抗日和生产积极性等方面发挥了无可替代的作用。通过减租减息，广大群众充分认识到集体的力量，工、农、青、妇等各种群众组织得到很大发展。各村普遍建立了农救会、青救会、妇救会等，广大群众的觉悟也进一步提高。同时，群众的精神面貌也发生了深刻的变化，识字班、庄户学、秧歌队等如雨后春笋般建立起来，根据地呈现出一派生机勃勃的景象。

减租减息促进了党的建设、政权建设、干部建设和军队建设。在减租减息运动中，大批贫雇农积极分子被吸收入党，改变了党的成分，提高了党组织的战斗力。1941 年前，临沭县地富出身的党员占 31%，到 1942 年底，在 1305 名党员中，贫雇农出身的就有 828 人，占全县党员总数的 65.40%，而地富出身的党员仅占 4.7%。减租减息运动还开展了反对官僚主义的斗争，并对基层党政组织进行了整顿，党组织真正成为代表人民利益的战斗堡垒。在“双减”工作中，鉴于部分村庄财务混乱，存有严重贪污现象，省战工会决定把整理村财政、进行反贪污斗争作为财政工作的中心任务。1942 年秋，临沭县结合“双减”运动开展了这项工作，对有问题的村庄，发动群众重新选举干部，全县共选出正副村长 295 人，其中有 17 个村自动改选了村长。同时结合反贪污斗争，开展了整理村财政工作，进一步巩固基层政权，密切了党群关系。“双减”工作的开展，提高了广大党员干部的思想觉悟。大批成分好、经过斗争考验的积极分子参加了村政工作，许多人被提拔到了领导岗位。临沭县徐家贺城村的雇工单永和，开始当村长，后来当区长，抗战胜利后当上了临沭县县长。大兴区盐店官庄村农民张砚田，是开展“减租减息”运动的积极分子，被提拔担任大兴区农救会会长、各救会会长。1943 年 10 月中旬，他被提拔为大兴区区长。通过减租减息，临沭县掀起了参军热潮，有力推动了此后的大生产运动的开展。

在刘少奇同志的具体指导下，临沭县开展了大规模的减租减息运动。减租减息运动宣传贯彻了党在根据地的土地政策，改善了群众生活，调动了农民群众的生产、抗日的积极性，扩大了党和八路军的政治影响。为保证减租减息运动的顺利开展，临沭县委、县政府同步加强根据地锄奸保卫工作。全县自上而下健全基层保卫组织，巩固根据地的治安秩序。县公安机关开展反“扫荡”、反“蚕食”，加强情报侦察工作，发现和除掉敌伪安插在根据地内的情报站和情报员，镇压和消灭敌伪在边沿区建立的地下伪政权和地下军，保卫了根据地党政机关的安全。

第三节　建设巩固临沭抗日根据地

一、巩固抗日民主政权

巩固临沭县抗日根据地，必须加强抗日民主政权建设。1940 年 3 月，中共中央发出《抗日根据地的政权问题》的指示，要求建立“三三制”（即共产党员、左派分子、中间分子各占三分之一）的抗日民主政权；中共山东分局于 6 月 8 日作出《关于政权问题的新决定》，要求各级党委充分认识到政权工作的重要性。1940 年 1 月至 1941 年 2 月，临沭抗日根据地党组织着重领导县、区、乡各级民主政权的建立，采用普选的方式，先选出参议机关和行政委员会，再选出县、区、乡长等行政干部。到 1941 年 8 月苍马县委改称临沭县委时，临沭县已建立了沂滨、岌山、古贺、大兴、蛟龙、夏庄、巡会、挂剑、店头、钟山等 10 个分区，同时各区分别建立和完善了党政军群等机构。

1941 年初至 1942 年底，按照上级党委要求，临沭政权建设由原来注重县、区行政建设转变为巩固上层、深入开展下层村选的民主建设阶段。1941 年 10 月，山东省战工会制定的《村政工作大纲》规定，各村应采用普选的方法整理村政，成立公民代表会议，建立村政委员会。临沭县积极响应上级号召，当年秋天初步开展村选工作，并把这一工作与整理村政工作结合起来。这次村选，主要是在有问题的村庄进行。通过选举，清除了混入村政权的地主代理人、地痞流氓和贪污分子。1942 年 1 月，滨海专署决定实行小区制，撤销乡，区政府直接领导行政村。四地委强调，在行政村建立党支部，同时决定在全区开展村选工作。县、区成立村选委员会，县里组织选举工作队深入到区、村协助工作。至 1942 年年底，临沭县 200 个行政村建立了村政委员会，改选了村长，改选中较好地执行了政权建设中的“三三制”原则。

以村选为中心的民主建政工作，提高了全县广大党员的工作能力和广大农村群众的思想觉悟。临沭县店头区原细柳庄、巡会区陈家巡会等 17 个村的村长，因平时勾结地主欺压百姓、贪污腐化，群众纷纷起来开展说理斗争，最后通过选举直接罢免了职务，选出了群众信任的贫农干部。1942 年 6 月 15 日，临沭县抗日民主政府专门召开桃园、古贺两个区的行政村长会议，有 40 多人参加会议，山东省战工会、滨海专署也派员到会指导。会议以交谈的方式交流了各村经济、文化、群众负担、群众组织等各项工作情况，公开征求群众对上级的意见并作出具体答复，与会村长十分满意。为此，《大众日报》在报道中指出："这是检查村政的新方式"。

1943 年 1 月至 1945 年 8 月，在两年多的时间里，临沭县进一步落实"三三制"原则，继续改造村级政权，使村级政权建设得到进一步巩固和加强。1943 年 3 月 5 日，滨海区第一届参议会第二次大会在莒南县召开，到会的参议员及党政军民代表共 200 余人。大会决定改参议会主席团制为议长制，选举高赞非为参议长，临沭县参议会参议长徐金六被选为副参议长。1943 年 4 月 25 日，临沭县第一届参议会第二次大会在卢格庄召开，到会议员 57 人，县抗日民主政府与参议会驻委会向大会报告了 3 年来的工作。会议进行了民主选举，补选了驻会议员和县行政委员会委员。到会议员本着"眼宽、耳真、心热"的精神，提出了 18 类议案计 58 件。5 月 10 日，县政府召集行政委员研究了提案，并于 5 月 11 日召开区长联席会进行传达执行。

为进一步巩固和扩大村选工作，1943 年 5 月 1 日，临沭县成立县选举委员会，选举徐金六、王更生、韩瑞三为主任委员，刘白涛、王永福、杨鹤久、杨德明、王照华、何奇等为委员，委员会下设秘书股、选举股、宣传股，并出版《民主导报》。选委会以桃园区为试验区，首先创造经验，拟定村选条例，以此指导全县村选工作。自此，全县村级政权建设向纵深发展。

二、大生产运动形成热潮

由于日伪的疯狂进攻和国民党顽固派联合反共，加之粮食歉收和严重的春荒，根据地军民弹药、衣被、医药和食品奇缺，临沭县抗日根据地遇到了严重的困难，大生产运动便是在这一背景下开展的。

1942 年 7 月，临沭县积极行动起来，大力发展工业生产。当年底，全县建成鞋厂 1 个，拥有资金 1 万元；纸厂 1 个，拥有资金 1.5 万元。全县有铁机 513 张，木机 32 张，纺车 1243 架，政府支援贷款 219.36 万元。成立织布合作社 2 个，拥有股金 1.7 万元。1943 年 3 月 8 日，临沭县春耕委员会发出专门指示，要求村级春耕委员会将全村人力、畜力组织起来投入生产，并组织代耕队，帮助抗属及无劳力贫民耕种，保证全村不荒一亩田。1943 年 10 月，临沭县就开展大生产运动提出三项要求：一是以党委为核心，机关团体脱产干部投入开荒生产，当年秋天每 4 人种地 1 亩，明年春天每 2 人种地 1 亩。二是开展拾粪活动。三是组织搭犋队，为明年生产丰收打下基础。四是自 10 月 17 日起，统一学习中央“十一”指示，专门讨论生产问题。临沭县的大生产运动开展得有声有色，10 月 9 日、30 日，《解放日报》分别以《临沭实行减租后，农村经济欣欣向荣》《贯彻党中央“十一”指示，临沭县委开展生产运动，发动机关生产，组织群众劳动互助》为题，报道了临沭县开展大生产运动以来农村经济发展、人民生活改善出现的巨大变化。1943 年 10 月，中共中央、山东分局关于开展大生产运动的指示下达以后，临沭军民再次掀起大生产运动高潮。1944 年春，全县各级党组织和民主政府大力宣传发动组织群众，以互助合作的形式发展生产。至 1944 年 3 月，临沭县有七分之一的村庄组织了搭犋队，其中巡会区超过四分之一的村庄组织了搭犋队，共有 1400 余人参加。4 月，县委、县政府组织力量，对 70 余个村庄的搭犋队进行改造、整顿，使搭犋这一互助合作形式更加合理，更加有利于调动群众发展生产的积极性。全县改造后的搭犋队有 3000 余户、2500 个整劳力、4000多个半劳力。1944年4月29日，《解放日报》以《鲁中临沭的搭犋队》为题，介绍了临沭搭犋队取得的成就。大生产运动中，县委、县政府实行鼓励开荒、奖励劳动模范、鼓励发家致富以及发放贷款扶助生产的政策，有力地调动了群众的生产积极性，全县涌现了许多劳动模范。

在纺织生产方面，临沭县充分发动群众，开展群众性的纺织生产，1944年7月，成立纺织指导所推广纺织技术，培训纺织能手。蛟龙区红土村中医王寿福经长期研究，创造出一种新型纺车，一辆纺车可出12个线头，同比旧纺车提高产量12倍。王寿福因此受到滨海专署表彰，被荣记个人二等功，特发给奖金500元（后本人又献给政府）。

1943年12月20日，滨海区生产展览及劳模大会在莒南县坪上村隆重开幕，劳动模范郑信、王殿信（临沭）、陈大娘（临沭）、王永禄当选为大会主席团成员。山东军区政治部主任萧华等出席大会并讲了话。这次大会，对大生产运动起到巨大的推动作用。1944年春，通过贯彻中央“十一”指示精神，全县大生产运动形成新的发展局面。一是开展变工互助。《大众日报》当年3月刊载的专题报道指出：在群众生产方面，以临沭较为普遍……，综合性和各种专门性合作社也在手工业、修理业、纺织业、商业等行业中逐步发展。二是抓农业生产。全县自上而下掀起开荒热潮，精耕细作，增施肥料，改良品种，

▲ 1943年12月21日，临沭县劳动模范王殿信、陈大娘在滨海区生产展览及模范劳动者大会上被选为主席团成员

争取实现“耕三余一”(即生产三年省下一年粮）和“耕二余一”。三是进一步开展群众性的纺织业生产。县、区、村通过举办纺织技术训练班、纺织表演比赛等形式，扩大纺织队伍，提高纺织技术。据统计，1944年，全县已有铁机100架，木机698架，纺车6061辆。四是因地制宜发展工业。除原办纸厂、鞋厂外，新建夏庄、巡会两处酒厂及夏庄木业厂。五是继续搞好部队和机关生产。县委、县政府实行鼓励开荒、奖励劳模、鼓励劳动创收以及发放贷款扶助生产等政策，有力地调动了广大干部群众的生产积极性，涌现出许多劳动英雄、劳动模范。1945年1月11日至28日，滨海区召开劳动模范大会，临沭县的李庆明、王松山被选为劳动英雄，葛树恩、韩克义、张君正、韩守彩、吴善荣等14人被选为劳动模范。

为落实中共中央提出的“战斗与生产相结合”方针，驻临沭八路军部队、临沭地方武装在保卫根据地的同时，因地制宜开展大生产运动。1942年7月19日，临沭县境遭遇蝗灾，蝗虫飞落之处，庄稼叶苗全无。在严重灾害面前，临沭军民并肩开展了一场扫蝗歼灭战。仅沭海支队3日内即捕蝗1万余斤。同月21日，蝗虫逐渐被驱离出境。驻临沭的八路军“老四团”积极开展生产节约运动，成为当地群众学习的模范。1943年3月，“老四团”成立100余人的专业生产队，下设运输组、贸易组、种菜组、生产组，办起了油坊和鞋厂。到当年底，他们人均创造和节约的产值达600元北海币。通过开展大生产运动，“老四团”不仅解决了自身物质需求，改善了部队生活，减轻了根据地人民的负担，而且还能拿出一部分财物接济当地困难群众，使军民关系更加亲密。同时，地方武装临沭独立营也取得优异的成绩。1943年7月至9月，独立营开荒20亩，播种花生8亩，收2370斤；种高粱6亩，收750斤；种小麦11亩，收240斤（土质不好）；种菜11亩，收40000斤；种黄豆5亩，收644斤。养殖业方面，喂羊28只，猪2头。另外还开办油坊一座，积累生产基金15264元，运盐基金94718

元，10 个月实现利润 2039 元。在节约方面，共节约经费 23760 元，鞋袜费 10676 元，节约粮食计小麦 8482 斤，粗粮 6835 斤。

临沭县军民大生产运动的蓬勃开展，较好地支持了根据地长期抗战，解决了军民供需重大困难，打破了日伪及国民党顽固派的经济封锁，储备了大批粮油棉等重要战备物资，发展壮大了抗日力量，加快了根据地的建设。不仅为抗战胜利准备了物质条件，更培育了抗日军民艰苦奋斗、不畏艰难的战斗精神。

三、开展双拥及大参军运动

1941 年 7 月 4 日，中共山东分局在《抗战第五年的山东十项建设运动》中，把“努力优待抗属，爱护主力军”作为十项建设运动的主要任务，要求山东各抗日根据地和民主政府，开展拥军优属运动，以群众的力量解决抗日军人家属的生活问题。

早在 1940 年 1 月，南古庄解放后，人民群众就热烈开展拥军祝捷活动。1943 年 2 月，临沭驻军召开军政、军民联欢会，举行了隆重的拥政爱民十项公约宣誓，制定拥（拥政、拥军）爱（爱民）计划，开展“一担水”活动。临沭县委、县政府在东八里巷召开拥军大会，全县掀起拥军优属运动。同年 12 月 8 日，山东分局、山东军区政治部联合发出《关于 1944 年拥军与拥政爱民工作指示》，颁布《山东八路军拥政爱民公约》10 条。遵照上级指示，进驻临沭的八路军广泛开展拥政爱民运动。

与临沭人民并肩战斗的“老四团”即教二旅四团，不仅是能征善战的劲旅，更是拥政爱民的模范。教二旅四团将开展“拥爱月”、春耕春种突击周、夏收夏种突击周等活动与经常性的“拥政爱民”活动结合起来，从机关到连队，从干部到战士，人人争当拥爱模范。他们经常邀请老房东、老乡、士绅名流等召开座谈会，征求意见或建议，并举办文艺晚会。结合“一担水”活动的开展，帮助群众挑水、劈柴、送粪、推磨、锄草等。1943年6月1日，正值沭河西岸麦收之际，醋大庄据点日寇小队长岩上为抢夺小麦，向附近各村强征民夫500余人和80辆大车。“老四团”获知情况后，立即命令七连和区中队并肩行动，用武力将据点紧紧围困起来，掩护群众割麦5000亩。期间，敌人曾出动抢粮5次，均被七连奋力击退，有力地保护了夏收。

军爱民，民拥军。1944年1月中旬，临沭县参议会、县政府主动致函二军分区，表示争当拥军模范县。函中表示：一是用各种方式教育群众拥军；二是由优秀区、村干部率领群众参军，建一个营；三是组织抗属发展生产；四是责成全县政府干部访问抗属，解决生产生活困难；五是执行“优粮送上门”决定。1月28日，临沭县抗日民主政府成立拥军委员会，召开全县拥军大会，确定以农历正月为“拥军月”，掀起了声势浩大的拥军热潮。1945年2月，岌山区召开全区村干部大会，专题总结检查拥军优属工作。

拥军优属、拥政爱民运动，密切了军政、军民关系，推动了群众性的参军热潮。临沭县于1944年初、1945年初、1945年8月，先后三次掀起大参军热潮。除了从党内到党外进行宣传动员外，县、区、村也召开专门会议，区与区、村与村之间开展竞赛活动。动员干部、教员、学生、农救会员、妇救会员等社会力量，在全县树立了“好铁打好钉，好男要当兵”“一人当兵，全家光荣”新风尚。1944年2月中旬，滨南拥军大会在店头召开，有2万多人参加了大会。会上，有392人报名参军，成立了滨南军分区“白涛营”。3月初，全县第一次参军1099人，完成区党委分配任务的366%。其中到主力部队的988人，到地方武装的111人。1945年2月，为贯彻滨海专署参军指示，临沭县委在朱村召开全县干部大会，总结了上年度参军工作经验，采取“跳台”（即在会场上扎台子，参军的人跳到台上报名）方式报名参军。由于工作细致深入，方法措施得当，全县有1000名青年参军入伍，超额完成滨海专署分配的300人任务。夏庄区东北村妇救会主任陈大娘（吴淑华）说服儿媳，领着大儿陈庆祥第一个到区里报名参军，为全区动员参军工作开了好头。在滨南拥军和欢迎新兵入伍大会上，陈大娘登台演讲，倡议全县人民用实际行动拥军支前，鼓励广大青年参军杀敌。县妇救会会员、蛟龙区妇救会会长李大娘（陈元君）头一年刚把大儿李文送上部队，这次又把二儿李章送到八路军四团。她的行为，带动影响了全村 240 余名青年参军入伍，李大娘成为当地拥军母亲的一个典型。

四、根据地抗日武装力量不断发展壮大

临沭县地方武装力量建设，随着当地抗日救亡运动的兴起和敌后游击战争的开展不断发展壮大。自 1940 年春开始，临沭一带先后建立的抗日武装队伍有：1. 郯东北青年抗日救国营。1940 年春，郯东北青年抗日救国营在办事处黄庄子成立。石涵九任大队长、权新年任教导员，徐相谦任供给处主任。青抗营下辖 25 个中队，700 余人。当年 6 月，青抗营 500 余人编入一一五师教导五旅，南下支援新四军，余部 7 月编入苍马游击大队。2. 郯东北民众抗日动员委员会特务大队。1940 年春，由郯东北动委会办事处组建，钟伯荣任大队长，下辖三个中队，200 余人。是年 7 月，特务大队编入苍马游击大队。3. 五乡边防大队。1940 年 5 月，郯东北动委会在苍马区沭河西岸的青山、石河等五乡组建不脱产的抗日武装。刘福田任大队长，刘家瑞任指导员，枪支弹药由 5 个乡的各个村筹备，驻防韩家埠。主要任务是抗击日伪军对抗日根据地的“蚕食”和扫荡。当年 7 月，五乡边防大队编入苍马游击大队。4. 苍马游击大队。1940 年 7 月，刘白涛同志调任中共苍马工委书记兼苍马办事处主任，苍马办事处随即对苍马地区群众抗日武装进行整顿。将动委会特务大队、五乡边防大队、青抗营编入教导五旅后余部，整编成苍马游击大队。苍马游击大队下辖 4 个连，近 500 人。5. 山东省国民抗敌自卫军独立营。1941 年夏，沭水县青云区

（今临沭县）第一任区长王汉农被山东省国民抗敌自卫军委任为独立营营长。王汉农很快建起下辖3个连的200余人的独立营，常年在滨海一带活动。6. 伊斯兰抗日救国大队。1941年12月底，由文益太、张云溪、张兴武等发起，在店头清真寺内召开大会，成立了临沭县伊斯兰抗日救国大队，又称临沭县回民大队，大队有70余人，文益太任大队长。该大队由临沭县大队领导，1944年冬，该大队升级到沂河大队。7. 临沭县大队。1941年临沭县抗日民主政府建立后，苍马游击大队即改为临沭县大队。县大队政委由县委书记兼任，大队长由县长兼职或配专任。建制三至四个连队。1943年春，临沭县大队改为临沭县独立营。8. 临沭县独立营。1943年春，临沭县独立营在南古庄组建，铁瑛任政委，陈士法任营长，吴作恩任副营长。独立营下辖3个连队，300余人，归临沭县委领导，军事上受滨海二军分区（滨南军分区）指挥。1944年秋，临沭县独立营发展到4个连，人员增至500余人。9. 临沭县独立团。1945年2月，在临沭县独立营的基础上，扩建成立临沭县独立团。团长郭廷万、政委铁瑛，副团长袁光泉，下辖3个营。1945年8月，临沭县独立团参加了解放临沂的战斗，后转入主力部队。10. 山东国民抗敌自卫军独立团。该团由土匪武装高振东部改编而成。高振东系该土匪武装首领。1941年10月，高振东部600余人被收编为山东省国民抗敌自卫军独立团。团长郑亦桥、副团长高振东（后叛逃），政治部主任马培卿，不久该部被编入一一五师教导二旅六团。

1942年8月1日，山东军区发布《八一训令——为加强县、区武装、人民武装而斗争》。根据训令指示，临沭县积极加强民兵建设工作。民兵组织一般先由村建立自卫团，然后在中心村建立起游击小组、青年抗日先锋队和游击小组基干队。根据斗争需要，在村与村、乡与乡之间建立联防组织，成立相应的指挥部。1942年底，全县各级政府武装发展到867人，群众武装11314人，拥有步枪1589支；其中游击小组 1731 人，拥有步枪 1199 支；青抗先 40 人，拥有步枪 40 支；普通自卫团 960 人，拥有步枪 330 支。群众武装的人数已经超过了全县人口的 3%。

为加强全县武装力量的领导，1942 年 10 月，临沭县临时武委会成立。宫建国为主任，钟伯荣为副主任。武委会成立后，县政府撤销武装科。同年 9 月 30 日，临沭县召开县政府成立两周年大会。大会检阅了民兵，宣布成立战时民兵指挥部，由刘白涛任总指挥，王永福任政委，宫建国任副总指挥。1943 年 10 月中旬，县委又召开地方武装干部会议，讨论地方武装的统一领导与发展整训问题，决定全县各区中队由独立营代表党委负责领导，并在独立营中增设军、政干部各 1 人。

“为反攻，为抗战，人民武装大训练。爆炸射击一齐练，看谁是英雄，看谁是模范。”这是 1944 年 10 月初，滨海军区发布冬训的整训歌，规定从 1944 年 10 月中旬至 1945 年 4 月开展大练兵运动。按照统一部署，临沭民兵利用冬季时间进行以练武和提高军事技术为内容的整训，训练同时加强“靠谁反攻”、民兵的作用以及遵守政策纪律的教育，提高了广大参训民兵的政治觉悟性和战斗力。经过多次规模不同的集中整训，临沭县人民武装队伍在坚持边沿区对敌斗争的实践中，发挥出越来越重要的作用，涌现出一批战斗英雄。1943 年 12 月 7 日，石门左坞村杨佩珍、景芝祥、黄戎河、刘贤义、徐仁坦 5 位荣誉军人，将 9 名前往石门一带投匪的伪军全部俘获，缴获机枪 2 挺，步枪 7 支，受到滨海军区的致函嘉奖。1944 年 6 月下旬，滨南行署召开模范民兵座谈会，临沭的马邦才、张思孟、吴德胜等受到表彰奖励。8 月 2 日至 16 日，山东军区在莒南坪上召开首次战斗英雄、民兵英雄代表大会，临沭县派出了近 20 人参加大会。马邦才、张思孟、吴德胜被授予民兵英雄称号，张思孟代表全省民兵在代表大会上作了典型发言。

五、抗战时期临沭县经济建设

经济保障是抗日战争胜利的基础。1943 年以来，临沭抗日根据地不断加强财政经济工作。实行减租减息，调动各阶层群众抗日积极性，开展大生产运动壮大根据地经济，统一和规范财政经济制度保证党政军机关的财政供给，使全县财政经济工作摆脱了困难，从而为胜利开展战略反攻，夺取抗日战争的最后胜利奠定了物质基础。在“发展经济，保障供给”方针的指导下，临沭县加强工商贸易、货币和税收管理，进一步开展减租减息，以降低田赋减轻农民负担，根据地人民群众的生活水平逐步提高，经济困难状况得到改变。

货币斗争是对敌经济斗争的主要方面。太平洋战争爆发后，日本帝国主义将掠夺的几十亿元法币（国民党政府发行的货币）投向大后方和抗日根据地，以此大肆掠夺根据地资财。同时，日军还大量发行伪币（伪政府发行的货币），借机搜刮人民的财富。1943 年 7 月 1 日，临沭县抗日民主政府召开党政军民会议，成立停用法币委员会。会后，全县各级都建立了停用法币委员会，对抗日民主政府的货币政策进行广泛宣传。自此全县正式停止使用法币。

为了加强对工商管理工作的统一领导，1943 年 9 月，滨海工商局临郯支局成立，统一领导临沭、郯城两县工业生产、贸易、货币斗争、商业行政、税款征收、合作事业、缉私稽查等工作。支局同时兼营商业，在临沭县大官庄村设百货商店总店，在井店、夏庄、店头、巡会、大兴、大于科、小于科等处设立分店，在大官庄、盐店官庄设立盐店。这些商店的设立，是临沭县第一批公营商业，临郯工商支局还在临沭各重要集镇设立事务所、检查站，负责税收和市场管理，管理工商业者。临沭工商管理工作的加强，维护和推动了根据地财政经济工作的健康发展，临郯工商支局成立后不久，全县的商贩就发展到了 7000 余人。

在加强工商财贸工作的同时，“双减”工作也在推进开展。临沭县于 1942 年开始以减租减息、增加雇工工资为主要内容的群众运动，到 1943 年下半年，“双减”工作初见成效。1943 年 8 月 24 日，临沭县各救会代表大会召开，大会总结了一年来全县“双减”“增资”工作情况，其中仅在增资中雇工即得到粮食 3.58 万斤。1943 年 10 月，山东分局发出指示，要求各地立即开展一个以“查减”（即检查减租减息）为中心的群众运动。临沭县积极行动起来，从查减、反霸和基层民主选举等工作入手，把以减租减息为中心的群众运动工作进一步推向纵深。

1943 年 12 月，临沭县以岌山区为重点，展开查租、减租工作。县委以反霸斗争为突破口，对群众进行算账对比，进行“谁养活谁”的阶级教育。反对“恩赐”观点，放手发动群众，将“查减”同改造村政权结合起来。自 1944 年 10 月起，临沭县“查减”反霸斗争掀起新高潮。滨海区党委派段林带领工作团先后在临沭县大官庄、朱村、曹庄、旺南庄等地指导“查减”斗争。经滨海区党委批准，临沭、海陵、赣榆三县数千群众联合起来，集中斗争大兴区封建地主头子郑德轩。郑德轩是大兴区的一霸，与土匪和土豪劣绅均有勾结。大会历时两天，滨海区党委及二地委群团组织负责人杨涤生、张忠堂、王照华、孟贯军等到会指导。在与会干部群众的愤怒声讨中，恶霸郑德轩终于低下了头。大兴区这场斗争会的成功举行，使得全县上下群情振奋，“查减”斗争得到迅猛发展。其后临沭各区、村都选择民愤较大的恶霸地主，组织群众开展联合斗争。

在落实“查减”工作中，临沭县注意把这一工作和基层民主选举结合起来，实现了“查减”工作同巩固基层政权相结合。1945 年 6 月 29 日，临沭县委专门研究民主选举和“查减”问题，并决定：（一）县区领导要掌握“查减”基点，推动完成民主选举。（二）群众团体与参议会的选举同时布置。县、区党组织除加强政治领导外，具体指导县选委会和区选举办事处的工作。（三）教育重点，在“查减”较好的村子，以民主教育为主，同时进行前途教育、翻身教育。“查减”不彻底的村子，在进行民主教育的同时，着重进行翻身教育。蛟龙区是该项工作的典型。蛟龙湾惨案发生后不久，该区在医治惨案创伤的同时，迅速掀起“查减”高潮。当年6月份，蛟龙区蛟龙湾、朱樊两村召开规模较大的联合斗争大会，有力推动了全区35个村庄的“查减”斗争。至8月中旬，该区两个月来共有2877户农民获得落实，总数达到150万元。各救会员发展到800人，占总人口的4%，有168人被选举或委任到区、村领导岗位上来。到1946年上半年，全县该项工作结束。

六、抗战时期临沭县文化教育卫生工作

1940年，中共中央发出《关于开展抗日民主地区的国民教育的指示》。同年8月，山东省战工会颁布《山东省战时施政纲领》。要求各地改革学制，改编教材，普遍设立抗日小学和成年民众学校，使儿童、青年、妇女及工农大众接受教育。1941年春，临沭县抗日民主政权建立后，全县教育事业逐步得到恢复发展。

小学教育。在教育管理体制上，县政府设立了文教科，各区设立了文教助理，区以下实行中心小学区制。学校实行县文教科、区公所、联防区（通过中心小学）三级管理。学校所在村设立文教委员会，吸收教师参加，共同管理学校。有的小学还成立了校董会，实行民办公助。教师一般由县文教科任用和考核，教员经费由抗日民主政府拨给，主要解决教师待遇和学校办公经费。在改造原有教师、分配干校学员的基础上，通过吸收外地知识青年进入教师队伍，增训农村的文化者充实等措施，解决教师配备问题。1942年底，全县建有高小6处，中心小学8处，初小74处。在校学生3147人，其中男生2891人，女生256人。到1943年，全县抗日小学已发展到131处，在校学生5128人。全县除少数边沿区外，百户以上的村子，大都有了抗日小学，全

县教师队伍达到二三百人。

1944 年 6 月 13 日，根据山东省政委会《关于教员整风的指示信》精神，县委在王家贺城村举办中小学教师整风班，整风班结束后，县委又于 10 月再次集训教师，整顿思想作风。参加整风的教师集体学习莒南县洙边区刘家莲子坡教师张建华创办“庄户学”的经验，在驻村试办庄户学。1944 年底，全县大部分小学改为庄户学。1946 年 3 月至 8 月 25 日，山东省第二次教育会议召开，会议提出公办小学转民办，实行民办公助的教育改革措施。此后，全县 105 处公办小学转为民办，262 名小学教员转为民办教员，教师待遇由办学村自筹。

中学教育。1941 年冬，鲁南地区召开文教会议，研究创办沭海中学。鲁南专署决定，由四行署主任刘白涛任沭海中学筹备主任。1942 年 2 月，沭海中学在临沭县朱樊村成立，朱明远任校长，郇华民任副校长，靳耀南任教导主任。学校成立不久，便开始酝酿与滨海中学（1941 年 7 月 7 日成立）合并。1942 年 7 月，两校在沭水县湖子村（后属临沭县）合并，统称滨海中学，高夔宸任校长，原沭海中学为一部，原滨海中学为二部。1945 年 8 月，为适应形势发展需要，滨海中学在改为滨海建国学院的同时，又分别建立了滨南、滨北中学。

成人教育。在发展成人教育工作中，县政府将其作为提高抗日根据地群众政治、文化水平的重要任务，采取开展冬学运动的形式，在各区组织开展。1942 年 11 月 7 日，山东省战工会发布《山东省一九四二年冬学运动方案》，要求广泛开展群众性的文化教育运动。1942 年冬，临沭县冬学工作有了更进一步的发展，各区召开基层干部、小学教师和冬学民师会议，组织参观了模范冬学。通过广泛发动，根据地各村普遍成立了夜校和妇女识字班，广大基层干部、男女青年大都参加了学习。是年冬天，临沭县开办冬学 93 处，拥有学员 2534 人。省、地文协组织了教育观察团，前来检查指导工作。1944 年 2 月 13 日，《大众日报》报道了大兴区冬学转为民校的做法。2 月 28 日，山东省战时行政委员会发出《关于开展今后民校工作的指示》，要求各地有计划地将冬学转为民校，使文化教育、生产劳动和对敌斗争结合起来。自此，全县冬学逐步转为常年举办的民校。

在职教育。在开展战时国民教育的同时，临沭县还发挥利用上级各种干部学校入驻临沭境内的优势，有计划、有步骤地开展在职干部教育。1941 年冬，鲁南三地委举办苏鲁边军政干校临沭干部培训班。1945 年春，滨南行署在蛟龙湾村成立滨海干校，该校共举办两期训练班，区、村在职干部 120 余人得到培训。抗日战争期间，抗大一分校、泽东干校山东分校以及山东分局党校、滨海地委党校等也为培养临沭干部做出了贡献。

抗日战争时期，临沭人民把宣传本土文化当成团结群众、打击敌人的重要武器，根据地的文化宣传活动非常活跃。加上一一五师、山东纵队和省、区等各级文化部门、文艺团体常驻临沭，进一步推动了全县文化工作的开展。1942 年冬，京剧爱好者马祥甫、马润生到大兴区盐店官庄村筹备成立评剧研究社，马祥甫任主任，马润生任副主任，这是临沭县的第一个剧团。1943 年初，该团改为滨海评剧团。1942 年 10 月，抗大文工团刘知侠、王久鸣创作了著名歌曲《沭河的歌声》。这首歌热情讴歌了临沭军民的抗日斗争，在临沭县乃至滨海区广为传唱。1943 年 4 月下旬，临沭县文化界救亡协会与小学教员救国联合会成立。在文协、教联会和有关方面的共同推动下，全县农村文化活动空前活跃，形成了“村村锣鼓响，庄庄有剧团”的文化繁荣局面。

为适应抗日斗争和群众工作的需要，医药卫生事业在临沭根据地逐步发展起来。1944 年初，县参议长徐金六、副参议长韩瑞三主持筹办临沭县医药合作社，在开明绅士中募捐经费数万元。同年 5 月，医药合作社在朱樊大花园正式成立。徐金六任主任委员，王正甫任药房主任兼医师，工作人员 30 余人。医药合作社是临沭县第一个合作性质的民办医药团体，对贫苦民众、革命军人和革命工作人员免费治疗，对一般民众也收费低廉，因而群众亲切地称之为“平民药房”。1945年春，平民药房整编扩大为滨南医院。1947年5月，滨南医院与滨北医院合并，改称滨海医院。1949年下半年，在滨海医院的基础上，组建了临沂地区人民医院。

在各级各部门的大力倡导和临沭县广大抗日群众的积极参与下，临沭县抗日根据地的宣传文化工作卓有成效地开展起来。当时的根据地，到处都能听到革命的歌声，到处能看到鼓舞人心的革命标语，还有农闲时节的文艺演出。这些文化宣传活动，对发动和组织群众，揭露和打击敌人起到了极大的作用。

第四章　夺取抗日战争的最后胜利

第一节　开展反扫荡、反蚕食、反封锁斗争

一、整编高振东土匪武装

在对土匪开展的武装斗争中，临沭县委在执行党的统战政策前提下，根据现实具体情况，灵活运用打击、瓦解相结合的措施，在一切有利于壮大抗日队伍力量，巩固发展壮大抗日根据地的基础上，在对高振东土匪武装进行收编的同时，对与人民为敌的土匪武装势力坚决予以剿灭。对于根据地边沿各种土匪势力，临沭县委坚持具体情况具体分析，对日、伪、顽等与我为敌的土匪力量，采取分化瓦解、争取教育的办法，力争化敌为友。1941 年 8 月，在上级党、政、军等部门的帮助下，临沭抗日民主政府对土匪高振东部进行收编，1942 年春，又对王其信土匪武装部进行整编。经过多方努力，高振东部被整编为山东国民抗敌自卫军独立团，郑亦桥任团长，高振东任副团长，苍马抗协办事处主任马培卿任政治部主任。整编后，由于缺乏强有力的思想政治工作，该团内部曾出现数次叛逃事件，后该团被改编到教导二旅三团，郑亦桥调任滨海军区高级参议，高振东任军区参谋。解放战争时期，高振东投靠国民党反动派，于 1948 年被处决。

王其信是在临沭西南部一带活动的匪首，有土匪武装 500 余人，其活动区域是滨海至鲁南交通沿线一带。争取王部归正，对维护临沭抗日根据地安定，保卫红色秘密交通线畅通有重要意义。经过教导二旅敌工部门及临沭、郯城两县有关人员的多次工作，王部最终被整编为山东国民抗敌自卫军独立二团。整编后，王部名义上服从指挥，暗地里却继续搞土匪活动。后来，王其信又率大部人员叛变。

临沭县委、临沭县人民政府对于勾结伪军和顽固派破坏抗日的土

匪坚决予以打击。早在民国初年，苏鲁结合部的马陵山区一带就有土匪聚居。抗日战争期间，土匪更是趁着日军入侵、国民党顽固派对当地人民变本加厉压榨之机，疯狂残害当地群众。1941 年 5 月，一一五师教导二旅四团奉命开到苏鲁结合部剿匪。教导二旅四团在临沭自卫团的配合下，向盘踞在陈家埠、李家莫疃、后宅等地的数股土匪连续进行多次围剿，捣毁莫疃、陈家埠之匪巢，击溃宋善久、陈永兰、高继真等匪部，歼匪 130 余人，救出被抓群众 30 多人。其中有 3 股土匪请求归顺抗日队伍，使此地 20 多个村庄结束了长期受众匪骚扰的历史。

二、岌山反“扫荡”击毙日军大队长小林

日军侵占临沂后，开始在沂河沿岸、临郯公路沿线以东大挖封锁沟，沟边垒起高高的城墙。封锁沟宽 1 丈有余，绵延几十里，每隔一、二华里就修建一座炮楼。一眼望去，“沟墙横贯，炮楼林立”。同时日军在沭河西岸的大哨、醋大庄、黄庙挖沟筑墙修建据点，多次纠集兵力向临沭县西部根据地“扫荡”。1942 年 9 月 28 日，驻临沂日军纠集临郯公路各据点日伪军 700 余人，由日军三十二师团二二一联队小林大队长指挥，携带迫击炮 1 门、掷弹筒 2 个、重机枪 2 挺、轻机枪 10 余挺，气势汹汹地向临沭县岌山区根据地扑来。

接到敌情报告，驻守在沭河东岸的八路军一一五师教导二旅四团遂决定派出一、三两个营的兵力，在马陵山北麓的岌山脚下设伏。临沭县大队、岌山区中队和西山前、马庄、曹庄等村民兵按照临沭县武委会的命令，及时赶到指定位置，与主力部队一起布成“口袋阵”。当敌军进入伏击圈后，严阵以待的八路军主力、地方武装一齐开火。突然遭到打击的敌人惊慌失措，顿时乱了阵脚。正当骑着洋马的日军大队长小林指挥日伪军突围时，被四团组织的神枪手当场击毙。顾问伊藤见小林被打死，气得“哇哇”怪叫，还未等他缓过神来，瞬间被子

弹击中脖子。日伪军见指挥官死伤，霎时作鸟兽散，狼狈逃回李庄据点。

战斗结束后，岌山区民兵用水清洗了小林的尸体，又在中弹处贴上膏药，然后用白布裹起来，将尸体送到李庄据点外，并附上一封信，上面写道：“送上小林队长尸体一具，希查收验尸，这是一切侵略者的可耻下场！”该战除击毙日军大队长小林、打伤顾问伊藤外，还打死日军 20 余名，伪军死伤 90 余人。八路军主力牺牲 1 人、轻伤 1 人。10 月 9 日至 11 月 13 日，中共中央机关报《解放日报》曾三次报道了这一胜利战讯。10 月 19 日，滨海专署、滨海军分区明令嘉奖临沭参战民兵。

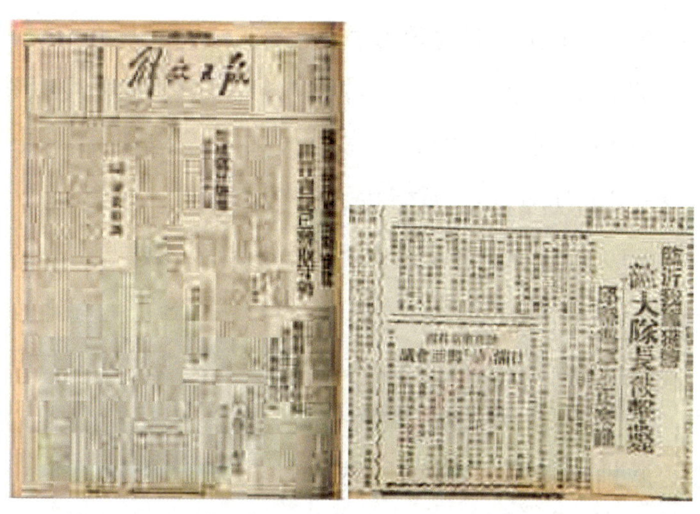
解放日報

▲《解放日报》刊登击毙日军小林大队长的新闻

三、配合主力部队拔除大哨、黄庙据点

在根据地反“扫荡”斗争中，临沭县各区中队和地方民兵是一支重要的武装力量。平日里，他们发挥人熟地熟优势，盘查、站岗、放哨、送情报，战时他们手持土枪、长矛、梭镖、埋设地雷配合部队，以麻雀战、推磨战、蜂窝战对来袭日伪开展灵活的游击战争。

1941 年 11 月至 1942 年 10 月，日军连续推行了三次“治安强化”

运动，分别以掠夺战和“三光”政策、“总力战”、“囚笼政策”与“保甲制度”对我抗日根据地实施“蚕食”。一年内，日军组织千人以上的大“扫荡”达40多次，其中尤其对沂蒙山区的“扫荡”最为残酷。为配合沂蒙反“扫荡”，临沭县地方武装于11月至12月向敌占区连续主动出击。11月4日，临沭县大队趁夜西渡沭河，挺进沭河西岸的洪瑞一带，将相公庄、郭家湾等地敌伪掠夺的木材门板全部焚毁；另一部击溃了黑家岭、小梁家据点外出抢掠的伪军。11月8日晚，临沭县大队与八路军主力一一五师教二旅四团一部突袭连家埠伪军，俘伪军2人。11月7日晚，临沭县大队和岌山、古贺区数百民兵，配合四团的两个连，围歼驻前后宅、黄岭伪军，俘伪军30名，救出被抓群众20余人。11月12日，岌山、古贺区民兵400余人配合四团和临沭县大队一部，攻入黄庙据点，毙伤伪军2人，收回大宗物资。11月16日，古贺区民兵与八路军主力部队和县大队配合，奔袭连家埠据点，击溃伪军30余人。11月23日，古贺区民兵与主力部队配合，将土匪陈士昌部包围并生擒其一部，救出被抓群众5人。中共中央机关报《解放日报》在当年11月和12月都曾对其进行报道。滨海专署在总结冬季斗争时指出：临沭民兵能够“主动地配合主力到敌占区打汉奸、打土匪，并不断到敌占区向伪军进行政治攻势，创造了伟大的胜利，坚持了边沿地区，巩固了中心地区”。

1943年1月初，驻临沂日伪军对临沭西部地区加紧“扫荡”“蚕食”，在沂、沭河之间增筑碉堡多处，企图打通临沂至江苏省赣榆县青口的公路，以达到其分割滨海南部地区之目的。1月13日，敌伪一部侵占沭河西岸的禹屋村。14日上午，敌另一部600余人侵占醋大庄，被一一五师教二旅四团及临沭县大队击溃。当天下午，敌100余人增援，再次占领醋大庄。八路军连战3昼夜，均未攻克。醋大庄是临沭西部重镇，靠近沭河，日伪在这里安插据点，不仅对临沭县和滨南地区造成极大的安全隐患，而且对山东抗日领导机关及后勤设施亦构成极大威胁。日伪据点安设后，临沭县古贺区黄庄、贺城等村群众被迫转移到沭河东岸居住。

为阻止敌人对根据地的“蚕食”，山东八路军决定实行“翻边战术”，实施反“蚕食”斗争，一一五师教二旅发起郯城战役。为了配合郯城攻坚战的进行，战役发起前，临沭县大队和1000多名民兵与主力部队一起，首先对日军醋大庄据点展开6天6夜的围攻，有效地牵制了醋大庄据点的敌人，减轻了攻城部队的压力。同时，临沭县组织了万余群众破袭临郯公路。教二旅在朱樊村召开了誓师大会，在一一五师代师长陈光、教二旅旅长曾国华等指挥下，于1月19日向郯城发起攻击。1月21日，郯城战役胜利结束。是役，八路军主力部队和地方武装共毙伤敌伪400余人，俘日军7人、伪军及伪政权人员600余人，缴获大量日军辎重。郯城战役首创山东敌后攻城范例，具有重大战略意义。该役的胜利，迫使“蚕食”沭河沿岸之敌全部撤退（包括醋大庄据点之敌）。战役中，临沭县动员了千余民兵奔赴郯城担任战地勤务。教二旅在蛟龙湾村召开祝捷大会，一一五师代师长陈光发表了讲话，临沭县参议长徐金六致词。

四、醋大庄围困战

郯城大捷后，日、伪军对滨海中心区实施报复性“扫荡”。1943年2月1日至4日，敌以第三十二师团小池联队为主力，集结日伪军2000余人，分南北两路向临沭根据地进犯。南路日伪军1000余人，于2月1日经李家庄东犯，第二天拂晓进占蛟龙湾。尔后又分兵3股，于第三天晚合击湖子，扑空后又转向黑林，与北路之敌会合。第四天，敌主力渡河西退，其中一部经临沭东盘向西骚扰。“扫荡”期间，敌在根据地大肆烧、杀、抢，全县有30余村遭难。日军“扫荡”后再占郯城，重新在醋大庄等地复安据点。

坐落在沭河西岸的醋大庄，南扼岌山，东靠沭河，该据点的设立，严重危及到滨南秘密交通线的安全。日军在醋大庄重新安插据点后，向周围村庄要人催款要粮，征夫抓丁，修筑碉堡，并以此为中心，挖通经周家庄至黄庙、经大哨至李庄的封锁沟。为打击入侵醋大庄之敌的嚣张气焰，临沭人民迅速行动起来，对醋大庄据点实施围困战。1943 年 12 月 12 日，醋大庄所在地古贺区，区大队有 300 余人的民兵武装，刘东岑（区长兼）、王章久先后任大队长，杨荣杰（分区委书记兼）任政委，吴元三任副大队长。临沭县委在南古庄设立民兵指挥部，组织内地民兵分期分批（每批一、二百人，每期半月左右）到沭河沿岸，与古贺大队相配合，对醋大庄据点进行轮番围困，迫使敌人整日缩在据点不敢出来抢掠，保障了沭河西岸群众的生产、生活。围困斗争中，涌现出许多先进抗日典型。古贺区黄庄村民兵连是一个英勇的战斗集体。该村南、北、西三面是敌据点，村民撤往沭河东岸后，该村民兵队长张思孟带领民兵，在八路军主力部队和临沭地方武装配合下，积极开展围困斗争，机动灵活地打击敌人，黄庄村由此成为抗日模范村。醋大庄围困战历时一年之久，一直坚持到 1944 年该据点被我军拔除。1943 年 10 月 11 日，山东省武代大会特致函慰问，山东省武委会专门授予临沭“包围据点模范”的光荣奖证。

五、打破日伪军的分割封锁

1943 年，临沭和山东各地一样，是日伪军“蚕食”与八路军反“蚕食”斗争异常尖锐的一年。郯城战役后，临沭西部地区敌我之封锁与反封锁斗争日趋激烈。敌人以醋大庄为中心重修临郯公路，初步修建醋大庄至大墩、大哨、李家庄段以及经黄庙、万村、玉皇庙至临沂公路段。日军在公路两侧及边缘区实行碉堡封锁政策，仅在临郯公路北段即计划增修碉堡 18 座，在醋大庄至黄庙 12 华里长的公路上，亦计划增修 8 座。为了粉碎日军的封锁计划，1943 年 5 月，八路军滨海军区四团、临沭独立营率领民兵展开破袭封锁线行动，先后破坏临郯公路沿线碉堡13座，边沿区碉堡3座。同时，派出小股武装力量日夜出没于公路两侧驱散伪军，解放修路民夫，给敌人以沉重打击。

1943年7月24日，伪沂州道尹曹若山纠集伪警备大队、特务大队600余人，组成“夏季讨伐指挥部”和青山等“八乡办事处”，强迫群众在临沂至李家庄段修筑护路碉堡。7月28日，伪临沂县长率警备大队400余人，带民夫500人，由李家庄、沙墩出扰，窜至陈家埠、关王庙，企图重修据点。滨海四团及临沭独立营闻讯赶往，协同当地民兵击溃警戒关王庙的百余伪军，毙伪中队长1名，伪军3名。8月2日，临郯军民万余人破袭临郯公路，一夜之间，将北起埠前店南至沙墩的55华里沙堤公路和郯（城）新（安镇）公路之重兴至曹村段彻底破坏。8月18日，临沂伪警备队第二、三大队，纠合驻大哨一带伪警备队第十六大队及各据点伪军800余人，带领民夫500余人，分3路由大哨、李家庄、沙墩出动。八路军主力部队及临沭独立营等迅速赶到预伏地点，对敌展开迎头痛击。这一仗，击毙伪小队长以下30余人，伤伪大队长以下40余人。至此，彻底打破日伪夏季封锁计划。8月20日，临沭县内地民兵组织了40余人的慰问团，携带手榴弹、子弹等及北海币660元，慰问在岌山西部地区坚持斗争的民兵。

1943年6月，为保卫沭河沿岸地区夏收夏种，临沭县岌山区、古贺区均组织巡查队，在边沿地带安排民兵站岗放哨。沭河西岸各村成立了麦收委员会和互助队，委员会下设调查、武装、组织、运输4个股。沭河东岸各区组织民兵和群众1500余人，帮助西部抢收夏粮。八路军主力四团专门派出七连开到古贺区，与当地民兵配合，把日伪军盘踞的醋大庄据点包围七天七夜，掩护群众收麦。缩在据点里的日伪军发现八路军出动了主力，吓得不敢出来抢粮。由于实行劳武结合，沭河西岸边沿地区群众的夏收夏种得到保障。为此，古贺区专门向四团敬献了“滨海屏障”的锦旗，以表达对子弟兵的感激之情。

1943年秋，为开展岌山西部敌占区的对敌斗争，临沭县设立岌西区，李范任分区委书记，颜寿山（后刘广荫）任区长。同时重设巡会区，徐惠吉任分区委书记，赵俊义任区长。在“蚕食”和反“蚕食”斗争中，临沭军民始终以高昂的斗志参加战斗。1943 年 10 月初，驻临沂日军计划以醋大庄为中心，开挖一道大型封锁沟，并以此隔断沂沭河之间的交通联系。敌人的计划是：一是自醋大庄向南，经大哨—陈家埠—沙墩—李家庄—马家石河；二是自醋大庄向北，沿沭河西岸经黄庙—重沟—玉皇庙—临沂城。整个路线沿途开挖封锁沟，筑封锁墙，并规定封锁沟深、宽各 1 米，封锁墙宽 3 米、高 4 米，并沿沟（墙）每隔 6 里修岗楼一座。

为粉碎敌人的这一阴谋，以临沭县委书记王一夫为首的临沭抗日军民，采取了强力反封锁斗争措施。一是自 10 月下旬始，对沭河以西边沿线戒严，严密封锁盘查沭河和岌山，盘查来往行人。仅 11 月上旬，即逮捕敌特奸细 11 人。二是在滨海军区二军分区指挥下，发动临沭、郯城的万余军民，破袭北起九曲店、南至重兴的临郯公路 120 余华里。三是临沭独立营和民兵群众配合“老四团”运用地雷战、麻雀战等战术，白天袭扰敌人，解救抓来的民夫，夜间发动群众填沟拆墙（楼），打乱敌人的计划。四是敌占区党组织动员群众与敌斗争，发动当地群众与根据地军民配合，消极怠工，减缓挖沟筑墙进度。在这场反封锁斗争中，临沭县委书记铁瑛同志（1943 年 10 月任职）和同志们研究出一条破敌挖沟良策：在填平的沟上，留几处空沿，将地雷或手榴弹用柳树干悬空吊起来，埋在沟里，上面露出点柳枝。第二天敌人强迫老百姓挖沟时，由群众告诉敌人，这里有地雷不能挖，以此延缓挖沟进度。一次有个伪军不信，老乡就指着下面埋有手榴弹的柳枝说：“就在这里”。该伪军用铁铲一掘，“轰”的一声，当场被炸倒在地。老乡们趁机一哄而散。从此，敌人白天挖沟的速度明显放慢，而晚上平沟的进度却大大加快。连续一个多月，这条醋大庄到黄庙的封锁沟始终没有挖成。铁瑛同志在带领群众平沟的同时，还千方百计把封锁沟沿线的炮楼端掉。有一次，敌人要在李家湖安一个据点，强迫群众在据点周围挖沟增障设防。铁瑛同志了解后，事先让修建炮楼的党员群众故意在炮楼底部留些“活动砖”。晚上，我方派出人轻轻将炮楼的活动砖抽掉，再一起用力一推，白天修建的炮楼瞬间倒塌。在反封锁斗争中，临沭军民充分发挥敌工部门作用，先后派出地下工作者孙珠泉、张锦龙和李克瑜打入临沂城，借机瓦解敌人，争取伪军向根据地传送情报。如此一来，监工的伪军对待挖沟的群众“睁一只眼，闭一只眼”，应付了事，被抓来的民工能跑的就跑，不能跑的就地“磨洋工”。白天好不容易挖出的一道沟，垒成的一段墙，一夜之间又变成平地。经过一个多月坚持不懈的连续斗争，日军对沂沭河的封锁最终以失败告终。

六、对日伪军发起政治攻势

1942 年 3 月 30 日，中共山东分局发出《关于组织对敌斗争委员会的决定》，要求各县委成立对敌工作部，展开全面的对敌斗争，包括政治的、经济的、文化的、社会的斗争。临沭县遵照山东分局“政治攻势为主，小型游击战争为辅，政治攻势与武装斗争相结合，公开斗争与隐蔽斗争相结合”的方针，把建立敌工组织作为巩固抗日根据地一项十分重要的工作，开展对敌全面政治攻势。临沭县抗日根据地广泛开展政治攻势，采用争取、分化、瓦解和打击相结合的方针，摧毁伪政权，粉碎敌人的掠夺和封锁，重点开展边沿区和敌占区的对敌斗争。

早在 1941 年秋，与敌接壤的古贺区便在部分伪乡长、伪村长中做分化瓦解工作，使他们转变为既应付敌人，又为临沭根据地服务的“两面政权”。1942 年 2 月，为加强敌占区工作，临沭县委、县政府派马思孔等人回到沂滨区，秘密成立沂滨区公所。领导群众秘密开展对敌斗争，加强统战工作，建立“两面”政权，打击特务破坏活动，收集敌人情报，对敌斗争日趋活跃起来。以此为起点，沂滨区还组建起了地方武装沂滨武工队。

1943 年 1 月，临沭县委敌工部成立，县委副书记刘克文兼任部长（由庞世泽、毛林同志继任），庞世泽同志任副部长。县独立营设有敌工干事，归县敌工部领导。敌工部下有敌工站（也叫大站），常驻在陈湖、马湖、芝麻墩、杨墩一带，工作人员有王振华（巩振华）、孙珠泉（刘文辉）、刘振伦、刘伯刚、马思孔等同志。敌工站下面设有小站，敌工小站人员日常在各区小站工作，每两周向县委敌工部汇报一次工作。敌工部、敌工站主要负责争取瓦解各据点敌人；争取敌伪据点军政人员投诚起义；侦察日伪军事情报；利用政治攻势争取伪村（保）长建立“两面”政权，打击特务破坏活动等。经过长期工作，敌工部与大部分敌伪据点内建立了关系，把敌伪据点周围的百余个敌区或游击区的伪村政权改造成“两面”政权。在临沂敌占区，除了有敌工部门人员工作外，还有部队系统设立的情报站，负责在相公庄、潘家湖一带侦察收集敌人军事情报。另外临沭县委敌工部与滨海军区政治部敌工科、滨海公安局工作上相互配合，使临沭县敌工工作得到了有力加强。

对敌开展政治攻势的内容比较丰富，其中对敌伪和敌占区人民群众进行宣传教育，是政治攻势的主要内容。宣传的要点有：一是世界反法西斯斗争和中国抗日战争的形势；二是中国共产党的方针政策；三是用事实真相揭露敌人的欺骗宣传。宣传的方法主要是贴标语、撒传单，向敌人寄送小报、刊物和喊话上课等。这些宣传让部分日军产生并滋长了厌战、反战情绪，使伪军政人员的恶行有所收敛和改变，甚至弃暗投明。通过敌工部开展系列工作，使敌占区的人民群众坚定了抗战胜利的信心，为抗日根据地军民坚持边沿区对敌斗争创造了有利的条件。1942 年 12 月 2 日至 12 日，为揭穿日军所谓“大东亚圣战”一周年赫赫战果的欺骗宣传，临沭县组织中心区民兵 1200 余人，会同主力一部，深入沂滨、钟山等敌占区，对敌伪展开大规模的政治攻势和围困打击，宣传区域北起玉皇庙，南至郯马，工作面达到104个村，受宣传群众2万余人，包围敌伪据点7处，宣传伪军500余人，同时俘伪乡长2名、伪军16名，夺回粮食7万余斤，救回民工600余人。在政治攻势中，临沭军民经常包围敌据点对日军喊话。利用敌人的电话线与日军通话，并采取利用节假日寄送宣传单、散发张贴传单等形式，加强政治攻势，扩大党的抗日影响。

1942年12月，在华日本反战同盟山东支部代表本桥朝治来临沭参加对敌政治攻势。此间，临沭曹庄小学邀他到学校作报告。临别时，本桥朝治写了“中华民族和日本人民联合起来，打倒日本帝国主义”的题词，赠予曹庄小学师生留念，本桥朝治的到来，对全县的敌工工作起到了积极的推动作用。为进一步争取、分化、瓦解敌人，临沭县委敌工部采取记“善恶录”、点“红黑点”的方法，有计划地展开宣传攻势，促使敌人改恶从善。所谓记“善恶录”，就是伪军中谁暗中帮助八路军为人民做了好事，抗日民主政府就给他记个红点，登记在册。做了坏事的就记个黑点，将其罪行记录在案。红点多的日后可以赎罪，黑点多的就要受到惩罚，而对屡教不改者则坚决予以镇压。同时，县委敌工部还动员伪军亲属开展“唤子索夫”等活动。县抗日民主政府通过颁发宽待伪军回家的条例，印发伪军“归来通行证”等措施，从政治上瓦解敌人军心，削弱其战斗力，借机扩大了共产党、八路军在敌占区的政治影响，为全面反攻做好了充分准备。

七、沂滨区武工队成立

自1942年下半年开始，中共山东分局认真研究山东抗战的战略指导方针和对敌斗争方针后，指示各根据地要建立武工队组织。

武装工作队简称武工队，是抗日战争时期中国共产党领导的在日伪军占领区开展军事、政治、经济、文化斗争的一种精干、灵活的武装小分队，是一个集党、政、军、民工作于一身的战斗单位。武工队既能打仗，又能宣传和组织群众、对敌开展政治攻势。武工队成员都受过特别的军事训练和政治教育，每支武工队都配有坚强的领导骨干。武工队员既是战斗员，又是宣传员，并且还是群众工作的领导者和组织者。武装工作队实行政治攻势和武装活动相结合，像一把钢刀一样插入边沿区和敌占区，有力地打击敌人，被抗日军民誉为“怀中利剑，袖中匕首”。

沂滨区处在临沂城东南部，是沂沭河之间的一块平原，西边靠着沂河和临郯公路，北起九曲店，南到李家庄；东边沿沭河一线，北起相公庄、独树头、玉皇庙，南至醋大庄；东西两河相距 18 到 20 华里，南北有 40 到 50 华里，其间有自然村庄 50 多个。这个地区在日本人占领临沂城后，成为根据地对敌斗争的前沿阵地。

太平洋战争爆发后，日军加紧向临沭根据地进行“蚕食”伪化，1943 年初，日军开始第六次“治安强化”，占领并修筑了醋大庄据点。该据点的安设，使沂滨区沦为四面受敌包围的敌占区。1943 年 6 月，滨海区党委、滨海军区组织成立沂滨武装工作队。这支武工队由八路军主力“老四团”抽出的一批连排干部和原在临沭县沂滨区工作的同志组成，武工队共 20 余人，由马思孔任队长（区长兼），张笃任政委（区委书记兼）。武工队组成后，在南古庄沟北村集中整训一个月。武工队的工作区域是临沂城附近，成立之初的主要任务：首先是开展小型灵活的武装斗争；其次是把敌、伪、顽、匪和特务便衣赶出去，建立隐蔽的根据地；再次是为我们对临沂城开展敌伪军工作创造有利条件，掩护打入敌内部工作的同志；最后是深入开展敌占区党和群众的政治思想工作。武工队员时而化装潜伏，时而昼伏夜出，灵活行动在敌人重兵把守的沂河之滨反特锄奸，争取改造伪政人员，支持与领导反抢粮、反抓丁、反苛捐杂税等斗争，有力地打击了敌人的伪化活动。1944 年 12 月 3 日，沂滨武工队配合临沭地方武装 100 余人在沂河东岸开展宣传活动，12月6日进抵临沂城郊，12月9日结束，宣传活动历时一周，直接宣传群众2084人，散发了大批宣传品，并焚毁了临沂城关和桥头堡2座，俘伪军4名，促其反正25人。

沂滨武工队组建以来，不仅广泛开展敌后游击战争，打击了敌人，保卫了临沭根据地，而且在敌占区组织、宣传群众，扩大抗日队伍的影响等方面发挥了巨大作用。1945年1月，在山东军区召开的全省武工队工作会议上，沂滨武工队受到了山东军区的隆重表彰。

第二节　对日寇发起反攻作战

临沭县西部边沿区对敌斗争的节节胜利，粉碎敌人的封锁蚕食政策，坚定了根据地军民抗战必胜的信心和决心。1945年1月底，在滨海区召开的敌工会议上，临沭县受到了表彰。《大众日报》从领导有力、自主创造、中心区大力支持边沿区以及主要领导以身作则对敌喊话等方面，报道了临沭的对敌斗争经验。

一、连克醋大庄等日伪五处据点

随着世界反法西斯战争形势发生转折，敌后战场上升为抗日战争的主战场，抗日战争战略反攻阶段已经到来。1944年前后，日本帝国主义不仅在太平洋战场相继失利，而且在中国抗日根据地的“蚕食”政策也受到沉重打击。1944年1月，山东军区部署1944年和1945年春、夏季作战攻势。确定把大股伪军和深入根据地内较孤立的日伪军作为主要进攻目标，在发动政治攻势的同时，加强敌伪军工作，分化瓦解敌人，争取伪军反正。

为配合拔除日照县石沟崖据点的战斗，1944年1月18日夜，滨海军区四团七连、八连与临沭独立营和当地民兵共同向醋大庄据点发起进攻。醋大庄据点已被日伪军盘踞一年多，日军在该据点修筑了坚固的工事，据点周围修建了3米多高的土围墙，把醋大庄围成南北两个围寨。每个围寨四角各有一个10余米高的炮楼，围墙以外挖有宽深的封锁壕沟，沟内每隔三五步就有一座石砌的暗堡。壕沟外，有两层牢固的鹿砦，明碉暗堡构成了坚固的防御体系。根据侦查情报，据点内有一个伪军大队留守。经过严密部署，参战部队在四团团长罗华生带领下包围了醋大庄据点。根据事先侦察，驻守醋大庄据点的是伪军大队长张成俊，他从小由舅父养大，四团攻击部队遂通过其舅父做工作。同时，参战部队发动强大的政治、军事攻势。经过炮击、火攻和坑道爆破，1月21日，据点内敌伪军大队长张成俊率队投降，醋大庄据点遂被攻克。

在攻克醋大庄据点的同时，八路军和临沭地方部队还对马石河、林宅子、周庄、小墩4个据点发动围攻。至1月21日，战斗全面结束，共俘伪军大队长、伪乡长以下军政人员280余名，缴获步枪200余支、手炮3门、机枪1挺、短枪8支、手榴弹500枚、马2匹。战斗中，醋大庄附近20余村群众抬着猪、鸡、羊、粉皮等物品慰劳作战部队。县医药救国会、教联会还自动组织人员到前线开展救护宣传工作。《解放日报》以《滨海我军进击沭西，攻克醋大庄等五据点，人民抬猪送羊前线劳军》为题进行报道。醋大庄等5据点的拔除，打破了敌人对滨海西南部的封锁，使临沭县岌山区和沂滨区的人民得到解放，为日后建立沂东区打好了基础。1944年2月初，古贺分区委成立工作组，到醋大庄等新区开展工作。工作组通过召开村民大会、士绅座谈会，开展反贪污、反恶霸、反奸细斗争。经过两个月的工作，共改造7个村的政权，发展民兵40余人、自卫团800余人，并动员了16人参军作战。

二、曹庄、朱村反“扫荡”战斗

临沭西部醋大庄等5个据点的成功拔除，给驻守临沂的日军带来恐慌。他们不甘心失败，依然组织对沭河西岸根据地进行扫荡报复。1939 年就成立了党支部的朱村，是临沭县最早建立党的基层组织的村庄之一。1944 年 1 月 24 日（农历除夕）凌晨，盘踞在临沂的 1000 余日伪军，对沭河西岸的岌山区根据地进行疯狂的报复性扫荡。日伪军先摸进郭庄，一番烧杀抢掠之后，便扑向岌山区公所驻地曹庄。区政府工作人员发现敌情后，紧急带领群众及时转移。敌人扑空后遂兵分三股，一股留在曹庄继续烧杀，搜捕未来得及转移的党员、干部和群众，一股向西南进犯马庄，另一股 500 余日伪军向朱村扑来。在马庄，当地爆炸英雄马邦才指挥民兵爆炸队和游击小组人员与敌人展开了巷战，在给“扫荡”日伪军打击后，成功地掩护本村群众顺利撤退。

▲ 马邦才

即日天刚破晓，日伪军就扑进朱村。枪声就是命令。驻守在沭河东岸的八路军滨海四团三营八连听到枪声，立即跑步赶到朱村，随后七连、九连也闻讯赶到。在临沭独立营及当地民兵的配合下，迅速向敌人展开反击。八连兵分三路，对敌人实施三面夹击，最终将日军 50 余人压到村西一条小沟内。在敌我相距 30 米的狭小地段展开激战。战至午后两点多，日伪军在增援部队的掩护下狼狈逃窜。此次战斗，共击毙日伪军 40 余人，八连有 24 位战士英勇牺牲，连长鄢思甲、县独立营政委铁瑛同志负伤。在战后慰问会上，岌山区和朱村赠给八连一面绣着“钢八连”的锦旗。1944 年 8 月，山东军区召开战斗英模大会。政治部主任萧华正式宣布八连为“钢八连”，朱村战斗被正式载入《八路军战史》。延安《解放日报》以《滨海区临沭我军击退千余敌寇进攻》《沭西人民以实际行动抬伤员送炸药奋勇参战》为标题，对朱村战斗以及群众劳军、政府慰问受难群众等进行大篇幅报道，在根据地引起巨大反响。

三、春夏攻势拔除大哨、黄庙等据点

1944 年春，抗日战争进入战略反攻阶段。在临沭县西部边沿地带，八路军主力与地方部队一起，以破坏公路、袭扰敌人、拔除据点等方式，频频向日伪军发动攻势。1944 年 4 月 7 日，日军以突袭方式，再次占领醋大庄，烧毁房舍 400 多间，抢去物资 10 余车。滨海军区四团、临沭独立营和古贺大队采取围困醋大庄在大哨打援的战术，经过三四天的战斗，日伪醋大庄据点被彻底拔除，极大地鼓舞了临沭军民，给毗邻的大哨据点敌人造成恐慌。大哨位于沭河西岸沭郯公路附近，距离醋大庄 10 余华里，是铁杆汉奸许兰笙的老巢。4 月 13 日，临沭地方武装配合八路军滨海军区四团围攻大哨据点，大哨据点敌人凭坚固工事负隅顽抗。团长贺健一线指挥，由一、二营打援，三营担任主攻。4 月 14 日，在临沂的许兰笙率 300 余人赶来增援。附近的李家庄据点敌人也曾数次组织增援，均被一、二营击退。4 月 15 日，攻击部队挖通地道，将装满炸药的棺材抬到碉堡下，炸开碉堡一角，三营乘势发起总攻，一举突破大哨据点，毙伤伪军 20 余人，大哨据点拔除后，使岌山区与沂东区连成一片。

▲ 朱村抗日战斗纪念碑

同年 7 月初，为配合全省夏季攻势，临沭县发起“七七”政治攻势宣传周。临沭县组织武装宣传队深入敌占区，一周内宣传 42 个村庄，影响到了 11 个敌伪据点。自 7 月 2 日起，滨海军区四团、临沭独立营以及地方武装，经过两个日夜的紧张战斗，连续攻克黄庙、李家湖、玉皇庙、石家村、庄店 5 个据点。其中，石家村据点伪中队长上官希元率百余伪军投诚，共解放村庄 100 余个。8 月 18 日，延安《解放日报》以《临沭武宣队深入敌占区，配合部队解放村庄百余》为题予以报道。

日军不甘心夏季攻势中遭到的失败，8 月 20 日，日军调集第五十九师团、独立步兵第一旅团、独立第五混成旅团、第六十五师团各一部及伪军吴化文、荣子恒、李永平部等 10000 余人，由第五十九师团长细川中康指挥，分 13 路对滨海区实行报复性“扫荡”。八路军指挥机关和滨海区主力部队转到外线。转战外线的主力部队还适时派出部队开进莒南县坪上、碑廓地区，沭水县朱仓、东盘（今属临沭县）等地，在民兵配合下打击敌人。“扫荡”滨南地区的日军系敌第一混成旅团松岗大队，有日伪军 3000 余人。8 月 19 日，松岗大队由临沂经韩村进抵黑林。8 月 24 日再折回朱仓、湖子一带。在根据地武装力量的打击下，8 月 24 日敌军分两路沿苍山南、北两侧西撤。八路军主力部队和临沭独立营、沭水独立营分路追击。先后在石埠子、沙埠、朱崔、钟华山、摩天岭一带截击敌人，反“扫荡”胜利结束。敌人这次大规模的“扫荡”，给抗日根据地带来巨大的损失。朱仓区（时属沭水县，今属临沭县）45 个自然村被“扫荡”44 个，全区被烧房屋 860 间，仅朱仓村就有 299 间房屋被烧毁，其中刁街 27 户无一幸免。日军“扫荡”过后，沭水县长王子虹亲临朱仓区慰问难胞。在反“扫荡”中，朱仓、石河区区中队和民兵坚持阵地展开游击战，发挥了民兵开展山地作战的灵活优势。湖子村民兵割掉敌司令部电线，东埠村民兵活捉伪军 1 名、缴子弹 100 余发，南石河村民兵炸死日军 2 名、伤 2 名。

四、攻克肖家埝、李家庄、九曲店等据点

尽管对日斗争局势对我越来越有利，但日军困兽犹斗，仍作最后的垂死挣扎。1944 年 8 月，日军驻李家庄、肖家埝、九曲店等据点敌伪 19 次窜至附近根据地大肆抢掠，抓去壮丁 160 多人，抢走牛、驴 100 多头，粮食 10000 余斤。根据地民兵等武装力量奋起抗击，先后 11 次击退敌人，毙、伤、俘伪中队长以下 37 人，攻克炮楼一座，缴步枪 13 余支。面对日军的最后疯狂，临沭根据地军民对日寇发起最后一战。

八路军部队决定先拿下肖家埝据点，该据点是日伪在马家石河据点被拔除后安设的。1944 年 9 月，滨海军区四团二营、临沭独立营、沭水独立营在滨海军区二军分区政委张雄指挥下，一举攻克肖家埝据点，俘伪军一个中队 90 多人，毙增援之敌 18 人。自此之后，沂滨区对敌斗争转向黄山一带。黄山附近村庄组织了民兵联防大队，临沭独立营七、八、九连经常在此驻守，黄山成为敌我争夺的焦点。

1944 年 8 月 5 日至 7 日，在夏季攻势作战中，滨南军民 15000 人破袭临郯公路 60 多华里，致敌人交通断绝，其安插在沂河东岸的重要立足点李家庄据点陷于孤立。1944 年 11 月 15 日晚，为策应莒县战役，滨海军区决定拔除敌李家庄据点。在滨海二军分区司令员罗华生、政委谷牧的指挥下，滨海军区四团一营、临沭独立营、沂东大队对李家庄据点组织围攻。一营、临沭独立营担任主攻，沂东大队负责阻击援敌。当夜歼其一部，驻守在据点里的许兰笙率部逃往沂河西。11 月 17 日下午，八路军突破敌伪据点，敌军依托碉堡死守待援。战至次日晚，八路军堆起柴草对碉堡实行“火攻”，迫使残敌最后溃逃。此次战役共计毙日、伪军 50 余名，俘虏 40 余名，缴获步枪 30 余支，粮食 3 万斤，解救壮丁 40 余人。李家庄据点被攻克后，滨海区与鲁南区基本连成一体。

李家庄据点攻克后，日伪安插在沂河东岸的据点只剩下九曲店一个，且成为临沭境内唯一据点。1945 年 1 月 10 日至 16 日，驻临沂、

高都敌伪军三次窜入临沭县东埠坦、西埠坦、埠前店等村抢劫，均被临沭独立营和当地民兵击退，并取得了根据地武装人员无伤亡、毙俘敌人56名的战果。不久，临沭根据地军民一鼓作气，最后攻克了县境最后一个敌人据点九曲店。至此，临沭县全境宣告解放。

五、加强敌占城市地下工作

山东抗日根据地的敌占城市工作始于1940年。1940年5月4日，根据毛泽东提出的“隐藏精干，长期埋伏，积蓄力量，以待时机”指示，滨海地区党组织即着手开展临沂城市工作。根据临沂城内香烟稀缺的侦查信息，遂与根据地联系供应卷烟，并以摆烟摊为掩护，建立了秘密联络点。1943年5月，八路军创办“大鸡”牌卷烟厂，侦察人员以香烟为掩护，逐步靠近日伪军政上层人员，由此获得许多重要情报，多次刺探获得临沂日军指挥官川本、高桥对滨海、沂蒙山区“扫荡”计划，挖出了隐藏在根据地内的日伪奸细，赢得了根据地反“扫荡”斗争的主动权。

1943年底，山东分局根据抗日形势的发展需要，对敌占城市工作作出了新的安排。1944年8月7日，山东分局发出《为贯彻执行中央关于城市工作的指示》，提出了具体的工作任务。要求各级党委加强领导抓紧完善组织机构，积极开展城市工作。根据滨海区党委于9月发出《对于执行中央及分局关于城市工作的指示》，是年10月，临沂城市工作委员会在临沭县沂滨区李家石河村成立。临沂工委具体组成人员是：临沭县委组织部长刘炬任书记，临沭县公安局长吕剑光、县委敌工部长庞世泽任副书记，张笃、马思孔为委员。

临沭县早在1942年2月就设立沂滨区并建立了政权组织，1944年2月又新设立沂东区，成立由张建华、刘东岑担任区委书记和区长的沂东分区委和区公所。沂滨、沂东两区工作的开展，为做好临沂城市工作提供了保障。1944年11月上旬，沂东区将3支游击队整合为沂东大队，由刘东岑（后杨干英）任大队长，张建华任教导员。临沂城郊根据地武装力量的加强，为开展敌占临沂城市工作提供了武装保护和策应。1944 年 11 月，为充实领导力量，加强对新区工作及临沂城市工作的领导，临沭县委对沂滨、沂东区干部进行调配。杨荣杰、王佑振先后任沂滨分区区委书记，赵俊义任沂东分区区委书记，并从老区抽调一部分干部前往新区工作。经过宣传发动群众，临沂城郊新区迅速开展反奸诉苦工作，在斗争中建立了工、农、青、妇、民兵等组织，发展了党员，同时组建了各基层党组织。

临沂城市工委成立以来，主要开展了四个方面的工作：一是在根据地内调查确定与城里有关系的工商人员、学生、居民，使其利用家庭关系、统战关系等动员亲友到根据地参观。二是号召城市工商业者来根据地投资，动员逃亡地主回家耕地。三是号召被敌侵占财产者到政府登记。四是城里失业工人除派作干部外，有条件的组织起工人武装，做收复城市的先锋队。这些工作的相继开展，为解放临沂城做好了充分的准备。

第三节　抗日战争取得全面胜利

一、反击日寇万人“扫荡”

1945 年春，日军加紧了对沿海根据地的“扫荡”。临沭作为抗日战争的堡垒地区，加紧进行对日军事斗争的各项准备工作。随着抗日斗争形势的根本好转，临沭根据地的武装力量得到迅速发展。1945 年 2 月，临沭独立营与古贺、沂东、沂滨 3 个大队合编为临沭独立团（不久改称滨海二军分区独立二团），郭廷万任团长，铁瑛任政委。独立团下辖 3 个营，一营营长杨干英，教导员陈金，副教导员任登仕；二营营长李大杰，副教导员苏志田；三营营长王章久，教导员陈贵深。独立团成立不久，就在肖庄战斗中大显身手。1945 年春季的一天，沂河西部肖庄民兵被100多名日军、500多名伪军包围。独立团3个营分3路驰援。经过紧张的战斗，独立团彻底打退了围攻肖庄的敌人，救出了被包围的肖庄民兵。

1945年5月1日，日军为建立沿海防御体系，集中陆、海、空军近万人对滨海地区进行“扫荡”。蛟龙湾曾是山东抗日根据地党政军机关的所在地，人民群众拥护共产党八路军，积极支援抗日政府的各项工作，日军对此恨之入骨。5月16日拂晓，盘踞在赣榆县沙河据点的日军由伪军张里元部临郯海赣四县办事处主任胡伯衡带领，长途奔袭临沭县蛟龙湾村。穷凶极恶的日军进村后烧杀抢掠，制造了惨无人道的“蛟龙湾惨案”。没有来得及撤退的抗日干部群众当场被残杀32人，伤72人。滨海专署民政科长张建华、蛟龙区妇救会长陈元君（李大娘）壮烈牺牲。敌人抢走毛驴98头，财粮物资大宗，仅就150户统计，即损失27.6万余元。“扫荡”过后，临沭县抗日民主政府急拨救济粮7500斤，发放贷款4万元，及时安抚遇难同胞。

二、公审处决梁钟亭

1945年6月，尽管侵华日军大势已去，但盘踞在郯南一带的伪“剿共”军梁钟亭部仍继续与根据地人民为敌，不断袭扰解放区，残杀革命干部。为打通滨海南部根据地与鲁南根据地的联系，孤立临沂之敌，6月22日，滨海军区四团、二军分区独立二团（临沭独立团）、鲁南军区五团、郯城县大队共8000余人，在滨海第二军分区司令员罗华生指挥下，奉命发起“讨梁”（梁仲亭）战役。

梁钟亭，外号梁麻子，系国民党的顽固派，曾在30年代和40年代初两次出任国民党政府郯城县县长。他出身于恶霸地主家庭，仗恃自家的钱财势力，专门结交权贵，很快得到了国民党山东省主席韩复榘的赏识和重用，被委任为国民党郯城县县长。他上任后，在郯城一带坚持反共，无恶不作。先后残杀“郯马暴动”的部分组织者和领导者，曾武装镇压过反抗地主及反动乡长压迫剥削的临沭县盐店官庄的大刀会，制造了“盐店官庄惨案”。梁钟亭狡猾奸诈，鱼肉百姓，破坏抗战，先后残害临沭、郯城、苍山一带抗日干部群众2000余人。1940年6月至8月，梁率部南犯苍马地区，八路军和地方武装奋起反击，给梁以沉重打击。此后，梁钟亭蹿占苏鲁两省和郯城、东海、新沂、邳县四县交界处的王海子村。王海子村南靠陇海铁路，梁钟亭在此苦心经营了4年，架起木寨铁丝网，修圩墙，筑工事，在村子周围开挖了一条宽15米、深7米的壕沟，壕沟外围埋立起一道道高矮不等的木寨，木寨外面有一道铁丝网紧紧围绕。并把王海子改名为“新城”，他自认为固若金汤。“讨梁”战役开始前，五团参谋长景健忠曾带队侦察，经研究决定实施避其锐、攻其弊、断其“四肢”、伤其“心”的策略，采取远距离奔袭、出其不意、扫清外围、速战速决的战术。

6月23日晚10时，参战部队按部署从几十里外的临沭、层山两地准时到达目的地。发起战斗不到两个小时，王海子外围障碍就被清除，梁钟亭处在八路军的全面包围之中，被围困在据点的梁钟亭负隅顽抗。4天后，眼看大势已去，梁钟亭在夜幕的掩护下，化装成老百姓携小老婆及贴身警卫员钻进高粱地，被八路军当场活捉，王海子据点被一举攻克。战斗结束，梁钟亭及其小老婆被押解到滨南地委和军分区驻地——临沭县陈家巡会村。

讨梁战役共攻克郯城西南大小据点10余处，歼敌500余人，梁的其他残部也通过政治攻势全部瓦解。8月11日，滨海行署在陈巡会村召开万人大会，公审梁钟亭。会场设在东松林，周围各村庄民众参加会议，特别是盐店官庄一带来的人最多。许多参加会议的人拿着刀子、锥子、剪子，准备千刀万剐梁钟亭。大会开始后，群众义愤填膺，纷纷上台哭诉揭发梁钟亭的滔天罪行，行署领导公布梁钟亭罪状，宣布判处梁钟亭死刑，当天被执行处决，滨南广大军民无不拍手称快。

三、支援大反攻，抗日战争全面胜利

1945年上半年，世界反法西斯战争取得决定性的胜利，苏、美、英盟军在欧洲战场彻底战胜了德意法西斯。7月26日，中、美、英三国发表《波茨坦公告》，促令日本无条件投降。在世界反法西斯战争胜利发展的形势下，中国抗日战争进入对日全面反攻的阶段。

1945年4月23日，中共七大召开，大会提出了“放手发动群众，壮大人民力量，在我党的领导下，打败日本侵略者，解放全国人民，建立一个新民主主义的中国”的政治路线，临沭军民坚决贯彻这一路线，为夺取抗日战争的最后胜利积极做好准备工作。在大生产运动、“查减”反霸斗争、拥军优属、参军与支前等各项工作轰轰烈烈地向前发展的同时，临沭人民全力以赴支援大反攻作战。

调动一切积极因素，全面支持抗日工作。1944年8月，临沭县在南古庄召开商人抗日联合会成立大会。参加大会的商人代表500余人，会议选举王守学为会长，赵荣卿为副会长。会后，各区相继召开商人大会，建立区分会。临沭商会在组织商人捐款支援战争、开展劳军优属活动、组织食品供应前线以及管理根据地市场等方面做出了积极的贡献，其中仅捐款一项，1945年夏天即完成捐款34万元，临沭商会以实际行动支援了对日大反攻。1945年6月22日，临沭县政府召开历时两天的临沭县士绅名流时事座谈会。座谈会上，临沭县张云榭县长在时事报告中介绍了中共七大会议精神，传达了黎玉关于目前山东形势与任务的报告。200多名士绅名流欢聚一堂进行讨论，一致拥护毛主席提出的“成立联合政府”主张，这次座谈会对坚定全县人民夺取抗日战争的胜利起到了很大的推动作用。

加强组织领导，做好干部调整工作。1945年5月，临沭县委书记铁瑛调任滨海区独立团政委，李华林同志继任临沭县委书记，晏成山继任临沭独立团政委。7月27日，临沭县第二届参议会在前寨村开幕，到会议员75人，候补议员25人。会议选举徐金六为参议长，韩瑞三、凌珠泉为副参议长，张云榭连任县长。为贯彻“三三制”原则，14名党员不再担任议员。1945年春，为开辟滨北新解放区，滨海区党委决定从滨南等地区抽调干部支援新区建设。临沭县积极响应上级号召，抽调马家寅、张恒访、宫建国、郭玉汉等20多人去滨北新区工作。

1945年8月9日，毛泽东发表《对日寇的最后一战》的声明。8月10日至11日，朱德总司令发布了七道命令，命令解放区武装部队迅速前进，收缴敌伪武器，接受日军投降，如敌人拒绝投降坚决消灭之。8月11日，山东分局和山东军区召开高级干部会议，连夜讨论了大反攻进军任务，布置了整编部队、接管城市、动员参军、支援前线和维持后方治安等各项工作，山东军区对日展开胜利的反攻作战。

8月中旬，临沭县委针对日军投降后部分干部群众出现的思想状况，发出紧急指示：广泛宣传日军投降是我八年抗战的结果，但敌人未放下武器，不可松懈麻痹。民兵要集中使用，各区抽出300人至500人编成战时组织，准备随时参加战斗，配合主力行动。8月16日，临沂日军弃城逃往枣庄，伪沂州道皇协军王洪九部、伪临沂第八保安大队许兰笙部、伪费县保安大队邵子厚部共同盘踞临沂。临沭独立团闻讯迅疾渡过沂河，逼近临沂南关。8月17日，山东军区特务团、滨海军区四团、鲁中十一团相继到达，展开围攻临沂城的战斗。至9月11日，临沂城被攻克，共毙俘敌人3000余人。在临沭为害数年的汉奸许兰笙被八路军俘获，在临沂城南门外处决。临沂战役的胜利，使滨海、鲁中、鲁南三个地区完全连成一片，标志着临沭军民对日战争的彻底胜利。

1945年9月2日，日本政府正式签署投降书，中国人民的抗日战争取得了最后的胜利。对临沭人民而言，这一胜利的到来同全国各地抗日战场一样，是来之不易的。临沭军民在党的领导下不怕牺牲，浴血奋战，终于取得了对日斗争的最后胜利。

抗日战争的胜利，是中国人民近百年来反对外国侵略者的第一次完全彻底的伟大胜利。中国人民不仅打败了凶残的日本侵略者，而且使人民的力量不断发展壮大，为中国新民主主义革命迅速在中国取得胜利奠定了坚实的基础。

第五章　争取民主和平，开展自卫战争

抗日战争胜利后，中国社会的主要矛盾，由中华民族同日本帝国主义之间的矛盾，转化为以中国共产党为代表的人民大众同美帝国主义支持的以蒋介石集团为代表的中国大资产阶级大地主阶级之间的矛盾。企图实行独裁统治的蒋介石统治集团在美国政府支持下，指令侵华日军不得向共产党领导的人民武装投降，同时将其远在大后方的军队空运、海运到全国各战略要地，妄图独吞抗战胜利果实。中国共产党则主张团结一切爱国民主力量，依靠人民群众，把中国建设成为独立、民主、富强的新国家。针对这一新的形势，中共中央要求各地党组织，放手发动群众，反对内战，争取民主和平，坚决保卫胜利果实。在此后争取全国革命胜利的伟大斗争中，临沭党组织和广大人民群众经受了疾风暴雨般的斗争考验，经历了复杂而严峻的战争历程。

第一节　反对内战独裁，争取和平民主

经过8年的艰苦奋斗，临沭党组织锻炼、发展、壮大了自己的力量，培养了大批革命干部，建立了强大的人民武装，积累了丰富的斗争经验，在人民群众中树立了较高的威信。这一切都为抗战胜利后还击国民党的进攻，取得解放战争的彻底胜利创造了条件。

一、抗日战争胜利后的临沭县政府

1945年8月，临沭县抗日民主政府改称临沭县政府，张云榭任县长。9月，刘子峰任临沭县县长。临沭县武委会改称临沭县人民武装部（对外仍保留武委会名义）。9月13日，临沂县政府成立后，原属临沭县的沂滨区划归临沂县。同月，沭水县撤销，其辖区分别划归临

沭、莒南、临沂3县。朱仓、青云、苍山3区及石河区一部划入临沭县。划入后，朱仓区改称玉山区，石河区撤销。对行政区划又作了调整，共辖岌山、大兴、蛟龙、夏庄、桃园、钟山（现属河东区）、沂东（现属郯城县）、青云、玉山、苍山10个区。1947年2月，竹庭县（赣榆）的朱孟区划归临沭，同年10月又划回。县政府增设卫生科，10月设立交通科。1947年10月设立生产合作推进社，1948年7月成立荣管科。

1945年9月，根据山东分局指示，滨海区党委为支援新解放区群众开展反奸诉苦、减租减息运动，从滨南地区的临沭、郯城、海陵等县抽调了1600余名干部到临沂县、滨北等新解放区开展工作。是年冬，在反奸、反霸、减租减息运动中，县委重视和加强沂东区和钟山区西部新区的工作，组织工作组到沂东区开展工作。工作组第一期主要在该区东部村庄，第二期在北部村庄。1945年10月，临沭县委宣传部长石鳌、各救会长陈乐善等40余人随军奔赴东北，支援东北人民的解放事业。

搞好农业生产，是抗战胜利后的首要工作。1945年11月26日，滨海行署组织莒南、临沂、临沭6个区数千群众，改造沭河洼地，7天内筑堤10道，开渠数十里，使4万亩土地免受水灾，增粮300万斤。1946年6月，临沭、莒南、日照、郯城、东海、竹庭等县1200多个村庄的25万群众积极疏浚、开渠、筑堤，使178万亩土地免遭水患。为完成滨海区增产16461万斤粮食任务，滨海行署1946年2月24日发出指示，要求各专署、县划定试验区，有效推动生产。临沭县委、县政府以徐家贺城、南古东村为点，号召整理春地，实行变工互助、筹资买牛，掀起春季生产热潮。同年春，改变了战争年代藏粮于民的方法，在临沭县韩村（存放苍山、青云2个区的粮食）、于店（存放玉山、夏庄、大兴、蛟龙、桃园5个区的粮食）、重沟（存放岌山、沂东、钟山3个区的粮食）3个村建立粮仓。

采取有效措施，关心人民的身体健康，是临沭县政府的又一中心工作。1946 年 4 月，苍山等区发现伤寒病。4 月 17 日，县政府召集会议，决定由各区医救会会长代理医救助理，组成临时脱产的医疗队，下设宣传、调查、治疗 3 个小组，分赴苍山、沂东、蛟龙等区，迅速控制了疫病蔓延，救治了病人。为解决战争给人民群众造成的生活困难，1946 年 5 月，临沭县委、县政府发动群众开展互相救助运动。钟山区干部捐出节约的 3000 斤地瓜干；蛟龙湾村有 85 户断粮，农救会组织捐筹 1700 斤地瓜干予以救济。同时，县委、县政府组织群众开展副业生产，桃园区前细柳村组成运盐大队，一次盈利 1900 余元。在农村继续实行变工互助，努力发展生产，繁荣农村经济。

二、成立子弟兵训练队，开展百日练兵运动

抗战胜利后，国内各种矛盾错综复杂，中国面临两种命运的抉择，即和平与内战、民主与独裁。形成了国共边打边谈，谈判和作战交替进行的复杂局面。为在政治上、军事上赢得主动，1946 年 2 月 15 日，根据中共中央 2 月 1 日关于开展生产、减租、练兵三大中心工作的要求，华东局发出《百日练兵工作的指示》。要求山东及华中党组织领导所属部队，从 2 月 25 日到 5 月底，进行为期三个月的“百日练兵运动”，通过练兵达到军队正规化。临沭县于 1946 年 3 月初，成立子弟兵训练队，迅速开展“百日练兵”运动。

“百日练兵”以政治练兵为主，七分政治，三分军事。政治练兵围绕战争与和平问题，主要进行形势和任务教育，重点解决部队中存在的和平麻痹思想，加深对革命斗争的长期性、曲折性、艰苦性和蒋介石反共反人民的本质认识，进一步增强战斗意识，坚定保卫胜利成果的决心和信心。政治教育以加强形势和任务教育为主，以克服个别人存在的“停战实现，天下太平”等和平麻痹思想为重点，从学习文件入手，联系新形势、新问题和当地实际，开展关于“和平从哪里来

的”“人民军队的本质是什么”等大讨论，达到增强战争意识、坚定保卫胜利成果的决心和信心的效果。同时，临沭县委加强基层党组织建设，吸收大批积极分子入党，极大增强了党组织的战斗力和凝聚力。

军事练兵主要从两个方面入手。首先，在干部训练中，主要解决从游击战到运动战、由敌后抗战到对付国民党发动的内战等思想转变，总结作战经验、提高思想水平和组织指挥战斗能力。其次，在武装人员训练中，举办各种军事技术训练班，突出以投弹、射击、刺杀、爆破等为主的军事技术训练，加强近战、夜战、巷战、防御战等实战训练。为推动练兵运动形成高潮，达到在短期内提高部队战斗力的目的。1946 年 5 月 1 日，中共中央再次发出练兵指示，强调在内战迫近的形势下，全党全军必须抓紧练兵，并指明这是决定战争胜负的关键之一。5 月中旬，华东局在临沂召开地委书记、军分区司令员以上领导干部会议。陈毅在会上作了战争与和平报告，号召各部队进一步开展练兵运动，整顿部队纪律，随时准备击败国民党军队的进攻。在这次新的群众练兵高潮中，临沭广大干部战士士气高涨，自觉地组成各种训练互助小组，采取以老带新、以先进带后进等形式展开练兵活动。练兵活动中涌现出不少官教兵、兵教官、兵教兵互帮互学的先进事迹和模范人物，促进了军事练兵的深入开展，极大提高了县、区、村三级武装的战斗力。

至 1946 年 9 月，临沭县共训练中队长、分队长、班长等民兵干部 500 人。9 月，为推动训练，在朱村召开了全县民兵检阅比武大会。到会民兵 2000 余人，县委书记李华林、武装部长刘诚翰出席并作了报告。临沭县在原县大队的基础上成立了新的县大队，人员由 300 余人充实到 500 余人；同时加强对地方军事干部的培养，完善了地方武装机构，全面提高了地方武装的政治军事素质。临沭县地方武装和广大民兵通过“百日练兵”，磨炼了革命斗志，增强了整体观念，提高了军事技术、战术水平和组织纪律性，整个部队的面貌焕然一新。全体参训人员以新的思想、新的作风，为接下来的一系列战争做好了军事准备。

三、开展干部立功创模运动

1946 年春，临沭县委部署开展生产运动，但该项工作在各区并未得到开展。许多干部没有深入基层，有的干部说："生产工作群众都会做，领导也生产，不领导也生产。"有些小知识分子干部嘴上喊别人生产，自己却不下去搞生产。有些工农干部则认为，既然自己已经脱产，就不应再参加生产，参加生产劳动还不如回家去。还有的说："抗战几年，这回该松口气了。"有的成天想着享受和名利地位，工作上缺乏干劲。针对干部中存在的"革命到头"、贪图享乐等各种消极思想，县委研究后认为，这些干部对革命目的认识不明确，为人民服务观念不牢固，不扫除这些思想障碍，是不能解决根本问题的。县委经过调查研究，决定采用回忆对比方法，对干部进行阶级教育，提高干部的政治认识。

进行思想动员首先从岌山区开始。1946 年 4 月 29 日，县委召开岌山区 50 余名全区干部会议。实行区委领导带头，全体干部用回忆和反省的方式，检讨了脱离群众、强迫命令、纪律松弛、和平麻痹等错误思想。干部现身说法，结合自身所受的苦，作深入的启发。"咱过去受的那些苦，今天是否忘了？我们应如何来回忆认识？"通过回忆，与会干部普遍认识到，因为忘本滋生了官僚主义观点，造成了工作被动，没有发挥好全心全意为革命奋斗的模范带头作用，严重影响了各项工作的开展。因此，大家都表了决心，表示今后自己一定努力工作，时时不忘自己的痛苦，时时关心群众的痛苦，为群众服务到底。

会后，岌山区以分区委干部为主，分班反省每个人的忘本思想。根据实际情况，每个干部都订出了今后努力奋斗的计划，并进行了集体宣誓，表达自己的决心。在此基础上，县委在各区各村掀起忆苦思甜热潮。全县大部分区、村干部都通过回忆反省，检查过去犯的错误，找出自己工作不积极、不深入的思想原因。这种自我刨思想老根，自觉揭发反省的思想检查，使每个干部产生了深刻的认识。县委以此为引导，迅速在县、区、村干部中开展立功创模运动。全县广大党员干部以先模人物为榜样，立足本职，扎扎实实地干好工作，在各自的岗位上都取得了优异的成绩，圆满完成了这一阶段的大生产运动。仅桃园、大兴、岌山三个区参加这一运动的就有177名干部。

临沭县大部分干部是农工出身，平时很少参加学习，“创模”运动激发了广大干部的学习情绪。“创模”运动开展后，干部认识到了学习的重要性，积极参加学习并取得了很好的效果。如桃园区半月写了360篇通讯，大多数都是工农干部写的。

临沭县干部“创模”运动的做法和经验，引起《大众日报》的高度关注。该报自1946年5月至8月，曾先后四次予以报道。6月30日，滨海区党委对临沭县委通报表彰，在全区推广临沭干部立功创模工作经验。1946年7月12日，临沭县委在沟头村召开县、区干部大会，进行了总结和表彰，有110名干部被评为模范。11月20日，滨海地委在《关于宣传工作几个问题的总结和今冬宣传工作的任务》中，印发了《临沭县工农干部的文化学习运动》，介绍了临沭县工农干部开展“创模”运动以来文化学习取得的显著成绩。在486名工农干部中，每天学5至8个生字的有78人，每天学8个以上生字的有76人。4个月来识字700至800字的30余人，能看文件记笔记的10余人。

四、反奸诉苦与减租减息运动

1945年9月，中共山东分局召开全省群众工作会议，贯彻中央《关于日本投降后我党任务的决定》。《决定》指出：“今冬明春，必须在一万万人民中放手发动减租，放手发动与组织群众，建立地方党组织、地方政府与提拔干部，以便迅速确定我党在基本群众中的基础，迅速巩固一切新解放区。”会议总结了山东解放区“双减”运动的经验和教训，研究部署了1945年冬和1946年春开展反奸清算运动，继而进行减租减息。会议要求，各地党委和政府要放手发动群众，在新解放区迅速开展以反奸诉苦、清算恶霸罪行为中心的反奸清算运动。在没有进行减租减息和减租减息不彻底的半老解放区，以减租和增资为中心，迅速进行减租减息运动。在减租减息已经结束的老解放区，以发展生产为中心，同时注意巩固好减租减息、反恶霸运动中取得的胜利果实，提高党在群众中的威信。会议认为，反奸清算和减租减息运动具有两种不同的性质，反奸诉苦、清算斗争的对象是汉奸恶霸，斗争的方式是没收与分配汉奸的土地财产，摧毁旧政权。减租减息是为了解决农民与地主的阶级矛盾和封建剥削，斗争的对象是地主，斗争的方式是说理、算账、减租。

1946年2月，中共华东局发出《关于放手发动新解放区群众的工作指示》，要求各级党委集中一切力量，发动群众反奸、诉苦、算账，在运动中通过没收和分配汉奸的土地财产，救济基本群众，检举汉奸特务，摧毁旧政权，建立人民民主村级政权。同时注意掌握政策与策略，抓住重点，打击主要的，孤立次要的，分化胁从的。为了帮助各地及时开展工作，华东局与山东省各救总会抽调500名干部组成6个工作队，分赴鲁中、胶南、渤海、鲁南四区和滨海区的滨北、滨南等地，开展反奸诉苦和减租减息运动。滨海区抽调了6000余名干部到新解放区开展工作，其中从临沭、郯城、海陵等县抽调1600名干部到临沂县、滨北等新解放区，发动群众开展反奸诉苦和减租减息运动。

临沭县地处滨海区南部中心，尤其沂东区和钟山区西部新区是工作的重点，各种反动势力长期在此实行统治。县委决定集中开展工作，以点带面，组织工作组到沂东区开展工作。沂东区当地群众祖祖辈辈经受官僚地主的剥削压迫，对鱼肉乡里欺压百姓的汉奸恶霸地主有切齿之恨。工作组队员和新解放区的党组织深入群众，发动群众，反复宣传反奸清算的政策；召开各种类型的控诉会，揭露汉奸、恶霸高租剥削、霸占土地、横征暴敛的罪行；动员广大群众吐苦水、诉冤仇，提高阶级觉悟。政府明确宣布，凡罪大恶极的敌伪首要分子，逃跑在外的通缉在案分子先行逮捕或拘留，从而打击了敌伪首恶分子的反动气焰，解除了人民群众的心理压力。经过广泛深入的组织发动，广大群众压抑多年的仇恨爆发出来，积极主动向政府检举揭发。有的将汉奸恶霸的罪行张贴出来，有的主动将汉奸捆绑送到政府要求法办。通过反奸诉苦，人民群众的觉悟不断提高，真正认识到共产党才是他们的救命恩人，要翻身得解放，只有团结起来跟党走。

反奸清算运动结束后，尽管农民群众的觉悟有了很大提高，但土改的条件尚未成熟，加之内战危险仍旧存在，我们党的方针依然是减租，而不是没收地主的土地。这样，既可以使解放区农民得到减租的利益，调动广大农民群众的革命热情，又使地主阶级稳定下来，这对发展生产、克服困难、支援战争都是较为有利的。

减租减息工作是反奸清算运动的继续，由于受几千年来根深蒂固的封建思想的影响，不少农民存有浓厚的封建宗法思想和顾虑。有的害怕“变天”，有的碍于情面，有的相信宿命论，认为“生死由命，富贵在天”。地主阶级则利用农民群众的这种心理，进行哄骗、拉拢、威胁，千方百计维护旧的剥削关系，阻挠减租减息运动。对此，工作队从总结反奸诉苦和清算斗争的成果入手，层层进行思想发动。首先帮助农民算种田成本，种一亩地使用多少种子，使用多少人工，交多少地租，自己最后得多少。再算地主的剥削账，大斗入，小斗出，给地主当差出夫，农民吃了多少亏，地主凭空占了农民多少便宜。最后算压迫账，地主怎样欺压打骂农民，有多少农民被逼迫得流离失所、家破人亡。通过算账，对农民进行谁养活谁的教育，使其阶级觉悟有了提高，推动了减租减息运动迅速开展。

1942 年夏，临沭县曾在老解放区内开展大规模的减租减息运动，并于 1944 年 10 月，又在全县猛烈开展了“查减”反霸斗争。而这次是在总结反奸诉苦运动的基础上，在全县范围内普遍开展起来的，重点是在新解放区，老解放区则以复查减租减息和发展生产为重点。临沭县反奸诉苦和减租减息运动，从 1945 年 12 月开始，到 1946 年 6 月结束。按规定，凡地主、富农所有出租的土地，一律实行“二五”减租；所有陈欠一律豁免，押金全部取消。农民欠地主的旧债一律按《山东省政府关于减租减息增资的布告》之“按分半利付息达原本一倍者停息还本，超过原本一倍者，超过之数作还本计，超过二倍者，本利停付，债务消灭”的规定，全部进行了处结，不少农民通过“双减”收回了被地主剥削去的土地和财产。反奸诉苦和减租减息使土地关系发生了一些变化，贫苦农民占有的土地数目开始上升。

《大众日报》在 1946 年 6 月 13 日报道：临沭县新解放区，自去年 12 月开始进行反奸诉苦和减租减息运动，已获得巨大成绩，现已基本结束，大多数村庄已将工作重点转入生产。

第二节　实行土地改革，废除封建土地制度

土地改革是中国共产党打倒帝国主义、封建主义，完成民主革命的基本任务，是领导广大农民废除封建土地所有制，实现农民土地所有制的一场伟大革命运动。抗战时期，为了团结抗日一致对外，中国共产党将没收地主土地的政策改变为减租减息的政策。1946 年 5 月 4 日，中共中央发出《关于土地问题的指示》(著名的《五四指示》)，将减租减息的土地政策改变为没收地主的土地分配给无地、少地的农民的政策。《五四指示》指出：“解决解放区的土地问题是我党目前最基本的历史任务，是目前一切工作的最基本环节，必须以最大的决心和努力，放手发动与领导目前的群众运动来完成这一历史任务。”

一、全面展开土地改革工作

临沭县土地改革于1946年5月开始，到1949年春结束，历时三年，主要分三个阶段。

第一阶段是1946年5月至12月，以贯彻《五四指示》《九一指示》为开端，全面展开土地改革工作。

《五四指示》的主要内容是：没收汉奸、豪绅、恶霸等的土地；对中小地主和农民之间的纠纷，应采取调解仲裁方式予以解决。一般地主得以清偿所欠农民在清算租息、清算霸占、清算负担及其他无理剥削后的债务。一般不动富农的土地，如不能不有所变动时，应着重减租而保存自耕部分。决不可侵犯中农土地，坚决用一切方法使中农参加土改，并使其获得利益。在运动中所获得的果实，公平合理地分配给贫苦烈士遗属、抗日战士、抗日干部及其家属和无地少地的农民，保护民族工商业。

《五四指示》采取反奸、清算、减租减息以及查黑地、献田等办法，实现“耕者有其田”这一根本目标。在支持农民土地要求的同时，也对各阶层作了适当的照顾。它既和土地革命战争时期解决土地问题的方法不同，又和后来所规定的没收地主土地财产、征收富农多余土地财产的方法有所不同。这就是土地改革与减租减息政策的不同。

自5月中旬到6月初，华东局在临沂召开地委书记、军分区司令员以上的高干会议，传达和讨论《五四指示》，制订贯彻土改工作方案，布置土改的步骤和方法。陈毅在会上作了题为《如何正确执行中央“五四”指示》的总结发言，强调要正确全面地理解和掌握《五四指示》精神，坚决贯彻党的政策，把地主阶级，首先是大地主、大恶霸、大汉奸的土地拿过来，分给无地或少地的农民。

1946年7月初，为贯彻《五四指示》和华东局会议精神，滨海地委决定，在全区开展土地改革运动。确定新解放区以土改为中心，老解放区以生产为中心，结合解决土地问题。临沭县委根据这一决定，组织了土改工作队，由县委宣传部副部长武同峙带队，在岌山区朱村等地搞试点，县政府以周庄为试点。

▲ 群众游行，支持土改工作

8月中旬，滨海地委召开县委书记联席会议，研究土地改革工作。会议要求各级干部迅速贯彻执行中央《五四指示》，深刻体会土地改革的重大意义。8月25日，地委发出《关于如何贯彻执行中央“五四”指示的补充指示》，要求新老解放区一律于10月底全部完成，要采取大胆放手、走群众路线的方针，反对包办代替和恩赐观点。华东局于8月底召开了土地会议，并于9月1日发出《关于彻底实现土地改革的指示》(“九·一”指示)，要求在年底前全部或大部完成土地改革，并制定了实现土改的各项原则。滨海地委在贯彻执行华东局指示过程中，再次召开县委书记联席会议，专门讨论了运动中训练积极分子，大胆使用积极分子，进一步贯彻群众路线等问题。此后滨海全区土改运动迅速开展起来。

9月，临沭县土地改革运动全面展开，经过调查摸底，训练干部，发动群众，对地主的土地除留下其维持生活的部分外，其余全部拿出，富农的土地一般不动，对中农采取团结的方针，全县土改运动呈健康发展势头。至当年11月中旬，在土地改革第一阶段，全县599个村庄除沂东区南部30个村外，569个村土改全部完成。据不完全统计，全县从地主手中收回土地5万余亩，获地农民达18万人，土地改革运动受到解放区广大群众的热烈拥护。临沭县委、县政府借助土地改革运动，积极开展参军、生产、支前运动。至当年底，先后有数批民工支前，为前线部队运送数百万斤军粮。全县各阶层群众纷纷献金献物，派出代表到前线劳军慰问。仅钟山、沂东、苍山三个区的商人一次性献金就达 180 万元。借助土改运动，临沭县大量发展党员，调整提拔了一批村干部，壮大了群众组织。4 月至 6 月共发展党员 1886 人；7 月至 9 月发展党员 696 人；10 月至 12 月发展党员 1654 人。1946 年底全县共有党员 12230 人，分区委 10 个，农村支部 480 个，机关支部 16 个，村党小组 94 个。土地改革运动的全面开展，使广大农民从政治上、经济上解脱了封建压迫、剥削，提高了阶级觉悟，调动了参军、支前、生产的积极性，对夺取后来的解放战争的胜利，起了巨大的推动作用。

二、深入进行土改复查

1947 年 1 月至 1948 年 1 月是第二阶段，主要是贯彻华东局“二·二一指示”和“七·七指示”，深入进行土改复查。从 1947 年 1 月开始，各地区土改转入复查阶段。之所以要土改复查，主要是前段土改中存有不彻底性，华东局为贯彻中共中央在《迎接中国革命的新高潮》中所提出的“必须认真检查，实

▲ 发动群众搞土地改革

行填平补齐。务必使无地和少地的农民都能获得土地”的指示，于2月21日，作出《关于目前贯彻土地改革土地复查并突击春耕生产的指示》（“二・二一指示”）。这一指示在肯定山东土改和复查已取得很大成绩的同时，第一次把过去土改中的某些缺点夸大为“富农路线的倾向”。7月7日，华东局又作出《关于山东土改复查新指示》（“七・七指示”）。

“七・七指示”认为，华东局去年发出的“九・一”指示犯了“原则上的错误”，即“土改方针上的非阶级路线，执行方法上的非群众路线，指导上的自满自足放松土改”。指示对土改政策重新作了规定，要求在实施新指示时，“应根据百分之九十的农民意见行事，如果党的规定与百分之九十的农民要求不符合时，则应修改党的规定”；“在土改中一切清算调查、分配复查、调整或重分，均须先经过贫农小组讨论，再经过农会讨论通过，即可实行，不须再经任何机关核准”；“必须在土改过程中改造党，改造干部，改造作风，改造党的其他组织”。根据华东局“七・七指示”，滨海地委进一步布置了土改复查工作，要求彻底摧毁封建势力，从政治上、经济上消灭地主阶级，并提出，今后只要斗争目标不错，只要走群众路线，尽管放手，不必再多方面限制和束缚。华东局“七・七指示”和滨海地委指示贯彻后，使在上半年土改复查中已经发展起来的“左”倾错误变得更加严重，各地普遍出现放弃党的领导，一切权力归农会，一切由贫雇农做主，以及乱打、乱杀、乱扫地出门的混乱现象。

7月14日，为贯彻华东局“七・七指示”和滨海地委指示，临沭县委在夏庄区小河涯村召开县、区、乡干部会议，重新布置土改复查工作。会议指出，临沭土改后地主有三多：地多、房多、浮财多；贫雇农有四缺：缺地、缺房屋、缺牲口农具、缺种子；土改中犯了“富农路线”错误。会议决定大胆放手发动群众，以贫雇农为主，团结中农，树立贫雇农领导核心，政府授权给农民，支持农民行动，摧毁封建势力。会后，县委以玉山区、苍山区为试点，在全县掀起复查新高潮。县、区、村普遍成立了贫农团，通过召开大会，各级政府向贫雇农交权，搞所谓“挖蒋根，掰蒋芽”，乱打乱杀；对地主不分大小，不分恶霸地主与一般地主，一律扫地出门；在土地分配上，搞“填平补齐”(打乱重分)，侵犯了中农的利益。这种情况，持续了一个月左右。

10月22日，滨海地委向各县发出指示信，要求必须停止土改复查中村内少数人或村干部随便打死地主及反特中的逼供现象，指出今后杀人必须经过县委批准。10月26日，地委又发出《在贯彻土改复查中地委对几个具体问题的决定》，指出，反特问题是这次运动中比较严重的问题，不少地区仍从反特入手进行土改复查，要切实纠正逼供刑讯；扒坟问题在运动中也比较普遍，对一般社会风俗人情起着极坏影响，今后，应立即停止。此后，土改复查中“左”的错误有所纠正，但“左”的错误倾向依然比较严重。

在土改复查中，临沭县大量提拔区、乡干部。据11月10日统计，全县提拔区干部32人，乡干部74人，其中贫雇农63人，手工业者1人，中农37人，上中农1人。

12月20日，滨海地委发出《关于召开土地会议的通知》，要求各地坚决停止土改，尚未处理的果实，除临时解决贫雇农穿棉衣的困难外，其他待明春统一处理。禁止乱打、乱杀、乱抓及乱反特的现象，杀人必须经地委批准。12月21日，地委又转发了华东局来电要点，指出，今后凡错杀人者要偿命，各县委负责同志要迅速深入传达，切实保证本通知的贯彻执行。至此，临沭县停止土改复查运动，土改复查中的极“左”倾向得到了遏制。据统计，这次全县土改复查中取得的成果，计土地380831亩，浮财1868230万元，但错杀错伤了一部分不该伤害的地主、富农和中农，给土改复查带来了一定的负面影响。

三、全面完成土地改革

1948 年 2 月至 1949 年春是第三阶段：主要任务是生产救灾、老区结束土改、恢复区完成土改。由于土改复查中的极“左”倾向的影响，解放区的地主和富农几乎全部跑到国统区。1947 年秋，他们跟随国民党军队一起返回解放区进行烧杀破坏，给解放区生产造成极大的破坏。1947 年冬至 1948 年春，各区出现严重的灾害，解放区军民再度陷入困境。3 月 8 日，华东局发出《关于春耕生产和救灾工作的指示》，提出恢复区处理土地悬案问题。所谓恢复区处理土地悬案，实际就是恢复土改，或称之为恢复被敌人倒算的土地。将这一指示传达下去后，各地区掀起了以生产救灾为中心，结合处理土地悬案的热潮。

7 月 17 日，华东局决定，鲁中、鲁南区党委及滨海地区合并，成立鲁中南区党委，鲁中、鲁南两军区及滨海军分区合并，成立鲁中南军区。7 月 20 日，山东省政府决定，将鲁中、鲁南及滨海行政区合并为鲁中南行政区，成立鲁中南行政公署。鲁中南区党委、行政公署、军区成立后，滨海地委、专署和军分区改为鲁中南六地委、六专署和六军分区。

▲ 解放区群众在登记、丈量土地

7 月，鲁中南区六地委发出《对于执行“四八”指示的指示》（“四八”指示指 5 月 25 日中共中央发布的《1948 年的土地改革工作和整党工作》），对如何做好十项工作提出了如下要求：接受过去因缺乏调查研究而犯错误的教训，开展调查研究。在过渡范围内（全属老区）初步整党，明确敌我界限，团结 90% 的群众，整顿群众组织，健全农会委员会，克服孤立的贫雇农路线和关门主义。根据中央 1933 年制定的划分阶级成分标准及任弼时《土地改革中几个问题》的报告，划分阶级成分。指示还确定，以莒南县全部、日照县西部 1 个区、临沭县北部 4 个区、竹庭县西北部 2 个区和莒县南部 5 个区为十项工作首次实施区。10 月底以前做到初步整党，改定成分，补偿中农损失，摘掉错戴特务帽子等，12 月底完成调整土地、确定地权、颁发土地证及乡选工作。

1948 年 10 月，临沭县委向新收复的沂东区派出以高瑞任团长的工作团，开展生产救灾，结合处理地权，没收地主、富农耕地 15114 亩，非耕地 1805 亩。为扶助群众种好小麦，临沭县委向沂东区发放麦种 3 万斤，帮助群众渡过难关。同年 11 月，鲁中南区党委连续发出《关于新解放区和新收复区工作的指示》《关于老区、半老区结束土改与新收复区发动群众处理地权农作物问题的指示》，要求新收复区处理地权要在做好生产救灾中心任务下进行；老区、半老区要在有利恢复与发展生产的条件下，有重点、有步骤地确定地权、结束土改。以后区党委又多次发出文件，强调在处理地权、农作物工作中要明确反封建的目的，明确处理的范围、政策和依靠贫雇农、团结中农的阶级路线以及稳妥的斗争方式。根据上述指示，临沭县主要抓了 4 项工作：（一）进行反倒算斗争，处理了地权悬案；（二）分配了尚未分配的斗争果实；（三）补偿了中农利益；（四）重新分配给在复查中被扫地出门的地主一部分土地，使其参加生产，在劳动中改造，获得生活出路。

1949 年 2 月，临沭县委组织工作团继续进行结束土改工作，由民运部长李安邦任团长，到沂东区继续纠正土改偏差，落实政策。此后，该工作团又先后到蛟龙、大兴、岌山、苍山等区开展工作。3 月下旬，临沭县土改已经转入以生产救灾、经济恢复和发展及建设方面，土改

▲ 动员群众参军，全体新战士合影

运动到此结束。

临沭县实行土地改革后，广大农民得到了土地，有了民主、平等、自由和做主人的权利。广大农民破除了“三纲五常”和封建迷信，反对包办、买卖婚姻，倡导婚姻自由。人民政府为适应农民对文化的需求，建立了文化站、冬学、识字班、夜校等，引导农民学习文化、学习技术，推动了思想文化建设事业的发展，农村呈现出一派欣欣向荣的新气象。

第三节　做好自卫战争的准备

一、开展反内战动员，成立临沭县大队

1946 年 6 月 26 日，国民党军队悍然发动对中原解放区的猛烈进攻，国内战争由此爆发。对此，中共中央及时发出《以自卫战争粉碎蒋介石的进攻》的党内指示。为对付国民党军队的突然进攻，中共华东局、山东省政府在内战全面爆发前夕，就解放区军民如何迎击国民

党的进攻作了周密部署。

同年7月至8月，临沭县开展深入广泛的反内战宣传动员，各区、村召开反内战大会。7月初，临沭县参议会驻委会发出《告议员书》，号召全县参议员开展对群众的宣传教育，揭发国民党特务的阴谋，动员一切力量支援前线，并要求各议员在反内战中以身作则。县商联会配合召开时事座谈会，印发《告全国商界信》。商联会表示："临沭一万商人愿和各地同仁联合起来，为取得关税独立，发展民营工商业，为新民主主义的经济建设而奋斗。"

1945年冬，临沭独立团升入主力后，临沭没有正式地方武装。为迎击国民党军队大举进攻，1946年7月，临沭县委召开"动参"备战会议，号召各级党组织和广大人民群众紧急动员起来，坚决响应毛泽东主席发出的"以自卫战争粉碎蒋介石的进攻"的号召，参军支前积极性空前高涨。同年8月，临沭县1500名青年踊跃报名参军。参军兵员的一部分与郯城、竹庭两县兵员合编，组建滨海军分区一团；另一部分留在本县，组成临沭县大队和区中队。临沭县大队下辖3个连，汲书田任大队长，李华林任政委。夏季以来，临沭县大力整顿发展民兵。据当月统计，全县有民兵13341人，占总人口的4.3%；有子弟兵团10个大队，26个中队，4182人。自当月起，民兵以大队为单位，进行紧急集合演习。同年9月，子弟兵团成立爆炸中队，下辖3个小队。

二、破袭陇海路策应津浦路战役

1945年9月19日，中共中央发出《关于目前任务与战略部署的指示》，明确规定"向北发展，向南防御"是党的一项全国战略方针。10月12日，中共中央军委电示：目前山东和华中的中心任务（除出兵东北外）就是截断津浦路，阻止国民党军北上，并力求消灭北上的国民党军一部或大部。要将鲁中、鲁南、滨海、湖西、泰西主力部队和新四军北移，与山东的部队迅速组成一支强大兵团，坚决在徐州、济南之间阻击国民党之北上部队。

根据中央要求，在华东军区统一指挥下，由先期到达山东的新四军第二师第四旅、第五旅，第四师第九旅和第七师，山东解放区的鲁中、鲁南、滨海及冀鲁豫解放区的湖西、泰西主力部队共 10 万大军，组成津浦前线阻击兵团。1945 年 10 月 15 日，津浦前线指挥部在峄县成立，统一指挥发起津浦路徐州至济南段的战役。津浦路前线指挥部组织鲁中、鲁南几十万军民大破津浦路。滨海地方武装以新安镇为中心，将陇海铁路运河车站至白塔埠段的桥梁全部破坏。临沭县县委书记李华林带领 1000 余民兵、群众参加了破路活动。临沭县动员 4000 余人扒毁新沂至牛山之间的铁路数十里，迟滞敌人北上，为我军主力部队歼敌创造了有利条件。津浦路战役自 1945 年 10 月 18 日开始历时三个月，歼灭国民党军队 2 万余人，控制了徐州至济南的 200 多公里铁路，截断了津浦路，挫败了国民党军打通津浦路进占山东和华北的图谋，保证了党中央战略计划的顺利实施，有力地配合了中共争取和平的斗争。

第四节　剿灭还乡团，保卫胜利果实

一、还乡团反动势力的形成及罪恶

滨海地区地处鲁东南，临沭又处于滨海解放区南部边沿。1947 年 1 月，蒋介石调集 20 余万兵力进犯滨南，解放区形势急转直下。此时，在 1946 年土改中被斗倒的地主、富农、恶霸、反革命分子以及漏网汉奸、土匪等纷纷逃往国统区。国民党将这些与人民为敌的反动势力编成武装还乡团，在内战爆发后，还乡团随国民党军队蹿回解放区，到处反攻倒算，烧杀抢掠，无恶不作。

1947 年 2 月 12 日，趁我军主力转移到外线作战之机，国民党军队、还乡团进犯临沭。2月15日，整个沂东区、钟山区，岌山、桃园、夏庄、蛟龙、大兴5个区的大部为敌占领。敌人东部以欢墩埠、西部以李家庄为中心，建立数十个据点。还乡团所到之处抢粮抓丁、强奸妇女，无恶不作。当地恶霸地主和反动富农等不法分子，暗中串联、互相勾结，在国民党伪政权的指使下，组成了乡、保组织机构和地主武装，乘机对解放区群众反攻倒算。

蒋军及其还乡团对我革命干部、党员、群众积极分子进行疯狂的阶级报复，他们疯狂地抓捕杀害共产党员、革命干部、军工家属和革命群众，其杀人手段极端残暴。1947年2月，还乡团随蒋军进犯临沭，大肆捕杀、活埋我县干部、党员和积极分子，抢劫财物，犯下了滔天罪行。

国民党军侵占李家庄后，该村被杀干部、群众46人，朱家庄、陈家埠在敌人突袭时大小村干部几乎被杀光。3月初，店头还乡团头子武可达带领近百名外逃的地富反动分子窜到店头，逼迫群众修筑暗堡，抢走军粮数万斤，搜去步枪30余支，抓走军属刘大娘、张兴胜，敌对我干群之残忍，无所不用其极。据不完全统计，此次国民党军进攻，仅沂东区，干部、群众就有500多人被杀。此后，在敌我反复拉锯式的斗争形势下，还乡团又先后制造了李家湖、腾马庄等多起惨案，全县1000多名干群被残杀。敌人占领的城镇乡村，到处尸骨累累，一片凄惨景象。

二、成立东、西线对敌斗争指挥部

面对国民党军、还乡团的疯狂进攻，临沭县委、县政府从沭河沿岸撤到东北部山区。1947年2月下旬，临沭县委召开对敌斗争会议，成立东线、西线两个指挥部。东线指挥部负责大兴、蛟龙、玉山、桃园、朱孟等区的对敌斗争，县武装部长刘诚翰任指挥，县委组织部副部长张砚田任政委，指挥部下辖海滨爆炸队、临沭爆炸队和五个区的武工队、游击队、民兵，重点对付欢墩埠之敌。西线指挥部负责沂东、岌山、钟山、夏庄、青云等区的对敌斗争，由公安局局长禚绍南任指挥，县文教科长陈明远任副指挥，县委宣传部部长沈请之、副部长武同峙任正、副政委。指挥部下辖临沭县大队（3 个连，300 余人）、岌山营（4 个连，1000 余人）和西线所属各区武工队、游击队、民兵，重点反击李家庄、郯城、临沂一线之敌。两个指挥部密切协同，分别作战。（东西两个指挥部于 5 月合并成县指挥部，县长汲书田任指挥，县委书记李华林任政委。）

为了反击还乡团的猖狂进攻，1947 年，农历一月，滨海地委在临沭县于店村召开滨南（临沭、郯城、东海、临沂）县委书记紧急会议，由滨海地委书记谷牧主持。会议要求各县一定要做好与国民党军和还乡团战斗的准备，不要轻视敌人，不要麻痹。会议决定，各级领导要做到县不离县、区不离区、乡不离乡，坚决痛击敌人的进攻，对杀害我干部、党员、积极分子的还乡团和反动地主要坚决镇压，处决权交给县委。要力争主动，充实扩大地方武装，保卫解放区，保卫人民政权，保卫土改胜利果实。会后，县委书记李华林立即在庙前村召开县委扩大会议，传达上级指示，调整扩建县大队和各区、乡武工队、游击队，各区都建立了 300 人至 700 人的武装。2 月中旬，临沭县 900 余名青年参加了游击队。与此同时，全县紧急行动，镇压反革命分子数百人，狠狠打击了敌人的嚣张气焰。

三、铁拳出击——围剿“还乡团”

1947 年 2 月至 5 月，临沭军民进行了三次大规模的围剿还乡团的战斗，基本肃清临沭境内的还乡团，稳定了临沭县形势。

1947 年 2 月 17 日，进犯临沭县的国民党军二十五师撤到沭河以西。滨海地委和军分区抓住这一有利时机，2 月 18 日至 22 日，指挥临沭、郯城、东海三县地方武装向盘踞在沭河以东的还乡团据点进行围剿。

1947年2月18日夜，我军在夜色掩护下，兵分三路包围还乡团据点姜圩子，经过半个小时战斗，攻克该据点。2月20日夜，岌山区游击队、武工队化装奇袭大官庄还乡团据点，全歼守敌。姜圩子、大官庄的收复，惊动了盘踞在沭河西岸的敌人。2月21日，沭河西岸北起重沟南至大官庄的十几股敌人企图过河卷土重来。临沭县大队带领各区、乡武工队、游击队，凭借有利地形进行坚决阻击。我军乘胜进击，2月21日晚至22日，连续攻克陈棠、石门、桥团等据点。这次围剿还乡团的战斗，共歼敌500余人，攻克临沭、东海两县境内十余处据点，收复临沭县沭河以东、石门以北敌占村庄。

为保护群众春耕，临沭县军民再次对还乡团进行围剿。1947年3月29日至4月7日，临沭县西线游击队、武工队在禚绍南等同志的指挥下，配合滨海军区一团，对沭河西岸梅家埠、小庄子、李家庄一带还乡团进行围剿。此战共歼灭敌人300余名，收复沭河以西、李家庄以东、泉源以北大片村庄。

1947年4月20日，国民党八十三师第二次进攻临沭，全县除玉山区外全部伪化。为了牵制敌人，临沭县地方武装与东海、郯城、临沂3县地方武装相互配合，对还乡团展开第三次围剿。4月20日夜晚，临沭县游击队、武工队在主力部队一部配合下，直捣还乡团八里巷据点。经过两小时的激战，全歼守敌百人，收复店头、张庄两据点，还乡团残敌狼狈逃往沭河西岸。同日晚，东海县独立营配合临沭县大兴、蛟龙两区的游击队、武工队，向盘踞在蛟龙湾、小埠子、巡会等地的还乡团进剿，歼灭还乡团40人。郯城县大队配合临沭县沂东、岌山等区游击队、武工队，围剿盘踞在大官庄、白旄、石门、石寨、李埝等地的还乡团，收复上述村庄，歼敌200余人。临沂县武工队、游击队与临沭县钟山、青云等区游击队配合，向盘踞在钟山、沂滨区的还乡团出击，沉重打击了敌人。5月，蛟龙区武工队由分区委书记杨林波，副书记吴庆文、袁照金带领，从西盘分3路出击还乡团。战斗中，吴庆文受伤被俘，英勇牺牲。大兴武工队在张砚田、陈如六、王作金的领导下与顽匪李从林部在吉利埠进行一整天的激烈巷战，最终迫使敌人溃逃。郇华邦带领大兴游击队与国民党八十三师一个连在王宅子激战数小时，毙伤敌人13人。接着又打开小埠子，救出被敌人抓去准备放火烧死的百余名大兴区村干部、烈军属和群众积极分子。

第三次反击战共攻克敌人10余个据点，歼敌500余人，收复沭河以东3000余平方公里的广大地区。临沭县境内除沂东区和钟山区一部尚有还乡团据点外，其余全部收复。

四、彻底瓦解剿灭还乡团

经过对还乡团连续三个阶段的沉重打击，临沭县境内国民党、还乡团盘踞的据点，只有沭河以西的李家庄、重沟等地。此后，临沭军民与国民党军还乡团斗争的重心移到沭河以西地带。

根据滨海地委宣传部、滨海军分区政治部发出的《关于对当面敌人开展猛烈政治攻势》，临沭军民在进行军事斗争的同时，以武工队名义动员还乡团家属，给本区还乡团分子写信，收到较好效果。县委组织部副部长张砚田、大兴区委书记陈久如给大兴区还乡团头子赵书涵写信，讲明利害关系，迫其带大兴区还乡团撤到沙河，不敢到大兴区骚扰。

8月6日，岌山区组成100余人的武装宣传队，分4个分队深入敌占区活动。宣传队以标语漫画、喊话等形式向还乡团展开武装宣传攻势，收复村庄7个。8月15日，县大队与钟山、夏庄、青云3个区武工队主动出击，包围沭河西岸石桥头还乡团，激战4小时，毙伤敌人19名、俘虏12名，缴步枪30余支，子弹700余发。至8月22日，在我政治攻势下，逃至李家湖据点的300多名还乡团大部逃跑，只剩下百余人。9月，临沭游击队西渡沭河，奇袭集子，击毙、炸死敌人20名，俘虏16名，缴步枪20余支、手枪1支。9月27日，岌山营一连配合武工队一部，在曹庄与还乡团打了个三进三出，俘虏还乡团40多人。

在临沭县东部，夏秋以来，滨海、临沭爆炸队和大兴、蛟龙、朱孟等区武工队联合作战，在朱孟区敌人据点欢墩埠周围开展爆炸战、游击战，给敌人以沉重打击。9月29日，滨海军分区司令员刘少卿率滨海一团、二团和临沭、郯城地方武装，攻克欢墩埠、庄王堂、草埠店等敌人据点，基本解除了敌人对临沭东部地区的威胁。10月21日，临沭爆炸队配合滨海军分区一团和警卫营，对新浦外围重要据点沙河实施攻击，全歼守敌570余人。欢墩埠解放后，集中于沙河的临沭东部各区的还乡团自此溃散。

第五节 支援主力部队战略反攻

1947年6月30日，刘邓大军强渡黄河，发起鲁西南战役，揭开了人民解放军战略反攻的序幕。为配合支援人民解放军的战略进攻，临沭军民全力以赴支援主力部队战略反攻。

一、肃清残余势力，临沭全境解放

1947年下半年，临沭县的对敌斗争，主要是对沭河西岸还乡团的斗争。西部地区的还乡团组成小股武装，对解放区发动疯狂袭击，抢粮抢物，逮捕、杀害干部群众，形成了严重的“赤白对立”局面。自10月起，临沭县采取加强政治攻势、实行首恶必办、立功者受奖的“反突击”斗争措施。在我强大的政治攻势下，临沭、临沂还乡团及被骗群众有1200人归正，使沂河东岸三分之二的还乡团解体。11月27日，《大众日报》对此事予以报道。在此大好形势下，临沭县把民兵集中在沭河沿岸，临沭县总团（1947年10月，在临沭县大队和武装部基础上组建临沭县总团）以连为单位，实施攻防结合措施，对还乡团进行清剿。

1947 年 11 月 28 日晚，在滨海军分区参谋长王晓指挥下，临沭县总团配合滨海一团、三团出击沭河西岸，包围重沟、田庄、李家湖、洪家湖、玉皇庙的国民党军二十八师一部及数股还乡团。激战到 29 日上午，拔除上述五处据点。

在滨海区军民的合力围攻下，沭河以西的国民党军和还乡团士气低落，物资匮乏，为苟延残喘四处抢掠。12 月 22 日，王洪九部 1 个营与还乡团 1500 余人，携带小车数百辆到岌山区一带抢粮，走到岭红埠一带遭我地方武装伏击，死伤 11 名，狼狈窜回。23 日，该敌又纠集千余武装到白家埠、段山宅一带抢掠，滨海爆炸队分两路反击，各村民兵赶来支援，打退了敌人。

1947 年底，为配合发起胶济铁路西段战役，滨海一团、临沭县总团在沂沭河地区向敌据点发起进攻。12 月 29 日至 30 日，连克相公庄、程子河、旦彰街、大小岗、彭家道口等 11 处敌据点。1948 年 1 月 1 日至 2 日，高广珍爆炸队配合地方武装一部及沂东区武工队，强攻李家庄据点，两天俘敌 60 余名。同月 8 日，驻李家庄敌八十三师一个营及还乡团千余人，窜到曹庄、柳庄一带抢粮。临沭县民兵、地方武装和高广珍爆炸队分头阻击，击毙敌人 19 名，抢粮之敌逃回。中旬，临沂、临沭民兵、地方武装配合主力围剿沂河东岸敌人，破袭敌军重要补给线临郯公路数十里。

1948 年 1 月下旬，根据滨海军分区司令部、政治部发出的《关于各县部队整编指示》，临沭县总团改称临沭县独立营，下辖 5 个连，706 人。张百川任营长，李华林、王健英先后兼任政委，邢洛川任副政委。敌人虽屡屡受到沉重打击，但仍做最后的疯狂挣扎。1948 年 1 月 28 日夜，原白旄一带逃往沭河西岸的还乡团 40 余人，在国民党中统特务庞殿甲、解春增二人的带领下偷袭腾马庄，将该村男女村干部、民兵 14 人捉到敌占区。经惨无人道的折磨之后，将其中 10 名主要村干部送到临沂王洪九的监狱，最后被活埋，制造了惨绝人寰的腾马庄惨案。继此之后，还乡团头子李斯通、李斯文等带队，将李家湖村干部庞尔汉、尚会岩、尚贵之、高廷善、高广善、尚春堂等 6 人捉去，经过百般折磨后活埋，制造了李家湖惨案。

2 月 20 日，临沂敌人分数路渡河进犯沙埠、韩村、武阳。临沭县“刚强”部队（代号）击退敌人数次冲锋，打死打伤敌人 160 余名。24 日，驻李家庄敌四十四旅一三〇团一部进犯大哨、醋大庄，遭临沭县地方武装痛击。滨海爆炸队在岌山和石羊岭摆下地雷阵，敌几次进犯均因踏雷致死伤被迫逃窜。在沭河西岸临沭军民为保卫春耕，又于 3 月分南北两片向敌人展开攻势。滨海军分区一团与临沭、郯城地方武装，出击李家庄及沙墩之敌。20 日至 27 日，先后在岭红埠、蔡庄、张庄、青山庵、沈泉院等地痛击敌人。27 日，临沭独立营与南部相呼应，涉过沭河直逼临沂县沂滨区马家石河一带，与临沂地方武装共同作战。4 月 5 日晚，强袭敌“新募兵”驻地马家石河，毙伤俘敌 18 名。至此，沂沭河之间还乡团被临沭军民压缩到临郯公路沙墩、李家庄、大埠之孤立据点。在临沭军民强大的政治、军事攻势影响下，临沭县桃园、青云、夏庄、钟山等区的离乡群众纷纷回家生产，钟山区有 98 名还乡团人员被争取回家，敌保长郑玉思携机枪 1 挺、中正枪 1 支投诚。

为保卫农民麦收，6 月 3 日至 7 日，临沭县、区武装向进犯之敌发起进攻，击毙 120 人，俘虏 5 人，缴获物资一宗。在临沭军民的强大攻势下，敌人龟缩在孤立的据点里再也无力窜犯解放区。10 月 10 日，李家庄之敌人南逃，我主力部队和地方武装跟踪追击，歼敌 600 余人。至此，临沭县全境解放。

二、开展“三查三整”运动

解放战争时期，随着对敌斗争的不断深入，各地党组织和革命队伍迅速发展壮大，保证了革命的持续胜利。但在支援战争和土地改革中，许多党组织特别是农村基层党组织，明显地出现了阶级成分和思想作风不纯等问题。有些党员的阶级观点模糊，不能坚持执行党的土改政策，在斗争中发生动摇，甚至包庇和袒护地主富农分子。有的党员利用职权侵占群众利益，多分土地和资财。有的党员干部资产阶级思想严重，怕苦怕难，工作挑肥拣瘦，工作中打折扣、讲价钱，甚至公开闹名利、闹地位。有的干部贪污腐化，铺张浪费，个人主义、本位主义严重。也有极少数地主富农分子、流氓分子混入党内，甚至把持了基层党和政府的领导权，歪曲党的政策，作威作福，损公肥私，欺压群众，这些问题严重影响了党的各项工作。根据中共中央指示，1947 年 10 月，华东局在诸城召开大鲁南土地会议，讨论如何贯彻执行中央关于结合土改进行整党和克服财政困难的问题，形成了《关于贯彻高干会议精神及具体执行三大方案的决定》。《决定》指出，要结合土改和“三查三整”开展整党运动，反对贪污浪费，反对山头主义、本位主义、官僚主义，肃清地主富农思想。

为传达全国土地会议和华东局大鲁南会议精神，总结检查滨海区从反特入手进行土改复查和执行华东局“七七”指示中存在的“左”倾错误，1948 年 1 月，滨海地委在莒南王家坊前召开土地会议，布置开展“三查三整”运动。1948 年 1 月下旬至 2 月上旬，临沭县委在于店召开县区党员干部会议，全面开展查阶级、查思想、查作风，整顿思想、整顿组织、整顿作风的“三查三整”整党建党运动。

“三查三整”运动共分四个阶段。第一阶段：临沭县委领导传达了中央和华东局关于整党工作的一系列指示，进行了认真的动员和部署。组织学习了《目前形势和我们的任务》《中国土地法大纲》《老区和半老区的土地改革与整党工作》等六个文件。广大党员干部认清了当前的政治形势和革命的根本任务，找到了党内各种错误思想产生的根源，提高了思想觉悟，全体党员干部以认真严肃的态度搞好整党。第二阶段：对照文件精神，联系自我思想、作风进行小组座谈，分清是非，加深认识，找出自己思想作风上和实际工作中存在的问题。第三阶段：组织典型发言，用现身说法和典型事例教育大家，挖出劳动人民受苦受难的阶级根源，提高大家的阶级觉悟。第四阶段：在提高觉悟的基础上，开展批评与自我批评。针对个人存在的突出问题，从阶级根源、思想根源上进行深刻的分析批判，最后由个人自我鉴定，写出书面材料，由小组讨论通过。

但这次整党由于受“左”倾思想影响，运动对党内组织、思想、作风不纯的现象作了过高估计，采用离开党的组织，发动群众整党，“查三辈”“搬石头”等过激做法，致使一部分党员、干部受到错误处理和不应有的对待。运动之后，根据华东局颁布的“三大方案”和滨海地委的指示，在县区两级党政机关实行“精兵简政”。通过整编，机关人员减少 1/2 以上，这对减轻群众负担，支援解放战争，渡过春荒困难等起了积极的作用。但整编由于存有唯成分论倾向，造成地富出身的干部思想悲观，老弱病残干部未能得到应有的照顾。同年 5 月至 6 月间，县委对“三查三整”中出现的错误和整编中的偏向进行了纠正。在这次整编中，临沭县先后调出 160 余名干部支援新解放区，为全国的解放和新中国的诞生做出了突出贡献。

“三查三整”运动历时 3 个月，通过整党建党，提高了广大党员干部的阶级觉悟和思想觉悟，划清了是非界限，增强了将革命进行到底的信心和决心。有些地富出身的干部，自觉与家庭划清界限，有的交代了家中隐藏的资财，有的交代了家庭成员逃跑在外的住址，决心站在人民一边，将革命进行到底。个别在国民党反动派和还乡团进攻时立场不稳、出现动摇妥协的干部，也作了深刻的检查。在土改中多分斗争果实、贪污粮款的干部，交出了赃款赃物。对混进党内的阶级异己分子、反革命分子和其他坏分子，全部清除出党。这次整党运动，对纯洁党的组织，克服干部中的官僚主义作风，密切党群关系起了重要作用。但在整党运动中由于存在“唯成分论”的倾向，对犯错误的干部组织处理过重，造成了不应有的损失，并给以后的干部使用留下了不良影响。

三、临沭县五千青年踊跃参军

早在抗战时期，临沭人民就形成参军卫国的光荣传统，解放战争中，这种光荣传统得到了进一步发扬光大。据统计，整个解放战争时期，临沭县先后 5 次掀起参军热潮，先后有 5100 多名热血青年踊跃参军，其中有 2000 余名为革命献出了宝贵的生命。

为补充主力，扩大地方武装，根据滨海区党委指示，临沭县自 1945 年 9 月下旬至 10 月发动参军运动，全县掀起第一次参军热潮，仅沂东区第一次参军青年就达到 500 人。县委推广了该区加强形势教育搞好参军的工作经验，全县 1500 余名青年踊跃参军，完成了区党委分配任务（200 人）的 7.5 倍。

为迎击国民党军队进攻，临沭县委于 1946 年 7 月召开会议布置参军，全县掀起了第二次参军热潮。是年 8 月，全县 1500 名青年踊跃参军。这次参军的兵员一部分与郯城、竹庭两县兵员合编，组成滨海军分区一团；一部分留在本县，组成县大队、区中队。

1946 年 11 月，临沭县掀起了第三次参军热潮。经过土地改革，广大农民实现了“耕者有其田”，纷纷庆祝翻身解放，开展“反蒋保田”运动。各级党组织抓住这一有利时机，加强阶级教育和时事教育，很快形成群众性参军参战热潮。全县共有 1246 名热血青年报名参军，后精简 287 人，实际参军 959 人。滨海地委在参军运动总结中，表扬了临沭县的做法。

1947 年 9 月 4 日，滨海地委发出《关于参军工作的指示》。同月

9日，又指示：以临沭县参军兵员1500人与郯城县独立团一部成立第四基干兵团。根据地委指示，临沭县当年9月，掀起第四次参军热潮。这次参军运动于10月上旬结束，除完成上级交给的参军任务外，还扩大、充实了县区武装力量。1948年10月至1949年1月，临沭县掀起了第五次参军热潮，共有1489名青年踊跃参军，其中参加主力部队的有1106人。

第六章　全力支援前线，迎接全国解放

解放战争开始以来，作为沂蒙革命老区的临沭县，广大人民群众在党的领导下，按照中共中央政策，严格进行了土地改革，扎扎实实地开展了“生产发家、生产自救”热潮，临沭解放区呈现出一派朝气蓬勃的兴盛景象。全县人民以极大的革命热情，以最大的财力、物力和人力，全力以赴支援前线，并挑选出大批优秀党政干部，南下支援新区建设，以实际行动支援全中国解放。解放战争期间，临沭人民支前 22 万人次，为中华人民共和国的诞生做出了巨大贡献。

第一节　全力支援前线作战

支援华中、鲁南地区作战。1946 年 7 月 1 日，根据中央部署，山东野战军主力南下华中地区，会同华中野战军歼击敌人。8 月，临沭县委派出民工 3000 人，9 月派出子弟兵团一个大队 300 人随军支前。10 月上旬，国民党乘我军主力南下、鲁南空虚之机，以整编三十三军及整编二十六师、五十一师和第一快速纵队向临沂进犯，相继侵占台儿庄、峄县、枣庄地区。27 日又东犯邳县、官湖、兰陵一带，鲁南区、滨海地委集中力量阻击进犯之敌。

为支援鲁南地区作战，县武装部长刘诚翰率领临沭县千余民兵开赴前线。战斗中，马邦才、夏洪玉等 127 人荣获一等功，周善泉等 180 人荣获二等功，王振富等 169 人荣获三等功。11 月初，临沭爆炸队再次开赴鲁南前线。

支援宿北战役。1946 年 12 月中旬，国民党军发动宿北战役，企图先占苏北，消灭集结于峄县以东的山东、华中两野战军主力。战役中，山东野战军和华中野战军联合作战，在江苏省宿迁以北地区围歼

▲ 妇女为解放军赶做军鞋

国民党军整编第六十九师，共歼灭2.1万人，创下一次歼敌三个半旅的范例。在支援宿北战役中，经过土改翻身的临沭县人民群众，支前热情空前高涨。支前群众忍饥挨饿，保持着高涨的战斗热情，解放军打到哪里，他们就支援到哪里。是役，包括临沭县在内，滨海区出动民工24000余人，担架7000多副，数千辆大小车赶运粮食1000多万斤。

支援鲁南战役。1947年1月，山东野战军和华中野战军共同发起鲁南战役，这是继1946年12月的宿北战役之后，又一次大规模的歼灭战。鲁南战役历时19天，歼灭了国民党军整编第二十六、第五十一师及1个快速纵队，共计5.3万余人。鲁南战役中，县长汲书田带领临沭县半数以上干部及1万余民工支援前线，临沭担架团被评为“模范担架队”，荣立集体二等功，并奖励步枪20支、子弹500发。战役胜利后，滨海区又掀起大规模的劳军活动。各机关、工厂、商店、学校、群众团体，纷纷捐款捐物，慰劳我军将士。在郯城、临沭、莒南3个县20个区送的慰劳品中，干菜、粉条两项即达2.26万斤，花生米5447斤，猪、羊、鸡、蛋、鲜鱼数不胜数。其中，临沭县商人献金615.2万元，用实际行动表达了对子弟兵的热爱和关怀。

支援讨郝（鹏举）战役。1947年1月下旬，当国民党军以重兵进攻临沂时，抗日战争胜利后率伪军起义，被任命为新四军华中民主联军总司令的郝鹏举，于1月27日率部叛变。郝被委任为国民党军第四十二集团军总司令（下辖4个师，万余人）。华东野战军为诱使从新安镇进犯临沂之国民党军东援，以便寻歼援军，命令第二纵队歼灭郝鹏举部。2月6日晚，第二纵队在山东省滨海地方武装配合下直捣郝鹏举的总部，将其俘获，此役共歼郝部6000余人。在讨伐郝鹏举的战役中，临沭县人民积极支援前线，共出动担架团3000余人，由禚绍南、陈明远带领奔赴前线抢运伤员，为战役的胜利做出了重大贡献。

支援莱芜战役。1947年2月，华东野战军在陈毅、粟裕指挥下发起莱芜战役，歼灭国民党军5.6万余人，生俘了国民党军第二绥靖区副司令官李仙洲。莱芜战役期间，南线部队一边对敌作正面抗击，一边和地方武装、民兵组成武工队，深入敌占区开展游击战。临沭军民积极出击敌人，配合华野打响阻击战。同时，王新宇、武同峙、陈明远带领1500余人的临沭县担架团支援莱芜战役。战役胜利结束后，华野一部回临沭县休整，临沭县商会在各区设蔬菜供应站，组织商人采购油、盐、肉、干菜、花生米等供应部队。

支援孟良崮战役。1947年5月13日至16日，陈毅、粟裕指挥华东野战军，在山东省蒙阴县孟良崮地区对国民党整编第七十四师进行了一场山地运动歼灭战，该战役全歼国民党“五大主力之首”的第七十四师，一举扭转了华东战局。孟良崮战役期间，临沭县调

▲ 民工车队、小车队日夜不停把大批粮食、弹药送往前线

集大、小车 1000 多辆，担架 4000 多副，挑夫 2000 余人，组成随军担架队，跟随部队运输战斗物资。在孟良崮战役中，临沭县民工出动了 1000 余人参加了支前工作，为战役的胜利做出了重大贡献。

支援济南战役。1948 年 7 月 14 日，中共中央军委和毛泽东根据战局发展，命令华东野战军集中全力举行济南战役。根据中央指示，华东野战军前委于 8 月下旬在曲阜召开纵队以上领导干部会议，制订了周密的作战方案，9 月 2 日中央军委批准了华东野战军的作战方案。9 月 16 日夜，华东野战军攻城集团按照预定的时间对济南发起猛攻，至 9 月 24 日黄昏，济南战役胜利结束，共歼敌 10.4 万人。

战斗打响以后，临沭人民全力以赴支援济南战役。一是组织了大批常备和临时担架、运输支前队伍，负责军粮、弹药和伤员的运送护理任务。二是踊跃为前线捐献粮秣。全县提出“要粮有粮，要钱有钱，打开济南府！活捉王耀武”的口号。临沭县克服重重困难，掀起了抢收、速碾、快磨的筹粮热潮，超额提前完成了粮食预征任务。三是修路架桥，将大量的粮食、弹药及其他军用物资顺利地运往前线。对沿途遭到敌人破坏的桥梁，随时检查抢修，保证了支前道路的畅通。四是临沭地方武装在鲁中南军区的统一部署下，和滨海一团一起参加攻势作战。我攻城部队南攻大湖，北攻李家庄，切断了敌人南北交通，钳制了临沂、徐州之敌的增援，使济南之敌成为瓮中之鳖。

▲ 农民组织担架队，配合解放军作战

支援淮海战役。淮海战役自1948年11月6日开始，至1949年1月10日结束。经过66天的激烈作战，人民解放军以歼敌55.5万人的辉煌战绩，解放了长江以北的华北、中原地区，成为中外军事史上“以少胜多，以弱胜强”的经典战例。

淮海战役打响前，参加淮海战役的部分部队进驻临沭，全县人民热烈开展劳军活动，仅大兴区27天内就供给部队熟食、粮食300余万斤。淮海战役期间，临沭县共设民站13处，粮站8处，出动担架团两个，常备民工5068人，长途运粮、修路、修桥等动用民工55000余人，小车16700多辆，加工粮食1170万斤，做军鞋23500余双。临沭人民为淮海战役的胜利做出了巨大的贡献，临沭人民全力支援淮海战役的功绩将永载史册。

第二节　抽调干部南下，支援新区建设

经过辽沈、淮海、平津三大战役，国民党主要军事力量基本上被歼灭。1949年元旦，蒋介石发表《新年文告》，表示与共产党商讨求和。1949年1月6日至8日，中共中央政治局在西柏坡召开会议。会议讨论并通过了毛泽东起草的《目前形势和党在1949年的任务》的党内指示，重申了“必须将革命进行到底，而不容许半途而废”的坚定立场。

随着战场逐渐南移，山东解放区离战场越来越远。1948年9月，中央政治局扩大会议提出，要准备53000名干部支援新区，其中华东地区要抽调15000人，滨海地区要抽调1套地委级、7套县委级、70套分区委级的干部，准备随军南下，开辟新解放区。为了坚决完成任务，临沭县委、县政府坚决执行中央和鲁中南地区党委的指示，迅速按1套县级、10套分区级干部的配备要求，抽调了84名政治可靠、工作能干的干部，组成由侯希如任支部书记，张洪方任中队长兼支部

副书记，吴书福、刘广汉任支部委员的南下干部中队。2月16日，临沭县委在夏庄召开欢送大会，给南下干部披红戴花，开赴新区支援建设。临沭县南下干部到达浙江后，被分配到天台县工作。他们不怕牺牲，工作积极，任劳任怨，为开辟新区做出了积极的贡献。此后，临沭县又由青云、岌山两区派出400余名民兵参加华东子弟兵团随军南下。临沭民兵被编入华东子弟兵团三营九连和十二连，随军参加了渡江战役、苏州战役、上海战役和解放福州、厦门、漳州等战役。1950年2月，他们载誉而归，临沭民兵所在的三营被评为“南下模范营”，被华东局授予锦旗一面。为支援渡江战役，临沭县再次掀起参军热潮，全县共有1489名青年报名参军。同年2月初，临沭县政府接到鲁中南六专署通知，要求临沭承做20000双军鞋支援渡江战役。临沭县接此任务后，夜以继日进行赶做，于2月底超额完成任务，受到了上级领导的表彰。

第三节 医治战争创伤，开展生产自救

解放战争时期，由于战争破坏、敌人掠夺加上水患天灾，1948年，临沭遭受了严重灾荒。是年初统计，全县有荒地50000多亩，人民群众生活困苦。1948年3月10日，临沭县委召开干部大会，布置开展生产救灾工作。要求动员一切人力畜力，做到“生产上不荒掉一亩地，救灾中不饿死一个人”，并采取以下措施：（一）大力进行形势教育和政策教育，宣传减轻负担的办法，以解除生产自救中群众的思想顾虑。（二）贷款要面向灾区，手续要简便，措施要得力，边沿区应从救灾入手，扶持群众生活。（三）动员全部劳力，消灭荒地。地主富农及悔过自新的还乡团，可以分给一部分土地。（四）难民以分散安插、生产自给为主，享受一切公民权利。（五）边沿春耕要劳武结合，建立武装互助联防，广泛开展地雷战。

为帮助指导生产救灾工作，六地委、六专署从机关抽调 20 多名干部组成生产救灾工作队，分赴临沭、竹庭、东海等灾荒严重地区。地委土改轮训工作队中的 50 多名学员也来到临沭进行春耕救灾。六行署专员谢辉住在临沭，领导开展生产自救工作。在春耕救灾的关键时期，4 月 4 日，临沭县委、县政府再次召开春耕灭荒工作会议，重点研究布置春耕灭荒问题。会议确定了五项工作措施：（一）加强对有大片荒地村庄的领导。（二）打破区、乡、村的界限，成立联合灭荒委员会。（三）动员离荒地 10 里路左右的村庄群众组织耕种或租种荒地，待收成后粮草分用。（四）动员组织外来难民耕种荒地，县政府贷粮 30000 多斤进行扶持。（五）边沿区、内地之灾民每耕种一亩荒地贷粮 10 斤，以解决群众生活困难，鼓励农民开荒种地。

经过全县人民的艰苦努力，全县 50000 亩荒地已垦耕 44820 亩，其中 5734 户贫农垦耕 23316 亩，3481 户中农垦耕 14369 亩，880 户富农垦耕 4779 亩，326 户地主垦耕 2356 亩。7 月 15 日、16 日，《大众日报》连续刊登临沭县委书记李华林关于临沭县灭荒工作的经验介绍，在全县起到了积极的作用。

进入麦收季节后，临沭人民在县委、县政府的领导下，组成县区武装保卫麦收工作队，实行“虎口夺粮”。整个夏粮抢收过程中，临沭地方武装击毙来犯之敌 120 人，俘虏 5 人，缴获物资一宗，做到了颗粒归仓。同时，对敌占区入境临沭的 20000 多名难民，县委多次研究，解决他们的生活、生产难题。桃园区调集 100 辆小车供难民运油使用，并组织了 200 多名难民妇女纺线做鞋，帮助难民生产自救，使入境临沭的难民无一人饿死，有的在临沭安家落户。

1948 年 9 月 19 日至 28 日，临沭县连降大雨，沭河暴涨，汹涌的河水先后在青云区后齐庄、钟山区天齐庙、岌山区张家贺城决口，沂东、钟山、桃园等区的大片涝洼地积水数尺，全县 10 万亩晚秋作物被大水淹没。临沭县委及时召开分区委联席会议，研究部署紧急救灾及生产备荒措施。抽调机关干部、村干部和训练班学员30多人，组成临时工作队，分赴岌山、沂东两区帮助救灾。10月20日，中共六地委发出通报，对临沭县救灾事迹进行表彰。

在开展抗洪救灾、医治战争创伤、进行生产自救的同时，临沭县委开展“生产发家，劳动致富”工作。广大群众逐步消除疑虑，积极添置耕牛、农具，大力积肥，做好增产计划。是年秋，全县早秋作物普遍丰收。除玉山、苍山两区30余村遭受雹灾之外，其余普遍比去年增产五分之二。仅春天开垦的近50000亩荒地，就增产粮食500万斤，人民群众的生活水平有了较大改善。六专署在1949年半年工作总结中统计：临沭县春天锄麦亩数占麦田总面积的35%。春天疏河、打坝、挖沟、打井、开渠等水利建设用工332281个，使147220亩土地受益。春夏两季贷给13752户农民粮食414213斤，现款260120元，可增种庄稼24632亩，救济军烈属2480户9430人，粮食64061斤。为5034户烈军工属代耕土地41004亩，全县财政收入达到3827672元，比原定额增收1251672元。

第四节　首期导沭工程全面开工

沭河发源于沂水县西北沂山南麓泰薄顶两侧，流经沂水、莒县、莒南、河东、临沭、郯城、新沂、沭阳、灌南、响水等地，从燕尾港注入黄海。河流的上游多为山区，中游多为丘陵，下游地势低平。山洪暴发时，因河水落差大，水流急，洪水泛滥，漫淹良田，给沿岸人民带来了无穷的灾难。史书记载，自公元前11世纪的周朝到中华人民共和国成立前的3000多年间，较大的水灾达444次，特别是黄河夺淮期间，下游水灾平均两年一次。清末和民国年间，几乎年年发生水灾，百姓受尽苦难。1946年出现大涝，造成沂沭河洪水南下，淹没良田2000万亩，500万灾民流离失所。

中国共产党自诞生之日起，始终把最广大人民的根本利益作为一切工作的出发点和落脚点。1942 年，中共临沭县委和抗日民主政府非常重视治涝工作，组织群众开挖了八里巷至沈马庄的排水沟，同时发动岌山、桃园 19 个村庄的 2640 名农民，挖沟 10 余公里，使 3200 亩庄稼免受涝灾。1946 年，中共岌山分区委发动徐贺、李家庄、大官庄等 46 个村庄的万余名农民开挖排水沟 16 条，长达 23 公里，改造涝洼地 9000 余亩。1947 年，中共华东局在粉碎国民党重点进攻的同时，决定治理沂沭河，从根本上为民排除灾害。1948 年秋，在淮海战役的隆隆炮声中，山东沂沭河工程总队勘察导沭经沙（河）入海路线。1949 年 3 月，山东省导沭整沂委员会成立，省政府副主席郭子化兼主任，其常设机构——导沭委员会驻临沭县陈巡会村，鲁中南行署主任李乐平兼主任，滨海地委宣传部长狄生和省水利局副局长江国栋任副主任，张瑨任总工程师。临沭县组织了 2000 余名民工，加入了由张砚田任指挥的导沭整沂大军。1949 年 4 月 21 日，在中国人民解放军横渡长江的同日，首期导沭整沂工程正式开始。

导沭的主要工程是：（一）筑河坝。在沭河中游的临沭县河口村与大官庄之间，筑一条长 1200 米、宽 38 米、高 10 米的拦河大坝，拦住南泄的洪水，让沭河改道东流。（二）开引河。将沈马庄至陈棠村段的马陵山，采取人工顺顶劈开，开凿一道长 6.5 公里、宽 120 米、深 14 米的引河，将洪水引入沙河经临洪河入海。（三）修河坝。在旧沙河和临洪河两岸各筑 65 公里长的河堤，建成一条横亘东西的人工新沭河。（四）筑翻水堰。在引河上口筑一座溢洪堰，当河水流量达到 4500 立方米 / 秒时，分流 1700 立方米 / 秒时过翻水堰流入沭河故道。上述工程竣工之后，不仅可以缩短沭河入海距离，而且能从根本上治理沭河水患。

导沭工程之前，沭河故道在临沭县大官庄以南绕行苏北平原入海，全长 230 多公里。而新沭河改道东行，经大沙河、临洪口入海，行程

70余公里，沭河改道让下游2000万亩土地、500万农民免受水灾。这项举世瞩目的浩大工程，占压临沭县良田面积11000多亩，搬迁村庄13个，拆除房屋20000余间，临沭人民使整个导沭工程做出了彪炳史册的历史性贡献！

首期导沭工程之后，国家又先后进行了多期导沭整沂工程，政务院水利部部长傅作义，苏联国家科学院院士、地理研究所所长沙伊奇斯可夫等先后莅临导沭工地视察考察。中国绘画艺术大师、中央美术学院院长徐悲鸿到建设工地体验生活，使广大民工深受鼓舞。截至1953年12月，共进行10期导沭，3期整沂工程，先后调动滨海、沂蒙、台枣、尼山、泰山、泰西6个专区37个县的114万民工参加施工，工程技术人员5000多人，共用劳动工日3745万个，支付以工代赈小米1亿多公斤，完成石方316万个，土方3900万个。导沭一期工程完成以后，使新沭河以北和连云港市的部分地区减轻了水灾。1950年，苏北淮阴地区的粮食比1949年增产3.5亿斤。1951年苍山、临沂等地的60万亩农田免受水灾，比1950年增产粮食3000万斤。导沭整沂工程完成以后，鲁南苏北减少水淹面积2000万亩，500万人口摆脱了洪水的肆虐。昔日灾河害河的沂沭河，变成了驯服造福于鲁南苏北的姊妹河。

第五节　庆祝中华人民共和国成立

辽沈、淮海、平津三大战役之后，国民党主力部队基本被消灭，为了挽救其覆灭的命运，蒋介石又使出了与中共和谈的阴谋，企图通过谈判在中国实行“划江而治”。以毛泽东为首的党中央识破了国民党蒋介石惯用的伎俩，提出惩办战争罪犯、废除伪宪法、依据民主原则改编一切反动军队等8项条件。从1949年4月1日起，以周恩来为首席的中共代表团和以张治中为首席的国民党代表团在北平进行谈判。4

月15日，中共代表团将《国内和平协定》的最后修订案送交国民党代表团，并限其在4月20日前表明态度。4月20日，李宗仁、何应钦电复北平国民党代表团，拒绝在《国内和平协定》上签字，国共谈判遂告破裂。

4月21日，中共中央军委主席毛泽东，中国人民解放军总司令朱德向全军发出命令：命令人民解放军“奋勇前进，坚决、彻底、干净、全部地歼灭中国境内的一切敢于抵抗的国民党反动派，解放全国人民”。我人民解放军各部队立即发起渡江战役，向国民党军队展开了强大的攻势。4月23日，人民解放军攻占南京，这标志着国民党22年反动统治的结束。到1949年9月底，中国大陆除广东、广西、西藏和西南部分地区外，绝大部分地区获得解放。

1949年9月21日至30日，中国人民政治协商会议第一届会议在北平召开。会议通过了《中国人民政治协商会议共同纲领》和《中华人民共和国中央人民政府组织法》等纲领性文件，选举产生了中央人民政府委员会和第一届中国人民政治协商会议全国委员会。毛泽东当选为中央人民政府主席和第一届全国政协主席，朱德、刘少奇、宋庆龄、李济深、张澜、高岗当选为中央人民政府副主席。10月1日，中央人民政府举行第一次会议，接受《中国人民政治协商会议共同纲领》为中央人民政府的施政方针；任命毛泽东为中央人民政府人民革命军事委员会主席，周恩来为中央人民政府政务院总理兼外交部长，朱德为中国人民解放军总司令。当日下午3时，北京30万军民在天安门广场隆重举行开国大典。毛泽东宣读了中央人民政府公告，并按下电钮，升起了第一面鲜艳的五星红旗，庄严地向全世界宣告：中华人民共和国成立了！

中华人民共和国成立的喜讯，迅速传遍了祖国大地，全国人民欢欣鼓舞。山东省党政军民在济南西郊机场举行庆祝大会，省政府主席康生和副主席郭子华分别讲了话，同时向中央人民政府发出贺电，热烈庆贺中华人民共和国的诞生。临沭县委、县政府于10月1日在夏庄召开盛大的庆祝大会，县委、县政府的主要领导分别在大会上作了讲话。会后，广大干部群众敲锣打鼓，鸣放鞭炮，手擎红旗，打着横幅，举行了声势浩大的游行，热烈庆祝中华人民共和国的成立！

中华人民共和国的成立，标志着中国新民主主义革命的胜利，中国人民从此站起来了。这是中国共产党坚持马克思主义的普遍真理同中国革命的具体实际相结合，领导全国各族人民，经过28年艰苦曲折的英勇斗争而取得的伟大胜利，中国历史由此开辟了一个新的纪元，进入了社会主义革命和社会主义建设的新时代！

第二编　社会主义革命和建设时期

（1949 年 10 月 — 1978 年 12 月）

第一章　巩固人民民主政权和恢复发展国民经济

1949 年 10 月 1 日，中华人民共和国成立，揭开了历史新篇章。临沭由此开始了为实现国家繁荣富强、人民共同富裕的基本任务而奋斗的新征程。

新中国成立之初到 1952 年 12 月，是临沭巩固新生政权、恢复国民经济的重要阶段。临沭县委结合复杂、严峻的国际国内形势，定目标、明方向、划重点，开展了一系列卓有成效的工作，使临沭国民经济得到迅速恢复，工农业生产和各项社会事业逐步发展起来，并为后来大规模进行的社会主义改造和有计划的社会主义建设创造了条件。

第一节　新中国成立初期临沭新生政权的巩固

一、新生政权的建设

新中国成立后，临沭县委根据上级指示精神和部署，按照《中国人民政治协商会议共同纲领》要求，适时召开了各界人民代表大会，展开了新的民主建政工作，并组建了各种群团组织。

由于新中国刚刚成立，各地尚不具备普选的条件，按照 1949 年 9

月中国人民政治协商会议第一届全体会议通过的《中国人民政治协商会议共同纲领》要求，在普选的地方人民代表大会召开之前，由地方各界人民代表会议暂时代行人民代表大会职权。根据中共中央和山东分局的指示精神，1949年10月以后，滨海专区各县相继召开各界人民代表会议。10月19日至21日，临沭县第一届各界人民代表会议在夏庄召开，到会代表117人。会议审议并通过了县政府工作报告、冬季施政方针和送往省政府的议案，民主选举徐金六为山东省各界人民代表会议代表，并选举出县各代会领导机构以及主席、副主席和秘书。11月23日至26日，临沭县各界人民代表会议第二次会议在夏庄召开，到会代表138人。大会通过了政府工作决议并选举出各代会正副主席和13名委员。此后，临沭县相继召开了第二、第三、第四、第五届人民代表会议，其中1951年11月17日召开的临沭县第五届各界人民代表会议第一次会议，有250名代表参加，会议根据《中国人民政治协商会议共同纲领》精神及山东省人民政府指示，具体讨论研究了各代会代行人民代表大会职权的问题。12月6日，临沭县第五届各界人民代表会议第二次会议召开。这次会议代行人民代表大会职权，选举产生了新一届临沭县政府委员会，选出政府委员17名，单永和当选为县长，郑宝义为副县长（未到职）。同月，临沭县政府改为临沭县人民政府。第五届各代会自第一次会议召开到1954年

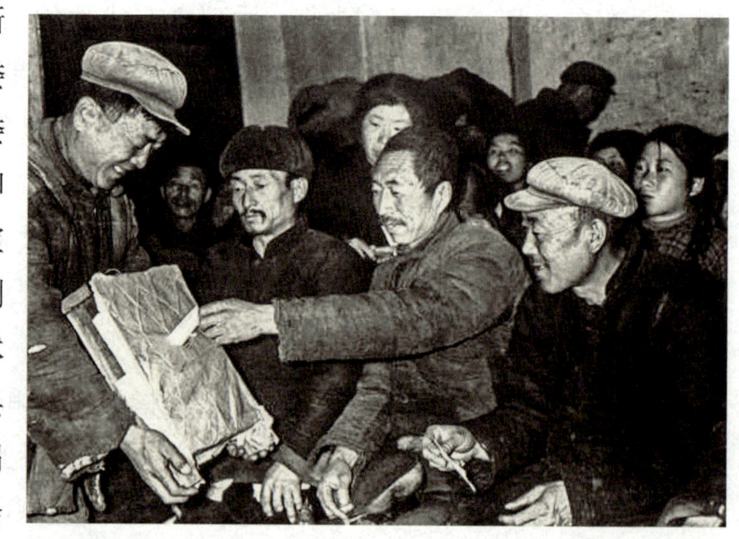

▲ 选民

1月，共召开8次会议。到1954年7月第一届人民代表大会第一次会议的召开，标志着各界人民代表会议圆满完成其历史使命和人民代表大会制度在临沭的确立。在各代会召开的同时，作为这一时期民主建政工作的重要内容，民主建乡、加强政府管理制度建设和完善工、农、青、妇以及供销等组织建设工作，也逐步顺利展开。

在民主建乡方面，1950年12月8日，中央人民政府政务院发布《乡（行政村）人民代表会议组织通则》和《乡（行政村）人民政府组织通则》，作为建设基层人民政权的法律依据。1951年4月，山东省人民政府也颁发了相应条例，并提出了关于结合土地改革、普遍建立健全乡人民政权的要求。根据上级指示，临沭县开始了民主建乡工作。8月12日，临沭县委、县政府首先在十区组织蒙山乡试点召开人民代表会议，民主选举产生蒙山乡人民政府委员会并取得成功。之后，在试点的基础上，全县112个乡随着土地改革的结束，全部民主选举产生了乡人民政府委员会，并建立了乡人民代表会议制度。

在政府管理制度建设方面，新中国成立伊始，为了适应繁重的社会管理需要，临沭县从制度建设入手，严格规范政府工作程序，着力提高政府工作效率。1950年2月4日，临沭县政府根据滨海专署的指示精神，建立健全了《会议制度》《报告制度》《学习制度》《工作制度》等四项制度。要求全体机关干部严格遵守，有始有终。这些制度的坚决执行，在改变政府工作人员思想作风、提高工作效率方面发挥了积极的作用，保证了各项任务的顺利完成。

为了维护工人、农民、青年、妇女等群体的合法权利，充分调动他们的积极性，临沭县委还分别组织召开了全县妇女代表大会、青年团代表大会、农民代表会以及工会会员代表会等，并规范了相应的组织。其中，临沭县妇女代表大会于1951年4月在夏庄召开，选举产生了临沭县民主妇女联合会执委会。

为了加强全县供销合作工作，新中国成立初期，临沭县还成立了县供销合作社联合社。1950 年 11 月 10 日，临沭县供销合作社代表会议在夏庄召开，到会代表 42 人。会议通过民主选举，正式成立了临沭县供销合作社联合社，并选举出由 11 人组成的理事会和 5 人组成的监事会，还通过了联合社《社章》。

除上述组织机构外，这一时期，临沭县还成立了县转业建设委员会、县中苏友好协会工作委员会等专业单位，以协调相关工作的开展。

二、加强党的工作

（一）健全完善党的组织

临沭作为革命老区，早在抗日战争时期，县、区、乡和部分农村就建立了党的组织，并在党的领导下建立了抗日民主政权、抗日群众团体以及地方武装和群众武装。至 1949 年底，全县有党支部 442 个，其中机关团体 16 个支部，农村 426 个支部，共有党员 9475 人。新中国成立之初，经中共鲁中南区滨海地委批准，中共临沭县委由方昭、李希平、单永和、张砚田、李安邦 5 人组成，方昭任书记，李希平任副书记。1951 年 3 月，中共临沂地委批准临沭县委设立常委会，常委会由方昭、张砚田、何桂芩、李安邦、单永和、李福元 6 人组成，方昭任书记，张砚田任副书记；10 月 9 日，经临沂地委批准，中共临沭县纪律检查委员会正式成立，委员会委员共 6 人，张砚田任书记；1952 年 6 月，单永和任县委副书记，同年 10 月，陈世宾任县委副书记。1949 年 10 月至 1950 年 4 月，中共临沭县委隶属中共鲁中南区滨海地委领导，此后，一直隶属中共临沂地委。

（二）公开党支部

根据上级指示，1950 年 6 月 20 日，中共临沭县委对全县党支部逐步进行了公开。在公开党支部的过程中，县委采取邀请农会会员或群众代表参加的方式，在会议上宣布党员名单。至月底，全县有 426 个农村党支部基本公开。在公开党支部的同时，县委还在各支部中做了如下几项工作：一是对全体党员进行政治形势、理想前途和密切联系群众教育，促进各支部转变作风；二是注意抓好各种制度建设，规范和完善工作程序；三是积极做好建党工作，吸收优秀分子加入党的组织。在这一时期，全县共发展党员 1260 人，这些新发展的党员绝大多数是土改中的积极分子。

全县各党支部公开后，其工作运转面临着进一步探索和规范的任务。为了建立健全各乡党支部委员会的工作制度，保证农村党的领导坚强有力，1951 年 2 月 14 日，中共临沭县委下达《关于建立健全乡党支部委员会的意见》（以下简称《意见》），《意见》要求：一要明确建立乡党支部的意义；二要搞好结束土改的总结和评比表彰模范；三要向党员进行党的民主集中制教育；四要在党员干部中进行干部标准教育；五要有领导地选举乡党支部委员会。各分区委遵照县委的《意见》，在较短时间内，完成了 119 个乡建立健全党支部委员会的工作。

（三）整党整风运动

1950 年 5 月 1 日，中共中央发出《关于在全党全军开展整风运动的指示》，要求严格地整顿全党作风。为了贯彻落实中央关于整党的指示精神，临沭县委按照上级要求，开始部署全县整党整风工作。

1951 年 8 月 20 日，临沭县委成立了整党委员会，并下发《整党学习计划》，全面做好整党准备工作。与此同时，临沂地委整党试点工作也在临沭县展开，自 10 月 15 日开始，共 70 天。地委工作组选择临沭县第二区曹庄、徐贺城为地委整党典型试验乡，对两个乡的 10 个农村党支部的 330 名党员全面进行整党教育。在整党试点工作中，首先进行层层动员，逐级解决思想问题，端正态度，保证积极参加整党学习，然后分 4 个专题对党员进行新民主主义社会、社会主义社会、共产主义社会的理论和树立革命人生观的教育，之后进行党的基本知识教育，同时建立党课制度。12 月 25 日，地委整党试点工作在作出了详细的经验总结后，宣布工作结束。地委在临沭试点整党工作，对临沭正在开展的整党整风起到了有力的促进作用。

1951 年 11 月 19 日至 25 日，中共临沭县第一届第一次代表会议在夏庄召开，到会正式代表 250 人，会议通过了县委整党工作意见。根据意见，全县从 12 月起，分 8 期共培训了 2580 名整党骨干，同时用两个月的时间在八区泉埠乡进行了整党试点。翌年 7 月，临沭县直机关进行整党，同时制定了《关于农村整党工作意见》，用以指导全县农村整党工作。在全县整党试点和县直机关整党结束后，全县 10 个区又分别抓了整党基点试验。这样以来，各区在条件成熟的基础上，分四批展开面上整党工作。经过整党，达到中央要求的有 37 个乡，基本达到要求的 31 个乡，存在不足和正在进行整改的 51 个乡。为进一步提升整党成效，从 1954 年 11 月起，县委集中 75 名整党队员，分三批重新对未完成整改的 51 个乡进行整党补课。整党补课仍然采取理论和实践工作相结合的办法，重点是以搞好互助合作、爱国增产运动为中心，以完成粮、棉、油三大统购任务为重点，对部分基层组织和党员进行补课教育和组织整顿，进而促进各项工作的顺利进行。

1955 年 6 月，全县整党结束。通过这次整党，提高了临沭县广大党员、干部的思想政治觉悟，严肃了党的纪律，纯洁并壮大了党的队伍，密切了党和人民群众的联系，增强了党的凝聚力和战斗力。

三、开展镇压反革命运动

中华人民共和国成立后，潜伏在中国大陆的土匪、特务、恶霸、反动会道门头子和反动党团骨干分子不甘心失败，到处制造谣言、刺探军情、破坏厂矿、捣毁铁路、抢劫物资、破坏生产、杀害干部，抢劫、投毒、纵火，甚至进行武装暴乱。1950 年，朝鲜战争爆发后，这些势力的反革命活动更加猖狂。为了巩固人民民主政权，保卫人民革命的胜利成果，维护人民的根本利益，保障国民经济工作顺利进行，

1950 年 3 月，中共中央发出《关于严厉镇压反革命的指示》。

为贯彻落实中共中央指示精神，1950 年 3 月 21 日至 25 日，临沭县在夏庄召开第二届各界人民代表会第一次会议，重点就镇压反革命、取缔反动会道门、稳定社会秩序等方面进行了讨论，并通过了相应的决议。会议对镇压反革命工作进行了重点部署，要求全县人民行动起来，勇敢地同反革命分子作斗争。此次会议结束后，临沭县大规模的镇压反革命行动全面开展，一批作恶多端、血债累累的地主恶霸分子和罪恶严重的反革命分子首先成为打击的重点。

1951 年 3 月 31 日，临沭县召开公审大会，逮捕了一批反革命分子。此后，各区都先后召开了 1000 人以上的群众大会，并组织了示威游行，对逮捕的土匪、地主恶霸分子等当众进行了宣判和镇压，有力地震慑了敌人。据统计，在“镇反”运动中，全县共处理 650 人，其中：土匪 48 人，恶霸 303 人，特务 7 人，反动党团骨干 18 人，反动会道门头子 28 人，其他反革命分子 246 人。在“镇反”运动中，临沭县还认真做好了取缔反动会道门工作。根据临沂地委 1951 年 5 月发出的《对继续深入镇压反革命、严厉取缔会道门的补充指示》，临沭县成立取缔会道门指挥部，迅速展开大规模取缔一切反动会道门的行动。在本次取缔反动会道门的行动中，全县共逮捕法办反动道首 31 人，登记管制主要办道人员 154 人，有 3307 名道徒退道。1953 年 2 月，临沭县公安机关再次取缔会道门，登记道首与主要办道人员 23 人，退道道徒 246 人。镇反运动在临沭的开展，严厉打击了当地的土匪、恶霸、特务、反动党团骨干分子和反动会道门头子等反革命分子，并借以扫除了境内部分地区的赌博、吸毒、暗娼、迷信等陋习，使临沭社会秩序出现了安定的局面，巩固和加强了人民民主政权，促进了新中国成立初期全县各项事业的发展，并有力地支持、配合了土地改革和抗美援朝斗争。

四、支援抗美援朝

1950年6月25日，朝鲜战争爆发。在历时两年零九个月的抗美援朝运动中，临沭人民坚决响应党的号召，发扬爱国主义和国际主义精神，迅速地掀起了支援抗美援朝战争的运动。根据上级指示，临沭县委成立了抗美援朝保家卫国委员会，具体负责全县抗美援朝宣传和组织工作，及时向广大人民进行爱国主义、国际主义教育。通过宣传教育，全县人民积极自觉地投入到抗美援朝运动的洪流中来。至1951年3月底，全县自动签名反对美帝国主义者达23万人，占全县总人口的63%。

▲ 中国人民志愿军渡过鸭绿江

抗美援朝期间，全县共有751名青年光荣参军，有力地支援了部队建设。尤其在抗美援朝活动中，临沭县做到要钱有钱、要粮有粮、要人有人，全力支援中国人民志愿军。据1950年统计，在抗美援朝运动中，临沭县共捐献小麦25.12万斤，秋粮12.89万斤，花生米23896斤，花生油128902斤，小米1030斤，棉花549斤，实物折款共106740.18万元（旧币），捐现金19827万元（旧币）。同时，临沭县在这一时期，持续开展“增产节约运动”和“反对美国细菌战”等多项运动，激发了全县农民的生产积极性，推动了劳动互助运动的发展，为经济恢复以及支援抗美援朝做出了应有的贡献。

第二节　建立正常经济秩序，恢复与发展国民经济

新中国建立初期，临沭县各级党组织领导全县人民在进行新民主主义改革的同时，以恢复和发展国民经济为中心任务，认真贯彻新民主主义的各项经济政策，大力开展农业生产互助合作，全面完成了农村土地改革，此外，还进行了“三反”“五反”运动，全县恢复和发展国民经济的任务逐步完成。

一、全面完成土地改革

临沭是革命老区，新中国成立以前就已经进行了土地改革。1946年中共中央发出《五四指示》后，临沭即抽调大批干部组成工作队，广泛发动农民群众进行土地改革运动。同年9月，土地改革运动在全县普遍展开，到11月中旬，全县从地主手中收回土地5万余亩，获地农民达18万人。土地改革后的广大农民实现了“耕者有其田”的千年梦想。

从1947年开始，临沭县委贯彻华东局“七七指示”和滨海地委指示，在全县开展了土改复查运动，全县554个村庄，没收土地380831亩，没收浮财折款1868230万元（北海币）。1948年10月，临沭全境解放，县委随即对沂东等新解放的区、乡继续进行土地改革，共没收地主土地16919亩，分给了无地或少地的农民。这样以来，经过土地改革，全县广大农民关心的土地问题在一定程度上得到解决。

1950年6月28日，《土地改革法》颁布后，山东省人民政府、临沂地委相继下达了土地改革具体实施办法。临沭县委、县政府根据上级指示，在全县进行了土改运动再宣传、再发动、再组织工作。临沭县先后召开县、区干部会或党代会，贯彻中央、省、地委关于土地改革的指示。1950年10月16日至21日，中国共产党临沭县委员会党

员代表会议在夏庄召开，会议的主要任务是传达贯彻地委党代会精神，省、地委关于土改工作的指示和《山东省人民政府土地改革具体实施办法》，这次会议的召开，有力地推动了全县土地改革的顺利进行。

为了全面搞好土改，县委明确要求土地改革要有领导、有计划、有步骤地进行，同时还要注意搞好宣传教育工作。临沭县首先选择在六区朱范乡搞试点，待取得了经验后再在全县推开。1950 年 10 月 6 日，县里在 1946 年土地改革和 1947 年土地复查的基础上，重新调整土地改革试验乡工作队成员，赴六区朱范乡 8 个村进行结束土改工作试点。工作队成员进村后，严格按照《土地改革法》的精神进行落实，并按照上级要求召开了试点村农代会、党代会和支部大会、村民大会，及时宣传政策、改定成分，处理土改悬案，个别进行土地抽补，确定地权，颁发土地证并宣布结束土改，试点工作于当年年底顺利结束。之后，全县土改普遍展开。

1950 年 11 月 18 日，临沭县委、县政府在夏庄召开三级干部会议，传达了山东省人民政府、临沂地区专员公署《关于颁发土地证与登记地亩的初步意见》，重点讨论了发证前的宣传教育工作。会后，县里会同各区按照会议要求着手安排登记发证前的一切准备工作，全县土改工作进入收尾阶段，至 1951 年 12 月，临沭 10 个区 112 个乡全面结束土改工作。

▲《中华人民共和国土地改革法》颁布

结束土改后，县人民政府向获得土地的所有农民颁发了土地证书，从而在法律上明确了土地所有权。自此，在临沭，封建的土地所有制被废除，广大农民实现了“耕者有其田”，参加农业生产的积极性被充分调动起来，从而有力地促进了全县农业和其他各项事业的发展。

二、恢复与发展国民经济

新中国成立初期，临沭县委根据中共中央提出的全党和全国人民在恢复国民经济时期的奋斗目标与工作任务，结合自身实际，明确提出了全县的工作目标和任务，那就是把全县上下组织发动起来，大力开展生产自救，大力组织互助合作，发展工副业，积极开展区域水患治理。

一是成立生产合作组织。1949 年 11 月 7 日，临沭县生产合作委员会成立，县委书记方昭任主任，县长单永和任副主任，推进社社长和银行、酒厂等部门负责人任委员。15 日，生产合作委员会召开全县社长会议，提出发展生产合作组织的五个重点：第一，进一步贯彻落实新方针，发展新社和改造旧社；第二，新老社应再提高一步，成为名副其实的供销合作社，全心全意为社员服务；第三，扶持社员组织的变工组，帮助他们发展生产，提高认识；第四，为明春农业生产做好准备；第五，实行合作、商业统一。此后，全县按照要求抓紧进行新社发展和旧社改造工作，先后发展新社 29 处，改造旧社 16 处，共计 45 处；因为条件不具备而未实行新方针的尚有 43 处。经过改造，全县工农业生产在供销合作组织的带动下得到发展。

二是发展变工互助组织。为贯彻变工互助政策，1950 年 3 月 20 日，临沭县委组织干部配合分区委深入乡村，对互助组织进行整理和发展。当时，全县有一类组 779 个，二类组 2979 个，三类组 4617 个。县委各工作组按照自愿互利、等价交换的原则，对二类、三类互助组进行组织整顿。通过整顿，变工互助组有了一定的发展。是年，南古乡沟北村吴元明建起第一个常年固定性农业生产互助组。1951 年，全县有 4789 户、226500 人加入互助组，入组人数占全县总人口的 60%。

1952年，全县90%以上的农户参加互助组，互助组发展到13646个。此后，互助组由小变大，至1955年，互助组调整为944个。农业生产互助组的发展，有利于克服个体生产的弊端，使农村个体生产的旧习惯开始改变，农业生产的整体实力得到增强。

三是大力开展生产救灾。1950年4月29日，按照上级“不荒掉一亩地，不饿死一口人，不减少一头牲口”的要求，坚持“生产为主，社会互济为主，政府扶持为辅”的生产自救方针，县委抽调干部，深入乡村，配合分区委检查生产救灾工作，做到统一思想，统一组织力量，统一行动，坚持生产自救、社会互济、国家扶持三结合的方针，搞好生产救灾工作。具体措施是：开展副业生产；组织社会互济；发放自由贷款；国家救济；发动捐款；实行以工代赈；给灾民治病，实行自筹、互济和公家报销三结合的方法。通过采取以上措施，群众的生活困难逐步得到克服。

据统计，自1949年到社会主义改造开始的1952年，全县国内生产总值以及粮食总产、单产、农民人均纯收入、职工年人均工资等都呈现逐年递增的良好态势。以全县国内生产总值为例，1949年为0.14亿元，1950年为0.15亿元，1951年为0.16亿元，1952年为0.17亿元。

三、开展“三反”“五反”，打击经济犯罪

1951年12月25日，临沭县委根据中共中央《关于实行精兵简政，增产节约，反对浪费和反对官僚主义的决定》及《关于反对贪污斗争必须大张旗鼓地去进行的指示》，研究制订以反贪污、反浪费、反官僚主义为主要内容的“三反”运动工作计划，成立整编增产节约委员会；27日，县直机关“三反”运动开始；翌年1月25日，区级开始“三反”运动，2月发展到高潮，6月转入收尾阶段。在这次运动中，县、区机关干部参加“三反”运动的人员达769人，查出有贪污行为

的357人，其中，受警告处分的3人，撤职的6人，管制1人，劳役3人，共追回赃款1.38亿元（旧币）。临沭“三反”运动的开展，普遍增强了当地干部群众防范资产阶级思想腐蚀的能力，有力地抵制了资产阶级腐朽思想对革命队伍的腐蚀，清除了干部队伍中的蜕化变质分子，教育和挽救了一批党员干部，提高了党员干部和广大人民的社会主义觉悟，并在社会上树立了廉洁朴素的社会风尚。

▲ 1951年“五反”时期街头宣传画

1952年2月6日至10日，临沭县委根据《中共中央关于在城市中限期展开大规模的坚决彻底的“五反”斗争的指示》等文件，向不法资本家展开反对行贿、反对偷税漏税、反对偷工减料、反对盗骗国家财产和反对盗窃国家经济情报的斗争，利用10天的时间，召开两次工商界大会，开展“五反”运动。通过学习文件，明确目标，讲明政策，进一步提高了党员干部认识，端正了态度，增强了信心。自动坦白偷税漏税在100万元（旧币）以下的92人，100万元以上的84人，200万元至400万元的150人，500万元至1000万元的35人，1000万元以上的7人，共计漏税达7.14亿元。运动中，投机奸商受到惩处。“五反”运动的胜利，有力地打击了一些不法资本家向党、向社会主义国营经济的猖狂进攻，教育了广大干部和群众，保障了国民经济的恢复与发展，对于建立正常的经济秩序和对资本主义工商业的社会主义改造，以及开展有计划的经济建设，起到了重要作用。

第二章　全面进行社会主义改造

从中华人民共和国成立，到社会主义改造基本完成，这是一个过渡时期。在这一时期，根据毛泽东的提议，党及时地提出了逐步实现国家的社会主义工业化，并逐步实现国家对农业、手工业和资本主义工商业的社会主义改造这一过渡时期的总路线，同时提出执行发展国民经济的第一个五年计划。在这一伟大的历史进程中，临沭人民抓住机遇，有力地开展了有计划的经济建设和对农业、手工业以及资本主义工商业的社会主义改造，并切实加强了政治文化等方面的建设。

第一节　第一个五年计划的制定与实施

1955 年 12 月 18 日，根据国家发展国民经济的第一个五年计划和省人民委员会第一个五年计划所规定的任务，临沭县制定《关于发展农业与手工业社会主义经济的第一个五年计划》。《计划》规定：集中主要力量，开展以农业合作社为基础的农业增产运动。大力发展农业生产，积极地进行对农业、手工业和私营商业的社会主义改造。在五年内基本上实现农业、手工业的半社会主义合作化，并把私营商业迅速纳入国家计划的轨道，保证从人力、物力、财力方面支援国家重点建设与国防建设，保证社会主义成分在国民经济中的比重不断增长，保证在发展生产的基础上，逐步提高劳动人民的物质和文化水平。计划制定后，全县上下广泛发动，立即投入到落实计划的行动上来，各行各业呈现出前所未有的蓬勃发展局面。计划制定的当年，全县实现国内生产总值 0.19 亿元，工业总产值 140 万元，农业总产值 9111 万元，这些数字明显高于往年。至 1956 年 3 月，临沭县建制撤销前，“一五”计划制定的各项目标已基本完成，并在交通、邮电、金融、供销以及商业等几个方面实现了较快发展。

交通方面：为了尽快发展人民交通运输事业，临沭组织全县人民对境内主要道路进行了持续不断的整修，包括拓宽、取直、落坡、架桥以及铺筑石子路面等项目。至1956年临沭县建制撤销前，干线公路主要完成了板阿线（板泉至阿湖）临沭段以及济新线（济南至新浦）临沭段，通车里程68.8公里，同时支线公路也陆续进行了整修，为发展公路客运事业奠定了基础。1952年，临沭汽车站在夏庄东北村成立，宣告临沭客运事业的正式开始。

邮电方面：1953年，临沭县邮局改为临沭县邮电局，1954年设李庄、重沟、南古、韩村、蛟龙、朱仓、大兴、陈巡会邮电支局。1956年临沭县建制撤销，临沭县邮电局改为莒南县夏庄邮电支局。至此，临沭全县邮运干路总长达105公里，投递支路575公里。电话方面，1953年，临沭邮电局仅有10门小交换机1台，1公里的市话杆路，市话用户4户；至1955年，县邮电局发展到拥有30门交换机1台，市话用户8户。电报方面，1953年，县邮电局接收了部队移交的临沭至临沂长途电话线路和10门小交换机1台，至此，收发电报以话传明码方式，开始有了电报业务。

商业方面：中华人民共和国成立后，临沭国营商业开始逐步发展起来。1950年，先后有新浦、临沂国营商业在临沭县设立纱布和百货国营批发商店，1951年国营批发单位增至3个，1954年国营商业销售总额69720元，占全县商业销售总额的8.9%。在国营商业发展的同时，集体商业也发展起来。1950年11月，临沭县合作社联合社（简称县联社）成立；1951年，县生产资料公司和县土产杂品公司成立。1952年秋，全县基层供销合作社开展整社并社，蛟龙、夏庄首先成立区合作社联合社（简称区联社），到年底全县共有10个区联社；原来的联村合作社改属区联社门市部，村供销合作社改称村代购代销部。1953年，全县供销合作商业共完成购货额141.7万元，销货额210.6

万元。1954 年区联社改称区供销合作社，各区共有社员 45291 户，股金 19.2 万元。

金融、货币及工资等方面：1949 年，由北海银行临沭办事处更名而来的中国人民银行临沭办事处，开始在全县 10 个区设信贷员，加强农村金融服务工作。1950 年，全国统一设置金融机构，中国人民银行临沭县办事处改称为中国人民银行临沭县支行。随着业务的发展，县支行又相继在各区增建营业所，并于 1955 年在各区成立信用合作社。1956 年临沭县建制撤销，中国人民银行临沭县支行同时撤销。1953 年 12 月 9 日，中央人民政府公布《1954 年国家经济建设公债条例》，政务院同时发布发行国家经济建设公债指示。为了支援国家建设，县委、县政府成立了推销经济建设公债委员会，发动和带领全县干部群众踊跃认购公债。至 1954 年 3 月，全县共完成公债认购任务 7.39 亿元（旧币），有力地支援了国家经济建设。1955 年 2 月 21 日，国务院颁布了《关于发行新的人民币和收回现行人民币的命令》，县委、县政府依照国务院命令成立了新币发行办公室，于 3 月 1 日起发行新人民币，同时回收旧人民币（新币 1 元等于旧币 1 万元）。在规定的时间内，临沭县按时完成了任务。1955 年 6 月 21 日，国务院就国家机关工作人员自 7 月起全部实行工资待遇问题发出通知，临沂专署通知各县执行。临沭县于 7 月实行工资改革，将包干制一律改为货币工资制，取消“工资分”制；对原有的企业管理人员，实行“保留工资”，供给制与工资制并存阶段结束。

第二节　基本完成对各行业的社会主义改造

按照过渡时期总路线的要求，自 1953 年起，全国各地全面开展了对农业、手工业以及资本主义工商业的社会主义改造。根据中央精神，临沭县集中开展了对全县农业、手工业以及资本主义私营工商业的社会主义改造。在临沭，中国共产党领导的对农业、手工业和对资本主义工商业的社会主义改造的基本完成，标志着临沭以生产资料公有制为基础的社会主义经济制度已经确立，以按劳分配为主体的社会主义分配制度已经初步建立，人民民主专政的社会主义政治制度有了坚实的基础。

一、对农业的社会主义改造

1953 年春，中央作出《中共中央关于农业生产互助合作的决议》；同年底，中央发布《中共中央关于发展农业生产合作社的决议》。这两个决议的发出，标志着中国农村合作化运动，即对农业的社会主义改造正式开始。临沭县委根据中央两个关于农业合作化的建议，组织全县人民掀起了建设农业合作化的高潮。

早在 1950 年，南古乡沟北村吴元明就建立了全县第一个常年固定性农业生产互助组。在吴元明的带动下，临沭县互助合作运动得到了迅速发展，当年全县有 47879 户、226500 人加入了互助组，入组人数占全县总人口的 60%。1952 年上半年，临沭开始试办初级农业生产合作社。县里采取典型示范、逐步推广的办法，本着积极稳妥的原则，先在二区南古乡沟北村进行试点。该村吴元明互助组经过几年的发展，建立健全了一套切实可行的民主管理制度，并摸索出了合理的记工算账办法，积累了互助合作的经验。尤其通过实践证明，互助组绝大部分组员都有进一步组织起来发展生产的要求，基本上具备办社条件。在县委工作组的帮助下，当年 6 月 1 日，沟北村 2 个互助组进行合并，成立了临沭县第一个农业生产合作社。

试点成功后，县委因势利导，开始把办社工作逐步引向深入。为及时总结、推广和交流办社经验。7 月 5 日至 13 日，县委专门召开互助合作代表会议，传达华东局和山东分局关于互助合作工作的专题总结，县委书记方昭联系临沭互助合作运动发展情况作了讲话，部分代表还先后作了典型发言。会后，县委决定首先从培养农村互助合作骨干力量抓起，把农业合作化工作引向深入。9月21日至11月15日，县委举办了3期互助合作积极分子训练班，有1374人参加了培训。受训后，这些骨干力量纷纷深入火热的农村合作化运动中去，使全县的互助合作化事业更加规范和顺利地发展开来。到1952年底，全县互助组发展到了13646个，占到了全县农户的90%以上。农业互助以及农业合作运动的开展，把全县农民的生产积极性充分调动起来，全县农业生产取得了突破性的发展，1952年全县粮食总产量82115吨，粮食单产64公斤，农民人均纯收入45元，均达到了历史最高水平。

从1953年到1955年，是临沭县大办初级农业生产合作社阶段，临沭县广大干部群众在县委的积极引导下，在互助合作组织发展起来的基础上逐步形成了创办初级合作社的热潮，各区开始普遍试办以土地入股统一经营为特点的初级农业生产合作社。1954年4月，县委下达《关于整顿巩固互助合作的意见》，并相继多次举办互助合作骨干训练班和召开互助合作会议，使全县农业生产合作社在不断巩固的基础上逐步发展起来。到年底，全县新、老社合计共1647处，达55507户，占全县总户数的60.37%。

1955年下半年到1956年春，临沭县开展初级社转入高级社的工作，掀起了大办合作化运动的高潮。1955年12月9日至11日，临沭县委召开县、区、乡三级干部会议，详细传达学习地委试办高级农业生产合作社的方案，并听取了全县示范点南古乡试办高级农业生产合作社的经验介绍。会后，根据各区的申请和条件，县委暂定在全县进一步铺开试办合作社工作，扩大试办点为17处，要求其中办社规模最大的约1200户，最小的100户左右。为了慎重办社，保证中央提出的“只准办好，不准办坏”要求的贯彻落实，县委确定了37名脱产干部专门负责这一工作，到1956年3月县建制撤销时，全县共办起高级农业生产合作社220个，入社农民达46286户，占总户数的50.62%。

在临沭，从互助合作化运动到高级农业社的建立，标志着土地由农民个体所有向集体公有的转变，也标志着农村建立了社会主义集体经济和农业社会主义改造的顺利完成。

二、对手工业的社会主义改造

1953 年，党在过渡时期的总路线中，明确提出了对手工业进行社会主义改造的目标任务。临沭县自新中国成立初期开始，县政府就采取了积极的措施，努力恢复和发展个体手工业生产，对缺乏资金、原料包括铁、木、油、编、纺等行业的手工业者，鼓励他们搞好原料种植，发放贷款扶持他们恢复生产，使全县个体手工业生产元气复苏，出现了新的气象。

根据党中央提出的过渡时期的总路线，县委多次召开手工业代表会议，向个体手工业者宣传组织起来的优越性，动员他们参加手工业生产合作社。自此，临沭手工业社会主义改造开始步入轨道。1954 年 10 月 30 日，县委印发《关于当前加强手工业生产合作领导的几点意见》，进一步提出了当前全县手工业发展的方法、步骤和目标要求，手工业生产合作进一步开展起来。由于采取积极引导、稳步推进的办法，到 1954 年底，全县经批准的手工业生产合作组织已有 9 个，职工 441 名，股金达到 5423 万元。1955 年 12 月，全国第五次手工业生产合作会议召开以后，临沭手工业社会主义改造掀起高潮。至 1956 年临沭县建制撤销，全县手工业生产合作社已发展到 40 多家，从业人员 1000 多人。至此，临沭基本完成手工业的社会主义改造。

三、对资本主义工商业的社会主义改造

在我国新民主主义革命胜利和土地制度改革完成以后，国内的主要矛盾转为工人阶级和资产阶级之间、社会主义道路和资本主义道路之间的矛盾。在第一个五年计划期间，通过宣传过渡时期的总路线、

总任务，临沭县委积极慎重地开展了对资本主义工商业的社会主义改造，调动了私营企业的积极性，一批有组织的手工业队伍迅速发展起来。据统计，到1954年，全县共有12个行业、23个门类、512户、2525人从业。

1956年2月，县委传达贯彻《中共中央关于资本主义工商业改造问题的决议（草案）》及省、地委指示精神，研究制订具体改造计划，在全县掀起对私营工商业的社会主义改造。经过深入宣传、贯彻党的方针政策，许多私营工商业者主动参与改造。在此有利条件下，根据上级政策要求，临沭县采取办合作商店、公私合营、代购代销、经销等形式，及时促进私营工商业者进行改造。至1956年3月，临沭县建制撤销，全县965户纯商业户、965名从业人员中，过渡到具有社会主义性质的合作社组织的有390人，占总人数的40%，其中确定为职工52人，编外338人；饮食业952户、952名从业人员中，过渡到合作社的有340人，其中确定为职工的45人，编外295人。经过进一步发展，到1956年底，全县基本完成了私营工商业的社会主义改造任务。

对资本主义私营工商业进行社会主义改造的胜利，是社会主义革命在临沭的一个历史性胜利，和全国一样，这标志着临沭已经消灭了资本主义剥削制度和资产阶级，开始走向社会主义。

第三节　过渡时期的政治建设和党的建设

临沭在学习贯彻过渡时期总路线的同时，结合本地实际，大力加强了上层建筑领域的建设，以自觉适应社会主义改造的需要，相继进行了“新三反”运动、党员培训以及审干、肃反等各项工作，并建立了人民代表大会制度，加强了科教文卫事业，使全县各项事业逐步发展起来。

一、加强党的组织建设，开展审干和肃反运动

为了坚持走社会主义路线，更好适应党领导社会主义改造的新形势，积极组织开展审干和肃反运动，临沭县按照上级会议精神和总体要求，结合自身实际，从三个方面入手，切实抓好党的建设工作。

一是认真开展“新三反”运动。1953 年 1 月 5 日，中共中央发出《关于反对官僚主义、反对命令主义和反对违法乱纪的指示》，中共山东分局、临沂地委分别作了传达。2 月 1 日至 5 日，临沭县委分别召开县直机关和全县脱产干部大会，传达贯彻中共中央《关于反对官僚主义、反对命令主义和反对违法乱纪的指示》，结合全县情况开展反对官僚主义、反对命令主义和反对违法乱纪的教育运动。县直各单位、各区委认真组织干部、党员学习讨论，提高对“新三反”运动的认识。4 月 2 日，县委决定以二区为基点区，王贺乡为基点乡，抽调 21 名干部组成工作组，进行“新三反”运动试点。5 月 9 日至 15 日，县委召开了全县 895 人参加的脱产干部大会，县委带头检查官僚主义、命令主义和违法乱纪的问题。同时，各区委根据前段时间提出的问题也作了深刻的检查，然后选出 5 个典型在会上介绍经验。与会人员对比典型事迹，联系本人的问题，逐个进行认真检查。这次运动密切了党群关系，使广大党员干部又一次受到深刻的教育。

二是加强基层组织建设。基层组织建设是社会主义改造时期加强党的建设的重要内容。为进一步改进基层组织工作，1955 年 10 月 10 日，临沭县委传达《关于贯彻中央、省、地委农村基层组织工作会议精神，加强与改进全县党的农村基层组织工作的意见》，指出：1. 各级党组织必须明确，党对农业的社会主义改造事业应通过党在农村的基层组织团结与领导农民来实现。农村党的基层组织是党在农村中的战斗堡垒。2. 对于改进与加强党的基层组织建设工作必须做到：加强党支部的集体领导，实行科学的分工负责制，做到分工不分家，全面改进工作方法；加强对全体党员的政治思想教育，建立起经常持久、生

动活泼的党课教育制度；改进基层党支部的组织形式，加强党支部对农业生产合作社中党员的政治思想工作；发动全党经常选择、培养积极分子做好建党工作，党员发展对象应选择那些坚决走社会主义道路、积极发展集体生产的骨干；经常性开展思想教育，并吸收到党组织中来，县、区领导必须率先转变工作作风，保证党的各项决议、方针、政策的正确贯彻，带头完成各项工作任务；各级党委必须重视与加强落后乡、村党支部的整顿工作。3. 各级党委必须加强与改进农村基层组织的整顿与建设工作的领导。《意见》下发后，全县农村基层组织建设工作逐步得到加强。

三是进行审干、肃反工作。1955 年 3 月 30 日，为贯彻中央指示和省、地委审干工作会议精神，临沭县开始进行审干工作，主要是对全县脱产干部档案进行审查，对有疑点的进行个别交谈。在全县 979 名干部中，地委审查 14 人，县委审查 814 人，其他干部不予审查。1955 年 7 月 1 日，中共中央发出《关于展开斗争肃清暗藏的反革命分子的指示》，提出了“提高警惕，肃清一切特务分子；防止偏差，不要冤枉一个好人”和“一个不杀、大部不捉”的指导方针。之后，山东省委和临沂地委也作出了有关指示。

根据上级指示，临沭县委于 1956 年 1 月 8 日成立了由 5 人组成的肃反领导小组，县长王发埠任组长，下设办公室。随后办公室训练骨干，向全社会宣传“坦白从宽、抗拒从严，立功赎罪，立大功受奖”的肃反政策，全县组织开展肃清暗藏的反革命分子的群众运动。根据临沭实际情况，肃反在县直机关、各区以及全县中小学教员中具体展开，主要涉及伪顽军政人员、地主恶霸、反动党团员、天主教徒、会道门骨干分子、国民党员、特嫌分子等极少数人员。通过肃反，不仅净化各级党组织，进一步维护了社会稳定。

二、建立人民代表大会制度

中华人民共和国成立后，随着国民经济恢复任务和各项改革任务的顺利完成，社会秩序日益安定，人民政权更加巩固，人民群众的组织程度和政治觉悟有了很大提高，实现人民代表大会制度的条件已经成熟。1953 年 4 月，临沭县根据中央指示和《选举法》规定，在全县自下而上开展“人民民主普选”活动，逐步建立健全了人民代表大会制度。

1953 年 5 月 19 日，临沭县委根据《中共中央关于基层选举工作的指示》等文件要求，成立了选举委员会，并于 7 月 2 日至 10 月 7 日在二区王贺乡成功地进行了选举试点。之后，县委抽调 230 名普选干部和 45 名技术人员，分赴 50 个乡，增设 3 个人民普选法庭（分别设在二、五、六区），于 1954 年 2 月 15 日完成第一批基层选举工作。第二批 69 个乡，于 1954 年 5 月完成选举。据统计，全县共 11 个区、119 个乡、86535 户、376016 人，其中 18 岁以上有选举权的参选选民达 169664 人，占选民总数的 81%。全县共选出人民代表 3939 人，119 个乡全部选举产生了乡政府正、副乡长。

人民代表选出后，组织召开人民代表大会便顺利地提上了日程。1954 年 7 月 8 日至 12 日，临沭县第一届人民代表大会第一次会议在夏庄举行。大会应到代表 350 人，实到代表 330 人，列席代表 16 人。会议首先听取了县政府上半年工作及基层选举工作情况汇报，听取了县委书记陈世宾代表临沭县委提出的夏季工作建议和关于学习讨论《中华人民共和国宪法（草案）》的报告。最后，大会民主选举王松山、王玉华、郑西芳 3 人，为出席山东省第一届人民代表大会代表，讨论通过了县人民政府工作报告、夏季工作任务和全县人民拥护《中华人民共和国宪法（草案）》的决议。从此，在临沭，县人民代表大会代替了各届人民代表会议。

临沭县人民代表大会制度建立后，全县第一届人民代表大会共召开了5次会议，发挥了自身职能作用。1955年12月22日至28日，临沭县第一届人民代表大会第五次会议在夏庄召开，大会实到代表275人，缺席75人。会议传达了山东省第一届人民代表大会第三次会议精神及大会决议，听取了县委关于形势与任务的报告，讨论通过了临沭县发展农业与手工业社会主义经济的第一个五年计划和保证完成新兵征集任务的决议。大会充分发扬民主，选举产生了新的县人民委员会和县人民法院院长：选举王发埠任县长，张作栋、夏洪玉任副县长；选举王子成任县人民法院院长。

第三章　社会主义建设的探索和曲折发展

从1956年到1966年，是全面建设社会主义的十年，是党对中国社会主义建设道路艰辛探索的十年，这是新中国建设困难重重、艰苦奋斗的年代，也是一个英雄辈出、精神昂扬的年代。在这十年里，临沭县经历了1956年3月撤销建制，1961年7月恢复建制等重大事件。其间，临沭县在经济社会发展中，虽然遭受了反右派斗争、“大跃进”和人民公社化运动的挫折，仍然取得了巨大成就。工业建设、科学研究、农田水利建设以及农业机械化、现代化发展等许多工作都开始布局，为全县经济社会快速发展奠定了良好基础。

第一节　调整恢复国民经济

一、临沭县建制的撤销与恢复

1956年3月8日，山东省人民委员会发布《关于调整行政区划的命令》指出：为了减少领导单位，使组织形式适应国家社会主义建设和社会主义改造任务的需要，经省人民委员会第十二次会议通过，并报请中华人民共和国国务院批准，对山东省行政区划进行适当调整，决定撤销临沭县。3月18日，中共临沭县委、县人民委员会及所属县直单位停止办公。

1961年7月9日，国务院发布《关于设立长清等四个县的决定》，指出：“设立临沭县，以郯城、莒南两个县的部分行政区域为临沭县的行政区域。”8月19日，中共临沂地委召开临沭县委、县人委领导成员会议，宣布中共临沭县委、临沭县人民委员会领导成员：中共临沭县委员会由18名委员和3名候补委员组成，赵立修任第一书记，傅恩恕、高新矩任书记处书记，赵立修、傅恩恕、高新矩、邵立祥、张金华5人组成常委会；张金华任临沭县人民委员会县长，王连福、薛步林任副县长。县委辖11个公社党委，一个机关党委，30个党总支，573个基层党支部。全县党员总数10640名（至1961年底）。

1961年8月20日，中共临沭县委、临沭县人民委员会以及所属各系统、各部门、各单位开始办公。县委、县政府立即着手恢复生产、救助灾民，并按照中央要求对全县国民经济进行了大力调整，同时还对受到错误处理的党员、干部及群众进行了甄别平反，并召开了中国共产党临沭县第一次代表大会，总结了过去的经验教训和确立了今后的工作方向。这样，全县经济和社会各项事业得以恢复并逐步发展。

二、落实“八字”方针，全面调整经济

1958年，随着社会主义制度的确立和“一五”计划的胜利完成，党在探索自己的发展道路上力图打开一个崭新的局面。为此，中央酝酿并制定了社会主义建设总路线，并在此过程中相继发动了“大跃进”和“人民公社化运动”。总路线、“大跃进”和人民公社，当时被称为“三面红旗”。

1959年至1961年，包括郯城、莒南等地在内的广大地区连续发生严重的自然灾害，致使农业生产损失极为严重。

面对突如其来的严重自然灾害，各级党组织积极采取措施组织救灾，安排好群众生活。1960年4月7日，临沂地委作出决定，要求各地既抓生产又抓生活，发动群众，搞好生产自救，并提出对发生水肿病的地区，要立即组织抢治，限期治好。按照要求，有关各县纷纷行动起来，全力解决群众的吃饭、穿衣、烧柴、住房、治病等实际问题。对于群众患病问题，县、公社专门组织干部和医务人员深入农村，实行分片包干，送药上门，对水肿病及儿童营养不良病患者展开集中救治。

1960年11月，山东省委发出关于开展生产救灾运动的紧急指示，

要求全省党政军民紧急动员起来，以生产救灾为中心，为实现保人、保畜、保夏收、保社会治安的目标而奋斗。根据指示，郯城、莒南等地立即抽调干部，成立班子，分片包干，层层落实省委要求，解决群众实际困难。主要工作包括：一是停办公共食堂，实行各户自炊；二是制订用粮计划，采取“低标准，瓜菜代”的办法，让群众吃粗吃饱；三是发动群众互济互救，解决缺少御寒衣被的问题；四是通过借私房、腾公房、修旧房、搭草棚等办法，为缺房群众解决临时住房问题；五是县域内有计划地开放农村集市，各社队大力组织群众运输，安排拾草、运煤等，多方面增加群众收入。

1961 年 1 月 14 日至 18 日，中共中央召开八届九中全会，会议提出从 1961 年起，对国民经济实行“调整、巩固、充实、提高”的“八字”方针，这表明，党的指导思想已经有了重要转变，“大跃进”的方针已经被放弃，国民经济转入调整的轨道。

1961 年 6 月 19 日，中央发出《关于坚决纠正平调错误、彻底退赔的规定》，根据《规定》和省委有关决定，临沂地委于 8 月 25 日发出《关于坚决纠正平调错误、彻底退赔的意见》和《关于退赔工作中若干政策问题的规定》等文件，要求各级党委切实执行中央和省委指示，在当年秋收之后和次年春播之前，坚决纠正平调错误，彻底退赔。地委指示发出后，临沭县委立即行动起来，全力展开退赔工作。8 月 26 日，县委成立退赔工作领导小组，由傅恩恕任组长，张金华任副组长，各公社也成立相应领导组织。经过深入宣传发动，全县各地在清楚掌握底数的情况下，按部就班地展开退赔工作。到 11 月 2 日，全县已完成对各种平调实物的折算，共计 1441.9 万元。之后，退赔工作逐步完成。平调错误的及时纠正和退赔工作的完成，一定程度上纠正了人民公社化以来的突出问题，这对调动全县农民群众的积极性、恢复和发展临沭农业生产发挥了积极作用。

在农村政策调整过程中，中央对原来的草案作出重要修改后，正式发出“农业六十条”修正草案。1961年6月，临沭县按照中央要求，结合整风整社实际，对全县生产大队和生产队规模进行了调整。当年年底，全县生产大队由529个调整为570个，生产队由2862个调整为3104个。调整后，全县生产大队和生产队数量有所增加，但每个生产大队和生产队的规模明显减小。

在中央提出解决人民公社内部的平均主义和调整公社内部各级规模的同时，按照临沂地委要求，临沭还试行了“一包两定”的管理分配办法，主要是生产大队对生产队只包产量，不包工日和成本，在包产以内定留量、定上交；生产队完成上交任务后，多产多分，少产少分。这一办法，实质上是把以生产大队为基本核算单位改变为以生产队为基本核算单位，彻底克服了生产队之间在分配上的平均主义，体现了多产多分、承认差别的原则。1961年11月24日，地委发出《关于推行“一包两定”管理分配办法的指示》等文件，要求各县委和公社党委在认真试点的基础上，有领导、有步骤地推行这一办法。1962年1月8日，临沂地委在充分调查研究和试点的基础上，正式发出《关于以生产队为基本核算单位若干具体政策问题的处理意见》，对基本核算单位下放后，生产队规模、土地调整以及耕畜、农具、林木、队办副业等问题，有针对性地提出了具体处理办法。同时下发了《生产大队工作条例》和《生产队工作细则》。为贯彻落实好地委指示精神，1月11日，临沭县委召开电话会议，会议要求全县各人民公社一律实行以生产队为基本核算单位的政策，认真执行按劳分配、多劳多得的原则，克服平均主义，改变过去“三级所有、队为基础”的体制。同时，会议还要求各公社认真搞好“一包两定”和生产队的管理等工作。到1月29日，全县579个生产大队全部实行了以生产队为基本核算单位，逐步抓好“一包两定”工作，全县3115个生产队全部实行了基本肥料制和基本工日制。

为了进一步总结“大跃进”以来的经验教训，统一和提高全党的思想认识，动员全党更坚决地贯彻调整国民经济的“八字”方针，1962 年 1 月 11 日至 2 月 7 日，中共中央在北京召开了扩大的中央工作会议。参加会议的有中央和中央各部门，各中央局，各省、市、地、县的主要负责同志以及一些重要厂矿和军队的负责同志，共 7118 人，通常称之为“七千人大会”。中共临沭县委第一书记赵立修、书记处书记傅恩恕参加了这次大会。会上，刘少奇代表党中央作工作报告。他指出造成经济困难的原因，一方面是由于自然灾害的影响，另一方面在很大程度上是由于工作上和作风上的缺点、错误引起的，有的地方是“三分天灾、七分人祸”。毛泽东在会上指出：“对社会主义建设，我们还有很大的盲目性，还有许多未被认识的必然王国，今后要下苦功夫调查它、研究它，在实践中逐步地加深对它的认识，弄清楚它的规律。”讲话还指出，中国的人口多、底子薄，经济落后，要使生产力很大地发展起来，赶上和超过世界上最先进的资本主义国家，没有一百多年的时间是不行的。毛泽东的讲话，对全党进一步深入总结几年来的建设实践，纠正工作中的失误，产生了极大作用。“七千人大会”取得了当时历史条件下所能取得的积极成果，对于纠正“大跃进”的错误起了积极的作用，对于动员全党坚决贯彻执行以调整为中心的“八字”方针是一个重要转折。

赵立修、傅恩恕回临沭后，逐级传达贯彻“七千人大会”精神，对临沭县国民经济的恢复和发展起到了明显推动作用。尤其在贯彻调整国民经济“八字”方针的过程中，临沭在做好农业调整工作的同时，还积极开展了对全县工业、商业、金融以及其他各行各业的调整，推动了社会经济的健康发展。

“大跃进”期间，受各类“大办”浪潮的影响，临沭也兴起了群众性的大办钢铁、大搞化肥的集体工业，这些项目不计成本地进行扩张和生产，经营无序，人力、物力、财力严重浪费。县建制恢复以后，新的县委班子开始部署对全县工业进行调整，主要实行“关、停、并、转”，合理调整工业布局，压缩现有工业规模。对于物资消耗过多、产品质量低劣、成本过高并且无法盈利的企业，区别不同情况，或关闭、或停产、或合并、或转产。到1964年，全县经调整保留铁木业社6处，柳业社6处，从业人员33人，工业总产值44万元；1963年，经省工业厅批准，县里接收巡会、大兴、南古、曹庄、韩村5处酒厂为县营集体酒厂，后将5厂整顿成立临沭县酒厂，属国营企业。

对商业的调整与开展反对商品“走后门”运动以及加强对有关行业的管理同步推进，借以加强对商业等部门的整顿，强化有关行业的管理。1962年2月12日，临沭县印发《关于在全县开展反对商品“走后门”运动的意见》等文件，同时成立反对商品“走后门”领导小组，具体领导这项工作。根据《意见》要求，县委从商业、粮食、银行、财税和工业等有关部门抽调骨干力量，经过在南古、蛟龙公社试点后，在全县全面铺开这一工作。在运动中，县委坚持以正面教育为主、教育与惩办相结合的原则，要求各级党委认真学习省、地委有关指示精神，提高认识，坚持原则，切实做好反对商品“走后门”运动的思想教育工作。对于犯有错误的同志，则坚持思想批判从严、组织处理从宽以及过去从宽、今后从严的原则，区别两类不同性质的矛盾，统一按照人民内部矛盾处理。经过整顿，全县商业等各部门工作逐步好转，行业管理逐步走向正轨。

1962年4月3日，临沭县委按照《中共中央、国务院关于厉行节约的紧急规定》等文件要求，及时出台如下规定：一是坚决压缩社会集团购买力；二是彻底清查县、社各单位的仓库；三是切实转变领导作风，尽量减少会议；四是坚决压缩文件和减少报表；五是实行邮电费包干使用；六是大力压缩差旅费开支；七是坚决杜绝用公款请客送礼；八是加强家具和公物管理；九是一律不准扩建、改造房屋；十是县、社领导机关要动员全体党员、团员和所有工作人员树立艰苦朴素的优良传统，以身作则，厉行节约，克勤克俭，艰苦奋斗，坚决同铺张浪费和损害公共财产的现象作斗争。这些措施的落实，有效地促进了全县节约运动的开展，不仅节约了资金和物资，而且在全社会形成了节俭办事的风气。

根据中共中央、国务院《关于进一步精简职工和精简城镇人口的决定》，1962 年 5 月 27 日，临沭县委召开全体职工大会，安排部署全县职工和城镇人口精简工作。县委第一书记赵立修在会上作了动员报告。根据县委、县人委的研究决定，全县机关职工和公社管理区干部共精简下放职工 200 人。同时，全县还在教育系统组织精简工作，至 7 月初，共下放中学教师 37 人到基层完全小学任教，精简小学教师 250 人。为加强对精简回乡安置工作的领导和便于解决回乡人员生产、生活上的实际困难，县委还成立了回乡安置委员会，县委书记处书记高新矩任主任。本着把精简下放人员充实基层以加强农业第一线的原则，临沭回乡安置工作实现了既充实基层又减轻了财政负担的目标。到 10 月底，全县共接收安置下放回乡人员 2410 人，其中本县精简人员 649 人，由外地精简回原籍人员 1761 人，所有人员基本得到妥善安置。

三、开展工业学大庆运动

1964 年 2 月初至 3 月中旬，山东省委组织召开“四级”干部会议。会议传达了中央及华东局工业、交通工作会议精神，介绍了大庆油田经验，重点就学大庆活动进行了安排部署。2 月 17 日，临沂地委召开地直机关学大庆会议，要求全区干部、职工认真学习大庆油田经验和“铁人”王进喜吃苦耐劳的革命精神。会议结束后，临沭县委根据省委和地委指示精神，立即行动起来，先后召开了县委常委会议和县、区、社干部大会，传达学习中央通知精神和省委、地委的指示，介绍大庆的英雄事迹和先进经验。县委要求全县各机关、学校和企事业单位，都要组织力量，利用各种宣传工具，大力宣传中央的通知精神，宣传大庆油田的典型事迹和经验做法，迅速掀起工业学大庆的热潮。在学习活动中，全县各行各业尤其是工业、交通战线结合自身特点，认真学习大庆独立自主、自力更生的创业精神，学习大庆人“三老四严”工作作风：做老实人、说老实话、办老实事，严格的要求、严密的组织、严肃的态度、严明的纪律。

经过广泛深入的宣传发动，学大庆运动在临沭迅速开展起来。临沭的工业学大庆运动，不仅使全县干部职工的精神面貌有了较大改观，还促进了全县企业生产、管理和技术的改进与提高，并且创造出了良好的经济和社会效益。据统计，到 1964 年底，全县实现生产总值 0.31 亿元，比上一年度增长 0.12 亿元。

大庆油田经验和“铁人”王进喜吃苦耐劳的革命精神鼓舞了一代又一代临沭人民。1970 年以后，临沭县根据中央精神再次掀起工业学大庆运动，并提出：全县要高举“鞍钢宪法”的旗帜，把“工业学大庆”群众运动全面深入地开展起来，把大庆经验真正学到手，一直到 1979 年下半年才结束。从 1970 年中共中央再次强调“工业学大庆”至 1975 年全省“工业学大庆”会议的召开，这段时间，临沭县小企业迅速发展起来。

1970 年，建成临沭县农机修造厂（1970 年 5 月，改称临沭县农机修理制造厂），3 月，开始试生产了 1140 柴油机、195 柴油机活塞和其他配件，此外还生产了泰山 12 马力拖拉机、半自动步枪、花生摘果机等 30 余种产品；1970 年 4 月，临沭县第一个机制砖瓦的国营企业——临沭县砖瓦厂在周庄公社前杨楼村建成投产；1970 年 9 月 29 日，建立临沭县被服厂（1977 年 1 月 1 日改名为临沭县服装厂）；1970 年，在山里村建成临沭县石灰厂；1971 年秋建设临沭县蛭石制品厂，1972 年 4 月投产；1972 年 5 月，建成临沭县家用电器厂（1976 年 11 月，更名为建筑五金厂），经营衡器制修、火补焊接、木器加工项目和电机、排风扇等产品，1976 年完成产值 28 万元，利税 6800 元；1972 年，临沭县粮油加工厂筹建年产能力7200吨碾米车间，1974年投产；1973年5月，建成临沭县木器厂，生产各式大衣橱、五斗橱、床头柜等30多种产品；1973年，临沭县五金厂又新上弹簧生产、敲锈锤、石工锤、瓦工锤等项目；1973年冬，筹建临沭化肥厂，1975年12月正式投产；1973年，在临沭县城苍山路南段，建成临沭县磷肥厂；1974年10月，筹建水泥厂，翌年10月建成，1976年投产，年产量3302吨；1975年，店头公社木器厂建成投入生产；1975年，临沭县皮革厂新上轮带油项目，平均年产轮带油10万条，年产值10万多元；1976年10月，投资25万元，筹建年生产能力600吨白纸的临沭县造纸厂，1977年7月1日正式投产，1978年10月1日，生产出临沭县第一批白有光纸；1977年春，临沭酒厂进行技术改造，酒精塔建成投产，生产酒精和应用串香蒸馏水，提高了产量，增加了品种，提高了经济效益；1977年6月，投资46.5万元筹建年生产能力为25万条麻袋的临沭县麻纺厂；1977年7月1日，临沭县泡化碱厂建成投产；1977年8月，临沭县粮油加工厂，筹建年产能力为4000吨的榨油车间，1978年10月投产；1978年8月，建成固定资产52万元，占地11840平方米的临沭县电焊条厂；1978年后，离县城较近的于店、崔蒿科、前杨楼、刘场等村先后建起砖瓦窑，同时，曹庄、柳庄、古龙岗、寨子等村也办起了砖瓦厂，临沭县砖瓦业出现了大发展的势头。

四、开展农业学大寨运动

1964年2月10日，《人民日报》刊登新华社记者的通讯报道《大寨之路》，介绍了大寨大队同穷山恶水作斗争、改变山区落后面貌、发展农业生产的先进事迹，并发表了题为《用革命精神建设山区的好榜样》的社论，号召学习大寨人的革命精神。此后，全国农村兴起“农业学大寨”运动。

在临沭，农业学大寨的初始阶段，主要是宣传学习大寨的基本经验，学习宣传大寨人“改造自然、挖山不止”的愚公精神。经过学习宣传，大寨人的艰苦创业精神深入人心，大寨的英雄事迹鼓舞了全县广大干部和人民群众的斗志。县委决定：在全县范围内深入开展“远学大寨、近学厉家寨”活动，积极做好各项工作，实现比、学、赶、帮、超的目标。

第一，树立典型，带动全县农业发展。1964年3月25日，在开展“农业学大寨”运动中，临沭县委为实现学有榜样、赶有目标、帮有措施的目标，决定在全县范围内自上而下层层插标布点，树立一批农、林、牧、副业生产的标兵单位，并要求学习他们的经验和做法。经过地方推荐和县委考察、筛选，全县共确定一个农业生产先进公社和14个在各业生产上较有特色的生产大队，为全县农村学习的标兵单位。

第二，立足实际，推行“四到田”等先进劳动管理制度。为了把学大寨运动不断引向深入，确保粮食丰产丰收，1965年2月9日，县委、县人委下达《关于当前经营管理工作的意见》等文件，《意见》中提出改进劳动管理、全面推行“四、三、二、一”和“四、四、四、一”制度。“四、三、二、一”制度的具体内容是：四指“四到田”，即作物安排到田，产量指标到田，生产措施到田，定额用工到田；三指“三建立”，即建立劳动组织，建立生产岗位责任制，建立样板田；二指“两个基本制”，即基本工日制，基本肥料制；一指“一年早知道”，即对于一年的生产安排要有通盘的计划。“四、四、四、一”制度的具体内容是：“四小管理”，即小段生产计划，小段定额包工，小段检查验收，小段总结评比；“四严”，严格劳动纪律，严格技术操作规程，严格评功计分，严格奖惩制度；“四实行”，工分实行一票、一册、一簿、一账；“一做到”，做到一月一公布。这些制度的实施，进一步推动了农业学大寨运动的深入开展。

第三，一点带多点，各级干部建立农作物样板田。在农业学大寨运动中，各级领导干部率先垂范，分工包点，深入农业第一线，与社员群众并肩实干，帮助解决运动中遇到的实际困难。县、社干部除少数留守机关维持日常工作外，全部深入农村一线。1964年春季，按照县委部署，全县各级干部开始建立农作物样板田。根据计划要求，县、区、社、大队、小队五级和各部门干部共建立样板田12万亩。同时，县委要求各级干部要依靠人民公社集体经济的力量，依靠贫下中农，采取领导、技术员、群众三结合的方法，多做规划，层层设点，一点带多点，多点带全面，以切实搞好样板田的生产。

第四，及时总结经验，公开表彰先进模范。1965年3月9日至14日，临沭县农业先进代表会议在县城大礼堂召开。会议总结了1964年农业学大寨的主要成绩和领导农业生产的经验教训，部署了1965年农业学大寨的任务，并提出了完成目标任务的具体措施。这次会议还组织参观了店头区八里公社西八里大队、大兴区大坡公社芦庄大队、蛟龙区东盘公社杨庄大队的农田水利基本建设现场，听取了夏庄区埠前公社等8个先进单位的经验介绍。这次会议共评选出13个农业学大寨“尖子大队”、10个“一等先进单位”、225个“二等先进单位”和1个“模范饲养员”，并对农业生产先进单位和个人进行了表彰。

在大寨精神的鼓舞下，临沭各级党组织带领全县人民以“愚公移山、挖山不止”的精神，克服困难，战天斗地，艰苦奋战，大干快上。1965年和1966年，全县农业经济持续保持较好发展势头。

1977年1月7日，中共临沭县委召开全县有线广播大会，贯彻1976年12月10日至27日召开的第二次全国“农业学大寨”会议，强调要以阶级斗争为纲，深入揭批“四人帮”，掀起“农业学大寨、工业学大庆”的高潮，努力把临沭经济搞上去，第二年建成“大寨县”。1月23日，临沭县委又召开全县“农业学大寨”会议。会议贯彻中央、省、地“农业学大寨”会议精神，要求全县各地以阶级斗争为纲，把广大干部群众在揭批“四人帮”中所激发出来的热情及时引导到

“农业学大寨”方面，使规模空前的“农业学大寨”运动得以持续开展。会议提出1977年粮食亩产700斤，总产3.8亿斤，油、棉、猪、林上《纲要》，工业产值翻一番，达到2200万元，1978年建成“大寨县”的口号。会议是在粉碎“四人帮”后的新形势下召开的，反映了广大干部群众“把‘四人帮’耽误的时间、造成的损失夺回来”，急于把经济搞上去的愿望。但在当时的条件下，因生产指标定得过高而未能实现。

在“农业学大寨”运动中，临沭农业技术人员刻苦钻研，在防治“花生倒秧病”方面取得了重大突破，这一成果引起了国家的重视。1977年7月20日至22日，全国花生品种资源枯萎病抗病鉴定协作会议在临沭县城召开。参加会议的有广西、辽宁、湖南、天津、北京、四川、江苏、河北、福建、云南、广东、湖北、江西、安徽、山东15个省、市、自治区的油料研究方面的专家，临沂地区13个县及相邻市县的科技工作者共162人。会议听取中国农业科学院油料研究所研究员孙大容的专题学术报告；参观考察临沭县13个公社23万亩花生生长情况，重点参观考察韩村公社大蔡庄大队农科队试验田、化验室、气象哨、养猪场等；总结交流大豆、花生、油菜等油料生产情况，临沭县农业局以“我们是怎样开展防治花生倒秧病的”为题，大蔡庄农科队以“为革命搞好防治花生枯萎病的试验”为题，作了重点发言。

为了及早建成“大寨县”，1978年2月20日至24日，中共临沭县委再次在县城召开全县“农业学大寨”会议，贯彻中央普及“大寨县”工作座谈会议精神。会议听取县委书记李守克题为《全党动员起来，以揭批“四人帮”为纲，高速度发展农业，为建设“大寨县”而奋斗》的工作报告，以整风精神总结经验，找出差距，制订落实本年度生产计划和高速度发展农业的措施；会议还表彰了一批先进单位和个人，通过了临沭县委关于干部参加集体生产劳动的决定。

临沭县委领导全县干部群众为建设“大寨县”苦干大干、改造自然，其中最为著名的是综合治理苍马山大会战。从1975年10月开始，中共临沭县委组织玉山、朱仓、蛟龙、夏庄、韩村、泉埠6个公社86个大队的2.8万人，会战苍马山区，实施综合治理，到1979年春结束。这次会战，共整地2.5万亩；修路118条，总长106公里；筑地堰3100条，总长46.5万米；挖筑排灌沟渠143条，总长10.36万米；开挖围岭河7条、改河道5条，总长5400米；填沟88条，造地285亩；修建各种建筑物241座，其中小型水库10座，塘坝26座。共投工288万个，搬运土石666.5万方。另外韩村公社柞木岭战区、朱仓公社丰收岭战区，治理面积均在5000亩以上。此次综合治理，对改善生产条件，发展农业生产起到积极作用。

▲ “工业学大庆 农业学大寨”宣传画

1978年下半年，个别报刊对“大寨经验”的某些方面作了否定，临沭县委不再下发有关“农业学大寨”的文件，也不再召开“农业学大寨”会议，“农业学大寨”开始冷落下来。1979年下半年，根据党的十一届三中全会精神和全会通过的《关于加快农业发展若干问题的决定》（草案）有关规定，临沭县不再提“农业学大寨”的口号，也不再称“农业学大寨”，连续15年的“农业学大寨”运动到此结束。

第二节　加强组织思想建设

20 世纪 60 年代初期，临沭县委在经历了经济建设的重大挫折后，根据中央和省地的部署进行了近两年的调整，县内形势逐步好转。但是，在经济发展问题特别是阶级斗争问题上的“左”倾思想并没有从根本上得到纠正，政治思想方面“左”的倾向仍然处于主导地位。在这一时期，先后开展了农村建党整党、整风整社和新“三反”运动，并相继开展了城市“五反”、城乡“四清”运动。同时，组织开展了学习毛泽东著作和向雷锋学习的活动。

一、开展社会主义教育运动

1962 年 9 月 24 日至 27 日，中共中央在北京召开八届十中全会，提出了资产阶级复辟的危险性，决定在全国城乡发动一次普遍的社会主义教育运动，展开大规模的阶级斗争。临沭县委认真贯彻中央、省委、地委的指示精神，在全县城乡展开了社会主义教育运动，包括城市“五反”、城乡“四清”(清账目、清仓库、清财物、清工分）运动。同时，组织开展了学习毛泽东著作以及学雷锋等英模人物活动，并注意做好农村思想政治等工作。

1962 年 12 月 2 日，临沭县委在大兴公社召开全县脱产干部党员大会，传达学习中共八届十中全会精神，贯彻落实全会通过的《关于进一步巩固人民公社集体经济，发展农业生产的决定》等文件，讨论县委关于整顿人民公社集体经济的意见。12 月 13 日至 25 日，县委举办县、区、社、大队四级干部培训会议，有 780 余名干部参加了集中培训。会议反复学习讨论了毛泽东主席指示精神和八届十中全会通过的几个纲领性文件。12 月 22 日，县委作出《关于认真贯彻执行党的八届十中全会决议的决定》，提出如下几项要求：一是明确阶级观点，坚定无产阶级立场；二是巩固人民公社的集体经济，发展农业生产；三是必须实行勤俭办社、办队，一切开支和兴建一切事业，都要精打细算，讲求经济效果；四是必须实行民主办社；五是坚决贯彻执行中央的各项方针政策；六是认真执行党政干部的“三大纪律、八项注意”；七是按照政策原则，兼顾三者利益；八是认真执行省委提出的“学习、整社、生产”三大运动。在临沭，通过传达贯彻八届十中全会精神，落实各项政策，推动了全县冬季生产和各项工作。

1963 年 6 月 1 日至 6 日，临沭县委召开全委扩大会议，组织学习中共中央政治局 5 月 20 日下达的《中共中央关于目前农村工作中若干问题的决定（草案）》（“前十条”）和七个附件，集中研究讨论社会主义教育和整风整社以及改造落后队等工作，通过了《关于当前继续开展社会主义教育运动的意见》和《关于夏季工作意见》。会议强调：一要进一步开展社会主义教育和整风整社运动，二要发动全党全民集中一切可以集中的力量搞好夏收夏种及夏季征购分配工作，三要大力开展夏季超产运动，四是干部要积极参加集体生产劳动，五要树立战胜各种自然灾害的思想。8 月 16 日，遵照毛泽东主席 2 月在中央工作会议上的指示和河北省保定地区清账目、清仓库、清财物、清工分的经验以及省、地委的部署，县委决定夏庄区为全县社会主义教育运动试点区，同时抽调 14 名领导骨干和 21 名一般干部到其余七个区，帮助区委搞一个大队的试点。9 月 5 日，县委副书记孙承金带领 57 名队员进驻夏庄区。9 月 10 日，中共夏庄区委和试点工作组联合召开区、社、大队和生产队四级干部参加的社会主义教育运动大会，到会人员 1500 多人。会议还讨论研究了社会主义教育运动的具体做法和如何抓好三秋生产等工作。会后，县试点工作队和区、社的干部混合编成 12 个组进驻 12 个公社、111 个大队，根据已取得的经验，在全县进一步展开社会主义教育运动试点。至 1964 年 1 月，临沭社会主义教育运动试点工作基本结束。

1963年12月24日至1964年1月11日，县委召开四级干部大会，参加会议的共有1479人。会议主要学习了《中共中央关于目前农村工作中若干问题的决定（草案）》（“前十条”）、《中共中央关于农村社会主义教育运动中一些具体政策的规定（修正草案）》（“后十条”），传达了中共中央《关于发展农业生产的决定》和《六十条》以及山东省第二次代表大会第一次会议精神，分析了临沭县阶级斗争的基本形势并认真进行查上当、放包袱和“洗手洗澡”活动，部署全县的社会主义教育运动。会上，县委书记赵立修代表县委常委检查了县建制恢复两年来存在的问题，之后逐级进行自我检查。自此，临沭县面上的社会主义教育运动全面展开。

1964年1月，按照中央、省、地委统一部署，临沭农村面上社会主义教育运动以公社为单位全面展开。全县除夏庄区通过试点已进行社会主义教育运动外，其余7个区、65处公社、476个大队的社会主义教育运动分三批进行。第一批青云区，第二批岌山、店头、石门区，第三批大兴、玉山、蛟龙区。在社会主义教育运动中，临沭主要对中共中央“前十条”和“后十条”进行了集中学习和宣传，目的是使大家明确政策，提高认识。之后整个运动转入揭阶级斗争盖子、揭发干部存在问题的阶段。对于存在问题的干部，县委及时组织他们“洗手洗澡”、检查交代问题，同时结合社员提出的问题进行调查核实，并组织“公物还家”和经济退赔。除此之外，这项运动还主动引导大家摆成绩、找差距，完善各级各项经营管理制度，大力开展比、学、赶、帮运动，掀起农业生产高潮。到年底，全县面上社会主义教育运动基本结束。这次运动，坚定了干部群众走社会主义道路的信心和决心，对纠正少数干部多吃多占、强迫命令等不良作风以及解决集体经济管理方面的问题，打击各种违法犯罪分子，制止封建迷信活动等歪风，起到了一定的作用。

1963年2月，中共中央在北京举行工作会议，着重讨论了城市社会主义教育问题。会议通过了《关于厉行增产节约和反对贪污盗窃、反对投机倒把、反对铺张浪费、反对分散主义、反对官僚主义运动的指示》（简称“五反”），并于3月1日以文件形式下发全党。根据中央指示精神，临沂地委成立了运动领导小组并制订了实施方案。5月份，全区各县增产节约和“五反”运动逐步开展起来。按照地委要求，结合本县实际，临沭增产节约运动首先有声有色地开展起来。全县从上到下、从干部到群众，迅速形成了一个以反浪费为中心的全民增产节约运动，全县各个单位、各单位所有职工都参与到了这一运动中。运动中，首先集中一段时间进行社会主义和阶级斗争教育，目的是提高广大职工的阶级觉悟，把增产节约变成他们的自觉行动；同时，全县还放手发动群众，大胆揭发领导上的官僚主义和分散主义及其造成的浪费损失，然后有针对性地抓好整改，制定增产节约计划及落实整改措施，巩固成果；开展社会主义劳动竞赛，切实提高产品质量、增加产品数量。增产节约运动主要在工商业中进行，兼及其他行业，并且在不同行业各有不同的特点：工业部门主要是厉行节约，降低成本，扭亏增盈，提高效率；商业部门主要是改善经营管理，提高服务质量；文教卫生等事业单位主要是结合工作特点减少开支和改善服务质量；党政机关主要是改进工作制度，转变工作作风。经过集中活动，临沭全县广大干部职工工作作风有了明显改变，增产节约开始变为自觉行动。

8月下旬，临沂地委召开全委扩大会议，薛亭代表常委会作了《关于两年来全区工作基本情况的估计和常委会领导问题的检查报告》，之后，全区各级领导干部逐级进行自我检查（时称“洗澡”），检查自己存在的问题。这样一来，全区“五反”运动深入开展起来。当年冬天，临沭全县66个县直党政企事业单位逐次展开“五反”运动，这些单位按照党政机关、工交财贸、文教卫生三个方面分成三批进行，第一批35个单位，第二批16个单位，第三批15个单位。县委领导班子在搞好“五反”工作的同时，研究制订了全县“五反”运动的实施方案，切实加强对运动的领导。运动主要按照如下步骤展开工作：通过集中进行社会主义教育，揭发官僚主义、分散主义，在此基础上开展领导干部自我检查，建立健全工作制度，改进领导作风。对于运动中揭发出来的贪污盗窃、投机倒把等行为，则予以坚决打击。在具体运动中，全县各级领导干部逐级进行了“洗澡”，检查自己存在的问题，并制订整改计划，落实整改措施。同时，运动还注意发动群众开展公物还家活动、检举揭发贪污盗窃、投机倒把行为以及思想上、组织上、作风上存在的一些问题。对于被检举揭发出来的问题，运动领导小组则按照实事求是的原则进行调查和落实，然后根据政策作出处理决定。在运动各个阶段，县委始终贯彻中央“说服教育、洗手洗澡、轻装上阵、团结对敌”的方针，使整个运动得以顺利进行。

1964 年 3 月 22 日，中共中央发出《关于继续抓紧进行“五反”运动的指示》等文件，临沭县委按照中央要求，主动加快了工作进度，在对前一阶段工作进行初步总结的基础上，通过自身前后对比找不足，通过与上级要求和与其他县相对比找差距。针对存在的不足之处和差距，县委制订了切实可行的工作计划和措施，内容主要包括充实领导力量，加强薄弱单位，进一步发动群众深挖细找以及查缺补漏等，使临沭“五反”运动得以全面、平衡和深入开展起来并直至最终完成。到 1964 年底，“五反”运动全面完成。临沭“五反”运动的开展，一是使全县广大干部职工提高了觉悟，振奋了精神；二是整顿了班子，转变了作风；三是刹住了歪风，密切了干群关系；四是推动了各项工作的开展，保障了各项任务的完成；五是增强了支援农业的信心和决心。

1964 年 12 月，根据中央和省、地委的部署，临沭着手在全县开展以“清政治、清经济、清组织、清思想”（习称“大四清”）为主要内容的社会主义教育运动。1964 年 12 月 16 日开始，临沂地委利用 23

天的时间召开了全区五级干部会议，临沭县千余名干部参加了会议。这次会议旨在解决领导上的右倾思想、官僚主义作风和各级干部的“四不清”问题。会议期间，地委领导带头检查经济“四不清”问题，随后，包括临沭在内的各县、区、公社干部逐级检查交代领导班子及本人存在的问题，并有针对性地制订了退赔计划。

1965年1月11日，临沭县委抽调467人，组成面上“四清”工作队，连同地委驻临沭“四清”工作组11人，采取地、县、区、社四级干部混合编队的方式，共编成8个工作队、86个工作组，分三批全部入村。1月14日，中共中央印发《农村社会主义教育运动中目前提出的一些问题》（又称《二十三条》）。文件规定，今后城市和乡村的社会主义教育运动一律称为“四清”（清政治、清经济、清组织、清思想）运动。《二十三条》下发后，临沭县委按照要求组织全县广大干部群众首先进行了认真的学习讨论，结合当地实际，县委重点研究了如何进一步搞好农村社会主义教育问题。2月5日，临沭召开县、区、社、大队四级干部大会，集中传达学习中央《二十三条》，总结全县开展面上社会主义教育的情况，探讨下一步加强工作的具体措施。结合农村社会主义教育工作的新精神，会议还要求全县有关方面抓紧搞好经济退赔，迅速掀起工农业生产高潮。按照计划，“四清”工作队入点后，严格按照《二十三条》规定开展工作。工作队首先组织召开有关会议，学习上级指示精神，发动群众开展运动。运动中工作队坚决依靠贫下中农，运用阶级分析的方法，对广大干部进行了反对脱离生产劳动、反对多吃多占、反对贪污、反对蜕化变质的教育，并通过入户走访、干部自查、群众检举、个别谈话、小组“搓背”等方法，对干部进行普遍调查摸底。对待犯错误的干部，工作队主要采取了“说服教育，洗手洗澡，轻装上阵，团结对敌”的政策予以教育；对待犯有“四不清”错误的干部，工作队则要求其“端正态度，提高认识，自觉革命，主动下楼”。在教育过程中，有的干部愿意积极退赔，有的思想压力较大，甚至伸腿不干等候处理。对此，工作队采取了分别情况、区别对待的办法，通过耐心细致的说服、动员，替他们主动卸下思想包袱。这样以来，在运动中受教育的干部既解决了自身存在的问题，又能够轻松愉快地投入工作中去。通过面上“四清”运动，临沭干部作风有了明显转变，群众觉悟也有了很大提高，促进了生产高潮的形成。

农村“四清”开始后不久，县、区机关“四清”运动随即展开。8月26日至28日，临沭县委在省、地委社教分团的具体指导下，认真研究了县、区机关干部开展“四清”运动的有关问题，讨论制订了《关于县、区机关干部开展“四清”运动的工作计划》。经研究决定，县、区机关干部开展“四清”主要以会议形式集中进行。9月1日，县委召开全县机关干部职工大会，有3030人参加了大会。县委书记赵立修在报告中强调，在运动中要自我革命、自觉革命，放手发动群众，发扬党的整风运动的优良传统，使运动顺利开展并取得成效。参加这次运动的共有1201人，占全县脱产干部、职工总人数的55%，其中县直机关663人，区、社538人；县、区领导骨干114人，一般干部1010人，工人77人。按照会议部署要求，全县各县、区机关干部职工围绕如何解决当前的大是大非问题这个重点，迅速投入“四清”运动中来，积极学习，提高觉悟，主动检查，增强了执行政策、遵守纪律的自觉性，促进了各方面工作的开展。至9月24日，全县机关“四清”运动顺利结束。

1965年9月19日，临沭与临沂、郯城、日照三县一起被省、地列入“四清”重点县，中共山东省委任命中共临沂地委临沭县“四清”工作团（简称“四清”团）领导成员：王翰卿（省民政厅厅长）任团长，刘华南（地委副书记）、刘继先（地委纪检书记）、赵立修（临沭县委书记）、何乐三（地区行政干校校长）、梁德山（省民政厅副厅长）为副团长。9月26日，“四清”工作团党委正式成立。

9月24日至25日，由北京工业学院师生550人、中国人民解放军6088部队56人、省直机关干部91人、地直机关干部80人、蒙阴县486人、平邑县558人以及临沭县708人组成的“四清”团全体队员共2529人先后到达临沭县城夏庄。9月26日至10月5日，“四清”团全体队员进行集训；10月6日，“四清”队全部进驻点上各个大队，临沭县大规模的“四清”运动就此拉开序幕。全县8个区和县直企事业单位共设9个“四清”工作大队，77处公社设分队，每个生产大队设有“四清”工作组。在对全县各个公社生产大队驻点安排上，“四清”团党委并不是平均分配兵力，而是根据各地实际情况，有选择地划分出主点大队和副点大队，对于条件较差、问题较多、情况复杂的大队，着重加强驻点力量，以利工作开展。这样以来，“四清”队进驻全县主点大队361个、2125个生产队，同时带挂副点大队225个、1052个生产队。10月7日，“四清”团党委召开全县有线广播大会，动员全县广大党员、干部、群众积极行动起来，支持、协助“四清”工作队，按照中共中央《农村社会主义教育运动中目前提出的一些问题》规定，善始善终地搞好农村“四清”运动。自此，临沭大规模的点上“四清”运动在全县范围内集中展开。运动初期分三步进行：一是集中宣传中央《二十三条》和上级有关“四清”工作的指示精神，广泛发动群众；二是召开领导干部会议和贫下中农代表会议，组织干部“洗手洗澡”；三是进一步发动群众，从“清经济”入手，解决干部“四不清”的问题。临沭作为省、地“四清”重点县，工作还多次得到上级领导的指导。12月1日，山东省委副书记刘秉林等人来临沭县检查“四清”运动开展情况，对临沭运动的开展给予了充分的肯定，并指出了下一步努力的方向。

1966年1月29日至2月7日，中共临沂地委临沭县“四清”工作团召开县、区、社三级干部会议，837人参加了会议。会议主要听取了临沭县“四清”工作团副团长刘华南关于对县、区、社三级干部进行整顿的动员报告。会上，临沭县委书记赵立修代表县委作认真检查，各区委书记、区长等27人逐个进行了检查，并表示了整改决心。会议共提出意见280余条，这些意见成为开展“四清”并改进工作的重要依据，也标志着临沭县的“四清”运动开始向纵深发展。至1966年9月，全县“四清”运动基本结束。

二、加强党的建设

自县建制恢复以来，临沭县委一直十分重视加强党的建设，并注意与加强农村思想政治工作和政府工作结合起来。这项工作自始至终贯穿在开展救灾度荒、调整国民经济、整风整社、开展社会主义教育运动以及学习毛主席著作等过程之中。

在党的建设工作方面，临沭县委主要抓好了党的组织建设和对党员进行党性教育的工作，通过在县、社两级党委落实民主集中制、在基层党支部推行“三会一课”制度以及加强对党员的培训和对干部队伍的审查，不断提高党员干部的素质，提高党组织的凝聚力、号召力和战斗力。在全县国民经济调整初期，为有效地避免强迫命令、浮夸和瞎指挥等不良作风的发生，实现对重大问题的正确决策，县委一直注重和坚持集体领导制度，避免“一言堂”的做法，贯彻民主集中制原则。县委定期召开常委会、党委会、支委会和党小组会，经常总结检查工作，学习研究党的方针政策，制订工作计划，开展批评和自我批评。在县委领导的带动下，全县各级党组织自觉坚持民主集中制原则，广大党员干部畅所欲言，自觉维护党的集中统一，遵守党的纪律，并自觉抵制官僚主义和分散主义，形成良好工作气氛。为了加强基层党组织建设，县委通过党校每年分批对支部书记和党员大队长进行轮训，各公社党委也采取集中上课和分散讨论等形式，每年对支部委员和党小组长进行轮训，以不断提高支部工作水平。同时，县、社两级党委还狠抓“三会一课”制度的落实，并对其活动的时间和内容作出了具体规定，以此保证党的路线、方针、政策的贯彻实施。

在党员教育方面，县委根据上级精神并结合临沭实际，切实把这一工作纳入重要议事日程。1962 年初，扩大的中央工作会议在北京召开。会后，县委认真贯彻执行中央关于重新教育党员的指示，以《党的建设的几个问题》《社会主义建设几个问题》等为主要教材，对全县党员干部进行了一次比较集中的系统教育。1962 年 9 月，党的八届十中全会召开后，县委以这次全会精神为主要内容，组织全县党员干部重点学习了“阶级、形势、矛盾”的问题，并结合学习了《六十条》等内容。结合整风整社和社会主义教育运动，临沭在全体党员干部中还集中开展了两条路线斗争、巩固集体经济以及发展农业生产等方面的专题教育。对于在学习中暴露出的一些问题，则首先分清问题的性质，然后根据情况区别对待和处理：对于思想方法问题，主要通过学习教育和实践逐步解决；对于立场观点问题，只要没有政治问题，没有严重违法违纪问题，则按照人民内部矛盾，通过说服教育的方法加以解决；对于确实存在政治问题的党员，则按照党的有关政策，慎重处理。这次专题教育进一步纯洁和壮大了党的组织，密切了党和人民群众的联系，增强了基层党组织的凝聚力和战斗力。

三、加强农村政治思想工作

1962 年 9 月 24 日至 27 日，中共临沭县委认真贯彻中央、省委、地委的指示精神，在全县广泛开展社会主义教育运动的同时，为进一步调动广大群众的积极性、巩固集体经济、发展农业生产，根据中央、省委、地委的安排，全县还重点加强了农村政治思想工作。这项工作以组织广大干部群众学习人民解放军、学大庆、学大寨和组织干部和农村知识青年学习毛主席著作为重点，同时通过组织群众开展“五好”评比和“比学赶帮”活动，逐步使农村的政治思想工作制度化、经常化和具体化。

为了促进工作的开展，按照县委要求，全县各生产大队先后都配备了政治指导员、宣传员，以加强农村政治思想工作。为进一步总结全县农村思想政治工作的经验，1964 年 4 月 13 日，县委在青云区白旄公社西白旄大队召开区、社党委书记和县委社教工作组组长会议。会议集中学习了中共中央《关于加强相互学习，克服固步自封、骄傲自满的指示》和山东省委书记谭启龙在全省四级干部会议上的总结报告，传达了临沂地委关于加强政治思想工作、开展五好评比的通知精神，研究讨论了关于加强农村思想政治工作的有关问题，并对全县农村思想政治工作情况做了总结，主要包括如下内容：一是认真开展以学习毛泽东著作为主要内容的“四学”(学习《毛泽东选集》、学习解放军、学大寨、学大庆）运动，提高广大社员群众思想觉悟水平；二是通过学习解放军，注意做好人的工作，做好思想政治工作，为此，全县共有 150 个大队配备了政治辅导员；三是各区、社都进行了“五好”评比，全县共评出“五好”生产大队 75 个，“五好”生产队 279 个，“五好”干部 2083 人，“五好”社员 14920 名；四是层层树标布点，县委确定青云区白旄公社作为全县的思想政治工作点，各区、社共树立 77 个大队、161 个生产队为各区、社的标兵单位。

第三节　中共临沭县第一次代表大会召开

1963 年，经过贯彻落实以调整为中心的“八字”方针，临沭国民经济基本恢复，农村形势有所好转。面对新的形势，如何进一步纠正“左”的错误，巩固成绩，树立信心，加强团结，动员全县人民继续进行调整工作，实现全县国民经济的新发展，成为临沭县委必须解决的重要问题。在此条件下，中国共产党临沭县第一次代表大会胜利召开。

中国共产党临沭县第一次代表大会于 1963 年 11 月 18 日至 22 日在夏庄召开。出席会议的正式代表 326 名（缺席 24 名），列席代表 16

名，代表着全县10000多名党员。大会总结了恢复建县两年来的工作，听取并审议了赵立修同志向大会作的县委工作报告；讨论并通过了高新矩同志向大会作的《1966年至1975年农业生产发展规划纲要》（又称《十年远景规划纲要》）的报告、傅恩恕同志向大会作的《鼓足革命干劲，搞好今冬明春生产救灾运动，为争取明后两年农业生产更大更全面的丰收而奋斗》（又称《今后工作建议》）的报告。

大会的主要精神分别体现在赵立修同志的县委工作报告和高新矩作的《十年远景规划纲要》及傅恩恕《今后工作建议》上。

赵立修同志的县委工作报告共分三个部分。报告的第一部分指出，临沭县恢复建县两年来，在这期间全县的政治、经济形势发生了巨大的变化。当前，面临的国际、国内形势都很好，对社会主义革命和社会主义建设事业都非常有利。第二部分是“关于两年来的主要工作估计”。报告本着实事求是的态度，对两年来临沭各项工作所取得的成绩作了总结。主要是：

一、认真、坚决、及时地贯彻执行中央政策。积极学习贯彻中央12条、66条政策和中央关于“以生产队为基本核算单位”的指示，进行一系列的调整工作，全县529个大队调为583个，生产队由2863个调为3261个，从而调整了生产关系，巩固了人民公社的集体经济，调动了广大干部社员的积极性。在分配办法上，坚持了按劳分配的原则。同时，不断加强和改进了生产队的各项管理，特别是劳动和财务管理，大部分生产队执行了包工到组、责任到人、按件计工、多劳多得的管理办法。因此，劳动力出勤多、工效高、质量好，干部省心，社员有数。特别是在抗灾斗争中，充分体现了人民公社集体经济的优势性。实践证明，中央规定的体制政策、分配政策，是适合当前农村生产力的状况的。

二、积极认真地贯彻执行国民经济发展总方针。按照党中央、毛主席提出的“以农业为基础，以工业为主导”的国民经济发展要求，全县各级党组织都以农业生产为中心任务，高举“三面”红旗，治山治水，改造涝洼，积极改变生产条件，增强抗拒自然灾害的能力。全县治涝 16 万亩，占实涝面积的 70%，岌山区大哨公社一大队第五生产队，改涝后种的高粱亩产 120 多斤，半改的只产 60 多斤，没改的才产 30 多斤，从而激发了广大群众的斗志，秋收以后，将掀起一个彻底改涝、战胜灾害的高潮。

恢复建县两年来，全县农田基本建设、兴修水利等方面成绩较大。据统计，截至 1963 年 11 月，全县可控制水浇面积 8.3 万亩，比 1957 年增加了七倍多，比建县时增长了三倍多。蛟龙区的龙潭水库，发挥了巨大作用，全区 600 亩水稻实现亩产 455 斤。在技术改革和技术革命方面有了很大发展。青云区马庄大队的玉米间作套种、地瓜小沟密植、良种培育选择，刘屯大队的棉花管理，夏庄区新村大队的地瓜不翻秧，大兴、蛟龙、青云、店头等区花生小弯短节，玉山区增种春地瓜、播种秋花生，石门区的间作带作等，都获得了不同程度的丰收。尤其是贯彻执行以农业为基础的方针后，各行各业加强了对农业的支持。据统计，恢复建县两年来，供应化肥 1062 吨、农药 248 吨、小胶车 712 辆，其他农具 44 万件，银行扶持生产贷款 120 万元。手工业联社生产支农农具 40 多万件，为生产队社员修配耕种、运输、生活等用品 90 多万件。

恢复建县两年来，注意了作物茬口的调整，对增强地力、增加产量起到了作用。据统计，1961 年大秋面积 21 万亩，1963 年 24 万亩；1961 年花生 14 万亩，1963 年 18.8 万亩；1961 年春地瓜 2 万多亩，1963 年 4.8 万亩。

由于采取了以上措施，生产条件有了不同程度的改变，生产力有了极大发展，生产水平有了很大的提高。全县粮食 1961 年获得了大丰收，总产量为 17950 万斤，比 1957 年增加 23%。1962 年尽管遭遇到严重的灾害，由于广大党员、干部积极抗灾，粮食总产仍达到 15897 万斤，比 1955 年增加 9.5%。1963 年，遭受了历史上少有的长达两个月的阴雨，地不能锄，只好用手拔、锨折等办法消灭草荒。夏种时，翻种三次之多。各种作物基本上没荒，粮食总产还能达到近亿斤。由于认真贯彻执行了售油留饼和粮油统购政策，花生种植面积逐年扩大，1961 年全县种植 14 万亩，1962 年至 1963 年都是近 20 万亩，1962 年亩产花生米 74 斤，1963 年预计达到 74.7 斤。棉花、烟草、麻等作物产量有了极大的恢复和发展。1961 年全县种棉 3200 亩，亩产皮棉 18.9 斤，1963 年种到 13463 亩，由于遭受毁灭性的灾害，有 6569 亩缺苗严重，平均亩产皮棉还达 11 斤。

畜牧业有了较大恢复和发展。据统计，1962 年，全县有大牲畜 2.4 万头，比 1961 年增加了近千头，接近 1957 年的水平。饲养管理水平有了很大提高，石门区刘坞大队模范饲养员刘太苗是个多面红旗手，无料也能把牲畜喂得膘肥体壮，八年繁殖 16 头牛犊，无一瘦弱死亡。夏庄区前半路生产队、青云区杨家官庄等从互助组到现在饲养的大牲畜十几年无病亡，经验值得推广。生猪发展很快，1963 年有生猪 6.4 万头，比 1961 年增加了 33.9%，超过了 1957 年的数字，其他家禽家畜都有了发展。畜牧业的大发展，不仅在畜力上推进了农业生产，而且增加肥料、增强地力，为发展农业生产起到了较大作用。

林业得到快速发展。恢复建县两年来，全县新造林田 3.3 万亩，零星植树 110 万棵，压条 450 亩，种山红草 300 多亩，为发展生产、提供物料和修缮房屋等奠定了良好的基础。

三、保质保量完成了上级分配的农副产品收购任务。恢复建县两年来，全县各级党组织和广大党员群众顾大局、识大体，坚决执行周恩来总理提出的“先国家、后集体，先集体、后个人”的方针。1961 年，在严重自然灾害的情况下，完成粮食征购任务 4013 万斤，比 1957 年增加了两倍多；1962 年完成了 4267 万斤，比 1961 年增加了 6.3%；1963 年灾情严重，全年完成了 1370 万斤。花生米 1961 年完成统购467万斤，比1960年增加20.6%。1962年完成676万斤，比1961年增加了44.7%，1963年尽管灾情严重，预计还能完成400万斤。生猪1961年完成5114头，1962年完成了14280头，比1961年增加了近2倍，1963年可望完成15600头。另外，全县还接收德州专区商河县灾民3000多名，对他们的生活进行了照顾、安抚。两次捐卖余粮550万斤，支援了受灾地区，表现了社会主义制度的优越性和高尚道德品质。

四、人民群众的生活得到改善。1961年，是大丰收的一年。除完成征购任务、留足种子饲料后，社员口粮平均达319斤，比1960年提高了12%。1962年因灾害严重，社员口粮稍低于1961年，但国家统销了部分粮食，生活基本上稳定。1963年3月，刘屯大队社会主义新农村现场会召开之后，全县出现了部分刘屯式的社会主义新农村，全县新建及维修房屋13.2万间，社员住房条件有了很大改善。同时，还推广刘屯大队、西南岭大队种棉织布的经验，供销部门从外地购来次等布匹投放市场，社员在穿衣方面有了很大好转。

五、工业、手工业和副业有了很大发展。国营工业和集体工业认真贯彻执行“调整、巩固、充实、提高”的方针，坚决压缩了工业战线，减少了职工人数，1962年全县国营、集体工业的职工只有319人，比1961年减少了377人，从而有力地支援了农业。正因为工业的调整，有力地发展了大队级手工业和副业，全县现有手工业和副业30多种，50%以上的大队有了自己的手工业和副业组织，对支援农业生产，增加集体积累起到了积极的作用。据统计，全县生产大队的手工业和副业每年收入达100万元。像岌山的黄庄大队、青云的刘屯大队，他们的手工业和副业收入占农业收入的50%左右，大部分生产农具自修自造，既节约开支，又促进了生产。

六、党内的民主生活较前大大活跃。恢复建县两年来，根据上级党委指示，认真进行了甄别平反工作。先后对1958年反右倾、拔白旗等错批判、错处理的3034名党员干部群众，进行甄别平反，消除隔阂，增强了团结。

七、对党员干部和群众进行政治思想教育。恢复建县两年来，县委除利用各种会议对干部群众进行政治思想教育外，还通过党校培训大队和生产队干部2422人。重温了党章，学习了“十条”，划清了界限，明确了前进方向。1963年春天，根据省、地委指示，普遍对贫下中农积极分子进行训练，建立健全了贫下中农组织，开展了以阶级斗争为纲的社会主义教育，提高了干部群众的阶级觉悟，打击了“四类”分子的破坏活动，抵制了单干风，刹住了包产到户、分田到户的资本主义倾向，从而巩固了人民公社集体经济。

八、各级干部作风有了明显转变。自从贯彻学习毛主席关于调查研究和学习山西省昔阳县干部参加劳动的文件以后，绝大多数干部积极参加劳动，有的区、社干部年实干工日近百个，有的大队干部不要补助。比如：青云区韩村公社社长徐景堂、大兴区大坡公社书记相铭金、青云区马庄大队支部书记李洪庆、玉山区隋家沟大队书记谢永年，除了开会，其余时间都和社员一同劳动，赢得了群众的好评。

报告的第三部分，在肯定成绩的基础上，还客观地指出了存在问题和不足。这些问题主要表现在领导作风、民主建设以及有的干部满足于现状，缺乏人定胜天的气概等方面。对存在的问题，县委提出了要下大气力加以克服和解决。

高新矩同志代表县委向中国共产党临沭县第一次代表大会所作的《十年发展规划纲要》共分八个部分，报告以农业为重点，对农业、林业、畜牧业、工业、文教卫生、商业、民兵武装以及交通运输各项建设任务提出了具体的目标和措施。

傅恩恕同志在中国共产党临沭县第一次代表大会上，作了题为《鼓足革命干劲，搞好今冬明春生产救灾运动，为争取明后两年农业生产更大更全面的丰收而奋斗》的报告。这个报告，针对当时自然灾害严重，农业生产面临着重重困难，不少党员干部有悲观情绪的实际，实事求是地下达了1964年的粮食、油料、棉花、林业、畜牧业和工副业的生产指标，分析了实现这些指标的有利条件。因为这次大会正处于冬季，报告还详细安排了冬季生产，要求全县搞好冬耕深翻，改良土壤，开展农田水利基本建设，大搞冬季积肥造肥运动，加强麦田管理，保证耕畜安全过冬，大搞冬季副业生产等。最后，报告还提出具体措施。主要包括：一、安排好社员的生活，防止灾民外流逃荒；二、开展社会主义教育运动，提高干部群众的社会觉悟。三、层层制订计划，合理安排劳力。四、加强党的领导，保证任务完成。五、组织各行各业支援农业生产。六、转变作风，改进领导方法，指导运动的开展。

11月22日，大会举行闭幕式，与会代表采取举手表决的方式，通过了赵立修同志作的县委工作报告的决议、高新矩作的《十年远景规划纲要》的决议和傅恩恕《今后工作建议》的决议。决议中就今后如何开展工作提出了一些切实可行的措施，为开展好今后的工作奠定了良好基础。当日，大会采取无记名投票的方式，选举产生了由22名委员、4名候补委员组成的中国共产党临沭县第一届委员会，并选举出5名出席中共山东省第二次代表大会的代表。11月23日，中共临沭县第一届委员会举行第一次全委会议，选举产生了由赵立修、高新矩、孙承金、傅恩恕、邵立祥、李芬、张金华、张怀德8人组成的县委常务委员会，赵立修当选为县委书记，高新矩、孙承金当选为县委副书记。按照本届代表大会通过的选举办法第六条规定，县委委员、县委常委、县委书记和副书记在选举之后，分别报临沂地委、山东省委批准生效。

第四章　“文化大革命”运动

1966年，正当我国胜利完成调整经济任务，克服了国民经济中的严重困难，开始执行国民经济第三个五年计划的时候，意识形态领域的批判运动却愈演愈烈，最终导致了“文化大革命”的发生。临沭县根据上级要求，开展了“文化大革命”运动。

第一节　“文化大革命”运动与革命委员会的成立

“文化大革命”运动发展迅猛，不久，临沭全面内乱。临沭县各级党政负责人被揪斗，党政组织陷于半瘫痪状态。临沭红卫兵组织受全国各地夺权行动的影响，在“支左”部队支持下，先后夺取了各级党政领导权，建立了“三结合”的革命委员会。

一、“文化大革命”运动开展

在临沭，“文化大革命”运动，首先在教育系统进行。1966年6月5日至14日，全县公办中小学教师在县城集训，开展“大鸣、大放、大字报、大辩论”，整顿教师队伍，“揭教育战线的阶级斗争的盖子”等活动，有96名教师受到大字报的错误围攻和批判。6月18日，根据《五·一六通知》精神，县委抽调干部组成工作组进驻临沭一中，发动学生开展“大鸣、大放、大字报、大辩论”，在教职工队伍中揪斗“黑帮”“黑线”。一时全校停课，大字报贴满校园。在临沭一中“大鸣、大放、大字报、大辩论”的影响下，6月24日，第二、三、四、五、六中学学生自发停课，进行“四大”活动，校内墙壁上贴满了大字报，对教职工进行点名批判、人身攻击。随着这项运动的深入开展，25日，县委组织了5个工作组进驻各中学，领导“文化大革命”运动，组织批斗会、辩论会。这期间，全县共有24名中学教师被错误打成“黑帮”“黑线”，学校的正常教学秩序被严重破坏。

8月8日，中共中央八届十一中全会通过《关于无产阶级文化大革命的决定》（《十六条》），临沭县委根据上级指示，召开县直机关干部大会，传达贯彻了《十六条》精神，全县5处初级中学81名教职工集结县城，学习毛泽东著作、《十六条》、党的八届十一中全会公报和有关“文化大革命”的社论文章；对在本校未斗倒和来县城后又有“反扑”的所谓“重点人物”开展辩论、斗争；以破“四旧”、立“四新”为中心内容，要求教职工开展自我教育。这次集训历时25天，以“左”的观点、方法、手段整顿教师队伍。在这次集训中，有8人被大会错误批斗，打成“黑帮”，10人被打成“牛鬼蛇神”，其余教师也被分类划线，分成“不问政治”“片面追求升学率”“资产阶级教学观点”等8类，搞人人过关，广大教师人人自危，身心受到严重摧残。8月中旬，临沭县委撤回了派往各学校各单位的“文化大革命”工作组。号召全县工人、农民、干部都要做“文化大革命”的主力军，做革命学生的坚强后盾，坚决支持学生的革命行动。从此，学生的活动向社会全面延伸，造成全县严重的混乱局面，工农业生产受到严重影响。

1966年8月18日，在北京天安门广场举行了百万人参加的“庆祝无产阶级文化大革命大会”，毛泽东主席首次接见了“红卫兵”，表示支持“红卫兵运动”。受此影响，1966年8月下旬，临沭一中召开“红卫兵”成立誓师大会，发表宣言，佩戴“红卫兵”袖章。其余初级中学也相继成立了“红卫兵”组织。后来，这部分“红卫兵”被称为“官办红卫兵”“走资派的御林军”“保皇派”而解散。9月5日，中共中央、国务院发出通知，要求各地学校派代表到北京参观“文化大革命”运动，掀起了全国红卫兵“大串联”活动。临沭县的师生代表也进行了“大串联”活动，各中学开始组织“大串联”队伍，停课“闹革命”；11月9日，由各学校选出的300名师生代表臂戴“红卫兵”袖章，进京“串联”，学习开展“文化大革命”的做法并接受毛泽东主席检阅。11月11日14时，临沭县“红卫兵”在长安街受到毛泽东主席的检阅，21日返回临沭。11月18日，临沭一中学生“造反”，成立“红卫兵”组织。截至年底，临沭县共成立“造反”组织31个，山头林立，在“破‘四旧’”“横扫一切牛鬼蛇神”“踢开党委闹革命”的口号下，多次冲击县委、县人委。受此影响，“红卫兵”组织遍及全县中小学，他们离开学校，到社会上“串联”“煽风点火”，社会秩序开始出现难以控制的混乱局面。这些“造反”组织成为“文化大革命”中一支重要的政治力量，对“文化大革命”“左”倾错误的发展，起了推波助澜的作用。

临沭县同全国一样，各“红卫兵”造反组织，不受任何约束，冲击各级党政领导机关，随意揪斗干部，乱发指令，为所欲为，全县各级党政机关无法维持日常工作。随着中央《关于工业交通企业和基本建设单位如何开展文化大革命运动的通知》和《关于县以下农村文化大革命的规定》等文件的先后下发，全县工交企业、文化卫生和农村社队，普遍开展了“文化大革命”运动。各企事业单位和农村社队组织成立了红卫兵群众组织，并很快与全县教育战线的红卫兵组织联系在一起，形成了不同的派别。在开展运动期间，不同派别、不同观点的“红卫兵”组织之间，经常发生摩擦，互相攻击，互相辩论，互相谩骂。面对“文化大革命”运动兴起后出现的越来越多的难以控制的局面，县委仍然坚持领导各级干部带领群众抓好各项经济工作，采取各种方式同“左”倾错误展开斗争。

1967年1月，全国掀起一场造反组织夺取党和政府领导权的狂热行动，“文化大革命”进入了“全面夺权”的阶段。受此影响，1月26日，在临沭县人民武装部的支持下，临沭一中“向东红卫兵”挑头，与县直机关7个群众造反组织联合，成立“山东省临沭县无产阶级革命造反联合行动委员会”（简称“县联委”或“县联动”），同时宣布，

“自 1967 年 1 月 26 日下午 5 时，正式接管山东省临沭县党、政、财等一切大权”，县委、人委机关陷入瘫痪，工作停顿。与此同时，各区、公社及生产大队党政领导权也相继被群众造反组织夺取。党的组织活动被迫停止。

为了对混乱状况加以约束，毛泽东号召群众组织实现大联合，正确对待干部，并派人民解放军执行“三支两军”（支左、支工、支农，军管、军训）任务，派工人毛泽东思想宣传队进驻学校，还批发了多项命令、布告，以制止武斗蔓延，维持社会秩序，保护国家财产。根据上级指示精神，1967 年 4 月，中国人民解放军 6067 部队和临沭县人民武装部一道执行“三支两军”任务。5 月，临沭一中“向东红卫兵”指挥部部分头头另立山头，成立“红卫兵”临沭兵团指挥部，与县直机关 8 个“金刚战斗队”联合，始称“九大组织”，“九大组织”后与临沭县贫下中农联络站、临沭县工人造反司令部组成“三大革命组织联合司令部”，简称“三大联司”；“县联委”也以“向东红卫兵”为主，组成“六大革命组织联合司令部”，简称“六大联司”。自此，全县群众造反组织形成上下相联、尖锐对立的两大派。两派之间辩论日渐加剧，多次发生武斗事件，揪斗、关押、毒打对方所谓坏头头的恶风，在城乡蔓延；同时，双方都把不支持自己一派的领导干部诬为“走资派”“特务”“叛徒”“假党员”，予以残酷斗争，无情打击，有的被殴打致残、致死，不少干部被迫

▲“文革”期间红卫兵张贴大字报

远走他乡，临沭县正常秩序空前恶化。从此，中国人民解放军开始介入临沭县“文化大革命”运动。人民解放军历来在人民群众中享有很高的威望，受到人民群众的普遍尊重。他们的介入对临沭县“文化大革命”运动的发展进程产生了重大影响。驻临沭执行“三支两军”任务的广大指战员，在“文化大革命”造成的极其困难、复杂局面的情况下，为制止武斗和打、砸、抢行动，维护社会秩序，维持工农业生产，保卫国家重要部门，动员广大学生复课闹革命，组织学生进行军训，保护老干部，减少工农业和人民财产损失等方面，做了大量艰苦的工作，发挥了重要作用。特别是参加支农的部队，积极宣传和贯彻“抓革命，促生产”的有关政策规定，组织引导农村干部群众搞好农业生产。

“抓革命，促生产”，掀起春耕生产新高潮。根据毛泽东主席提出的“备战、备荒为人民”的战略方针和“抓革命，促生产”的指示，临沭县对1967年的农业生产作了认真研究和安排。由人民武装干部、民兵干部和革命组织负责人组成“三结合”生产指导班子，指导全县农业生产。全县77个公社、567个大队，有76个公社、527个大队建立起了“三结合”的领导班子，民兵在生产中的突击作用得到发挥。坚持“以粮为纲，多种经营”的方针，进一步落实了春耕生产措施，制定了全年生产计划。其后，县直机关抽调了80余名干部，深入基层，发动组织全县人民，狠抓麦田管理，大搞积肥运肥，整地保墒，突击抢耕，调剂良种，保证了适时完成春播任务。春耕中，各行各业都给予了充分的配合。

发出通告维护全县正常秩序。6月22日，中国人民解放军6067部队、临沭县人民武装部发出《给全县贫下中农和民兵的一封信》，指出：“夏季生产任务十分艰巨，当前干旱严重，汛期已经迫近”，号召全县民兵“要勇敢地挑起革命、生产两副重担，带头坚守岗位，遵守劳动纪律，团结广大革命群众，搞好夏季生产”，要求民兵“严格保管武器弹药，禁止强夺或运用干扰运动”。7 月 5 日，“两部”又发出《通告》，重申“要维护正常秩序，保证‘四大’的胜利进行，纠正打、砸、抢、抄、抓的歪风”。“三支两军”部队和人武部通过这些工作，缓和了紧张局面，对稳定临沭局势起到了积极作用。1967 年 8 月，人民解放军 6067 部队撤离临沭，由 6085 部队军训团接替。1967 年 11 月，在临沭县人民武装部和临沂军分区的支持下，临沭县党、政、财、文等一切权力由“三大联司”掌管。到 1973 年 9 月，“三支两军”部队全部撤出临沭。

1968 年 2 月 16 日，临沭县人民武装部、临沭县“三大联司”研究决定，组建新的生产领导权力机构——“临沭县三大革命组织联合司令部生产指挥部”，领导小组由武装部、“三大联司”、革命干部代表 9 人组成，下设 10 个办公室，负责全县工农业生产的各项领导工作。3 月 21 日，临沭县“三大联司”组织部发出《关于区、社和大队成立“三结合”领导班子的通知》，要求“凡具备了‘三结合’条件的应建立革命委员会的区、社和有关单位”，“要按照毛主席革命‘三结合’的方针，可迅速成立革命委员会，生产大队可成立‘三结合’的领导班子”。同时，对各级革命委员会成员的构成情况、政治条件，以及报请、审批等作了具体规定，为成立革命委员会做了充分准备。

二、临沭县革委会成立

1968 年 3 月 23 日，临沭县“三大联司”、临沭县人民武装部在临沭一中操场召开了 2 万余人参加的临沭县革命委员会成立大会。革委会集党政大权于一身，实行党政合一、高度集中的领导体制。临沭县人民武装部党委书记张振民任县革命委员会主任委员。“三大联司”掌权后建立的临沭县革命委员会和各级各单位革命委员会，表面上暂时结束了两派争斗的局面，各项工作也逐步开展起来。

加强对农业生产和重点水利建设的领导。在临沭县革命委员会成立前的3月21日，“三大联司”就发出《关于加强春耕生产的领导、保证重点水利工程的紧急通知》，针对春耕生产及其他工作实际，提出三点要求：一是“提高认识，集中人力物力投入春耕生产第一线”，各单位要“从方便群众，利于春耕生产出发，调整营业时间，转变服务态度，在春耕生产中立新功”。二是“强化各级生产领导班子，没有建立的要建立，已建立的要健全，各级领导班子人员要固定”；同时要求增强团结，“增强党性”，“搞好春耕生产”。三是“龙窝灌区、界前移民和徐贺护堤是临沭县水利工程的重点，要加强领导，集中人力物力，提高工效，突击完成”。全县掀起了春耕春种的高潮。

加强对工业的领导，建设新的厂矿企业。1968年4月19日，临沭县革命委员会发布了《关于1968年至1970年工业发展规划》，提出在1968年至1970年间，新建机械厂、化肥厂、榨油厂、砖瓦厂、棉花加工厂、综合服务社等，扩建副食品加工厂，印刷厂、皮革厂由集体转为地方国营，南古酒厂迁至县城。这一规划，鼓舞了全县人民群众的生产热情，推动了临沭经济的发展。

进行教育革命和清理阶级队伍等工作。1968年4月20日，临沭县革命委员会召开教育革命办公会议，部署“复课闹革命”等各项工作。会后，各中小学陆续复课。但因无教材，学生主要学习《毛主席语录》《毛主席诗词》并参加批斗会等。5月以后，临沭县革命委员会先后开展了学习、宣传、贯彻党的八届十二中全会精神的活动，进行全县清理阶级队伍和整党等工作。

县直机关精兵简政。为了精简机构、提高办事效率，临沭县革命委员会机关于1968年11月30日实行精兵简政。临沭县革命委员会原设二部一室（政治部、生产指挥部、办公室），有工作人员85人。精简后，改设政治组、生产指导组、办公室，工作人员28人，同时保留教育革命办公室、清办、财办、内务、双打、计划、通信、农电等临时机构，工作人员39人。

临沭县革命委员会的一系列工作使全县形势开始好转，逐步趋于稳定，中央及上级的各项政策得以贯彻落实，“抓革命，促生产”出现了新的局面。但是，两派群众组织的斗争并没有从根本上得到解决。1968年9月，“三大联司”以临沭县革命委员会名义，从每个生产大队抽调1名至2名基干民兵，成立临沭县捍卫红色政权基干民兵连，集中训练，统一行动，意在武装对抗流向苏北的“六大联司”。1969年8月25日至26日，“三大联司”又组织部分群众抢夺了临沭县人民武装部和当地驻军的枪支弹药。此后，两派群众组织的斗争又急剧升级。9月18日，外流苏北的“六大联司”以武装占领的方式，进驻县城。“三大联司”及受其辖制的临沭县革命委员会带领部分县直机关离开县城，转移到玉山公社一带。

第二节　政治局势的暂时稳定与国民经济的有限恢复

1969年4月1日至24日，党的第九次全国代表大会在北京召开，林彪代表党中央在这次大会上作政治报告。“九大”会议召开前，临沭县革命委员会即按照省、地革命委员会通知，部署全县各级各单位做好宣传贯彻“九大”精神的准备工作。1969年4月2日，临沭县革命委员会组织干部、工人、学生、农民举行集会，热烈庆祝第九次全国代表大会胜利召开。“九大”会议闭幕后，临沭县革命委员会在全县分片放映了第九次全国代表大会开幕的电影纪录片，组织各级干部、群众学习“九大文件和会议公报”。全县各级各单位，运用多种形式进行广泛深入的学习和宣传，分析了全县的形势，建立并恢复了必要的规章制度。通过采取这一措施，推动了工农业生产和各项事业的恢复和发展，促进了全县局势的稳定。

一、开展“斗、批、改”运动

党的“九大”会议召开以后，“斗、批、改”运动在全国展开。按照毛泽东的设想，“斗、批、改”包括建立革命委员会、大批判、清理阶级队伍、整党、精简机构、改革不合理的规章制度、下放科室人员等内容。在实际工作中还包含“教育革命”、知识青年上山下乡等内容。

清理阶级队伍。早在1968年1月1日，《人民日报》《解放军报》《红旗》杂志发表的元旦社论中，就提出要彻底清查混在革命队伍内部的一小撮叛徒、特务、走资派以及没有改造好的地、富、反、坏、右分子。要发动群众，彻底清查，坚决处理。随后，山东省革命委员会要求在全省开展“清理阶级队伍”。5月初，临沂地区革命委员会召开了“清理阶级队伍”工作会议，专门部署各县的“清理阶级队伍”工作。5月中旬，大规模的“清理阶级队伍”运动在临沭县城乡全面展开，全县各区、社、县直各单位闻风而动，陆续开始“清理阶级队伍”，揪斗所谓的“叛徒”“特务”“顽固不化的走资派”和“国民党残渣余孽”，很快形成群众性运动。临沭县革命委员会将“文化大革命”前定性的阶级敌人，如地主、富农、右派等，以及“文化大革命”中打成的“叛徒”“特务”“走资派”“漏网右派”和一些所谓有问题的人，进行了逐一彻底的清查。先后两次召开全县“镇反”大会，许多党员干部、群众遭受残酷迫害。其中，有13名中小学教师被揪斗示众，3名教师被逮捕。通过“清理阶级队伍”工作，清出了极少数坏人。但由于“左”倾错误思想的指导和派性干扰，在清查中，有的滥用专政手段，实施刑讯逼供，制造了一批冤假错案，株连和伤害了许多干部群众。

开展整党建党工作。1967年12月2日，中共中央、中央“文革”小组下达了《关于整顿、恢复、重建党组织的意见和问题》的文件，提出整顿、恢复、重建党组织的原则，即“五十字建党大纲”。由于两派群众组织武斗的干扰，临沭县的这次整党建党工作直到1970年11月才正式开始。临沭县革命委员会党的核心领导小组按照全国、省、地整党建党会议精神及指示，成立了整党建党领导小组和办公室，抽调一批干部，组成工作组，经学习培训后，于11月20日，进驻玉山、南古、观堂、岌山4个试点区，开展整党建党工作。其工作大体分四个阶段进行：第一阶段，先抓领导，摸清情况，做好准备；第二阶段，做好动员报告；第三阶段，突出思想整顿，解决思想入党问题；第四阶段，搞好组织建设。各工作组蹲靠在点上，指导帮助工作。各试点单位认真贯彻这次整党建党的方针，坚持原则，严格按照“五十字建党大纲”，开展深入细致的工作，恢复了党的组织生活；并按照毛泽东“吐故纳新”的指示，积极慎重地进行了“吸收新鲜血液”的准备工作。12月，整党建党工作在全县全面展开，临沭县革命委员会党的核心领导小组根据上级指示及开门整党的要求，培训了大批整党骨干。训练骨干分为五步：第一，思想发动。第二，组织学习九大文件和选学马列主义、毛主席著作，学习中央关于解决山东问题的指示。第三，组织各类典型介绍，树立榜样，加强教育。第四，总结检查工作，由公社党组织做好一年来的工作总结、检查报告。第五，明确整顿的方法步骤，订出自我整顿的计划。在整党过程中，临沭县革命委员会要求整顿基层党组织分四步进行：第一步，做好思想发动：第二步，深入进行路线教育；第三步，总结工作，开门整风；第四步，充实、调整基层领导班子，建立健全制度。到1972年底，历时2年2个月的第一批整党建党工作结束。在这次运动中，全县653个基层党组织，有648个进行了整党建党工作，涉及组织处理的党员407人，其中被开除党籍的39人，留党察看的27人，撤销党内外职务的13人，严重警告的65人，劝退出党的53人，撤销预备党员资格的92人。基层党的组织生活普遍恢复，纳新党员2665名。在整建基层党组织，搞好开门整风的基础上，按“老、中、青”三结合的原则，调整、充实基层领导班子，大胆选拔新生力量。1971 年 5 月至 6 月，南古、岌山、店头、观堂、玉山 5 个公社成立新的一届党委。下半年，其余公社新的一届党委也先后建立起来。这次整党建党工作，通过对全县的基层党组织的整顿和建设，建立了党的各级组织，恢复了大多数党员的组织生活，对稳定局势，推进工农业生产，还是起到了一定的作用。

*开展“一打三反”运动。*根据《中共中央关于打击反革命破坏活动的指示》《关于反对铺张浪费的通知》和《关于反对贪污盗窃、投机倒把的指示》以及山东省革命委员会、临沂地区革命委员会召开的“一打两反”运动的会议精神，临沭县于 1970 年 2 月 22 日成立了由李芳华任组长、赵立修任副组长的临沭县“反对贪污盗窃、投机倒把和反对铺张浪费”领导小组。3 月 19 日，临沭县又成立了“一打两反”领导小组，李芳华任组长，赵立修任副组长，成员共 7 人，下设办公室，具体负责全县的“一打两反”运动。1970 年 7 月 19 日以后改称“一打三反”。在“一打三反”运动中，临沭县要求各单位运用毛泽东思想统帅革命大批判，以革命的大批判开路，带动大检查、大揭发、大批判、大清查和各项工作。同时，临沭县革命委员会还要求各级各单位在广泛宣传发动的基础上，普遍开展忆阶级苦、忆民族恨、忆个人成长史和查思想、查立场、查演变的“三忆三查”活动，并采取“上挂下联”的方法，开展了广泛深入的检举、揭发和批判。随后，全县层层召开“一打三反”会议，排查批斗对象，进行揭发、清理和斗争，掀起了大检查、大揭发、大批判、大清查的高潮。到 1972 年上半年，运动转入定案阶段。运动中，经过查摆问题和检举揭发，全县共查出有“各类问题”的 5110 人，其中有“政治问题”的 1060 人，有“经济问题”的 4050 人，共查清赃款 57.37 万元，退赔赃款 20.21 万元，补税罚款 1.7 万元；定案处理 4027 人。运动采取了办“学习班”、隔离反省、限期交代问题等做法，有的还实施了刑讯逼供和抓住一点无限上纲、乱联系等手段，扩大了打击面，造成了许多冤假错案。

1972年12月，历时3年的“一打三反”运动结束。由于“一打三反”运动是在“左”的思想指导下进行的，因而夸大敌情、混淆是非的问题比较普遍地存在。虽然在制止经济犯罪方面产生了一定作用，但是从总体上看，它是一次错误的政治运动。1973年到1975年，临沭县革命委员会先后为被错误处分的人进行了平反，并在党的十一届三中全会后，对“一打三反”运动中的错误，再次作了纠正。直到1980年，落实政策的工作才全面完成。

开展清查“五一六”反革命运动。1970年3月27日，中共中央发出《关于清查“五一六”反革命阴谋集团的通知》等文件，临沭县革命委员会根据中央和省、地革命委员会的指示精神，于1971年5月14日成立了临沭县清查“五一六”专案办公室，由解放军8人、地方干部4人组成。同时制订《关于清查“五一六”反革命阴谋集团的实施计划》，在全县有领导、有计划地开展了清查“五一六”反革命集团的群众运动，错误地将“文化大革命”中临沭两派群众组织武斗的20余起事件排列起来当作“五一六”罪行，发动群众在县直机关和工交、财贸、文教、卫生等32个单位开展“清查”运动，47名干部、教师、职工受到不应有的审查（其中协助外地“清查”2人）。运动到年底基本结束，经调查核实，临沭县无一人参加“五一六”组织。

开展教育革命运动。1967年7月，根据上级教育改革的指示精神，临沭县革命委员会决定，将全县小学由原来的初级小学四年，高级小学两年，改为“五年一贯制”；中学由原来的初中三年，高中三年，改为初中二年，高中二年，时称由“三三制”改为“二二制”。这次改革，不仅改变了中、小学的学制，同时取消了入学考试，实行推荐入学。1968年2月，全县各学校响应上级号召，对教学课程进行了改革。音乐、美术、手工劳动等课，统称“革命文艺课”；农业常识和校外劳动课合称“农业学大寨课”；体育课改为“军体课”；语文课改称“文化课”，主要学习马列主义和毛主席著作。其他课程虽然没有改

变名称，但安排的课时很少。8 月 25 日，中共中央、国务院、中央军委、中央“文革”小组发出《关于派工人宣传队进驻学校的通知》，提出“要在革命委员会的领导下，以优秀产业工人为主体，配合人民解放军战士，组成毛泽东思想宣传队，分期分批进入学校”。为此，临沭县革命委员会从临沭县农机厂等企业抽调人员组成“工人宣传队”进驻临沭一中，各区也均向驻地中小学派驻“工宣队”或“贫管组”，各小学由所在大队派驻“贫管组”，时称“贫下中农管理学校”。粉碎“四人帮”后，根据中央、省委、地委指示，“工宣队”和“贫管组”才从各学校撤出。11 月 14 日，《人民日报》发表山东省嘉祥县马集小学教师候振民、王庆余的信，在全国推行“公办小学下放到大队来办”的建议，“教师都回本大队工作”，“国家不再发工资，改为大队记工分”，引起教师队伍的动荡不安。临沭县革命委员会按照山东省革命委员会指示，至 1969 年 1 月 10 日，将全县 327 处公办小学全部下放到生产大队办，813 名公办小学教师返回原籍或就地落户 676 名，占公办小学教师总数的 83%，172 名代课教师全部返回原大队教学，致使全县各小学教师余缺不均，公物受损，不少学校无法开课。1969 年 5 月，临沭县革命委员会为进一步落实毛泽东主席“贫下中农管理学校”的指示，对中小学“贫管组”和骨干教师进行了培训。5 月 19 日至 6 月 4 日，临沭县革命委员会两次在韩村公社驻地召开教育革命会议，培训全县各社队中小学“贫管组”负责人 462 人，骨干教师 436 人。“培训会”结束后，全县中小学管理体制下放。7 月，在“上小学不出村，上初中不出管理区，上高中不出公社”的口号下，一部分小学办戴帽初中班，公社初中和一部分农中办高中班，农业中学、工读小学一律改为普通中学、小学，造成中等教育结构单一化的不合理局面。1971 年 2 月 26 日，中共临沭县革命委员会党的核心领导小组在县革命委员会礼堂举行了全县教育革命会议，会议传达贯彻山东省教育革命会议精神，宣扬“开门办学”的“成果”，使“左”的思想在全县教育领域继续蔓延。1971 年 10 月 27 日，临沭县教育工作会议在县革命委员会礼堂召开。会议学习讨论了《全国教育工作会议纪要》，并听取莒南县高家柳沟大队支部书记沈德超抓业余教育的经验介绍，作出了《关于开展学习莒南县高家柳沟大队，按毛主席指示办好业余教育活动的决定》。会后，全县普遍开展以扫除文盲为主的业余教育和贯彻《全国教育工作会议纪要》精神的活动。全县中、小学在驻校“工宣队”“贫管组”的管理下，“毛泽东著作”“时事政治”“三忠于”“忆苦思甜”“军训”和参加社会活动、校外劳动成为学生的主课。全县各级学校纷纷办工厂、试验田、饲养场等，普遍与生产队和工厂挂钩，让学生学工、学农，参加生产劳动。在“左”的思想方针指导下的“停课闹革命”和“教育革命”运动，使得教师被置于受改造的地位，很难在教学中发挥主导作用，正常的师生关系和教学秩序被打乱，学员入学时很大一部分文化程度过低，学习中的业务、文化课程被大量削减，这种情况不仅严重挫伤了广大教育工作者的工作热情，而且在社会上和中小学中产生了“读书无用”“读书吃亏”的错误观点，使临沭教育受到严重破坏，贻误了一代青少年的教育和成长，造成了不可挽回的损失。

知识青年上山下乡。1968 年 12 月 21 日，毛主席向广大知识青年发出了“知识青年到农村去，接受贫下中农的再教育，很有必要”的指示。全国广大知识青年热烈响应毛主席的伟大号召，形成了全国性轰轰烈烈的知识

▲ 20 世纪六七十年代，知识青年上山下乡

青年上山下乡运动的高潮。临沭县委于1974年设立知识青年上山下乡办公室，从1974年11月23日开始动员，组织首批知识青年上山下乡，到1980年4月撤销合并到劳动局。这期间，共动员、接收、安置下乡、回乡知识青年410人。到1980年，上山下乡知识青年全部通过升学、参军、招工等渠道进行了安置。知识青年上山下乡运动在临沭县宣告结束。

二、临沭局势渐趋稳定

1969年11月，临沭县革命委员会补台，一派群众组织掌权的局面结束。1970年1月，临沭县革命委员会党的核心领导小组成立，临沭县政治形势渐趋稳定，主要开展了以下工作：

组建临沭县民兵独立团。1970年1月，为了响应毛主席要“准备打仗”的号召，贯彻落实毛主席关于战争打起来、组建地方部队的指示，临沂地区革命委员会党的核心领导小组批转了临沂军分区《关于组建民兵独立团的报告》。根据此精神，临沭县在白旄公社进行了试点。试点结束后，结合临沭县实际情况，确定临沭建立1个民兵独立团，除夏庄公社组建2个连，南古公社组建1个运输队和1个卫生队外，其他各公社都组建1个连，宣传点建排，生产大队建班，分散大队可以不组建。独立团下设2个步兵营，1个侦察连，1个警卫连，1个炮兵连。营下设3个步兵连，1个机枪连，1个通信排。连辖4个排，排辖4个班，每班12人左右。夏庄、韩村、白旄三个公社为一营，玉山、蛟龙、大兴、观堂四个公社为二营，石门、店头、岌山三个公社为团的直属连。韩村、玉山公社各组建1个营部通信排。每连170—190人，每营700—900人。独立团在平时代替武装基干民兵，是战时组建部队的一种过渡形式，平时不脱产，仍是民兵的一部分。战争打起来，就迅速组建地方部队，坚持对敌斗争，补充野战部队。4月20日，临沂地区革命委员会、临沂军分区发布命令，任命李芳华为临沭县民兵独立团团长，孙承金为政委，薛步林为副团长，朱心璞为副政委。

推广农村合作医疗。1969 年，县卫生工作组在韩村公社东雷官庄试办农村合作医疗，医疗室配备医生，时称赤脚医生。赤脚医生由社员推荐，大队选定，县卫生部门进行统一培训。其劳动报酬，由大队记工分，参加所在生产队分配，一般略高于同等劳力。1970 年，赤脚医生队伍发展到 425 人。1975 年，全县普及合作医疗，有赤脚医生 711 人。

取缔反动会道门组织。1970 年 11 月 14 日，临沭县公安机关依法取缔反动会道门组织——金丹道。该道在夏庄、韩村、玉山等区 24 个村庄发展道徒 70 余人。该道被依法取缔后，一般道徒全部到公安机关进行登记，其骨干分子视情节轻重，依法予以不同的惩处，道首被判刑 20 年。

召开临沭县四级干部会议。1971 年 2 月 11 日至 17 日，全县县、区、社、大队四级干部大会在临沭县革命委员会礼堂召开，与会 900 多人。会议听取中共临沭县革命委员会党的核心领导小组负责人传达毛泽东主席的“1·8”指示及其学习辅导报告，国际国内形势报告，关于加强民兵建设的报告和春季工作安排意见；县直有关部门分别作整党建党、教育革命、当前生产等项专题发言；10 名基层负责人交流抓革命、促生产的经验。

临沭县革命委员会通过以上一系列活动，统一、提高了群众的思想认识，净化了社会风气，稳定了“六大联司”再次进驻县城以来的混乱局面。

三、召开第二次党代会，建立新县委

1970 年 8 月 11 日，山东省革命委员会党的核心领导小组发出的《关于转发中共荣城县委〈关于召开党代会、建立新县委的情况报告〉的通知》中指出，随着整党运动的深入发展，召开各级党代表大会、建立新县委的问题，应当提到议事日程上来，条件成熟的，现在就可以召开；条件不成熟的，要积极创造条件，年底或者下一年春天召开；有的也可以在省党代表大会以后召开。抓好党的基层建设，是召开党代会、建立新县委的基础。各地一定要高标准、严要求，积极地抓好基层整党建党工作。凡是正在开展整党的地区和单位，即日起就要为召开党代会、建立新党委做好准备。按照山东省革命委员会党的核心领导小组这一指示精神，临沭县革命委员会党的核心领导小组进一步抓紧抓好全县的整党建党和基层党组织建设的各项工作，为召开党代会、建立新县委做好各方面的准备工作。经过一年多的准备，中共临沭县第二次代表大会于 1971 年 11 月 3 日在县城召开，经过 4 天的预备会议，于 11 月 7 日隆重开幕，739 名代表代表着全县 15187 名党员，出席这次大会。陈书轩同志致开幕词，临沂地区革命委员会党的核心领导小组组长、9624 部队师长甄林同志和地区革命委员会核心领导小组成员、临沂军分区政委刘巽之同志向大会作了指示。临沭县革命委员会核心领导小组及临沭县人民武装部的领导同志出席了大会。魏耀林同志代表临沭县革命委员会党的核心领导小组，向大会作了题为《在党的九大团结胜利路线指引下，发奋图强，自力更生，为建设社会主义新临沭而奋斗》的工作报告。会上，中国人民解放军、工人、农民、贫下中农、革命干部、妇女等方面的 23 名代表作典型发言。大会按照新党章规定，充分发扬民主，采取无记名投票的方式，选举产生了中国共产党临沭县第二届委员会。新的县委实行“老、中、青”“军、干、群”三结合。11 月 9 日下午，中共临沭县第二届委员会举行第一次会议，选举魏耀林为县委书记，陈书轩、杨廷谷为县委副书记。

中共临沭县第二届委员会的建立，结束了“文化大革命”以来中共临沭县革命委员会党的核心领导小组的历史使命。新县委成立后，开展了如下工作：

一是加强基层党组织建设和群团组织整顿。基层组织建设方面：1972年1月5日，中共临沭县委研究决定，建立中国共产党管理区总支委员会，置公社党委领导之下。各管理区党总支委员会由5—7人组成，设书记1人，副书记1人。群团组织建设方面：3月19日，临沭县革命委员会政治部发出《关于加强群团组织工作的意见》，对整顿、组建群团组织工作提出了具体要求。各公社、企事业单位在整党建党的基础上加强群团组织建设。根据要求，13处公社先后建起团委、贫下中农协会、妇女委员会，农村生产大队普遍建立基层团支部、贫协和妇委会，各厂矿、企事业单位建起了工代会。经过整顿，群团组织正常开展了起来。1973年1月10日，共青团临沭县第三次代表大会在县城召开。大会代表709名。会议听取并讨论通过共青团临沭县第二届委员会的工作报告，选举产生共青团临沭县第三届委员会，由20名委员组成，郁家志当选为书记。1月16日至18日，临沭县贫下中农第二次代表大会在县城举行。大会代表586名，列席代表12名，特邀代表7名。会议讨论通过县委工作报告，选举产生临沭县贫下中农第二届委员会，由23名委员组成。19日，贫协二届一次会议召开，选举杨廷谷为主任，讨论通过《关于充分发挥贫下中农在三大革命运动中主力军作用的决议》。2月26日至27日，临沭县妇女第三次代表大会在县城召开。大会代表635人。会议选举产生临沭县第三届妇女委员会，由25名委员组成，李树兰当选为主任。5月28日至30日，临沭县工会第二次代表大会召开，出席会议代表257人，列席21人。会议选举产生临沭县工会第二届委员会，由21名委员组成，张兴福当选为主任。1974年3月18日至22日，共青团临沭县委在县城召开全县青年社会主义革命和社会主义建设积极分子代表大会。会议交流经验，表彰一批先进个人。

二是贯彻中央28号文件精神，纠正不正之风。1972年8月中旬，遵照毛泽东主席批示“照发”的中发〔1972〕28号文件精神和省、地委的决定，临沭县开始整顿纪律、纠正不正之风，到1973年8月结束。通过学习文件、路线教育、纪律整顿，增强了干部群众的政策、纪律观念，密切了党群关系，不正之风有所收敛。1972年10月18日至26日，临沭县中小学教师会议在县城召开，与会教职工873人。会议重点进行思想和政治路线教育，批修整风，整顿纪律，纠正教师队伍中存在的不正之风。

*三是掀起农业生产高潮。*1972年11月12日，为贯彻中央、省委、地委的指示，中共临沭县委在县城召开县、社、管理区、生产大队、生产队五级干部参加的冬季农业生产动员誓师大会，夏庄、周庄、泉埠3个公社参加县城中心会场，其余各公社驻地设分会场，与会人员达6000多人。会议号召学习大寨、厉家寨的经验，鼓足干劲，力争上游，迅速掀起冬季农业生产高潮。2月8日至14日，中共临沭县委在县城召开县、社、管理区、生产大队、生产队五级干部会议，到会人数4211人。会议听取县委书记魏耀林的工作报告和临沂地区窝瓜增产经验报告团、莒南县报告团的增产经验介绍，对全县211个先进单位予以物质奖励。

*四是实施丧葬改革。*1975年4月7日，中共临沭县委作出《关于开展丧葬改革，推行火化的决定》，要求国家干部职工和随机关干部的家属，死亡后一律实行火化，坚决废除土葬；农村社员群众死亡，要尽量做好工作，动员火化。5月1日，临沭县火化场建成后，土葬制度基本废除，“火化”制度推行开来。

*五是积极开展防震工作。*1976年7月28日，河北唐山一带发生强烈地震，人民生命财产受到巨大损失。8月14日，中共临沭县委召开全县防震、抗震救灾有线广播大会，部署抗震救灾、防震工作。之后，全县人民群众陆续从屋内搬出住进防震棚。9月2日，临沭县抗震救灾指挥部成立。1978年后，全县群众才陆续搬回屋内居住。

六是加强人才培训工作。粉碎“四人帮”后，临沭县进行了人才培训。1976年10月19日，临沭县“五·七”大学招收第二期学员，有卫生、兽医、文艺、农机4个专业7个教学班，共340名学员，培训学制2至6个月不等，为临沭经济的恢复和发展起了积极的作用。

四、全县经济的恢复和调整

“文化大革命”开始后，全县工农业生产受到了一定的损失。但由于当时的运动主要集中在文教部门和党政机关，大部分生产指挥系统还没被打乱，尤其是之前开展的五年国民经济调整，为国民经济的发展打下了较好的基础。因此，1966年临沭县的各项生产建设事业仍然取得了较好的成绩。1966年6月25日，县委公布了《临沭县1966至1970年农业发展规划（草案）》(简称《“三五”规划》)。《规划》指出，临沭县总耕地面积93万亩，其中，山区丘陵64万亩，已整修水平梯田17万亩；平原涝洼29万亩，已治理27万亩，但能排能灌的只有5万亩。“三五”期间的主要任务是“坚持党的社会主义建设总路线，以增产粮食为中心，农、林、牧、副、渔多种经营全面发展；改造自然，改变生产条件，建设稳产高产田为重点，山、水、田、林综合治理，大搞农田水利建设，努力争取在5年内，全县建设60万亩旱涝保丰收的稳产高产田，建立牢固的农业生产根据地，努力提高单位面积产量”。但是，从1966年底开始，“文化大革命”运动扩展到工业、农业战线之后，《规划》的任务、目标没能够实现。1968年3月，随着全县各级革命委员会的建立，全县形势稍趋安定，但国民经济仍然没有得到恢复。是年，全县国内生产总值0.36亿元，农民人均纯收入59元，比上一年下降1.6%；职工人均工资487.1元，比上一年下降4.8%。1969年2月，国务院召开了已经中断两年的全国计划会议，会议讨论了《1969年国民计划纲要（草案）》，并把它作为主要文件下发全国，由各地贯彻执行。临沭县革命委员会及时贯彻落实中央及省地的各项指示，狠抓各项生产政策和措施的落实工作。经全县人民的共同努力，1969 年的国民经济有所回升。是年，全县国内生产总值 0.37 亿元，比上一年增长 2.8%。职工年人均工资 495.4 元，比上一年增长 1.7%，但是仍然低于 1966 年水平。1970 年，中央提出“以战备为纲”，集中力量建设战略后方，建立自成体系的经济协作区。地方“五小”工业迅速发展。临沭县革命委员会认真贯彻落实“抓革命，促生产，促工作，促战备”的方针，经过一年的艰苦奋斗，工农业生产有了很大的发展，工业总产值完成了 141 万元，比上一年增长了 40%，新建砖瓦厂、石灰厂、夏庄鞋厂、观堂修配厂 4 处，筹建了人造纤维厂、三级晶体管厂、水泥厂等，其他原有的工厂均进行了扩建和新增设备。

临沭新县委成立后，加强了对全县工农业生产的领导，在全国国民经济严重失调、市场供应紧张、人民生活出现困难的情况下，临沭县经济保持了略有增长的水平。粉碎林彪集团后，临沭县委按照省、地委的要求，认真贯彻落实中央的方针政策，1972 年，对全县工农业进行了调整。在工业方面，认真贯彻中共中央、国务院关于《坚持统一计划，整顿财经纪律》(《经济工作十条》)，要求和督促全县各厂矿企业，尽快恢复和健全各种规章制度，加强企业管理，继续深入开展增产节约群众运动，不断降低原材料消耗，提高企业经济效益，提高产品质量。同时，加强了支农产品的生产。在企业内部加强管理，进行了工艺技术改造，提高了产量和质量，有力地支持了农业生产，基本满足了农村生产生活的需要。农业方面，继续认真贯彻落实《农业六十条》，继续推行“文化大革命”前五年调整中行之有效的各项经济政策和措施。组织劳动管理、财务管理和分配政策的大检查，广泛开展社会主义劳动竞赛，充分调动了广大农民群众的生产积极性。在大力抓好粮食和经济作物生产的同时，狠抓了多种经营。认真抓好各项经营政策的落实，促进了集体和家庭副业的恢复和发展。养猪积肥、林业生产等齐抓并进，都接近和超过历史最高水平。

经过整顿和调整，1972年全县国内生产总值0.49亿元，比1971年增长26%；工业总产值526万元，比1971年增长44.5%；农业生产总值13065万元，比1971年增长19.4%。全县的国民经济形势保持了稳定发展势头。

五、水利工程建设成绩突出

“文化大革命”运动期间，虽然派性斗争激烈，社会秩序不稳定，但临沭县各级党组织努力稳定局势，严格遵照“抓革命、促生产”的指示，带领全县广大干部群众，自力更生、艰苦奋斗，战天斗地，集全民之智、之力大搞水利建设，进行了龙窝灌区工程、沂沭河东调工程和牛腿沟治理工程等大型水利工程建设，并连续开展了挖沟浚河、打井筑坝、建机电排灌站、搞水土保持等工作。

实施龙窝灌区工程。临沭县龙窝灌区是一项引河灌溉工程，也是一项民生工程。灌区位于沭河中游莒南县龙窝村后拦河坝，自北向南，纵贯临沭县西部而后东折，渠尾注入蛟龙公社境内的龙潭水库，全长31公里。总渠之外开挖4条干渠，主渠长42.5公里，支渠71条，全长178公里。斗渠226条，总长306公里，农渠1074条，总长663公里。灌区南北长42公里，东西宽20公里，控制青云、夏庄、店头、大兴、蛟龙5个区9个公社的35万亩耕地，占全县总耕地面积的37%，设计灌溉面积31.42万亩。1970年实施灌溉，后经过多次扩建、改建，至1983年，总共开挖土石867.4万立方米，砌石15.45万立方米，总投资398万元。

实施沂沭河东调工程。沂沭河东调工程是整沂导沭工程的后续工程，即将分沂入沭水道扩大到4000立方米/秒，新沭河扩大到6000立方米/秒，是治淮的重点项目之一。工程完成后，鲁南、鲁西地区和江苏徐淮地区3000万亩土地可大大减轻洪涝灾害。工程包括分沂入沭水道扩大，沂河刘家道口枢纽，沭河大官庄枢纽，总干排水沟，沂沭河回水段复堤、护险、截渗、灌溉及附属工程。除沂河刘家道口枢纽工程，其余工程全部或大部在临沭县境内。工程首先调集临沂、临沭、莒县三县民工进行施工试点。1971 年 11 月 16 日，沂沭河东调第一期工程正式开工，到 1981 年底停工缓建，共进行了 21 期，先后调集临沂、临沭、郯城、莒南、莒县、日照、苍山、费县、沂水 9 县民工 56 万人次参加施工。第一期工程，临沭县承担了修筑“李措公路”的任务。临沭县委组织了 7 个公社近 2500 名民工经过 33 天的施工，基本完成了任务。1972 年，沂沭河东调第二期工程开工，临沂地区革命委员会分配给临沭县的任务是继续完成“李措公路”的修筑和“新沭河水道开挖”两项工程。这两项工程共包括铺路面、运石料、修桥涵、搭工棚、挖子河、修坡道六项任务。3 月初，临沭县民工开始施工，9 月初竣工。1972 年 9 月，沂沭河东调第三期工程开工，分配临沭县的任务：一是集中力量完成新沭河分洪闸闸基开挖工程，1973 年春开挖到设计河道标准。在闸基开挖中，先安排坡道和子河开挖工程。子河开挖在原位置进行，底宽为 8 米，深度要求达到设计河底以下 0.5 米。二是新沭河河口建围堰一处，1972 年 10 月上旬完成，保证了新沭河开挖和公路畅通。1973 年春，第三期工程胜利结束。沂沭河东调进行的 21 期工程，共完成工程总量 2983 万立方米，占原计划的 50.1%。临沭县共调集民工 85795 人次，参加了全部 21 期工程施工，开挖河道 9.4 公里，完成 7 处险工护岸 11.4 公里，开挖总干渠排水沟上下段 11 公里，移民 30 个村庄、4644 户、22214 人，拆迁房屋 22353 间，为沂沭河东调工程做出了巨大贡献。

实施牛腿沟治理工程。牛腿沟位于临沭县沭河东岸，北起临沭县白旄公社，南至沭河，全长 45 公里，流经白旄、泉埠、南古、店头四个公社的部分大队，流域面积 91 平方公里，约 133 万亩土地，系临沭县主要产粮地区。解放前年年受水灾，解放后虽经导沭整沂和 1962 年开挖疏通，但仍未根治。每到秋季，该地区都遭受洪涝灾害，大部分粮食作物减产或绝产，粮食征购的任务完不成，反而吃国家大量统销粮。同时，水灾也严重威胁着广大人民群众生命财产的安全。为保证广大人民群众生命财产的安全，免除水患，保证农业生产，根据广大人民群众的迫切要求，经多次勘察、反复研究，临沭县委决定迅速扩建排灌工程，根治牛腿沟，决定两年内完成全部工程。1972 年，牛腿沟治理工程开工。首先从开挖分割客水围岭沟开始，逐步完成了改建部分阻水建筑物、下游开挖 500 米排水沟和建泄洪闸等工程。排水沟按十年一遇设计，二十年一遇校核，设计流水量 110 立方米 / 秒，设计水位 54.65—51.95 米，水深 2.5—2.8 米，设计沟底高程 52.15—49.15 米，设计底宽 21—45 米，比降 1/4000—1/3670，边坡采用 1 ∶ 1.5，堤顶高程 56.65—53.95 米，堤顶宽 3 米。整个牛腿沟治理工程采取了“上截、下排、提高排洪标准”的措施。上截：将高水高排，疏通官路村至叶埠村的排水沟，把石埠子村北的来水截住，由叶埠村西排入沭河；在摩天岭、中华山开挖围岭沟，将坡水排入沭河；疏通琅琳子村至龙兴汪的排水沟，将南古公社、店头公社以北的来水送入夏庄河；疏通杨沙埠村排水沟，把泉埠公社以东的部分坡水截入夏庄河；从小垛庄村至大垛庄村挖一围岭沟，将水排入新沭河。下排：在穿沭涵洞入口处，新开挖一条排水沟，沿新沭河北岸东去，长 500 米，把牛腿沟来水排入新沭河。排水沟下游建闸，待沭河水位低时，开闸排水；沭河涨水时，闸门关闭，以免洪水倒灌。提高排洪标准：将原牛腿沟的标准改为十年一遇。牛腿沟治理工程共投资 113.46 万元，粮食 179.72 万斤，全部工程永久占地 600 亩：排水沟使用工日 77 万个，修筑建筑物使用工日 42.81 万个；使用钢材 53 吨，木材 317 方，水泥 2202 吨，炸药 80 吨，炮钎子 15 吨，石子 1405 方，块石 2.1 万方；开挖排水沟土方 124 万方、石方 30 万方，修筑建筑物清基土石方 0.9 万方，浆砌石方 2.1 万方，钢筋混凝土 1700 方；修筑配套建筑物共计 42 座，其中渡槽 1 座，涵洞 2 座，泄洪闸 1 座，桥 38 座，均按十年一遇设计，二十年一遇校核。牛腿沟治理工程，提高了牛腿沟排涝能力，保证了牛腿沟两岸人民群众的生命财产安全，使沿岸8万亩土地免受洪涝灾害，为建设旱涝保丰收、稳产高产田创造了条件。

实施凌山头水库及其灌区工程。凌山头水库位于苍源河上游，凌山头村东北，流域面积33平方公里，大坝长1160米，总库容1230万立方米。为县内第一座中型水库。1965年11月至1967年2月，完成大坝土方填筑及南北放水洞（总过水量10.5立方米/秒）工程。1972年实施大坝保安全工程，对迎水坡进行块石护砌。1976年至1980年，又进行坝身培土加厚、抗震加固、建溢洪闸（3孔，为10×6米平板钢闸门，最大泄洪量683.4立方米/秒）。1980年，在水库西岸建二级扬水站1处，共3个机组，总装机容量150千瓦，提水能力0.5立方米/秒。灌区控制郑山、临沭两个乡镇，设计灌溉面积3.38万亩，有效灌溉面积1.33万亩，并向龙窝灌区总干输水。灌区开挖干渠2条，总长12.5公里；支渠6条，总长14.1公里：排水干沟4条，总长3公里；建筑物295座。整个工程共完成土石方125.23万立方米，钢筋混凝土2890立方米，总投资209.1万元，用工126.56万人。凌山头水库的建成，为防洪、抗旱、排涝起到积极的作用。后来，其成为临沭县城市用水的主要水源地。

第三节　开展“批林整风”运动，努力稳定局势

林彪事件发生后，全国开展“批林整风”和“批林批孔”运动，揭发、批判林彪集团的罪行。临沭县委紧跟国家形势，开展了“批林批孔”运动，并采取各种措施，努力稳定全县局面。

一、开展“批林整风”运动

山东省委于1971年10月8日发出《关于传达林彪反党事件的通

知》。临沭县革命委员会根据通知精神和规定传达范围，于10月30日至31日分别在临沭县农机修造厂、临沭县人民医院和夏庄公社曹村大队进行传达；临沭县人民武装部于11月3日在夏庄公社禚村大队向全体党员、基干民兵、群众传达，并组织讨论。全县人民对林彪集团的阴谋和叛国出逃极为震惊和愤慨，口诛笔伐，批判林彪集团的阴谋活动和反革命罪行。1972年2月6日，中共临沭县委提出切实传达贯彻好中共中央文件精神，深入批判林彪集团炮制的《“571”工程纪要》反革命政变纲领的三条意见：（1）彻底批判林彪反党集团《“571”工程纪要》；（2）认真搞好文件传达，组织培训班，春节期间，做好广大人民群众的宣传工作；（3）彻底批判林彪反党集团的反革命罪行，抓住重点，批深批透。此后，全县分期分批地层层传达贯彻中央文件，深入批判林彪集团的罪行及其反革命政变纲领，使全县人民进一步认清林彪集团的丑恶嘴脸和反革命政变阴谋，加深对林彪集团的仇恨。

1972年5月20日，全国“批林整风”汇报会在北京召开。随后，省、地委先后召开会议，传达贯彻中央“批林整风”汇报会议精神，部署“批林整风”运动。按照省、地委的部署，县委发动全县党员干部和人民群众，广泛深入开展“批林整风”运动。为了切实把这次运动搞深搞透，使全县党员干部和群众普遍受到教育，县委采取了多种形式培训宣传骨干，为全县“批林整风”运动全面开展做了准备。在县委的指导下，全县各机关部门、企事业单位，深入批判了林彪一伙制定的《“571”工程纪要》及谋害毛泽东主席、发动反革命武装政变和叛国投敌等罪行；批判了林彪一伙阳奉阴违，口是心非，“语录不离手，万岁不离口，当面说好话，背后下毒手”的反动嘴脸；批判了他们“怀疑一切、打倒一切”的无政府主义；批判了他们鼓吹“天才论，英雄创造历史”的唯心史观；批判了他们创造的“灵魂深处爆发革命”的唯心主义先验论及其形而上学的论调。运动中，始终以毛泽东提出的“要搞马克思主义，不要搞修正主义；要团结，不要分裂；要光明正大，不要搞阴谋诡计”的三项基本原则为主要内容，进行了深入的思想和路线方面的教育。运动中也触及了在林彪一伙煽动下出现的极左思潮，纠正了一些“左”的政策，对稳定全县的政治经济形势起了一定作用。

1973 年 5 月至 7 月，全国“批林整风”运动进入了高潮。5 月 11 日至 21 日，县委在县城召开有县委委员，县人民武装部党委委员、县革命委员会各部、室负责人，组、局主要负责人，公社党委书记和 17 级以上的党员干部共 103 人参加的县委常委扩大会议。会议传达贯彻了中共中央文件精神和临沂地区常委扩大会议精神，开展揭、批、查，帮助常委整风，县委书记魏耀林代表县委常委作了总结发言。5 月上旬，中共山东省委编写下发了《关于深入开展“批林整风”运动的教育提纲》。为了把这个教育提纲宣传贯彻好，5 月底，按照山东省委“组织力量，训练骨干，经过试点，逐步开展”的通知要求，中共临沭县委认真研究宣讲省委《关于深入开展“批林整风”运动的教育提纲》的步骤，制订实施计划，要求各级党组织要有计划、有步骤地把《关于深入开展“批林整风”运动的教育提纲》传达到全体干部群众。临沭县委成立“批林整风”办公室，抽调 60 余名干部在 15 个单位试点。6 月 23 日至 24 日，县委召开试点经验交流会，总结经验，制定在基层传达贯

▲ 批林批孔运动，群众观看大字报

彻的具体实施计划。6月25日后，县、社、管理区三级层层培训“批林整风”骨干，为在基层开展“批林整风”做准备。至7月6日，全县共培训骨干12937人。在此基础上，开始面上宣讲，深入发动群众，揭发清查跟林彪及其死党有牵连的人和事，批判林彪反动路线的实质。这次运动，由于错误地把林彪反动路线的极左实质当作极右来批判，因而未能真正分清是非。8月24日至28日，中国共产党第十次全国代表大会在北京召开。临沭县委传达了十大会议精神，在全县开展学习十大会议精神的活动。9月30日，临沭县革命委员会政治部发出《关于认真学习和贯彻执行党的十大文件的意见》等文件，要求：一是县、社、生产队要认真搞好庆祝活动；二是认真组织党员、干部和群众学习十大文献；三是全面落实十大提出的各项战斗任务，继续搞好“批林整风”运动；四是各公社党委和县直机关党支部要加强领导，把宣传、学习、落实十大精神当成中心任务来抓，领导干部要带头学习、带头宣传、带头落实。8月11日，中共中央决定撤销袁升平山东省委第二书记、济南军区政委职务。9月28日，山东省委在印发《彻底批判袁升平的严重错误的材料》的通知中要求，各地要揭发批判袁升平的严重错误，搞好“批林揭袁”的斗争。于是全县的“批林整风”运动转变为“批林揭袁”运动。（注：这一事件，2003年9月10日《人民日报》在袁升平同志的讣告中提到“十年动乱期间，他同林彪、江青集团的倒行逆施进行了坚决的抵制和斗争”。）

二、开展“批林批孔”运动

1974年1月18日，党中央发出通知，要求在全国范围内深入开展一场群众性的“批林批孔”运动。从此，党的十大要求放在首位的“批林整风”运动，变成了“批林批孔”运动。中共临沭县委按照中央和省委、地委的指示，召开县直机关干部和各公社、县属企事业单位负责人会议，发动全县开展“批林批孔”运动。“批林批孔”运动，使临沭县刚刚趋于稳定的政治经济局面再度出现混乱。

1974年2月21日，县委责成县教育组派工作组进驻夏庄完小搞“批林批孔”试点，发动师生清算“修正主义教育黑线回潮”错误。原“文化大革命”中的两派头头重新拉起派性山头，一派强占临沭县服务公司宾馆楼，一派强占临沭县革命委员会招待所，从两派中“杀出”了的分头头联合，另立山头，强占临沭县革命委员会礼堂。临沭县师范学校部分学生在第三个派性山头的煽动下，强占了临沭县服务公司第二饭店，并上大街游行，张贴大字报，刷写大字标语。他们煽动停工停产，冲击党委，搞乱机关、学校，揪斗老干部、批斗知识分子。自此，数月之内，派性斗争愈演愈烈，全县一片混乱，经济、教育遭到很大破坏。中共中央于1974年4月10日发出通知，规定“批林批孔”在党委统一领导下进行，不成立战斗队，不搞跨行业跨地区的串联；干部群众不要拉山头，不要搞进驻，不准非法抓人；“抓革命，促生产”，离开生产岗位的，要教育他们回到本单位；对于那些破坏“批林批孔”运动的现行反革命分子，对于煽动反革命经济妖风的阶级敌人，要坚决予以揭露和打击。同时，毛泽东对江青等人，利用“批林批孔”搞乱社会的图谋也有所察觉，对“批林批孔”运动作出限制性规定，并在中央领导层提出江青、张春桥、姚文元、王洪文结成“四人帮”的问题。下半年，毛泽东先后提出“还是安定团结为好”和“把国民经济搞上去”的指示，使“四人帮”再次搞乱全国的图谋受到抑制。临沭县委认真学习贯彻了中共中央的指示，运用这一指示指导全县“批林批孔”运动，努力稳定局势，坚持团结，千方百计恢复工农业生产秩序和社会治安秩序。用毛泽东“还是安定团结为好”“抓革命，促生产”的指示，统一党员干部和群众的思想认识，抵制干扰和破坏。虽经全县上下的共同努力，临沭县国民经济仍旧遭受了重大损失，出现了严重倒退。

1974年8月，临沭县遇到了百年不遇的特大洪灾，全县经济更是雪上加霜。13日至14日，临沭县连降暴雨长达16小时，全县平均降水267毫米。沭河洪水暴涨，洪峰流量达5400立方米/秒，两岸决口漫溢达18处。韩村、白旄、南古、岌山、店头、大兴6处公社的52个大队被洪水围困达2天2夜，18个大队房屋全部倒塌，30个大队房屋倒塌过半，全县共倒塌房屋46846间，7300多户、35000多人无家可归；死12人，伤81人；砸死耕牛50头，冲走猪、羊591头（只），损失粮食185万斤，排灌机械64台；受淹庄稼22.3万多亩，绝产地块8.4万亩。早在汛期前，中共临沭县委、临沭县革命委员会就部署防汛工作。县委书记杨廷谷坐镇指挥。13日夜，南古穿沭左堤涵洞处决口，临沭县防汛指挥部立即组织百人抢险队，奋战数小时堵住决口。在抗洪斗争关键时刻，中共中央、山东省委派飞机运来橡皮舟，用以抢救被洪水围困的群众，并运来救灾物资。沂沭河洪水东调指挥部派汽车3辆，临沭县运输公司派汽车5辆支援抗洪救灾；当地驻军派部队前来抗洪抢险，解救被洪水围困的群众；临沭县委、临沭县革命委员会还派遣医疗队奔赴灾区为群众治病、防病，防止疫情发生。洪水过后，临沭县委、临沭县革命委员会一方面组织灾区群众积极开展生产自救，维修水毁工程，重建家园；一方面抽调非灾区社员带料赴灾区建房，帮助灾区群众重建家园。冬季到来之前，46846间房屋全部修建完毕，使灾区群众有房可住，安全过冬。

由于运动和自然灾害影响，到1974年底，全县工业总产值690万元，比1973年（800万元）减少110万元；农业总产值14086万元，比1973年（15046万元）减少960万元；粮食总产量103382吨，比1973年（122027吨）减少18645吨；粮食单产109公斤，农民纯收入53元，比1973年（58元）减少5元。社会的动乱，经济的倒退，人民生活水平的下降，使全县人民群众进一步认清了“文化大革命”的严重危害。逐步开展整顿治理，彻底纠正“左”的指导思想，恢复发展经济，改善人民生活，已成为全县人民的迫切愿望。

三、纠正错误，落实政策，稳定局势

临沭县委认真贯彻执行中共中央文件精神和中共中央关于解决山东问题的有关措施，按照临沂地委的部署，积极慎重地纠正了在清查“五一六”“清理阶级队伍”和“一打三反”等运动中出现的偏差和错误，初步纠正了冤假错案，促进了安定团结。

一是纠正错误，落实政策。根据中共中央关于解决山东问题的指示，临沭县委着手纠正清查“五一六”运动中所犯严重扩大化的错误，并召开会议，抓紧进行纠正和平反工作。临沭县委首先宣布在清查“五一六”运动中，排查的大事件一律撤销，未经地、县委批准隔离和变相隔离的人一律解除隔离，并进行了平反工作。1974年1月，清查“五一六”运动中被审查的人，全部免于审查，对影响本人和亲属受牵连造成损失的，按照党的政策，一一作出适当处理。根据毛泽东主席关于认真做好“人”的政策落实工作的有关指示和中共中央文件、山东省委文件精神，县委还积极慎重地纠正了“清理阶级队伍”“一打三反”以及整党建党等运动中出现的偏差和问题。在建立健全专案组的基础上，县委又成立了落实政策办公室，对全县在“清队”等运动中，县革命委员会批准批斗和立案审查的人和事，全部进行了认真的复查核实，一一作出了客观的结论。在进行复查、定案处理和平反工作的过程中，县委多次召开公社党委和县直基层党组织会议，反复学习文件，统一认识，拟定工作方案，严格区分和正确处理两类不同性质的矛盾，划清敌我界限。把好人犯错误和坏人做坏事区别开来，把政治性错误和现行反革命活动严格区别开来，把惯犯与偶犯相区别，态度好与坏相区别，以保证党的政策全面正确地贯彻落实，力求不放过一个坏人，不冤枉一个好人。同时，继续采取了先进行试点、取得经验、再推向全面，点面结合、相互促进的行之有效的做法，进行细致的工作。对每一个案件的复查，都经过认真的调查研究，反复核实，四面见线，掌握可

靠的第一手材料，不轻信口供。为防止派性干扰，实行党委领导下充分发动群众，把政策交给群众，依靠群众，一案一结，一抓到底的方法，保证了工作的有序进行，提高了工作效率。这一系列的纠正错误落实政策的措施和行动，对维护临沭安定团结的局面、促进经济的恢复和发展起到了积极作用。

二是整顿治理社会秩序，贯彻安定团结方针。1974 年 7 月 15 日，中共临沂地委下发了《关于立即刹住夺权歪风的通知》等文件。《通知》明确指出：搞夺权是违背中央指示精神的，是非法的，一律不予承认。对煽动夺权的坏人，要发动群众检举，严肃处理；分掉的公共积累和财产，一律追回；对个别对抗中央指示、违法乱纪分子，要交公安机关依法严惩。临沭县委迅速把这一通知精神传达到全县广大干部群众。一些受蒙蔽的群众纷纷撤离山头，解散了组织，农村夺权歪风刹住，厂矿企业恢复了正常的生产秩序，社会秩序逐步稳定。根据中共中央文件精神，临沭县委于 1974 年下半年，认真学习讨论了毛泽东主席关于“无产阶级文化大革命，已经 8 年，现在以安定为好，全党全军要团结”等指示精神，认真总结分析了临沭县政治、经济形势，找出不安定因素，并研究制定了解决问题的措施。学习活动结束后，临沭县委进一步加强了落实政策工作和对个别人的思想政治工作，加大了打击各种犯罪活动的力度，整顿了个别因派性闹不团结的基层领导班子，使他们实现了新的团结。经过上述措施的逐步落实，全县的形势日趋稳定。

第四节　开展党的整顿和“反击右倾翻案风”

1975 年 1 月 13 日至 17 日，第四届全国人民代表大会第一次会议在北京举行。周恩来在政府工作报告中，重申在 20 世纪内全面实现农业、工业、国防和科学技术四个现代化的宏伟目标，把全国人民的注意力再次引到发展经济、振兴国家的事业上来。这是饱受“文化大革命”内乱之苦的中华民族最强烈的愿望。四届全国人大确定了以周恩来、邓小平为核心的国务院领导人员，为邓小平随后主持国务院工作奠定了基础。但这次大会通过的报告、决议和宪法，未能摆脱“左”的错误的影响。四届人大一次会议闭幕后，已患重病的周恩来病情更加严重。邓小平在毛泽东支持下，主持国务院和党中央的日常工作。受命于危难之际的邓小平，强调四个现代化建设是大局，提出以铁路整顿为突破口进行全面整顿。邓小平还提出：整顿的核心是党的整顿，主要整顿各级领导班子，要在加快落实干部政策的同时，对强行搞突击入党、突击提干的造反派区别不同情况分别作出处理。邓小平主持的全面整顿，是“文化大革命”中党的正确领导与“四人帮”的一场重大斗争，整顿虽然还不可能直接触及“文化大革命”的根本问题，但力图在一些重要问题上把“文化大革命”中被颠倒了的思想理论、政策是非加以澄清，从而开始了有限度的拨乱反正。整顿中，大部分地区的社会秩序趋于稳定，国民经济由停滞、下降转向回升，工农业产品产量均有较大幅度增长，1975 年是“文化大革命”以来国民经济发展较好的一年。但是，到 1975 年底，在全国开展的“反击右倾翻案风”运动，使刚刚好转的政治经济形势遭到破坏。临沭县紧跟党中央、国务院的部署，对全县各方面的工作进行整顿，努力扭转被动局面。同时，也在全县开展了错误的“批邓、反击右倾翻案风”的运动。

第五节　全面进行整顿，形势明显好转

邓小平复出，面对全国各方面的工作都陷入严重混乱状态的处境，他坚决地提出要进行全面整顿。他指出，整顿的核心是党的整顿，整党的关键是领导班子，要搞好安定团结，发展社会主义经济，坚决同资产阶级派性作斗争。

一、整顿领导班子，抓好党的建设

“文化大革命”运动期间，临沭县派性严重，党的各级组织受到严重冲击和破坏。绝大多数党组织被夺权，大批干部特别是老干部被以各种罪名撤职、批斗，许多党组织不复存在，致使党的领导遭到极大削弱，机构混乱，机关散、软、懒现象普遍存在。临沭县委坚决落实党中央的指示精神，按照省、地委的部署，从学习理论、批判派性入手，对全县各级党政领导班子进行了全面整顿，狠抓了党的建设工作。1975 年 2 月下旬，县委遵照中央、省委、地委的通知精神，把毛泽东主席关于理论问题的指示印发至基层党支部，口头传达到群众，组织全县各级党组织和单位群众掀起学习无产阶级理论的高潮。3 月，县委根据临沂地委会议精神，于 6 日至 9 日，在县城召开县、社领导骨干会议，有 204 名领导骨干参加了会议。会议学习了毛泽东主席关于无产阶级专政理论的指示，关于安定团结的指示，关于把生产、国民经济搞上去的指示；传达中共中央〔1975〕5 号文件及山东省委 6 号文件。号召大家在学习文件、提高认识的基础上，以党的基本路线为纲，联系思想，联系本人、本单位的实际，深入“批林批孔”，进行“忆”“比”“查”活动，进一步树立加强无产阶级专政和无产阶级专政下继续革命的思想。虽然理论学习运动的主要内容带有维护“文化大革命”及批判资产阶级法权等错误的理论观点，但是整个学习运动均是在学习理论与贯彻安定团结、把国民经济搞上去的总方针相结合，与消除派性、增进团结、促进大干快上的实际工作相结合的基础上进行的。因此，这不仅为进一步开展全县各级领导班子整党打下基础，同时也为促进全县工农业生产的恢复和发展创造了条件。1975 年 5 月，县委根据中央关于整顿“软、散、懒”领导班子的指示精神，在上半年学习整顿的基础上，全县的学习内容由学习理论为主逐步转移到了以学习“三项指示”为纲，学习中央文件，解决班子“软、散、懒”的问题上来。5 月 16 日至 19 日，县委召开全县学习落实毛主席关于理论问题、安定团结、把生产和国民经济搞上去“三项指示”经验交流会。参加会议的有县委全体成员、县直各部门负责人、各公社机关干部及生产队长以上的基层干部，共8700余人。会议设1个中心会场、12个分会场，吸收全县党员、生产大队部门负责人参加收听，到会17600余人。会议重温毛泽东主席的三项重要指示，学习中央〔1975〕5号、9号文件和中央、省、地领导人的讲话，总结交流学习、落实三项指示的经验。对于领导班子整顿，全县分机关单位和农村两部分进行。县委采取了集中整顿、统一解决的方式，对县直机关和企事业单位的领导班子进行整顿，继续深入学习毛主席的“三项指示”，学习中央一系列文件和中央领导同志的讲话，对于无政府主义、资产阶级派性进行了深入批判。同时，大力推行讲路线、讲大局、讲党性、讲团结、讲纪律的教育，使广大干部自觉搞好团结，抓好生产，解决“软、散、懒”、克服“骄、奢、惰”等不良作风，带领广大职工把国民经济搞上去。而后，在县委领导下，各单位在领导班子中开展了理论联系实际、密切联系群众、批评与自我批评的三大作风教育，并对各级领导班子提出了具体要求：一是各级领导班子都要遵照毛主席关于“要搞马克思主义，不要搞修正主义；要团结，不要分裂；要光明正大，不要搞阴谋诡计”的原则，切实加强领导班子的自身思想建设。二是要认真贯彻民主集中制原则，实行“群言堂”，不搞“一言堂”，充分发挥“一班人”的作用。三是在领导班子内部，要开展积极的思想斗争，勇于批评和自我批评，领导干部之间要互相谅解，互相支持，互相尊重，互相学习。四是各级领导班子都要“敢”字当头，克服“怕”字，把领导班子建成一个精干的、强有力的领导核心。经过思想整顿，全县机关和企事业单位领导班子状况有了显著改善。对全县农村领导干部的整顿，县委采取一级抓一级、分期分批的方式和全面整顿的原则进行。县委下达了关于在全县农村开展领导班子整顿工作的具体意见。在县、社党委统一领导下，分批分期地轮训农村基层干部，展开整党整风。通过学理论、学党章，联系实际找差距，各自找出自身班子中存在的“软、散、懒”问题。1975年9月，县委号召全县农村举办政治夜校整顿农村各级领导班子，通过整顿，农村各级领导班子得到普遍加强，班子的“软、散、懒”现象得到显著改善。干部群众普遍反映，这次整顿没有“整”人，却整掉了派性，赢得了党性，激发了积极性。

二、消除派性，落实政策

1975年8月，县委根据省、地委的部署，集中时间，发动群众，大张旗鼓地开展了对派性的批判。8月中下旬，县委召开批判资产阶级派性动员大会，号召全县广大党员干部和人民群众立即行动起来，以毛泽东主席的三项重要指示为纲，认真学习中央文件和中央领导同志的重要指示，掀起批判资产阶级派性的高潮。全县人民积极响应党的号召，在县委的领导下，对派性进行了坚决的斗争。临沭县批判派性的斗争围绕以下几个方面进行：一是批判派性分子反对和削弱党的领导的谬论。着重批判极少数坚持派性的人，他们把自己的意志强加于党委，企图使党组织变为他们牟取私利的工具；公开拉山头、拉队伍，在党内制造分裂，与党组织分庭抗礼；攻击、污蔑、丑化党的各级领导干部，破坏党组织的威信；抓住党组织的某些缺点，甚至是已经解决的问题纠缠不休，无理刁难，使党组织无法正常工作。二是批判派性分子分裂党、分裂革命队伍，破坏安定团结的罪行。三是批判派性分子破坏工农业生产，反对大干快上的谬论。着重批判了“不为错误路线生产”“拖住生产就是胜利”“大干快上是以生产压革命”等反动谬论。在整个批判派性斗争中，始终贯彻落实党的政策。对曾参与派性活动的人，以中央文件为界限，只要认识错误，讲清问题，坚决改正，表示欢迎；对于通山头、靠山头，坚持错误、坚持派性活动的各级领导干部，采取坚决的组织措施；对于被派性掩护的一小撮破坏分子进行彻底揭露，坚决打击，实行专政。通过对派性的批判，全县党员干部和广大群众提高了政治觉悟，划清了是非界限，认清了派性的危害性，普遍认识到资产阶级派性在政治上是搞复辟的，在组织上是搞分裂的，在作风上是搞阴谋诡计的。全县逐步形成了说派性没人听、干派事没人跟、搞派性没市场的局面，广大干部群众的精神面貌发生了深刻的变化。党委说话灵了，团结气氛浓了，各方面的关系理顺了，各项工作开始步入正常的轨道，经济逐步得到恢复和发展。落实党的政策，把在历次运动中受到伤害的老工人、老劳动模范和技术骨干、知识分子的积极性调动起来，不仅是全面整顿的一项重要内容，也是发展生产力的一项重要措施。临沭县委根据省、地委的部署，在开展全面整顿工作中，同时抓紧了落实政策工作。这项工作的重点，主要是解决在"一打三反""四清""文化大革命"等运动中的案件遗留问题和抓好专案处理。临沭县委要求，全县各级党组织必须认真学习领会党的有关方针和政策，增强政策观念，积极慎重地做好这项工作。凡是应该解决的政策问题，都要认真及时地解决，决不能因为只是少数人的问题就马虎从事，推脱不办，哪怕是一个人的问题也要认真落实，抓紧解决不留尾巴。为此，在临沭县委统一领导下，各有关单位分别成立了落实政策工作组，就本单位历次运动中的遗留案件一一进行了复查。复查中，各单位加强了领导，制订了计划，查清一件，结论一件，处理一件。过去搞错了的给予甄别平反，一切污蔑不实之词坚决推倒，及时予以平反昭雪，恢复名誉。通过认真复查，对处理不当者作了纠正，使一批在运动中受到伤害的人员得到甄别平反。有的安排了适当的工作，有的重新回到了领导岗位。落实政策工作的开展，调动了一大批干部群众的积极性，促进了安定团结，推动了全面整顿工作的深入开展。

三、整顿工业，恢复发展生产

1975年3月5日，中共中央发出《关于加强铁路工作的决定》，全国各条战线根据这个文件的精神开始了整顿工作。3月18日，临沂地委召开了各县县委常委参加的会议，会议认真学习了中央的《决定》、中央领导人在全国工业书记会议上的讲话和苏毅然在全省工业学大庆工作会议上的讲话，研究了贯彻中央提出的治理整顿方针，促进工业发展的措施。3月27日至4月2日，县委召开全县工业学大庆会议，贯彻中共中央〔1975〕4号、5号、9号文件和中央领导人的一些重要指示，贯彻省、地工业学大庆会议精神，总结交流全县工业学大庆的经验，会议要求各级党委都要深入基层，抓好典型，抓住重点深入开展工业学大庆运动。会后，临沭县委抓紧了以下工作：一是号召广大职工以大庆为榜样，发扬“三老四严”(“三老”指当老实人、说老实话、办老实事，“四严”指严格的要求、严密的组织、严肃的态度、严明的纪律）的作风，艰苦奋斗，自力更生，以厂为家，搞好工业生产。在此号召下，干部带头参加劳动，职工积极参与管理，涌现出一大批工业学大庆先进集体和个人。整个工业战线讲路线、讲党性、讲大局、讲团结、讲纪律蔚然成风。在工业学大庆运动中，许多企业单位通过对广大职工进行阶级教育、革命传统教育和组织纪律教育，进一步提高了广大职工的劳动积极性。二是恢复和建立健全规章制度。为了切实把这一工作落到实处，做到每项工作、每个岗位都有人负责，每个人都有明确的责任，全县厂矿企业单位从基层到机关、从工人到干部，恢复和健全了以岗位责任制为主要内容的各项规章制度，如交接班制度、质量责任制度、设备维修保养制度、安全生产制度、班组经济核算制度、干部值班制度、工作检查制度、生产分析制度、干部参加劳动制度、学习制度、现场办公制度等。县委组织专门班子，对全县厂矿企业单位岗位责任制制订和执行情况进行了大检查。通过大检查，有力地促进了各厂矿企业建立健全各项规章制度和严格执行了各项岗位责任制，切实提高了干部职工的事业心和责任感，提高了管理水平，克服了无组织、无纪律、岗位责任不明、生产秩序混乱、少数环节无人负责的现象。三是狠抓队伍的作风建设。加强作风建设主要是整顿组织纪律，努力培养一支思想政治觉悟高、作风过硬、纪律严明、吃苦耐劳、能打硬仗的“铁人”式的队伍。全县各厂矿企业单位普遍狠批林彪集团煽动的无政府主义，整顿不良作风。对于在工作上马虎、凑合、不在乎的问题，要求坚决克服，绝不放过。同时，各企业单位坚持从抓好思想政治工作入手，广泛发动群众，开展“比、学、赶、帮、超”活动，让职工群众自己教育自己，自觉地改造和提高自己。经过一年的整顿，各级领导班子建设进一步加强，职工队伍的精神面貌发生了很大的变化，工业生产取得了一定的发展。1975 年实现工业总产值 988 万元，比 1974 年增长了 43.2%。

四、整顿农业，加快农业发展

临沭县对农业的整顿是与整顿领导班子、消除派性、落实政策等项工作一起进行的。县委明确要求做到在体制政策上，坚持实行三级所有，以队为基础，坚决杜绝随意并队、分队，改变核算单位的现象。在收益分配上，必须正确处理国家、集体、个人三者利益关系，正确处理集体积累和社员分配的关系，不准偏顾一头。在劳动管理上，一定要坚持“不劳动者不得食”“各尽所能，按劳分配”的社会主义原则，实行男女同工同酬。并规定，在大规模农田基本建设中，既要提倡社会主义协作，又要坚持自愿互利、等价交换的原则，防止“一平二调”。为了农田基本建设的需要，队与队之间的“插花地”可以进行必要的调整，但必须坚持“小调大不动”的原则，充分协商，不得武断行事。各项农业经济政策的贯彻落实，调动了广大群众的生产积极性。为加快农业发展步伐，促进农村经济形势的好转，临沭县委多次召开常委扩大会议，分析全县农业学大寨运动的形势，研究制定经济发展的目标和大干快上的实施方案。1975 年 10 月 26 日，县委召开常委会议，学习落实全国农业学大寨会议精神。11 月 2 日，召开全县有线广播大会，传达了全国农业学大寨会议精神。其后，全县掀起学习、宣传、落实全国农业学大寨会议精神的高潮。11 月 20 日，县委从机关、农村抽调 1040 名骨干，组成农业学大寨工作队，分别进驻 13 处公社 300 个大队，全县范围内普遍开展以农田基本建设为中心的农业学大寨运动。这次运动对于推动农业生产的发展起到积极的作用。在开展农业学大寨、加快农业发展的过程中，全县各行各业积极响应县委的号召，树立起支援农业、大办农业、全心全意为农业服务的思想，把工作的重点转移到以农业为基础的轨道上来，制订支农计划和具体的实施方案，并认真组织实施，为建设大寨县，实现农业经济的迅速好转做出了很大的贡献。1975 年全县农业生产总值为 16959 万元，比 1974 年增长 20.4%。

五、整顿教育卫生事业，实现各业全面发展

全县教育事业由于受“文化大革命”、“停课闹革命”、“交白卷”、批判“师道尊严”、“反潮流”等影响，教育部门领导班子一直处于半瘫痪状态，大批教育干部和教师受到身心摧残，各类学校秩序混乱。1975 年初，临沭县委召开全县教育工作大会，要求各级党组织要把教育战线的整顿作为一件大事来抓。会后，各学校进行了领导班子的思想整顿和组织整顿。全面贯彻党的教育方针，落实党的知识分子政策，教师的社会地位和生活待遇逐步得到提高。改革教育制度，改革教学方针和方法，建立健全各项规章制度，把学校工作重点转移到恢复教学秩序上来，注重教学研究，恢复教学秩序，使教学质量有了明显提高。同时，各级政府都在经济状况比较困难的情况下，尽可能挤出资金，帮助学校修建校舍，增补必要的教学设施，使教育教学工作逐步走上了正规化、规范化的轨道。临沭县卫生系统的整顿，伴随全面整

顿同时进行，其内容、方法、步骤与其他行业大致相同。把全县卫生部门机关整顿好，把医院整顿好，把站所整顿好，把农村卫生室整顿好，把厂医务室整顿好。在各方面的整顿中，第一要整顿好各级领导班子。要坚持高标准、严要求，扎扎实实，不搞形式主义，不走过场。整顿工作要分期分批进行，及时总结经验、推动全面整顿。第二要抓好队伍建设。通过整顿，努力建立一支政治坚定，技术精良，又红又专的卫生队伍，以确保卫生事业的稳定持续发展。第三要改进工作作风。从各级卫生部门的领导班子成员做起，切实改进工作作风，努力提高领导水平、服务意识，进一步树立全心全意为人民服务的思想，深入基层，深入群众，为人民群众排忧解难。临沭县委还要求，要大力加强农村医疗卫生事业的建设，加快改变农村缺医少药的状况，巩固和发展全县农村合作医疗。要坚持自力更生、勤俭办医的方针，落实“三土”(土药、土医、土方)、“四自”(自采、自种、自养、自制中草药）措施。要落实管理制度、落实合作医疗资金，配齐赤脚医生，下大力气把全县农村合作医疗组织整顿好、巩固好、发展好。通过整顿，全县医药卫生人员的精神面貌焕然一新，各项工作井然有序，推动了卫生事业的发展。这一时期，“麻风病”防治、丝虫病防治和疟疾防治工作得到加强。早在 1967 年，临沭县建立“麻风村”(后改称幸福村）后，5 月 21 日“县联委”就发出了《关于动员麻风病人入村隔离治疗的通知》，要求麻风病人于 1967 年 6 月 12 日开始入村隔离治疗。“麻风村”实行民办公助。1952 年至 1985 年，全县共发现麻风病人 790 名，“麻风村”先后收治病人 583 人，对散居病人，坚持送药上门，共治愈 538 人。到 1985 年，全县尚有病人 32 人。关于丝虫病防治方面，临沭地方丝虫病流行历史长久，昔有“沭河两岸，粗腿大蛋（睾丸肿大）”的民谣，是丝虫病高度流行区。中华人民共和国成立后，党和人民政府十分重视丝虫病的防治。从 1958 年开始，多次组织人力普查防治。1971 年至 1975 年，共进行 3 次普查防治。1971 年，实查393171人，查出微丝蚴阳性者39183人，阳性率为10%；1972年，实查390651人，阳性者32424人，阳性率为8.3%；1975年，实查445048人，阳性者18692人，阳性率为4.2%。1980年开始，采取海群生药化食盐的方法进行治疗，基本上消灭了丝虫病。疟疾防治方面，1976年起，临沭县开展“两根治”（现状病人、休止期病人根治）“一预防”（大力灭蚊）活动，疟疾发病人数逐年下降，年发病率控制在1%以下，达到疟疾控制指标。

1975年，邓小平主持工作后进行的全面整顿，是在特殊的社会环境和历史条件下进行的一场改革。整顿工作进行的时间虽短，但取得了明显的成效和宝贵的历史经验。这次整顿，在临沭县产生了重大影响。第一，整顿带来了全县形势的好转，使广大党员、干部和群众看到了希望，增强了信心。第二，整顿使全县人民进一步认识到了“左”的错误的危害，提高了抵制“文化大革命”错误的自觉性。第三，这场整顿，从政治上、思想上、组织上为后来粉碎王洪文、张春桥、江青、姚文元反革命集团（简称“四人帮”），结束“文化大革命”，彻底纠正“左”的指导思想奠定了基础。

六、错误地开展“反击右倾翻案风”运动

1976年2月中旬开始，临沂地委根据中央和山东省委的部署，逐级向党员干部、群众传达了中共中央〔1975〕23号文件，学习了毛泽东主席关于“打招呼的讲话要点”。3月初，地委又逐级传达了中共中央〔1976〕3号、4号、5号、6号、7号、8号、9号、10号文件，并要求立即在全党开展“批邓、反击右倾翻案风”运动。临沂地委要求各县、各单位、各基层单位，层层举办学习班，召开批判会，各级领导要提高认识、统一思想，消除顾虑、扭转弯子，坚决与中央保持一致，限期掀起批判高潮。临沭的“批邓、反击右倾翻案风”运动是从1976年1月，临沭县文教系统开展批判所谓“奇谈怪论”的运动开始

的。1月22日至2月20日，临沭县文教局派出工作组进驻夏庄公社进行试点，集合全公社公、民办教师，吃住在夏庄完小西校（今临沭镇第二小学），批判教育界的所谓“奇谈怪论”“修正主义教育路线回潮”“反击右倾翻案风”，有10多名教师受到错误的点名批判。3月下旬，县委召开由县委、县革委全体成员，各公社党委常委、县直各部委办局负责人共200余人参加的工作会议。会议根据中央、省、地工作会议精神，部署在全县开展“反击右倾翻案风”运动，要求全县各级党组织负责人带头宣讲“反击右倾翻案风”的材料，切实掀起大批判高潮；县、社、队层层举办学习班，培养理论骨干；大办政治夜校，办批判专栏，召开批判大会，写批判文章。批判的内容从邓小平提出的“三项指示”为纲到经济建设中的“专家制厂、洋奴哲学、唯生产力论”等等。这个很不得人心的批判运动，破坏了临沭刚刚出现的比较稳定的局面。整顿中提出的许多正确的政策和措施被否定，一批坚决执行这些政策的领导干部遭受打击，而有些在整顿中被撤职或调离的派性严重的人和造反头头，又乘机猖狂起来，派性斗争又有重新抬头之势。

第六节　庆祝粉碎江青集团的伟大胜利

1976年1月8日，党和国家主要领导人之一、人民的好总理周恩来逝世，在人民群众中引起巨大的悲痛。“四人帮”不时发出种种禁令压制悼念活动，4月4日是“清明节”，这一天，天安门广场聚集了200多万京内外群众，悼念活动达到高潮。4月5日，聚集在天安门广场的数万群众同一部分民兵、警察和部队战士发生了严重冲突。这一事件被称为“天安门事件”。7月6日，党和国家主要领导人及人民解放军创始人朱德逝世，临沭县人民以不搞娱乐活动，默默工作的方式，寄托哀思，沉痛悼念这位伟大的马克思主义者，无产阶级革命家、军事家。9月9日，中国共产党的创建人之一、共和国的主要缔造者、党和国家的主要领导人毛泽东逝世。噩耗传来，全党、全军、全国各族人民陷于万分悲痛之中。临沭县县直机关、学校、农村大队、企事业单位普遍设立毛泽东主席灵堂，组织党员、干部、群众举行悼念活动。18日，首都百万群众在天安门广场隆重举行追悼大会。中共临沭县委、临沭县革命委员会组织万名群众在临沭一中操场同时召开追悼会。临沭县委书记李守克代表全县人民，表达了“紧密地团结在党中央周围，继承毛主席遗志，把毛主席开创的无产阶级革命事业进行到底”的决心。毛泽东逝世前后，“四人帮”加紧了夺取党和国家最高领导权的阴谋活动。10月6日晚，华国锋、叶剑英等代表中央政治局，执行党和人民的意志，对江青、张春桥、王洪文、姚文元及其在北京的帮派骨干实行隔离审查，造成严重危害的“四人帮”集团终于被彻底粉碎了，举国上下一片欢腾。喜讯传来，临沭县人民连日集会游行，载歌载舞，燃放鞭炮，庆祝这一伟大胜利，各机关、企事业单位、各公社管理区、大队召开各种不同形式的庆祝会、声讨会、学习会、批判会，各项活动此起彼伏，一浪高过一浪。宣传栏、学习园地、批判专栏、大字标语遍及城乡大街小巷、车间、教室和学大寨工地，宣传小分队、业余文艺宣传队，活跃在临沭城乡每个角落，粉碎“四人帮”大得人心，人民群众的高昂情绪和由衷的喜悦，反映了对共产党的拥护，对“四人帮”的憎恨和对安定团结、发展经济的要求和渴望，为临沭经济社会发展奠定了良好基础。

▲ 1976年10月21日，首都150万群众举行盛大游行，热烈庆祝粉碎“四人帮”的伟大胜利

第五章　在徘徊中努力前行

“文化大革命”时期，临沭县党内外干部群众对极“左”思潮的抵制和抗争持续不断，国民经济在曲折中仍然取得一定的发展。1976 年粉碎“四人帮”后，到 1978 年党的十一届三中全会召开，由于中央指导思想上“左”倾错误在一段时间内仍在延续，临沭县许多工作遇到阻力，并且出现徘徊不前的局面。

第一节　开展揭批“四人帮”运动，稳定社会秩序

1976 年春天，粉碎“四人帮”后，中央政治局立即对揭发批判“四人帮”的斗争作了部署。1976 年 11 月 15 日至 19 日，中央在北京召开全国宣传工作座谈会，提出要揭发批判“四人帮”的罪行，把他们的一切谬论收集起来，一个一个批深批透。中共临沭县委接到上级下发的文件后，迅速组织广大干部群众积极投入对“四人帮”的揭发批判，全县上下迅速形成群众性的批判高潮。揭批“四人帮”运动开展后，广大干部群众的普遍要求是：尽快消除“文化大革命”带来的严重后果，使遭到严重破坏的国民经济迅速得到恢复，同时纠正在“文化大革命”中造成的冤假错案。随着揭批“四人帮”运动的开展和对其罪行的逐步揭露，人们开始触及“文化大革命”中的极左错误。1978 年底，全国各地揭批“四人帮”的斗争取得了基本的胜利。通过揭批斗争，分清了重大是非问题，初步肃清了“四人帮”的流毒和影响，全国局势稳定，生产秩序的整顿和国民经济的恢复取得成效，为把全党全国的工作重点转移到社会主义现代化建设上来创造了条件。

一、揭批“四人帮”清查帮派骨干

江青反革命集团被粉碎以后，临沭县委按照中央及省、地委的部署，领导全县人民开展了揭批和清查江青反革命集团的罪行及其帮派体系的斗争。经过全县党、政、军、民的积极努力，揭、批、查“四人帮”的斗争取得胜利，基本清查了全县与“四人帮”阴谋篡党夺权活动有牵连的人和事，初步开展了真理标准问题的大讨论，逐步纠正了“两个凡是”的“左”的指导方针，稳定了全县的局势，恢复了正常的社会和生产秩序。全县开展了揭、批、查“四人帮”运动。

1976年10月18日，中共中央把王、张、江、姚反革命集团事件通知全党，向各级党组织传达了毛泽东生前对“四人帮”多次严肃批评和耐心教育的重要讲话内容。11月8日至10日，山东省委召开全省地委书记会议，要求集中力量、集中时间，放手发动群众，开展揭发批判“四人帮”罪行的运动，11月25日至29日，山东省委又召开了由各地市、县委书记、宣传部长参加的全省宣传工作会议，传达贯彻全国宣传工作会议精神，部署揭批“四人帮”的任务，会议通过了《中共山东省委关于贯彻全国宣传工作会议精神的意见》，并于11月28日印发到公社以上党委。《意见》指出：各级党组织要把揭批“四人帮”作为头等大事、工作中心来抓，有领导、有计划地把这场斗争进行到底。

临沭县委决定迅速在全县范围内掀起揭发、批判和清查“四人帮”及其帮派体系的活动。清查的重点是“三种人”：第一种是直接与“四人帮”挂钩联系的，破坏革命和生产，罪恶累累，民愤极大的；第二种是直接向“四人帮”写黑信、告黑状，并同省、地帮派头子通风报信的；第三种是受“四人帮”影响，犯了一些错误，“官”迷心窍的派性头头。临沭县委成立了揭、批、查领导小组，具体指导全县的揭批查运动。12月10日，中共中央将《王洪文、张春桥、江青、姚文元反革命集团罪证（材料一）》批发给全党和全国人民。临沭县委根据中央精神和省、地委的指示，在认真学习和搞好传达的同时，发动全县各级党组织，认真及时地把中央文件传达贯彻到广大干部和群众中。针对“四人帮”篡党夺权的阴谋活动，迅速掀起了一个大学习、大宣传、大批判的高潮。临沭县委在传达贯彻中央文件和揭批查“四人帮”斗争中，主要抓了如下几项工作：一是认真抓了中央文件的传达和贯彻。接到文件后，临沭县委常委进行了认真学习，在提高认识、统一思想的基础上，研究传达措施，文件普遍下发到各基层党组织。二是各级领导亲自传达中央文件。临沭县委常委主要领导同志在县直机关干部职工大会和11处公社组织的大会上，带头亲自传达文件。各公社、管理区、大队和县直各单位的主要负责同志亲自传达文件，带头批判发言。三是层层培训宣传辅导员。各公社、管理区、大队和县直机关单位，通过举办短期学习班，层层培训宣讲员、辅导员。受培训人员，采取分片包干、包户的办法，宣讲好、辅导好、组织好广大干部群众的学习和批判活动。四是抓好补课教育。按照县委的要求，全县没有通过会议集中学习的群众，宣讲员、辅导员都要登门到户，采用分片开会和举办联户学习班的方法，进行补课教育，达到家喻户晓，人人明白。

在揭批查“四人帮”运动中，临沭县委一是采取了打人民战争的办法，放手发动广大人民群众，全民上阵，组织了规模宏大、浩浩荡荡的批判大军，投入揭批斗争。全县从工厂到农村，从机关到学校，到处都是揭批查“四人帮”的战场。二是利用群众喜闻乐见的文艺形式，投入批判斗争。全县多次举行了业余文艺创作会演，演出的节目紧跟形势，联系实际，短小精悍，战斗力强，批判效果好。通过会演，文艺宣传队伍迅速发展，全县569个大队，几乎全部建立了文艺业余宣传队。三是抓点带面，及时总结推广先进经验，进一步把全县的学习批判运动引向深入。

按照中央及省、地委的部署，揭批查“四人帮”的斗争分三个阶段进行。从1976年12月10日传达贯彻中共中央批发的“四人帮”罪证材料之一到1977年3月，为揭批查“四人帮”的第一阶段。在这一阶段，临沭县委领导全县军民主要揭发批判了“四人帮”披着马克思主义的外衣，搞修正主义，搞分裂，搞阴谋诡计，千方百计地反党乱军，变本加厉地进行篡夺党和国家最高领导权的阴谋活动。从1977年3月6日，中共中央批发“四人帮”罪证材料之二到1977年9月，为第二阶段。在这一阶段，根据大量确凿的证据，集中揭批了“四人帮”的罪恶历史和反革命真面目。认清了他们相互勾结在一起阴谋篡夺党和国家最高领导权，妄图扭转中国历史前进的方向，不是偶然的，而是有着极其深刻的阶级根源和历史根源的。同时在全县范围内开展清查“四人帮”帮派体系，清查和“四人帮”有牵连的人和事的斗争。在清查过程中，临沭县委严格掌握党的政策，正确区分两类不同性质的矛盾。所有被清查的人中，除有刑事犯罪的人以外，其余均按人民内部矛盾进行了适当处理和教育。从1977年9月23日，中共中央批发“四人帮”罪证材料之三到1978年底，为第三阶段。这一阶段主要批判“四人帮”所推行的反革命路线的实质。从哲学、政治经济学、科学社会主义理论等方面，全面彻底肃清其流毒和影响。并结合批判林彪反革命集团的罪行，进一步肃清两个反革命集团炮制的“老干部是民主派，民主派就是走资派”的反革命政治纲领，批判了“全面专政论”“唯生产力论”和“文艺黑线专政”等谬论。在整个揭批查“四人帮”的斗争中，临沭县县直各部门、各公社、管理区、大队先后召开批判大会4300多场，举办批判专栏2300多期，写出批判文章、大会批判稿共5000多篇，深入揭批“四人帮”反对党的领导、挑动派性、分裂革命队伍、破坏生产的反革命罪行。

1977年7月16日到21日，党的十届三中全会召开。会议根据全党、全军和全国人民的要求，依照党章规定，对江青反革命集团作出了组织处理。全会通过的《关于王洪文、张春桥、江青、姚文元反党集团的决议》指出：王、张、江、姚是一伙反革命阴谋集团，阴谋推翻党中央、实行反革命复辟，妄图使我们的无产阶级专政变为资产阶级专政。全会决定，永远开除王洪文、张春桥、江青、姚文元的党籍，撤销其党内外的一切职务。

喜讯传来，大快人心。临沭县党、政、军、民一片欢腾。临沭县委领导全县人民，更加广泛深入地开展革命大批判，揭批查“四人帮”的斗争浪潮一浪高过一浪。到1978年底，历时两年多的揭批查“四人帮”的斗争胜利结束。通过逐步深入揭发和批判，全县广大党员、干部和群众基本上分清了“四人帮”搞乱了的思想是非、理论是非、路线是非和政策是非，初步肃清了其流毒和影响，促进了全县的安定团结，为全县经济和各项事业的发展扫清了障碍。

二、开展“两打”运动

1977年9月，中共临沭县委连续召开常委会、全委会、常委扩大会，传达学习华国锋、叶剑英、邓小平在8月12日至18日中国共产党第十一次全国代表大会上的讲话，同时要求在全县继续深入开展揭批查“四人帮”帮派体系的斗争。

1977年10月，中共中央下发文件，提出在揭批“四人帮”的斗争中，要集中一段时间，打击阶级敌人的破坏活动，打击资本主义势力（简称“两打”）。山东省委也专门下发了文件，要求全省各地要放手发动群众，打一场打击阶级敌人破坏活动、打击资本主义势力的人民战争。临沭县委接到省、地委关于开展“两打”运动的通知时，临沭县正处在揭、批、查“四人帮”第三阶段的高潮中，为此，临沭县委连续几次召开常委会和常委扩大会议，联系临沭实际，认真学习讨论上级的指示精神，一致认为“两打”是揭批查“四人帮”的重要组成部分，是深挖“四人帮”帮派体系的基础，是巩固无产阶级专政的重要措施。临沭县委确定要把“两打”列入重要议事日程，作为全县的一项主要任务认真抓好。10 月 10 日，中共临沭县委成立“两打”领导小组，县委书记李守克任组长，具体领导全县“两打”工作。为了把“两打”斗争引向深入，迅速形成高潮，临沭县委于 11 月 24 日召开全县开展“两打”斗争誓师大会。会后，全县立即掀起了大检查、大揭发、大批判的群众运动高潮。全县各级各单位普遍开展了大讲党的十一大路线和抓纲治国的伟大战略任务，大讲“四人帮”及其帮派体系的破坏罪行，大讲各级党委的决心和态度，大讲人民群众在“两打”斗争中的光荣职责的活动。提高了广大干部群众的思想认识和政治觉悟，激发了对敌斗争的积极性。

1978 年 1 月 15 日，临沭县委召开了全县“两打”斗争宽严大会。会议总结了“两打”工作情况，并明确表明：“两打”的矛头始终对准那些攻击党中央、破坏揭批查“四人帮”的反动分子；对准仇视社会主义、进行阶级报复、民愤极大的坏分子；对准贪污盗窃、投机倒把和进行非法活动的一切犯罪分子；对准杀人放火、诈骗破坏和打砸抢等严重破坏社会主义秩序的坏分子。采取了批评和自我批评的方法和改造、教育的方法妥善解决了属于人民内部矛盾的是非问题、错误问题和资本主义倾向问题。根据县委的要求，经过全县各级党组织和广大干部群众的共同努力，对揭发的“两打”对象进行了内查外调，查清事实，获取证据，落实材料，准确定性。在“两打”斗争中，突破斗争对象 495 人，其中属于政治案件 23 人，经济案件 390 人，其他刑事案件 82 人；交代、查证贪污、牟利款 211190 元，已退回赃款 48891 元，实物折款 37349 元，粮票 3172 斤，布匹票 8300 多尺，手榴弹 1 枚，子弹 35 发。

“两打”运动，推动了临沭县揭批查“四人帮”运动的持续开展，打击了阶级敌人的破坏活动和资本主义势力，稳定了社会秩序，促进了整顿工作和领导班子作风的转变，纯洁了党的组织。同时，由于运动中继续沿用了“文化大革命”中的一些口号和做法，个别不属于敌我矛盾和一些不属于资本主义的东西，也受到了错误的批判和处理。

第二节　国民经济的恢复与发展

1975 年和 1977 年，临沭县两次贯彻山东省“工业学大庆”会议精神，在全县掀起了以发展“五小工业”（指我国县级及县以下单位兴办的地方小型厂矿的总称。包括：小钢铁厂、小水泥厂、小农机厂、小化肥厂、小煤矿等）为重点的“工业学大庆”运动，促进了临沭县工业的发展。1975 年至 1978 年，在两次全国“农业学大寨”会议精神的鼓舞下，临沭县委按照中央和省、地委的总体要求，团结带领全县人民自力更生、艰苦奋斗，掀起了以改土治水为重点的农田水利基本建设高潮，并取得明显成效。在开展“工业学大庆，农业学大寨”运动中，临沭县又在全县掀起了增产节约运动，不断推动经济社会健康发展。

一、开展增产节约运动

为贯彻执行党中央提出的“要大搞节约运动，开展技术革新，挖掘潜力，降低成本，提高产品质量，提高劳动效率，增加积累”的号召和“抓纲治国”的决策精神，临沭县委提出：把毛泽东主席树立的“大寨”“大庆”两面旗帜高举起来，在全县掀起开展增产节约运动的高潮。

（一）明确方向，提高对节约挖潜的认识

增加生产，厉行节约，反对浪费，是社会主义建设总路线的重要内容。临沭县委坚持把增产节约、清仓查库作为“农业学大寨”“工业学大庆”运动的重要内容，认真扎实地开展。运动克服了几种错误思想：一是认为潜力不大，没有多大挖头；二是重视产量，忽视消耗；三是“条件论”“外因论”，一提消耗大，就是煤炭不好，材料跟不上。

（二）深入发动群众，搞好增产节约

浪费的漏洞在哪里，节约的窍门是什么，明力如何拿、潜力如何挖，工作在第一线的广大群众最了解，因此要搞好增产节约、挖潜运动，必须放手发动群众。临沭县委号召全县各单位从上到下，从党内到党外，从干部到群众，从职工到家属，从农村到机关，层层动员，深入进行思想发动，使每个人争先恐后为增产节约多做贡献。1977 年 7 月 22 日，临沭县委召开全县“工业学大庆”会议，号召全县工业企业开展社会主义劳动竞赛，在全县掀起一个比学习竞觉悟、比勤劳赛工效、比增产赛节约、比挖潜赛革新、比先进赛风格、比产量赛质量、比企业赛贡献的社会主义劳动竞赛高潮。临沭县委还发动群众揭矛盾、查浪费、找差距，开展“一人一条增产建议，一人一条节约措施”的活动，层层制订增产节约规划，并把任务具体落实到班组和个人，达到家喻户晓、人人明白。县委要求广大群众“从大处着眼，从小处着手”，广泛开展“挖掘潜力、修旧利废”和“节约一两煤、一度电、一滴油、一张纸”的增产节约活动。总之，临沭县委广泛发动群众把“地下的挖出来，地上的用起来”。

（三）大搞技术革新和技术革命

大搞技术革新和技术革命是“鞍钢宪法”的重要内容，是大庆的一条主要经验，是增加生产、厉行节约、多快好省发展生产的可靠途径。临沭县委要求各级领导要提高认识，把“增节”“双革”和当前的生产密切结合起来；要求各企业单位要坚持“学创结合”的方法，因地制宜抓住影响生产的关键问题、关键项目，定人员、定时间，限期解决；发动群众大力推广成功的节约经验，从生产斗争和科学实验中创造新技术、新工艺、新材料，做到“人人有革新、班班有项目”。县委要求技术革新要自力更生，土打土闹，废料堆里找材料，不能伸手向上要，要搞简单易行的小项目，不要片面追求“大、洋、尖”；要求各单位领导、技术员到车间去和工人打成一片，积极搞好“双革”

运动，不断革新、创新，提高先进水平。在农村，临沭县委在原来改造锅灶和大办沼气池的基础上，发动群众想办法、献计策，创造新的“节煤、节草、节油”好经验，减少群众烧草的困难。

（四）大力整顿和加强企业管理

临沭县通过实践证明，哪里企业管理搞得好，哪里生产就优质、低消耗，增产节约就有成效；哪里企业管理混乱，哪里必然就事故多、产量低、质量差、消耗高、浪费大。所以县委为搞好增产节约，狠抓企业管理，把七项管理制度（岗位责任制、考勤制度、技术操作规程、质量检查、设备管理和检修、安全生产、经济核算制度）、八项经济指标（产量、品种质量、原料、材料、燃料和动力消耗、劳动生产率、成本利润、流动资金占用）和各级领导、技术员、管理人员的责任制建立健全起来，把厂、车间、班组管理网建立起来，搞好班子建设，做到生产有指标、产品有质量、用料有计划、消耗有定额、需要有依据、成本有核算；制定了物资领发、以旧换新、报废审批等制度。总之，做到了事事有人管，人人有专责。在物资管理上，克服了只管供不抓管的错误思想，实行物资统一计划、统一管理、统一调度和按计划、按定额、按项目，限额发料的制度，杜绝超消耗；继续进行清仓查库工作，把积压和本企业用不上的物资自觉拿出来支援其他单位，优先用于支援农业和支农产品，对所有物资来一个大清查大回收，把“死”物变成“活”物，发挥一切物资的作用。

（五）加强对增产节约运动的领导

临沭县委把增产节约运动作为一件大事，列入党委重要议事日程，切实加强领导，各公社和县直各单位都建立了办事机构并抽调办事人员具体抓这项工作，各级领导对增产节约订出具体计划和措施，经常检查布置，及时总结典型经验，把增产节约运动广泛、深入、持久地开展起来。

临沭县委还分析了全县国民经济面临的现实困难：一方面是物资

供应不足，另一方面是物资的积压和浪费相当严重，尤其是煤炭、油、电力和原材料比较紧张。面对这种情况，临沭县委本着“节约是社会主义经济的基本原则之一”，要求全县各厂矿企业和广大干部群众“厉行节约，反对浪费”，扎实开展增产节约运动并取得了突出的成就。1976 年全县粮食总产 29623 万斤，平均亩产 552 斤，总产比 1975 年增加 2910 万斤；工业总产值达到了 1105 万元，比 1975 年翻了一番。化肥厂、农机厂等 10 个单位提前和超额完成了 1976 年的生产任务，工农业生产发展迅速。同时，清仓查库增产节约工作也取得了一定成绩。1976 年，临沭县委广泛发动群众清仓查库挖出原材料价值 75 万元。1977 年 1 月至 2 月，全县挖掘积压废钢材 20 吨、木材 60 立方，修复报废动力机械 40 台，节约煤炭 120 多吨，有力地支援了工农业生产。例如：临沭县东调指挥部在清仓查库增产节约工作中，发动干部群众，把几十里长的工地上的钢筋头、废圆钉、烂铁皮、断木头全部收集起来，节约木材 45 立方，价值 8000 多元，钢筋头、废圆钉等为国家节约 38000 元。临沭县化肥厂由于过去纪律松弛、有章不守、无规可循，消耗无定量，产量低、消耗高，浪费大，亏损严重，1976 年亏损 45 万元。1977 年 1 月，临沭县化肥厂建立健全了合理的规章制度，厂党委带领广大职工利用休息时间，从煤渣里拣返焦煤，仅一个月就拣 35000 多斤，拣钢材 5590 公斤，降低了消耗，增加了生产，减少了亏损，2 月份减少亏损 3 万元。临沭县化肥厂党委一班人带领职工发扬大庆自力更生、艰苦创业的革命精神，鼓足干劲，在一没有吊车，二缺乏技术，三人员又少的情况下，只用了一个月的时间就自己动手安装了二号造气炉、二号锅炉，为国家节约资金 7 万多元。在农村临沭县委推广了荣成节煤灶，开展了为革命节煤节草运动，也取得了一定成绩。

1977 年 12 月 15 日，临沭县委在县城召开包括各公社党委分管副书记，县直各部、委、办、局负责人，县社科技人员，生产大队农科队代表380余人参加的全县科学技术工作会议。会议总结全县科技工作情况，研究高速度发展工农业生产的任务和措施，讨论制定全县3至8年科技复置规划。这是临沭县复置以来规模最大的一次科技工作会议，对增加国民收入，技术革新和技术革命起到了很大的促进作用。

第三节　拨乱反正的初步开展

1978年春天，临沭县大规模揭批"四人帮"的群众运动取得基本胜利之后，县委按照上级的统一部署，带领各级党组织和革命群众，开始了初步的拨乱反正工作。组织开展了真理标准问题的大讨论、整党整风、落实党的各项政策等工作。为逐步打破"四人帮"长期设置的精神枷锁，端正思想路线，迎接全党工作重点的转移，做了思想和组织的准备。1978年12月18日至22日，中共中央十一届三中全会胜利召开。临沭县委组织带领全县广大党员、干部和群众认真学习领会十一届三中全会一系列文件精神，全面贯彻党的十一届三中全会确定的"解放思想，开动脑筋，实事求是，团结一致向前看"的指导方针，及时把工作重点和主要精力转移到社会主义建设上来，走向了改革、开放、发展的社会主义现代化建设道路。

一、开展真理标准问题的大讨论

中共中央十一届三中全会胜利召开以后，临沭县委组织带领全县广大党员、干部和群众认真学习领会十一届三中全会一系列文件精神，全面贯彻十一届三中全会确定的"解放思想，开动脑筋，实事求是，团结一致向前看"的指导方针，及时把工作重点和主要精力转移到社会主义建设上来。尤其是通过深入开展揭批查"四人帮"的群众运动，临沭县人民对十年动乱的背景、根源和后果有了比较清醒的认识，提高了思想政治觉悟和辨别大是大非的能力，对统一思想、稳定局势起了重要作用。人心思治、人心思上成为必然，为进行拨乱反正奠定了思想基础。临沭县委审时度势，引导全县人民开始了初步的拨乱反正工作。

粉碎江青反革命集团后，华国锋主持党中央工作期间，坚持推行“两个凡是”（凡是毛主席作出的决策，我们都坚决维护；凡是毛主席的指示，我们都始终不渝地遵循）的错误方针。其实质是坚持“文化大革命”中的一系列“左”的指导方针，因而在工作中出现了许多新的失误。广大党员、干部和群众对“两个凡是”的错误方针，越来越不满意。实事求是，解放思想已成为不可阻挡的历史潮流。1978 年 5 月 11 日，《光明日报》发表经中央党校副校长胡耀邦审定的《实践是检验真理的唯一标准》一文。文章鲜明地提出：社会实践不仅是检验真理的标准，而且是唯一的标准，在社会上引起强烈反响。广大党员、干部和学术界、理论界的工作者，赞成文章的观点，很自然地把实事求是同“实践是检验真理的唯一标准”联系起来，用实践的结果分析过去的理论观点和实际工作，去辨别“文化大革命”期间发生的一系列事件的是非问题。6 月 2 日，在全军思想政治工作会议上，邓小平作重要讲话，表示坚决支持关于真理标准问题的讨论。随后，中央党校、中国社会科学院、《人民日报》《光明日报》等也都纷纷发表文章，开展关于真理问题的讨论。

实践是检验真理的唯一标准

▲ 1978 年 5 月 11 日，《光明日报》发表《实践是检验真理的唯一标准》

1978 年 10 月 24 日，临沂地委书记李洪成同志在各县和地直部、委、办、局领导骨干会议上部署了开展真理标准讨论的问题。在 6 天的会议中，与会同志围绕“实践是检验真理的唯一标准”问题，联系自己的思想实际深入开展了讨论，从而在领导层统一了思想认识，为领导好面上的“大讨论”奠定了思想、组织基础。随后，临沭县委按照中央的指示精神和省、地委的部署，领导全县广大党员、干部和群众，开展了关于真理标准问题的大讨论。临沭县委常委连续召开会议，学习讨论各大报纸和中央党校等发表的文章和《实践论》《人的思想是从哪里来的》《反对本本主义》《关于党内生活的若干准则》及马列著作。在县委常委进行反复学习讨论的基础上，先后召开了县委扩大会议、宣传干部会议、机关干部会议和公社、管理区、大队三级干部会议分别进行了学习和讨论。在当时的政治背景下，由于县委受“两个凡是”的影响，担心开展这场讨论会造成全县党员、干部和群众的思想混乱，不好收拾，以致对这个重大原则问题，较长时间采取了等待、观望的态度，延误了讨论时间，只限于一般部署和号召，抓得不够认真、得力，使全县关于真理标准问题的讨论开展得不够深入，大部分学校、厂矿、农村基本上没有开展起来。1979 年 1 月 28 日，邓小平在青岛发表了重要讲话。他指出，关于真理标准问题的讨论是个基本建设，这个问题还没有完全解决，要补课，要好好解决。邓小平讲话后，临沂地委根据全区真理标准问题大讨论开展得不深入、不平衡的情况决定进行补课，继续把大讨论深入开展下去。8 月 16 日至 20 日，临沂地委召开了地、县领导骨干学习会，会议期间认真传达了邓小平同志在青岛的重要讲话，开展了热烈讨论。通过学习讨论，与会者受到深刻的教育和启发，思想上有了很大的解放，进一步明确了政治路线、思想路线、组织路线之间的关系，加深了对十一届三中全会精神的理解，提高了实行工作重点转移的自觉性。学习会后，临沭县委按照地委的部署立即行动起来，领导全县各级党组织和干部、群众开展了广泛深入的真理标准问题的讨论补课活动。临沭县委在全县范围内，各级通过举办学习班、专题讲座等形式，开展了学习和讨论活动。9 月底，叶剑英发表了国庆 30 周年讲话，临沭县委发出通知，要求全县党员、干部和群众，以讲话为重要教材，继续开展关于真理标准问题的学习和讨论。此后，临沭县委又反复强调要坚持“实践是检验真理的唯一标准”，坚持一切从实际出发，理论联系实际，实事求是的原则，大兴调研之风，有力地推动了全县人民思想解放的进程。

开展关于真理标准问题的讨论，是全县范围内一次深刻的马克思主义教育运动和思想解放运动。通过讨论，人们长期被禁锢的思想获得解放，党的实事求是、一切从实际出发的思想路线得到了恢复和确立。为纠正多年来“左”的错误，为全县拨乱反正，实现工作重点转移奠定了思想理论基础。

二、为“右派分子”摘帽和改正错划“右派分子”

1978 年 6 月 14 日至 22 日，全部摘掉“右派分子”帽子工作会议在山东烟台召开。9 月 19 日，中共中央批发了《关于全部摘掉“右派分子”帽子决定的实施方案》。《方案》指出，对过去划错了的人，要坚持“有反必肃，有错必纠”的原则，做好改正工作。对落实中央、和省、地委的指示，临沭县委非常重视，连续召开常委会、县直部门负责人和公社党委书记、办案人员座谈会等会议。临沭县委书记张志奎亲自传达文件，部署工作，要求各级党组织既要积极慎重，又要抓紧进行，不准久拖不决。各公社党委分别召开了社直单位、大小队干部及中、小学教师会议，传达学习文件，部署工作，使广大党员、干部和群众统一思想，提高认识，积极参与。1978 年 11 月 11 日，临沭县成立了由张志奎任组长的落实中央〔1978〕55 号文件领导小组，下设办公室，抽调得力人员组成专案组对错划“右派分子”进行改正工作。实行以块为主，定时间、定人员、包专案的办法，对原划“右派分子”的材料，不管有无申诉，全部进行复审。对各单位上报的材料，县“55”领导小组逐一进行研究，不留尾巴。1978 年底，全部摘掉全县“右派分子”帽子。

根据上级指示精神，在复查手续方面，不搞繁琐哲学，加快进度。一是根据中央文件规定，只要一看材料明显错了的，不再繁琐调查，大胆改正。二是按干部管理范围，凡是县委管理的干部，由县委常委研究决定，其他人员由领导小组研究决定。三是复审意见不搞层层审批。县直的由所在单位支部，公社中、小学教师由公社党委负责审查，提出复审意见，直接报县“55”领导小组办公室。这些措施，避免了材料履行，简化了手续，加快了审改进度。经过1年多紧张有序的工作，到1980年，临沭县完成对47名错划“右派分子”的复查、纠正和安置工作，其中改正46人，安置工作11人，办理离退休6人。

在落实政策工作方面，临沭县早在1978年3月，就成立了“临沭县落实政策领导小组”，下设办公室，抽调180名干部组成若干办案小组。领导小组历时3年零2个月，至1981年5月结束，对临沭县历次政治运动中立案的1717起案件，全部进行了复议。1979年3月，中共临沭县委、临沭县革命委员会根据中共中央《关于地主、富农分子摘帽问题和地富子女改变成分问题的决定》提出具体贯彻意见，全县各公社、大队组织群众对本单位的地主分子、富农分子、反革命分子、坏分子进行评审纠正，摘帽的有3426人，721名地富子女改变成分，1429人改变出身。

为“右派分子”摘帽和改正错划“右派分子”，落实政策、成分工作，解除了有关人员及其家属的精神负担，调动了他们的社会主义积极性，巩固和发展了安定团结的局面。同时，也充分体现了中国共产党“有反必肃，有错必纠”的原则，提高了党的威信。

三、“常林钻石”的发现

1977年12月21日，临沭县岌山公社常林大队社员、女青年魏振芳在田间劳动时，发现一颗举世罕见的特大金刚石，重158.7860克拉，献给了国家。中共中央主席、国务院总理华国锋将其命名为“常林钻石”。1978 年 9 月，魏振芳作为特邀代表，参加了中国妇女第四次全国代表大会。

1977 年 12 月 21 日下午，临沭县岌山公社常林大队，在村组织的专业队里劳动的女青年魏振芳（22 岁，共青团员），在村西挖台田沟平整土地时，发现了一块大金刚石。这一喜讯，很快就轰动了周围的村庄，人们纷纷到她家里观看。郯城八〇三金刚石矿得到消息后，也立即派人到常林村查看，确认是一块特大金刚石。12 月 23 日下午，八〇三金刚石矿党支部书记分别向临沂地区建委和地委书记朱奇民作了汇报。临沂地委领导要求，抓紧到临沭县将这块特大金刚石取回来保存。一是为了魏振芳全家的安全，二是不能将这块金刚石丢失。随即，地委办公室通知临沭县做好取回金刚石的配合工作，接着临沂地委派人连夜赶到岌山公社，在县委、公社领导和大队干部的陪同下，来到魏振芳家里。经公社、管理区和村里干部的耐心动员，魏家同意地委来人将金刚石带走。在八〇三金刚石矿，参与取回领导用天平测量出此金刚石重 158.7860 克拉，是全国第一大金刚石。12 月 25 日，临沂地委常委扩大会议在小礼堂召开，专门听取了取回金刚石工作人员的全面汇报，并通过研究作出如下决定：一是奖励魏振芳 3000 元人民币，奖给常林大队 2 台 12 马力的拖拉机；二是将魏振芳由农民转为八〇三金刚石矿工人；三是宣传好魏振芳这个

▲ 常林钻石

典型，在临沭县岌山公社召开万人庆功表彰大会，给魏振芳披红戴花，大张旗鼓地宣传魏振芳爱国家、爱集体的先进事迹；四是将这块金刚石逐级送到北京，献给国家。

1978 年 1 月 7 日，临沭县在岌山公社召开了万人庆功表彰大会，公社书记主持会议，首先给魏振芳披红戴花，临沂地委代表传达了地委的意见，魏振义（魏振芳叔伯哥，大队会计）代表魏振芳宣读了她写给中央的献宝信，县委书记张志奎代表县委讲了话，号召全县人民向魏振芳学习，学习她爱国家、爱集体的高尚品质。魏振芳的父亲也在主席台就座。庆功会结束后，临沂地委派人将金刚石和献宝信送到中共中央办公厅。此后，各大报社、电台、电视台记者纷纷到临沭县采访。第一个来采访的是新华社驻山东记者站高级记者时盘棋同志，他到了临沭县岌山公社常林大队发现金刚石的现场，并采访了魏振芳同志。

1978 年 7 月 26 日，《人民日报》刊发了华国锋命名这块金刚石为“常林钻石”的消息，全国各大报纸、电台也都进行了播发，世界上有些国家的报纸也报道了“常林钻石”的情况。一时间，魏振芳收到了国内外不少询问情况的信函。1978 年底，中央奖给临沭县人民币 100 万元。临沭县用 80 万元建了常林尼龙袜厂，20 万元给岌山公社，并建设了通往常林村的常山灌溉渠。为表彰魏振芳为国家所做的贡献，后来临沭县给魏振芳在县城建设一栋两层楼房，省财政厅拨款支持常林村兴修水利、植树造林，岌山公社常林村成为全国社会主义文明新农村。

1978 年 9 月，魏振芳作为特邀代表参加了全国第四次妇女代表大会，受到党和国家领导人的接见。魏振芳还参加了山东省建设系统工业学大庆代表大会。

第三编　改革开放和社会主义现代化建设时期

（1978 年 12 月 — 2011 年 12 月）

1978 年春天，临沭县大规模地揭批“四人帮”的群众运动取得基本胜利之后，县委按照上级的统一部署，带领各级党组织和革命群众，开始了初步的拨乱反正工作。组织开展了真理标准问题的大讨论、整党整风、落实党的各项政策等工作，为逐步打破“四人帮”长期设置的精神枷锁，端正思想路线，迎接全党工作重点的转移，作了思想上和组织上的准备。1978 年 12 月 18 日至 22 日，中共中央十一届三中全会胜利召开。临沭县委组织带领全县广大党员、干部和群众认真学习领会十一届三中全会一系列文件精神，全面贯彻十一届三中全会确定的“解放思想，开动脑筋，实事求是，团结一致向前看”的指导方针，及时把工作重点和主要精力转移到社会主义建设上来，走向了改革、开放、发展的社会主义现代化建设道路。

第一章　党的工作重点转移和改革开放的起步

第一节　拨乱反正，实现伟大转折

一、学习贯彻党的十一届三中全会精神

1978 年 12 月 18 日至 22 日，党的十一届三中全会在北京召开。

▲ 1978年12月18日，十一届三中全会在北京举行

此次会议是新中国成立以来党的历史上具有深远意义的伟大转折。这次全会彻底否定“两个凡是”的方针，重新确定解放思想、实事求是的指导思想，实现了思想的拨乱反正；停止使用“以阶级斗争为纲”的口号，作出把全党工作重点转移到经济建设上来的决策，实现了党在政治路线的拨乱反正；形成了以邓小平为核心的党中央领导集体，取得了组织路线拨乱反正的最重要成果。这次全会作出拨乱反正和实行改革开放的新决策，开始了党和国家从“以阶级斗争为纲”到以经济建设为中心、从僵化半僵化到全面改革、从封闭半封闭到对外开放的历史性转变。

党的十一届三中全会公报发表后，中共临沭县委高度重视，立即组织全县干部职工学习，于1979年2月8日至18日在县城召开有8000余人参加的全县四级干部会议。会议传达贯彻党的十一届三中全会公报和中共中央〔1978〕77号文件、〔1979〕4号和5号文件、中共山东省委〔1979〕7号文件精神，提出深入学习、认真落实党的十一届三中全会会议精神的意见。初步解决把工作重点转移到社会主义现代化建设上来的认识问题、政策观念问题、经济管理问题和工作作风问题。

临沭县委坚持实事求是，通过对党的十一届三中全会的传达贯彻，对《邓小平文选》和《陈云文稿》的学习，使全县党员干部进一步明确了实事求是，是无产阶级世界观的基础，是马克思主义的思想基础。坚持解放思想，开动脑筋，实事求是，团结一致向前看的指导方针，拨乱反正，纠正“左”的错误，广大党员、干部、群众的思想逐步从“左”的精神枷锁中解脱出来，党内外思想更加活跃，出现了理论联系实际，一切从实际出发，努力研究新情况、解决新问题的生动景象。彻底批判和纠正了“以阶级斗争为纲”的错误理论，明确了四化建设是一切工作的核心，实现党的总目标、总任务是当前最大的政治，把全党工作的重点转移到经济建设上来。全面肯定了党的十一届三中全会以来的路线、方针和政策，全盘否定了“文化大革命”，全盘否定了“一派正确一派错误”“一贯正确”的错误观点，开展了根除派性的斗争，进行了清理“三种人”的工作，按照党的政策认真解决了历史遗留问题，平反了冤假错案，实事求是地评价清查运动，解决了因薛亭同志问题受牵连和在清查中被错误触及的同志的问题，划清了是非界限，消除了隔阂，增强了团结。同时，还认真落实了党的民族、统战、侨务、知识分子等方面的政策，调动了各方面的积极因素。党的思想路线的逐步端正，为执行党的政治路线和组织路线奠定了良好的基础，保证了全县在政治上、思想上同党中央的一致。

二、平反冤假错案，调整社会关系

根据中央、省委、地委的部署，临沭县全面开展了“揭批查”运动。通过清查，从组织上查清了临沭县同林彪、“四人帮”篡党夺权阴谋活动有牵连的人和事，从思想上进一步肃清了林彪、“四人帮”极左路线的流毒和影响，分清了路线是非，增强了革命团结，教育锻炼了干部群众，从而彻底扭转了林彪、“四人帮”横行十年所造成的动乱局面。

本着实事求是的精神，根据党有错必纠的方针，临沭县平反昭雪了一大批林彪、“四人帮”造成的冤假错案，对历次政治运动中受审查处理的干部群众进行了复议，对其中处理错了的进行平反纠正。全县共受理在“反右倾运动”、四清运动、“文化大革命”及历史上其他政治运动中处理的案件2362起，已全部进行了复议，纠正了1908起。对错划右派的改正和右派分子的摘帽安置工作已经完成。“反右倾运动”中受到错误处理的同志已全部平了反。全县为已经改造好的3426名四类分子摘掉了帽子，占四类分子总数的97%。原国民党起义投诚人员，有政策可落实的已全部解决。“文化大革命”中处理的各类刑事案件共920起，需要复查的602起，全部进行了复查，处理不当的进行了纠正。人民来信来访也做了大量工作，取得了很大成绩，有力地调动了各方面的社会主义积极性。

三、恢复、完善政权机构，充实干部力量

根据五届全国人民代表大会二次会议通过和颁布的《中华人民共和国地方各级人民代表大会和地方各级人民政府组织法》及《中华人民共和国全国人民代表大会和地方各级人民代表大会选举法》的有关精神，1981年3月21日至25日，临沭县第八届人民代表大会第一次会议在县城召开，大会代表305名，到会299名。此次会议选举产生临沭县第八届人民代表大会常务委员会，选举临沭县人民政府县长、副县长、人民法院院长、人民检察长，同时撤销县革命委员会，成立临沭县人民政府。

随着党的三中、四中、五中全会精神的落实，临沭县对全县广大党员干部进行教育培训，有计划地调整一部分领导班子，充实了一部分中青年干部，党的战斗力不断增强。自1979年以来，有76名干部参加了省委、地委党校的学习，有1913名干部进入县委党校学习。1980年春天，在全县范围内集中一段时间，对广大党员进行了一次教育训练，使广大党员丰富了党的知识，增强了党性观念，加强了组织纪律性，加深了对党的政治路线、思想路线和组织路线的理解，提高了贯彻执行的自觉性。广大党员干部的工作作风和思想作风发生了

可喜的变化，涌现出一批思想路线端正、作风扎实、勤勤恳恳、埋头苦干的好党员、好干部，密切了党群关系，提高了党的威信，加强了党组织的建设。全县共产党员由1971年的15187人发展到19543人，基层党支部由596个发展到757个。粉碎“四人帮”后，提拔了92名中青年干部，充实到公社党委和县直部、委、办、局担任领导工作，使各级党组织的战斗力不断加强。

1984年8月20日至23日，中国人民政治协商会议临沭县第一次会议在县城召开，98名委员出席会议。会议选举产生18人组成的中国人民政治协商会议临沭县第一届委员会。会议与临沭县第九届人民代表大会第一次会议同时召开，与会人员列席听取了县政府、人大以及法院、检察院的工作报告，为临沭的两个文明建设，提出了113件提案，并通过相应的决议。首届政协委员会成立后，通过召开全体委员会议和各个工作组的活动，广泛联系和团结各界人士，帮助党和政府改进工作，广泛地进行文史资料的征集工作，促进了爱国统一战线的发展。

四、打击犯罪，开展法制宣传教育

1982年1月11日，中共中央发出《紧急通知》，传达中央政治局常委关于对一些干部走私贩私、贪污受贿，把大量国家财产窃为己有等严重违法犯罪行为采取紧急措施的指示。4月13日，中共中央、国务院作出《关于打击经济领域中严重犯罪活动的决定》。《决定》指出：经济领域的各种犯罪活动，正在腐蚀我们的干部队伍，损害我们的党、政府和军队的信誉，打击经济领域的严重犯罪行动，进行反腐化变质的斗争，关系到我国现代化建设的成败，关系到我们的党和国家的盛衰兴亡。

遵照中共中央通知精神，临沭县委领导全县展开打击经济领域严重犯罪活动斗争，主要采取四个方面的措施：一是抓学习，统一干部认识，坚决按照中央规定的方针、政策、方法和步骤办事，坚持划清工作失误同违法犯罪的界限，为打击经济犯罪斗争打下了思想基础。二是抓领导，组建班子，抽调专人成立专案组，保证打击经济犯罪斗争得以顺利开展。三是抓重点，破大案要案，主管部门、职能部门和本单位领导直接参与办案。四是抓宣传，加强舆论工作，向全县人民阐述打击经济犯罪斗争的必要性和紧迫性，表明县委对打击经济犯罪的决心。1982 年，全县排查出经济犯罪案件 68 起，其中走私贩私案 3 起，贪污受贿案 27 起，投机诈骗案 28 起，盗窃国家、集体财产案 5 起，其他案 5 起。这些案件共涉及 145 人，其中干部职工 57 人，社会上 88 人。共逮捕 13 人，判刑 6 人，免于起诉 6 人，开除党籍 4 人，行政撤职 1 人，其他行政处分 5 人。追回赃款 6 万余元，赃物 300 多件，追回贷款 6 万多元。既惩罚了犯罪，又为国家挽回了部分经济损失，保卫了社会主义现代化建设的顺利进行。广大干部群众受到鼓舞和教育，看到党中央和各级党委的决心，看到前途和希望。

1979 年 6 月，第五届全国人民代表大会第二次会议召开。会议一致通过了《关于修正宪法若干规定的决议》和《中华人民共和国刑法》《中华人民共和国刑事诉讼法》等七个重要法律，使我国加强社会主义民主和法制的工作迈出了一大步。中共中央宣传部于 8 月 18 日发出通知，要求将印发的《加强社会主义民主和法制，为把我国建设成为一个社会主义现代化强国而奋斗》的宣传提纲在全国城乡各基层广为宣讲，使《刑法》

▲ 20 世纪 80 年代，严厉打击犯罪活动

和《刑事诉讼法》等重要法律的内容家喻户晓。1982 年，临沭县各基层单位配备法制宣传员 536 人，通过播放录音，制作宣传图片，印发宣传材料，办宣传栏、墙报，到农村、工厂、学校、机关上法制课，举行报告会等多种形式，对《中华人民共和国宪法》《中华人民共和国婚姻法》《中华人民共和国刑法》等法律进行广泛深入的宣传，教育群众，加强社会治安，维护社会秩序，促进安定团结，保障各项工作的顺利进行。

五、学习《决议》，正确认识党的历史

1981 年 6 月，党的十一届六中全会通过《关于建国以来党的若干历史问题的决议》。《决议》实事求是地评价毛泽东的历史地位，充分论述了毛泽东思想作为党的指导思想的伟大意义，对新中国成立以来的一系列重大历史问题作出正确的结论，彻底否定了“文化大革命”，总结新中国成立以来的历史经验和教训，明确我们党已经逐步确立了一条适合我国情况的社会主义现代化道路。《决议》的通过标志着党在指导思想上的拨乱反正胜利完成，对于改革开放和社会主义现代化建设事业的发展具有重要的指导意义。

党的十一届六中全会是继三中全会以后党的历史上又一次具有重大意义的会议，是总结经验，团结前进的会议，是党和国家拨乱反正，继往开来的一个新的里程碑，是新中国成立 32 年来历史的科学总结，是党坚持实事求是的马克思主义的又一光辉典范。

临沭县委发出通知，要求各级党委、党支部认真学习、宣传、贯彻《党的十一届六中全会公报》《关于建国以来党的若干历史问题的决议》和胡耀邦在庆祝中国共产党成立 60 周年大会上的讲话。在县委的安排布置下，全县各级党组织一方面对党员开展培训，一方面集中力量向群众进行宣讲。通过对《决议》的认真学习和宣讲，广大党员干部群众进一步认识和坚定了毛泽东思想，认为《决议》是对毛泽东

历史地位和毛泽东思想公正的、科学的、客观的评价，符合民心，顺应民意，从思想上进一步清除了“左”的思想影响，彻底否定了“文化大革命”。使大家对关系党和国家命运前途的大事放心了，从而更加坚信党中央、信赖党中央，从思想上进一步清除了“左”的思想影响，彻底否定了“文化大革命”。

第二节　改革开放起步与农业管理体制的突破

一、推行家庭联产承包制

随着拨乱反正的全面展开，党的十一届三中全会作出的改革开放决策也逐步付诸实施，我国进入改革开放的起步阶段。农村工作总的指导思想是：“解放思想，放宽政策，发展生产，巩固集体，把经济搞活，把农村搞富。”在农村，改革开放的主要内容是推行家庭联产承包责任制，临沭县推行家庭联产承包制的初期，大体经历了以“小段包工、定额计酬”“分组作业、联产计酬”“专业承包、联产计酬”“包产到户、包干到户”四种生产责任制形式为主的改革过程。

中共临沭县委组织县直有关单位负责人、3处公社党委书记赴安徽凤阳参观学习农业生产联产计酬承包责任制和“大包干”责任制。回来后，首先在周庄、泉埠、岌山3个公社进行试点，此后逐步推行，至1981年，全县3473个生产队，有98个实行了专业承包责任制，3346个实行了包干到户，29个实行“两统一包”，不同的承包方式效果明显，起到了安定民心、促进生产的作用。至1982年秋，全县普遍实行“大包干”为主体的农业生产责任制，将土地按人口平均承包到户，耕畜、农具等作价分配给农民，联产计酬，土地所有权仍归集体所有。实行“大包干”责任制的农民，缴纳土地税、公粮和一定集体提留后，其余收获全部自行支配。

二、夯实工农业基础，调整国民经济

在经济领域，拨乱反正主要是通过解决比例失调问题，重新端正经济工作的指导思想。1979 年 4 月 5 日至 28 日，中共中央召开工作会议，着重讨论经济调整问题。会议讨论通过了国民经济实行“调整、改革、整顿、提高”的新“八字方针”。新的八字方针清理了过去长期存在的“左”倾错误影响，在经济领域贯彻遵循经济规律和自然规律、量力而行、循序渐进、讲求实效的指导方针，从而开始了经济建设指导思想的转变。

农业生产方面，临沭县通过贯彻落实中央关于发展农业问题的两个文件，努力克服思想上的片面性和生产上的单一经营，根据全县的自然条件，初步学习探索按自然规律和经济规律办事，着手调整农业内部不合理结构，农业内部比例失调的状况有了初步改变。通过认真贯彻落实党在农村的一系列经济政策，特别是建立健全了各种形式的生产责任制，按劳分配，增产增收，分配兑现，调动农民的积极性，使农业生产有了较快的发展。全县粮食亩产 1971 年 305 斤，1979 年增加到 606 斤，平均每年递增 9%。粮食总产由 18.444 万斤，增加到 31 万斤，平均每年递增 6.7%。农业总收入由 2874 万元，增加到 5913 万元，平均每年递增 9.5%。总收入人均占有量由 63.95 元增加到 133 元，人均分配由 38.81 元增加到 72.73 元，社员平均口粮由 250 斤增加到 448 斤，粮油统算人均贡献由 1971 年的 97.8 斤，增加到 1979 年的 199.7 斤。农业生产的不断发展，壮大了集体经济，改善了社员生活，支援了国家建设，活跃了城乡市场。

临沭县广大干部职工认真贯彻执行调整国民经济的八字方针，深入开展增产节约运动，大打质量升级、节约能源、扭亏增盈三个硬仗，开展“比学赶帮超”社会主义劳动竞赛，大搞企业革新、改造、挖潜，使全县的工业生产在调整中不断前进。工业总产值由 1971 年的 242 万余元，发展到 2644 万元，增长了 9.9 倍。社办工业从无到有，逐步发展，1979年社办工业总产值已达692万元。全县农用高低压线路发展到600多公里，达到社社通电。交通运输、邮电通讯、基本建设等都有了新的发展。

临沭县认真贯彻“发展经济，保障供给”的总方针，市场繁荣，物价稳定，购销两旺。1979年，全县商品零售总额6930万元，比1971年增长2751.3万元，增长1.33倍。财政总收入367万元，比1971年增长10.4%。供销系统的收购、销售和利润总额也都有明显增长。生猪、鲜蛋等农副产品的收购指标都成倍地完成，全县城乡储蓄余额增长5.4倍。

三、整顿企业，扩大企业自主权，实行经济责任制

临沭县按照中央“调整、改革、整顿、提高”的八字方针，在指导思想上转向以提高经济效益为中心的轨道上来，进行企业整顿，改善经营管理，推行经济责任制，重点围绕老企业提高产品质量、增加花色品种、合理利用原料、搞好工艺配套等方面，不断进行调整。同时，加强对内对外的横向联系，狠抓工业企业的技术改造，积极安排一批“挖革改”项目，提高经济效益，在调整中保持一定的增长速度。

1981年5月，临沭县委、县政府召开全县工业工作会议，围绕调整经济的重大方针，联系临沭实际，就企业管理、提高经济效益，制定计划与措施。同时，广泛发动职工，深入开展以提高质量、降低消耗、增加品种为重点的增产节约运动，大搞“质量升级、节约能源、增加盈利”三个硬仗。1982年2月，中共中央、国务院印发《中共中央、国务院关于国营工业企业进行全面整顿的决定》，对整顿企业的重要意义、内容、目标、重点和方法步骤，作了明确的指示和规定。3月8日，临沭县委印发〔1982〕18号文《关于整顿工业企业的意见》，《意见》通过点面结合的方式，对全县100处工业企业在领导班子、职工队伍、管理制度、劳动纪律、财经纪律、党的作风和思想政

治工作等方面进行全方位整顿。

为解决国家与企业、企业与职工的两个“大锅饭”问题，切实体现按劳分配的原则，通过扩大企业自主权和职工参加企业管理的权力，推广利润包干（亏损补贴）、超收分成的办法，让大多数企业做到了人定岗、岗定责、责定标、标定分、分定奖罚，调动了广大职工的积极性，使企业面貌有所改观。商业部门普遍建立了“门市定额销售”和“百分计奖法”的责任制，改进了商业服务态度，促进了购销业务。1982 年，全县工业总产值 9889 万元，皮革厂、肉联厂、麻纺厂、水泥厂、砖瓦厂、美术公司、针织厂、化肥厂、磷肥厂等 13 个企业和蛟龙、周庄、岌山等三个公社，都完成全年产值计划，县直企业销售收入 2817 万元，销售税金 164 万元。整顿使全县工业企业管理明显加强，临沭县工业企业开始出现亏损减少、盈利增加的较好形势。

扩大企业自主权，目的是改革原有企业的经营管理模式，调动企业和职工的积极性，搞活生产，然而，这种企业扩权只是国家让利企业的一种政策性调整，没有跳出计划体制的框框，没有遵循市场经济的原则，从根本上去改革计划经济体制所带来的弊端，使企业成为真正意义上的自主经营、自负盈亏、自我发展、自我制约的经济独立体，企业仍然处于困难的境地。

第三节　科教文卫体制改革与发展

一、落实知识分子政策，壮大科技队伍

科技战线通过认真落实知识分子政策，改变了长期存在的轻视知识和歧视知识分子的错误倾向，进一步调动了广大科技人员的积极性，科技队伍不断壮大，新的科学技术逐步得到推广和应用，在四号涡轮增压器的研制、利用余热节能改造、7216 杀虫剂的制作和花生枯

萎病的防治等方面，取得了可喜成果，促进了工农业生产的发展。全县套改、复查、考核晋升的科技人员360人，其中工程师6人、农艺师11人、技师2人、主治医师10人、讲师7人、畜牧兽医师2人、农经师1人、经济师1人，助理工程师35人、助理农艺师50人、助理兽医师29人、医师43人、技术员（医士等）163人，充实到各级领导岗位的110人。为了给科技人员解除后顾之忧，改善工作条件，为21名中级科技人员的家属及子女由农业户口转为非农业户口，部分科技人员调换了住房，配备了书橱，发放了购置书报补助费。为普及科学知识，全县建立专业学会7个，公社科普协会14个，科普小组576个，发展会员2079人，考核评定农民技术员93人，发展农业科技带头户7250户，人民群众的科学技术水平有了很大提高。

二、贯彻党的教育方针，培育社会主义人才

临沭县认真贯彻党的教育方针，加强教师队伍的思想建设和组织建设，努力改善办学条件，进行中等学校教育结构改革，狠抓教学质量，坚持两条腿走路的办学方针，利用多种形式，积极开展农民教育和职工教育，为社会主义现代化建设培养人材迈出了新的步伐。1982年，中、小学招收新生25100多人，在校学生达到95000多人，其中高中生1700多人，初中生18000多人，小学生75000多人。适龄儿童入学率达到96.7%，参加电视大学、函授大学和农业广播学校学习的791人，办幼儿园80多处。中等教育质量不断提高，升入大中专学校的248人。中等教育结构改革有了一定进展，全县普通高中由16所调整到5所，联中由84所调整到55所。县新办农业技术中学一处，公社中学改办农业高初中3所，联中改农中4所。职工教育发展也很快，县社机关企事业单位办学97个班，参加学习的干部职工3500多人，占应进行文化补课人数的80%。

三、完善公共卫生体系，加强医疗卫生管理

认真贯彻预防为主的方针，深入开展以除害灭病为中心的爱国卫生运动。切实做好地方病和各种传染病的防治工作。加强城乡医疗卫生的整顿和建设，充分发挥县、社、队三级卫生网的作用，搞好医院整顿，努力提高技术水平和管理水平，精心治疗，精心护理，继承祖国医学遗产，落实中医政策。加强药政管理，取缔伪劣药品，保护人民健康。1982 年，全县医疗卫生条件大有改善，全县有专业医务人员 679 人，病床 618 张，新建医疗门诊两处。传染病发病率显著下降，地方病防治也取得显著成绩，长期流行的血丝虫病已基本消灭，乙型肝炎的综合防治工作也取得了较好的效果。

四、文化、广播、体育事业新发展

为满足人民群众日益增长的文化生活的需要，1982 年新增公社影剧院 2 个，露天影院 4 个，农村放映队 19 个，农村俱乐部 62 个，图书室 31 个，集镇文化中心发展到 5 处，县京剧团下乡演出 80 多场，业余创作人员 50 多人，业余剧团 40 个，工人、农民业余文艺活动日益活跃，丰富多彩。广播事业发展较快，全县 76 个管理区，550 个大队全部通上了广播，对于宣传党的路线、方针、政策，指导工农业生产，促进两个文明建设起到了应有的作用。群众性的体育活动也空前活跃，地区举行的越野赛和田径赛，临沭县分别获团体总分第二名、第三名。

第二章 社会主义改革开放和现代化建设全面展开

第一节 深入推行农村政治经济体制改革

一、完善农村家庭联产承包责任制，发展农村专业户、重点户

中共十二大对农村以包干到户为主要形式的家庭联产责任制给予了充分肯定，强调必须长期坚持下去并逐步加以完善。1983年，沟北、寨东、王贺、营子等先进单位也先后实行“大包干”责任制，至此，临沭县农村大队全部实行了户交户结算的政策，烈军属、荣残军人每年补助一定数量的代耕费，对“五保”老人实行全包，全部吃细粮，按月发给一定零用钱。推行责任制以后，改变了生产队里那种干活“大呼隆”“出工一窝蜂”的局面，农民劳动积极性和劳动效率空前提高，有力地推动了农业生产的发展。

1984年，临沭县对发展商品生产有了新的认识，在生产计划安排上开始突破小农经济思想的束缚，向现代农业和商品生产方面发展。农村以“两户一体”为重点的家庭经济迅速发展，生产方向由生产、消费向服务、流通领域扩展。新的合作经济组织的出现，推动了农村分工分业的进一步发展，促进了自给、半自给的农业经济向专业化商品生产转化，广大农民积极利用剩余劳动力和剩余资金向多种经营进军，涌现出大批有技术专长和经营能力的专业户、重点户，为繁荣农村经济开拓了新的发展道路。

临沭县积极鼓励和支持“两户一体”的发展，既坚持共同富裕的方向，又承认发展的差别，允许一部分人、一部分地区先富起来，深入进行宣传，消除在社会上出现的一些不正确的认识，鼓励支持“两户”积极发展商品生产，率先致富。1983年全县“两户”发展到

16179 户，“两户”提供的商品总额达 3000 多万元，占整个农村多种经营总收入的三分之一。

1985 年，在稳定完善联产承包责任制，巩固第一步改革成果的基础上，进行了第二步改革，改革了粮油统派购制度，初步调整了产业结构，突出抓好花生低产田开发、苹果板栗低产园开发和黄烟种植、长毛兔养殖四个突破口，以此带动整个农村经济的发展。

在党的富民政策的指引下，全县人心思干、人心思富的劳动热情空前高涨，广大农村发生了根本性的变化，到处呈现出一派蒸蒸日上、繁荣昌盛的新景象。

二、加强和改善宏观管理，发展乡镇企业

乡镇企业如同家庭联产承包经营一样，也是中国农民在实践中的一个伟大创造。发展乡镇企业是振兴农村经济的必由之路，是解决农村剩余劳力、增加经济收入、发展农村商品经济的有效途径。

发展乡镇企业，临沭县有利条件很多，一是有充足的劳力资源，二是有大量的农副产品可以加工利用，三是有丰富的建材资源。立足于这些优势，临沭县明确指导思想，把食品加工、饲料加工、建筑材料开采加工以及发展劳力密集型企业作为主攻方向，把交通运输、建筑安装、农机具制修、工艺美术、饮食服务作为重点，全面发展。

1984 年 8 月 15 日，临沭县召开全县乡镇企业、多种经营会议，针对全县农村全面推行生产责任制后，一方面工副业生产仍较薄弱，一方面大量涌现富余劳动力的实际，提出“以乡镇企业为主体，以安排剩余劳动力为重点”全面发展农村多种经营的指导思想，为以后一个时期全县经济发展起到重大推进作用。

1985 年，国家加强对经济的宏观调整，银根紧缩，乡镇企业遇到了资金紧缺和原材料不足的困难。临沭县认真贯彻“积极扶持、合理规划、正确引导、加强管理”的方针，围绕农副产品加工、建筑建材

以及小化工等，发展一批骨干企业，增强乡镇企业发展的后劲。

全县各乡镇广开生产门路的同时，积极推行“一包三改”和“三清一核”的经验，切实搞好乡镇企业的整顿和改革，把重点放在以下四个方面：一是全面落实经营承包责任制。过去落实较好的企业，进一步巩固和提高；一些效益不高，甚至亏损的企业，重新进行承包。二是搞好干部职工队伍的整顿和工资制度的改革。乡镇企业的干部改任命、委派制为选举、招聘制；职工工资改固定制为浮动制；工人改固定工为合同工。三是搞好财务整顿，建立健全财务管理制度，严格财经纪律。四是积极推进技术进步，努力提高产品质量，增强市场竞争能力。加强职工的业务技术培训，不断提高技术素质，同时注意技术引进，实行厂所、厂校挂钩，小企业与大企业挂钩，帮助乡镇企业发展。

1986 年底，临沭县乡镇企业形成了以建材、食品加工为主的多门类、多层次的企业类型，但骨干企业少，统一布局差，无定型产品，无法形成专业化生产。临沭县认识到要保证乡镇企业有一个较大的发展，首先必须坚持“立足当地资源，发挥资源优势，从无到有，由小到大，由弱到强，逐步发展，逐步提高”的方针，采取滚雪球的办法，加快“乡办、村办、户办、联户办”这四个轮子的转速。原有的企业上水平，上档次，增强竞争能力。新上企业抓好技术和经济的科学论证，避免盲目性，使较少的投入获得较多的产出和较高的经济效益。第二，继续落实有关政策，为发展乡镇企业创造一个宽松的环境，认真学习、贯彻，使之落到实处，在资金运用上，保证重点，择优投放，对短、平、快和经济效益较高的骨干项目，给予大力扶持。第三，切实加强企业管理，提高经济效益，大胆启用人才，坚持任人唯贤、德才兼备的原则，把懂经营、会管理的人才充分利用起来，同时引进先进技术，切实提高产品质量，做到以优取胜。1986 年，临沭县乡镇企业达到 582 家，其中乡镇办 118 家，村办 464 家，产值达到

1575 万元。

三、开展扶贫工作，努力治穷致富

1985 年，临沭县从县直单位抽调 60 名副科级以上干部，乡镇抽调 300 名脱产干部，对全县农民收入情况进行了一次细致的调查。全县 119790 户，经济状况按人均纯收入大致分为 3 类 5 种情况：（一）400 元以上者 9458 户，占总农户的 7.9%；（二）300 元以上者 30687 户，占总农户的 25.6%，此类农户大多是近年才发展起来的“两户一体”；（三）150 元至 299 元的 61949 户，占总农户的 51.7%，这类农户主要靠种植业收入，商品项目不多；（四）149 元以下 27154 户，占总农户的 22.6%；（五）100 元以下 9138 户，占总农户的 7.6%。如何摆脱贫困，成为县委、县政府不容忽视的中心课题。

1987 年，临沭县成立了扶贫领导小组，建立了扶贫工作办事机构。组织人员摸清了全县贫困的底子，建立了扶贫档案。同时，抽调 64 名干部组成 23 个工作组，进驻 24 个贫困村，开展扶贫工作，对特别贫困及有影响的扶贫点，县政府组织有关部门进行现场办公，解决急需解决的问题。如华桥乡常林村，现场办公帮助该村解决资金 7.7 万元，统销粮 2.5 万公斤，以及部分其他物资，扶持他们搞好工副业、种植业、畜牧养殖业，收到了良好的经济效益。截至 1989 年底，全县 320 个贫困村，64526 户，273022 人，已有 246 个村，54957 户，234746 人达到脱贫，有 135 个贫困村通了电，188 个贫困村通了车，320 个贫困村全部通了广播，75 个贫困村解决了人畜吃水难问题。

在扶贫工作过程中，临沭县注意积极地走上去、走出去，争取上级的支持和吸引外地的经济力量和技术力量。省地有关部门从资金到物资，对临沭县进行了支援和扶持，增强了全县扶贫工作的活力。1986 年临沭县被省委、省政府列为全省 14 个贫困县之一，省财政厅、省卫生厅实施对口扶贫。经过 10 年奋战，到 1996 年，全县 11 个贫困乡镇，315个贫困村实现了整体脱贫，贫困人口由1985年的26.5万人减少到1980人；54处学校完成了校舍配套改造；解决了70个村缺水，198个村通车，150个村通电，310个村广播的问题；农民年人均纯收入由1985年的297元增加到2010元。1993年，临沭县被省列为脱贫巩固县，1996年10月被评为脱贫先进县，受到省委、省政府的表彰奖励。

第二节　搞好城市经济体制改革

一、工业企业改革

临沭县工业企业改制始于1986年，此前企业实行计划管理，企业负责人由党委、政府任命，国有、集体企业所需原材料，生产产品由国家统一调配，产销全部按计划施行。1986年，国家推行企业经济承包责任制和厂长（经理）负责制，临沭县认真贯彻“巩固、消化、补充、改善”的方针，认真总结经验，不断完善和提高各种形式的经济责任制，更大限度地调动和发挥广大干部职工的积极性。对工业企业强化以厂长为首的生产经营指挥系统，积极推行厂长任期目标制，把生产的发展、效益的提高、职工福利事业的发展同厂长的经济利益挂起钩来，有奖有罚，以充分调动企业负责人的积极性、主动性和创造性。改善和加强企业管理，积极开展打基础、上等级、创先进活动，全面提高企业素质，增强企业发展的后劲。

1987年，临沭县以改革为动力，以提高经济效益为中心，深入贯彻中央、省、地关于放开搞活企业的一系列政策规定，把主要精力放在企业的内部改革上，进一步解放思想，按照企业经营权和所有权分离的原则，改革企业的经营方式，进一步充实完善企业经济承包责任制，深化厂长（经理）负责制，对小型企业逐步实行租赁制，有计划有选择地对中型企业试行股份制。按照中央三个《条例》，正确处理好党、政、工的关系，实行厂长负责制后，充分发挥党委、职代会的作用，做到党、政、工密切配合，共同保证厂长任期目标的实现。改革企业内部的分配制度，在国家规定的政策范围内，企业内部工资奖金的具体分配形式和办法放给企业。作好推进横向联合和开拓生产要素市场的“两篇文章”，建立生产资料市场，发展劳务市场，打通劳动力流通渠道。

企业改革进一步解放和发展了生产力，促进了全县经济的发展。1987 年，全县工业总产值达到 29425 万元，全县重点考核的 37 种工业产品，有 26 种完成年度计划，产品质量稳定提高率达到 82.3%，优质品率达到 10%。

二、科教文卫体制改革与发展

教育工作进一步贯彻了党的办学方针，提高了教学质量，进行教育体制的改革，并按照上级的统一部署，开始进行了教育经费附加征收工作，努力改善办学条件，坚持走三教统筹协调发展的路子，使教育更好地为全县经济建设服务。1983 年至 1986 年，全县吸收各方面资金 540 多万元，对农村中小学校舍进行认真改造。到 1986 年底，全县有 445 处农村中小学校舍达到“六配套”标准要求；适龄儿童入学率由 1983 年的 96.7% 上升到 99.2%。经省政府验收，临沭县达到了普及初等教育的标准。1986 年，全县有 401 名学生考入中专和高等院校，按人口比例，升学率居全区第二位。函大、电大、业大、职工大、自修大学等成人教育也有很大发展，在校生达 772 名。1990 年有 554 名毕业生被高、中等院校录取，大专升学万人比名列全区前茅。教学质量进一步提高，教学条件有了较大改善。

卫生事业在抓好疾病防治的同时，进一步加强医德教育和医院综合治理，医疗水平、服务质量和管理水平不断提高。1985 年受到国家计划生育委员会的表彰。1986 年，经省地检查验收，全县丝虫病、疟疾病达到控制和消灭的标准，县人民医院被评为全区文明医院，店头中心卫生院被评为全区第一名。临沭县还采取措施，对公费医疗管理体制进行了改革，收到较好的效果，既保证了疾病医疗，又减少了医疗费开支，计划生育工作在全区一直是先进单位。

科技工作进一步落实知识分子政策，进行科技体制改革，大力普及推广科学技术，1985 年开展以粮、油、果品低产田开发为重点的农业技术推广应用工作，并在周庄乡进行了花生低产田开发试验，取得了明显的成果，全乡平均亩增皮果一百斤，为花生低产开发提供了成功的经验。1984 年至 1986 年，评定申报科技成果 13 项，推广应用实用技术 91 项，其中花生低产田开发技术、小麦旱薄地耕作技术和苹果低产开发技术取得了显著成绩。1990 年获得 14 项科技成果，其中 1 项达到国内先进水平，3 项填补了省内空白。

三、财政、金融管理体制改革发展

随着国民经济的迅速发展，县财政收入也在大幅度增加，城乡人民的物质文化生活水平有了明显提高。临沭县强化财政观念，抓好生产，提高经济效益，为财政收入广开财源。首先以提高经济效益为中心，把有限的财力用在工农业生产上，培植财源，“养鸡下蛋”。支持农业生产，财政金融部门的支农资金，投放到花生、林果的低产开发和科学技术的推广应用上，投放到乡镇企业上。其次支持工业生产，支持企业的技术改造。筹集资金，支持工业企业的“挖、革、改”，不断扩大工业生产规模，使新上项目快出产品，早见效益。充实税收队伍，加强税收征管工作。严肃财经纪律，严格控制支出。充分发挥财政部门的职能作用，加强监督，严格管理，把好关，理好财，把过度膨胀的非生产性开支压下来，严格控制支出，坚决反对大手大脚、铺张浪费。认真组织税收、财务、物价大检查，查处违反财经纪律的问题，制止收入上的“跑、冒、滴、漏”现象。拓宽理财视野，做到对财政预算内资金、预算外资金，金融部门的信贷资金，社会上分散的资金，一起给以重视并统筹调度合理运用。同时，广泛深入地开展“双增双节”运动。在工作中，一方面精心组织生产，巩固、培植、扩大财源，加强税收征管，千方百计增产增收。另一方面，牢固树立过紧日子的思想，坚持量入为出的原则，严格预算管理，勤俭办一切事情，尽量减少开支，节约费用。通过开展“双增双节”运动，广大干部职工艰苦奋斗、勤俭节约的精神也得到进一步发扬。从而在市场疲软、企业不景气、财源拮据的情况下，实现了财政收支平衡。

金融部门搞好金融体制的改革，建立和发展金融市场。建立横向为主、条块结合的资金融通网络，以加强资金融通。在全县各乡镇逐步建立信用社，鼓励有条件的乡镇试办民间信用合作社。实行多存多贷的政策，合理发放贷款，为经济建设服务。

四、改革流通体制，搞活商品流通

临沭县坚持国家、集体、个体一起上的方针，完善流通体系，逐步建成一个城乡畅通、内外交流、四通八达、开放式、多渠道、少环节的流通网络。坚持以计划经济为主、市场调节为辅的方针，充分发挥商业、供销商品流通主渠道的作用。国营商业搞好小型企业转为集体经营的改革，理顺批发体系，增强大型零售企业的活力，大力发展横向联系，扩大商品流通。供销社进一步搞好管理体制的改革，充分发挥供销社的多功能作用，使供销社真正恢复组织上的群众性、管理上的民主性和经营上的灵活性，真正成为农村农副产品采购加工中心、经济信息中心、工业品销售中心和种养业综合技术指导中心。国营商业、供销社在搞活商品流通的同时，进一步转轨变型，大力发展以食品加工为重点的工业生产，做到工贸结合，实现由单纯经营型向经营生产服务型的转变。此外，加快城镇商业网点建设，做到相对集中，合理布局。积极支持农民进城务工经商，放手发展第三产业。

五、加强横向联系，扩大改革开放

开展横向联系，是城市改革中的新事物，是经济体制改革的一个重要方面。临沭县充分认识开展横向联系的重大意义，根除闭关自守的思想，冲破“条块分割”“行业分割”的限制，广泛开展跨地区、跨部门、跨所有制、内容不同、形式多样的横向联合。在横向联系中，注意克服重资金轻技术、重外联轻内联的思想倾向，加强上下之间沟通，内部之间的协作。一方面，根据临沭县经济落后、资源丰富的实际情况，扩大同县外的联合，本着互惠互利的原则，采取优惠政策，广开门路，最大可能地引进资金，引进技术，引进人才。一方面，重视和加强县内的协作和联系，以骨干企业为“龙头”，重点搞好产品扩散，建立多种形式的联合体。通过联合，发展一批企业群体和企业集团，增强经济发展的活力。

第三节　加强党的建设

一、推动机构改革和干部人事制度改革

随着经济体制改革的深入，政治体制改革被提到重要议程。针对干部人事制度中存在的一些问题，临沭县进行积极稳妥地改革，将竞争机制引入干部人事制度之中，同时实行试用期制度、干部回避制度和民主评议制度。1984 年 2 月，根据中共中央及省、地委的指示，临沭县开始进行县、社（镇）机构改革。26 日，省、地委对临沭县委进行调整，建立新的领导班子：书记陈学明，副书记魏本建、张杰文，常委宋志友、王志航、徐敏瑞、王玉贵、吴传玺、亓咏梅（女），张杰文兼任县纪律检查委员会书记。新的县委班子根据省、地委部署，开始精简机构层次，紧缩人员编制，按照“革命化、年轻化、知识化、专业化”的标准，对各社（镇）和县直各部、委、办、局的机构及领导班子进行调整。1984 年 6 月，县委、县政府严把政治关、文化

关和年龄关，采取民意测验、民主推选、组织考察等方法，推选出临沭县第三梯队，确定13人为县委、县政府后备干部，至6月底，各单位顺利完成改革。县委下设办公室、组织部、宣传部、统战部、农村工作部、政法委员会；县政府下设办公室、计划委员会、经济委员会、科学技术委员会、城乡建设委员会、体育运动委员会、计划生育委员会、民政局、公安局、司法局、人事局、劳动局、审计局、财政局、税务局、工商行政管理局、统计局、商业局、交通局、农牧渔业局、林业局、水利局、多种经营乡镇企业局、粮食局、教育局、卫生局、文化局；单列机构有纪律检查委员会、法院、检察院、人大常委会办公室、机关党委、党史资料征集委员会、党校、工会、政协办公室、团县委、妇联、科学技术协会；改为局级经济组织、事业单位的有广播电视管理局、物资综合公司、农业机械管理服务公司、对外贸易公司、供销联合社、集体工业公司、电业公司、国营工业公司；二级单位设老干部科、机要科、档案科、信访办公室、公证处、法律顾问处。经过改革，县直单位总数减少19个，领导职数平均减少0.3人，正副职平均年龄降低9.7岁，具有大专以上文化程度的干部增加20人，初中以下文化程度的减少85人。各公社完成政、社分开和机构改革后，全县乡（镇）党政领导班子平均职数减少1.1人，平均年龄降低5.8岁，具有高中以上文化程度的增加45人、初中以下文化程度的减少25人。这次改革，全县乡（镇）党政正副职和县直部、委、办、局正副职干部平均职数下降到3.02人，平均年龄降到39.4岁，具有高中文化程度的占67.2%，具有大专以上文化程度的占19%。1984年11月，根据宪法规定和上级指示精神，县委、县政府在全县举行撤队建村工作，经过民主协商，至12月，全县501个村（街）建立了村（居）民委员会，占应建数的90%，县、社（镇）、村机构改革基本完成。

此次机构改革较好地解决了机构重叠、人浮于事、干部队伍老化等问题，基本达到中央提出的革命化、年轻化、知识化、专业化的标准，为贯彻执行党的十一届三中全会以来的路线、方针和政策提供了组织保证。1984 年底，从城镇待业青年中择优录用 5 名新干部充实到党政机关，为财税部门招收干部 27 人。1984 年干部管理制度改革，党委管理干部的权限由下管两级改为下管一级，其他干部亦按下管一级的原则，分别由组织部和人事局分级管理。企事业单位干部，由各主管部门管理。农村基层干部由乡镇党委、政府分工管理。

1988 年，通过自愿报名、群众推荐、文化考试、演讲答辩、组织考察的方式选拔了 15 名党政领导干部和 31 名一般干部，对此，地委给予了充分肯定。许多乡镇在人事问题上也进行了大胆探索，实行了“兵选将”“将点兵”优化组合式的干部选拔方式，调动了干部的积极性。另外，还在党政职能分开、下放权力、企业党政分开等方面，进行了一些改革和探索，取得了初步经验。

二、开展全面整党工作

1983 年 10 月 12 日，中共十二届二中全会一致通过《中共中央关于整党的决定》，确定从 1983 年下半年开始，用三年时间对党的作风和组织进行一次全面整顿。10 月 15 日，临沭县委发出通知，部署全县各级党组织认真学习《中共中央关于整党的决定》，要求全县上下在思想上、政治上同党中央保持一致，抵制和纠正不正之风，清除精神污染，增强党性，按照党章规定，严格要求自己，加强民主集中制，纯洁党的组织，加强党的建设。

1985 年 5 月 28 日，中共临沭县委整党工作办公室成立。29 日，全县展开第二期第二批整党工作，全县共分三批进行整党工作，第一批为县直各单位，第二批为乡镇和县直企事业单位，第三批在农村村级党组织中进行，此次整党活动至 1987 年 1 月底结束，县、乡（镇）、村整党工作历时 1 年零 8 个月。参加整党的党组织有 19 个党委、27个党组、10个党总支和县直69个支部、乡直236个支部、550个农村支部，党员22356名，占全县党员总数的100%，其中县直1740人、乡直3864人、农村16752人。这次整党，按照中央“统一思想，整顿作风，加强纪律，纯洁组织”的要求，共分4个阶段进行：第一阶段，学习文件，提高认识。第二阶段，对照检查，集中整改。第三阶段，党员登记和组织处理。第四阶段，总结检查，通过验收。

通过整党活动，广大党员进一步统一思想，特别是统一并加深了对改革的认识，增强了党性观念，端正实事求是的思想路线。严格纪律，促进党风和社会风气好转，清除了派性，增强了团结，整顿领导班子，纯洁了党的组织，党的战斗力进一步加强。整党工作中，发展党员1527名，处置党员26人，其中给予警告处分的7人，严重警告的6人，撤销党内职务的2人，留党察看9人，开除党籍2人。

三、开展党员民主评议，处置不合格党员

1988年12月15日，中共中央批转《中央组织部关于建立民主评议党员制度的意见》，要求在试点的基础上，在全国城乡基层党组织中逐步建立和实行民主评议党员的制度。1989年8月28日，中共中央又发出《关于加强党的建设的通知》，针对1989年6月发生的动乱和反革命暴乱中暴露出的党内存在的严重问题，要求各级党委全面按照党的基本路线的要求，聚精会神抓党的建设，下决心解决好当前党的建设中的迫切问题。

1988年12月31日，全县农村处置不合格党员工作结束。此前，根据省、地委部署，中共临沭县委在郑山乡姜屯村和县农机厂进行妥善处理不合格党员试点工作。为保证试点顺利、取得经验，县委采取三条措施：一是成立领导小组；二是从县委组织部、县纪委、组织员办公室、直属机关党委等单位抽调14名干部组成试点

工作组；三是对工作组成员进行业务培训，明确指导思想、工作程序、步骤、方法。试点工作从9月底开始，至10月底结束，共处置不合格党员6人，占试点单位党员总数的1.8%。11月21日，乡（镇）机关处置不合格党员工作开始；12月8日，全县农村处置不合格党员工作普遍展开。全县参加测评的农村党员共15830人，占农村党员总数的91.5%。测评工作采取党内民主测评和群众代表民主测评相结合的方式。党内测评出的合格党员15051人，占党员总数的87%；基本合格党员1747人，占10.1%；基本不合格党员363人，占2.1%；不合格党员138人，占0.8%。群众代表测评出的合格党员14982人，占86%；基本合格党员1939人，占11.2%，基本不合格党员242人，占1.4%；不合格党员137人，占0.74%。党内民主测评和群众代表评议的结果基本相符，后经反复酝酿，包括乡（镇）机关党员在内，共评出234名不合格党员，除12名问题尚未查清，对222名不合格党员进行组织处置，占1.1%，其中有70人出党，占0.34%。这次处置不合格党员工作，纯洁了组织，提高了党员队伍素质，进一步树立了为人民服务的思想观念，促进了基层支部班子建设，增强了战斗力，完善了党内生活的各项制度，提高了党的威信，密切了党群关系，促进了党内外团结，提高了入党积极分子队伍的素质，促进了其他各项工作的开展。

四、严肃党纪政纪，纠正不正之风

根据1988年中央5号文件和鲁办发1号文件精神，1988年8月26日，临沭县委、县政府召开全县廉政工作会议，次日，制定并颁发《关于严禁党政机关用公款大吃大喝请客送礼的规定》，并将带头抵制大吃大喝、请客送礼的不正之风，作为干部政绩考核的重要内容。

县委常委带头制定了廉政守则，并成立了廉政办公室，实行了廉政工作领导责任制。在严禁以权谋私，杜绝吃请受贿，清查干部职工违纪建私房，清理整顿公司，查处“官倒”，禁止党政干部经商办企业，努力解决农用生产资料等“困农”问题，查处计划生育经费管理不善等问题，严格控制乱涨价，乱发奖金，控制社会集团购买力方面，采取了一系列措施，收到了较好的效果。为了加强群众监督，全县设立举报电话50多部，检举箱100多个，聘请监督员3000多名，开展查处干部职工违纪建私房工作；清理陈欠公款113万多元；立案查处党内违纪案件171起，有156名党员干部分别受到警告、严重警告、撤销党内职务、留党察看、开除党籍处分。

在全面开展廉洁从政的过程中，为了进一步转变职能和工作作风，更好地促进政府工作，使政府工作科学化、规范化，县政府于1988年1月份向县政府各部门、各乡镇政府发了“征询意见书”，征得若干条批评性建设性意见，对改进政府工作，起了重要作用。同时，县政府还制定下发了县政府会议制度和月度工作制度，并按照县长分工明确了政府领导的职能。对于一些急于解决的关键问题，县政府及时组织有关部门进行现场办公，尽量当场解决问题。对于干部职工关心的问题，县政府与县总工会举行对话会议，既解答了干部职工提出的问题，也吸取了许多宝贵的意见和建议，党政机关工作作风有了明显改进。

第四节　加强民主法治和精神文明建设

一、严厉打击经济犯罪和刑事犯罪，稳定经济秩序

社会主义精神文明建设和物质文明建设，必须有一个良好的社会秩序。党的十一届三中全会以来，国家恢复、修改和颁发了一系列法律、法规，并采取了相应的措施，严厉打击了经济领域的犯罪活动和严重刑事犯罪活动，巩固了安定团结的政治局面，促进了四化建设的顺利进行。

但是，由于十年内乱的影响，社会上各种违法现象和不正之风仍然比较严重。1983 年 8 月，中共中央根据当时全国的社会治安局势，作出《关于严厉打击严重刑事犯罪活动的决定》。《决定》要求以三年时间，开展三次大的战役，给严重犯罪分子以严厉打击，全力营造安定团结的政治局面。临沭县成立严厉打击严重刑事犯罪活动指挥部，由县委书记陈学明任指挥，按照坚决打击、一网打尽和从重从快的方针，严厉打击刑事犯罪活动。打击处理强调一个“严”字，做到不枉不纵，不错不漏；执法强调一个“准”字，注意严格分清是非界限，严禁非法拘留、关押公民。同时，临沭县加强政法队伍建设，提高办案水平和办案效率；整顿基层治安组织，建立健全群众性的治安保卫责任制，社会治安明显好转。1988 年，临沭县被省命名为社会治安综合治理先进县。

二、开展“五讲四美三热爱”活动，加强社会主义文明建设

1981 年初，中共中央全力支持全国总工会、共青团、妇联等九个单位向全国人民发出的《倡议》，在全国范围内广泛开展以讲文明、讲礼貌、讲卫生、讲秩序、讲道德和心灵美、语言美、行为美、环境美为主要内容的“五讲四美”活动。同年 2 月，中央宣传部、文化部、卫生部、公安部联合发出《关于开展文明礼貌活动的通知》，使这一活动进一步在全国深入开展。

临沭县把“五讲四美三热爱”活动同群众性的脏乱差治理，同开展优质服务、优良秩序、优美环境结合起来，同进行远大理想、职业道德、组织纪律结合起来，确保“五讲四美三热爱”活动经常化、制度化。发动群众制订和完善乡规民约、文明公约和职业守则，开展争创文明村庄、文明单位、文明班组、五好家庭、先进个人的活动，实现社会风气的根本好转。

1984 年 3 月 1 日，临沭县以推动文明单位建设为重点，将“全

民礼貌月”作为全面建设文明单位的动员月、工作月，以爱国主义和共产主义思想为核心，开展丰富多彩的教育活动，搞好对“脏、乱、差”的综合治理，创建优美环境，建立优良秩序，搞好优质服务。

1985 年，紧紧围绕经济建设这一全党的中心工作，临沭县以共产主义思想教育为核心，持续深入广泛地开展“五讲四美三热爱”活动，开展创建“文明单位”“文明村庄”活动，加强理想教育和纪律教育，培养全县人民高尚的共产主义道德情操，促进两个文明建设的顺利进行。

三、开展民主与法制宣传教育，创造良好法制环境

在民主化建设中，县委和各级党组织带头坚持民主制度，发扬民主作风，积极发挥政协和群团组织的民主监督作用，支持和鼓励人民群众正确行使民主权利，参与管理国家和社会事务。

1985 年 1 月 9 日，临沭县召开政法工作会议，组织 25 人成立法制宣传月工作组，11 日进驻石门镇试点，在总结经验的基础上，运用多种形式，大张旗鼓的在全县展开法制宣传教育。

1985 年，中共中央、国务院批转中宣部、司法部五年普法规划，全国人大常委会作出在全体公民中基本普及法律常识的决定，临沭县委、县政府于 6 月 7 日批转县委宣传部、县司法局《关于全县普及法律常识四年规划的报告》，从 1985 年 11 月至 1987 年，重点组织全县 550 多名脱产干部参加法律知识培训，同时在广大干部中普及法律常识，广大干部、工人、农民、居民、学生都能了解《中华人民共和国宪法》《中华人民共和国刑法》《中华人民共和国民事诉讼法》《中华人民共和国婚姻法》等法律条例的基本知识，了解与各行各业以及同人民群众的工作、生活密切相关的各种经济法规和其他法律常识。

通过民主与法制的宣传教育，全县人民学法、用法、维护法律

的风气不断形成，为全县的社会主义现代化建设创造了良好的法制环境。

四、开展社会主义思想教育活动

党的十一届三中全会以后，全国农村发生了历史性巨变，广大农民在各级党组织的领导下，为农村改革和建设作出了重大贡献，群众的生活和精神面貌显著变化。但是，由于一些年削弱了思想政治工作，放松了四项基本原则的教育，一些消极现象也逐渐显现出来。1990 年 11 月中旬，县委贯彻中央、省委农村社会主义思想教育会议精神，成立县农村社会主义思想教育活动领导小组，县委书记魏本建任组长，先后召开县委常委扩大会议及县六大班子联席会、乡镇党委书记会、县直机关干部大会、乡镇党委组织委员和县宣讲队员会，各乡镇党委、政府也分别召开专题会议，研究部署社教工作；落实分工负责责任制，县六大班子成员分工包片，乡镇党委政府成员和村两委干部也作了明确分工，包村包组包户，责任到人。全县农村社会主义思想教育活动动员誓师大会之后，县委专门下发实施意见，全县农村社会主义思想教育活动普遍展开，至 1991 年 3 月结束，历时半年。通过开展一系列教育活动，全县农村广大党员、干部、群众充分认识到社会主义制度的优越性和党的农村现行政策的稳定性、正确性，坚定了社会主义信念、调动了积极性，为促进农村经济建设、加快脱贫致富步伐和各项工作的全面发展，奠定了牢固的思想理论基础。

第三章　深化改革开放与建立社会主义市场经济体制

第一节　加快改革开放步伐，建立社会主义市场经济体制

一、乡镇企业的发展

1992 年 3 月 18 日，国务院批转农业部《关于促进乡镇企业持续健康发展报告》，临沭县掀起新的大力发展乡镇企业的热潮。乡镇企业成为市场经济条件下发展农村经济最有潜力、最具活力的经济增长点，抓好乡镇企业是大势所趋、形势所迫，不抓不行、非抓好不可，农村发展中遇到的很多困难和问题，最终要靠发展乡镇企业来消化解决。临沭县把发展乡镇企业放到突出位置，千方百计抓发展，使乡镇企业成为全县经济的支柱产业，在全县脱贫致富奔小康的过程中挑起大梁。

临沭县着手实施乡镇办工业“500 万”工程和重点强村“300 万”工程，乡镇之间、村街之间比着上、赛着干，形成千帆竞发的整体合力。1994 年，全县乡镇企业达到 82 家，从业人员 5860 人，工业总产值 4.07 亿元，上缴税金 151 万元。

1996 年，临沭县坚持大小结合、土洋结合、内外结合的原则，在大上“四高”项目的同时，因地制宜，尽力而为，大力发展村办工业，多上短、平、快农副产品加工项目，在发展中提高，在提高中加快发展，努力增加集体积累，壮大经济实力，逐步解决好伸手向农民要钱的问题，切实减轻农民负担。乡镇企业得到较快发展，投资 200 万元以上的项目达 23 个，涌现出一批骨干乡镇、龙头企业和经济强村，成为农村经济富有活力的经济增长点。

临沭县重点抓好 6 个强镇、20 个重点村街和 20 个骨干企业，对龙头骨干企业，要求全县各级各部门要在资金、技术、政策等方面给

予大力扶持，全力促其膨胀规模，提高效益，形成乡镇企业的龙头优势。对乡镇企业的骨干项目，发挥机制活、转轨快等优势，吸收、兼并弱小企业，实行跨行业、跨区域经营，走出一条自我壮大、滚动发展的成功路子，在激烈的市场竞争中站稳脚发展。1997 年，全县乡镇企业发展到 56 家，从业人员 3722 人，工业产值 2.68 亿元，缴纳税金 7 万元。

1986 年至 1997 年，全县乡镇企业在徘徊中发展，然而由于体制、人才、资金和技术等原因造成产权不清，权责利不明确，全县乡镇企业已走到非改制不可的尽头。

二、转换企业经营机制，推动企业走向市场

1992 年 2 月 19 日，国务院批转国家体改委《关于 1992 年经济体制改革要点》。5 月 16 日，中共中央政治局通过了《中共中央关于加快改革，扩大开放，力争经济更好更快地上一个新台阶的意见》。6 月 30 日，国务院常务会议通过了《全民所有制工业企业转换经营机制条例》，对加快经济体制改革的目的、任务和对全民所有制工业企业转换经营机制的原则、方式等问题做了更加明确的规定。在党中央、国务院一系列文件精神的指导下，全县企业改革进入一个新的阶段。

1992 年 4 月 3 日，临沭县委、县政府根据省政府统一部署，在全县国合商业（粮食、商业、供销、物资、石油、丝绸、医药等）企业中推行经营、价格、分配、用工“四放开”改革，以搞好国合商业企业，促进经营机制转换。此后，各系统各单位在调查研究的基础上，制订切实可行的实施方案，进行试点。后采用“压茬”方式，由点及面，逐步展开，企业逐步克服“一大三铁”(大锅饭，铁交椅、铁饭碗、铁工资）的弊端，增强了企业活力，调动了经营者和职工的积极性，提高了经营效益和服务质量。4 月 5 日，中共临沭县委、临沭县人民政府制定关于进一步深化工业企业改革的意见，提出全县深化

企业改革的总体思路："以提高经济效益为中心，以打破"一大三铁"为突破口，加快企业经营机制转换，尽快把企业推向市场，形成"三能"（干部能上能下，职工能进能出，工资能高能低）、"四自"（自主经营、自负盈亏、自我约束、自我发展）的充满活力的经营机制，使全县工业生产在改革中稳步健康地发展。为保证改革的顺利进行，县委、县政府在山东手扶拖拉机厂、县造纸厂等4家企业进行改革试点，随后在全县范围内展开。

1994年县政府出台《经济体制改革工作意见》，首次提出加快转换企业经营机制，积极探索建立现代企业制度的要求，进一步把企业推向市场，先后对临沭县食品厂、临沭县电焊条厂、临沭县工艺包装厂、临沭县印刷厂实行"先出售、后改制"公司化改革试点。1995年，按照县政府《关于经济体制改革工作意见》和《关于做好企业向新的经营形式过渡的实施意见》，供销社系统107家经营门店、商业系统5家门店采取"租壳卖瓤，社有民营"形式的改革；从一些条件较好的店开始试行抽本经营，即对店的柜台、货架进行分片分段租赁，对库存商品进行抽本销售；几个人一组，交上租金，就可以经营，费用支出减少，极大调动了职工的积极性。实践证明，这种方法既能提高企业效益，又能降低成本。至1997年12月，整个商业系统及部分供销系统企业都实行"抽本经营"改革。

1997年，按照"三改一加强"的思路，以"三个有利于"为标准，贯彻"不争论"的原则，放开手脚，勇于探索，全面推进县乡企业改革。以组建企业集团为工作重点，坚持扶优扶强的原则，大力推进企业的兼并联合，在巩固完善原有8家企业集团的基础上，重点抓好草柳、锻造、造纸、酿酒等4家企业集团的组建工作，培植一批支撑全县经济大局的骨干企业，形成一个地方或一个行业的经济"小巨人"。同时，因地制宜，因企施策，以股份合作制为主要形式，租赁、兼并、出售、破产等多种形式并举，认真抓好小型企业的改革。高度重视流通企业的改革，加快转机建制步伐，依靠改革解决发展中存在的困难和问题；对效益稳定、管理工作比较扎实的企业，采取组建企业集团或建立股份合作制的方式，进一步扩大企业规模，发挥支柱作用；对处于盈亏边缘、效益不稳定的企业，采取抽本租赁经营，避免国有、集体财产流失；对长期亏损的企业大胆进行破产拍卖，盘活存量资产，实现资产重组，发挥应有效益。

三、实施县乡机构改革

1993 年 12 月 18 日，县委、县政府根据中央、省、地关于县乡机构改革的统一部署和要求，制定《临沭县县乡机构改革方案》，同时召开县乡机构改革动员大会，推行全县县乡机构改革。

省、地委机构改革方案确定临沭县为二类甲级县，县直机关按规定必设和因地制宜设置的机构共 30 个，其中县委工作部门 5 个，县政府工作部门 25 个；按党章和宪法及有关规定设置机构 10 个；保留 6 个不列县委、县政府工作部门序列，由有关部门直接管理的行政机构；成建制转为服务实体的单位 7 个；成建制转为经济实体的单位有 6 个；撤销、合并减少的行政管理部门和单位 32 个（其中正科级单位 15 个，副科级单位 17 个）。

临沭县核定县直部门行政编制总额 650 人，列入县直机关机构改革单位的现有总人数为 1152 人，实际分流各类人员 578 人，尚缺编 76 人。

按照上级规定，全县 20 个乡镇，一类乡镇 10 个（6 镇 4 乡）、二类乡镇 10 个。县委、县政府确定乡镇管理体制设 7 个综合办公室。规定一类乡镇编制为 35 人，二类乡镇 30 人，共核定乡镇行政编制 650 人。乡镇实际现有人员 718 人，分流人员 153 人，尚缺编 84 人。1994 年 3 月这项工作基本结束。

第二节　加快经济社会发展步伐

一、重点项目建设步伐加快

1996年，全县固定资产投资完成5.8亿元，增长3.6%。在国家持续紧控的情况下，技改和新上项目势头仍然不减，全年共有130个项目竣工投产，完成投资2.6亿元，增长13%；共争得国家、省级重点项目12个，居全市之首；其中国家“双加”工程3个，国家产学研和星火、火炬计划项目3个。这些重点项目的相继建设，使全县经济发展的支撑能力进一步增强。同时，基础设施条件继续得到改善，累计投资5000万元，先后完成了327国道西段和县城13条57.5万平方米的街道硬化任务，并修建了327国道沭河大桥。小城镇面貌发生了较大变化，全县投资2600万元，硬化乡镇驻地街道4.4万平方米，建设商业街20条2万平方米，修建供排水管道70公里，基本实现了水、电、路、电话和地面“四通一平”。邮电通信事业发展较快，全县市话线路总容量达到1.5万线，县邮电局成为全市第4个万门局。电力事业得到发展，通过了部级电气化县验收。此外，城市住宅小区建设及教育、卫生等基础设施都得到了进一步强化。

二、改革开放取得了新的成绩

企业改革向纵深发展，按照抓大放小、因企施策、分工负责、包干到底的原则，全县组织了由4名县级领导带队、33名副科级以上干部任组长、106名工作人员组成的改制工作组，完成103家县乡工业的改革任务，改制面达70.5%，其中新组建沭化、常林机械2个省级企业集团，将17家企业改组成有限责任公司，对13家企业实行了股份合作制。农村改革，从深化农村经济体制和运行机制入手，大力调整了农业内部结构，发展了一批种、养、加专业大户，全县共兴办带有股份制性质的农业合作项目1700余个；社会化服务体系建设得到加强，促进了农村经济的发展。财税、金融、住房、社会保障制度等各项改革也都取得了新的进展。外经外贸稳步推进，1996年，新批三资企业4家，合同利用外资70万美元；完成外贸出口交货值4亿元，自营出口创汇506万美元。

三、社会事业与经济建设协调推进

临沭县积极推进科技体制的改革，搞好科学技术的推广应用。加强科技队伍的建设，加快人才培养，努力搞好科学技术的研究、引进和推广应用工作，鼓励科技人员到基层承包、承租集体、乡镇企业，开展技术服务。继续落实知识分子政策，彻底解决好历史遗留问题，进一步提高知识分子的社会地位，充分发挥广大知识分子的积极性和创造性。1996年共实施市级以上科技项目21项，获省市级科技进步奖和科技星火奖18项；推广小麦良种示范、脱毒地瓜等农业科技成果70余项，取得了较好的经济效益和社会效益。教育工作扎实有效，“两基”成果进一步巩固，开始向素质教育转轨，荣获全市“教育质量年”一等奖；1996年共向大中专院校输送新生746人，为企业和农村培养各类专业人才607人。三级医疗网络建设进一步加强，初级保健工作通过了省级验收；加大了基础设施投入，医疗条件明显改善。人口、环保、土地三项基本国策得到较好落实，人口自然增长率为6.66‰，较好地完成了各项人口控制指标；关停了5家小造纸企业，完成了县造纸厂的治污工程；加大了土地控制力度，土地市场进一步规范。武装和民政工作成绩突出，创下了35年无责任退兵的全国纪录，荣获全国拥军优属模范县称号。扎扎实实地开展各种形式的精神文明创建活动，加强了城乡社会主义思想教育和机关作风整顿，荣获全省精神文明建设先进县称号。强化社会治安综合治理，积极开展“严打”等各项治理活动，保持了社会稳定，荣获全省社会治安综合治理先进县称号。深入开展反腐败斗争，认真查处了一批腐败分子。

第三节　进一步加强党的建设、精神文明建设与民主法制建设

一、加强农村基层组织建设，整顿农村软弱涣散组织

1994 年 9 月，党的十四届四中全会召开，全会讨论了党的建设问题，并作出《中共中央关于加强党的建设几个重大问题的决定》。11 月，中共中央发出《关于加强农村基层组织建设的通知》，就大力加强农村以党组织为核心的基层组织建设作出部署，提出“力争三年内把处于软弱涣散和瘫痪状态的基层组织整顿和建设好”的工作要求。

临沭县委根据中央指示精神，开始加强农村基层组织建设、整顿软弱涣散组织的工作。重点解决农村党支部存在的领导年龄过大、组织不够健全、战斗力不强等问题。整顿工作以建设一个好的领导班子，培养锻炼一支好的队伍，选准一条发展经济的好路子，完善一个好的经营体制，健全一套好的管理制度为目标。通过整顿，全县农村基层组织面貌有了较大变化，村级组织的领导班子显得更加富有生气，得到群众的普遍拥护，党员普遍加深了对改革开放政策的理解，工作更加积极，模范带头作用进一步发挥，建立和完善了农村经济管理制度和党组织的活动制度。

1994 年 12 月 1 日，县委制定《关于今冬明春农村基层组织集中教育整顿的意见》，提出教育整顿以党员冬训为重点，抓好社会主义思想教育，以搞好贫困后进村领导班子建设为重点，对以党支部为核心的农村基层组织进行思想、作风、组织整顿；以完善和落实为着力点，切实抓好制度建设；以奔小康为落脚点和根本任务，制定发展规划。1995 年 11 月 15 日，县委提出《关于进一步加强农村基层组织建设的意见》，提出各级党组织按照中共中央关于农村基层组织建设“五个好”的目标要求，进一步提高加强农村基层组织建设重要性的

认识，围绕深化农村改革，搞好农村社会化服务，着力搞好乡镇领导班子建设和软弱涣散村支部班子整顿工作，集中搞好农村基层干部和党员培训，加强对农村基层组织建设工作的领导。

二、严肃党纪整纪，纠正不正之风

1993年8月，中央纪律检查委员会第二次全体会议在北京召开，江泽民作重要讲话，要求各级党委和政府必须把反腐败斗争作为一项重大政治任务进一步抓紧。10月5日，中共中央、国务院印发《关于反腐败斗争近期抓好几项工作的决定》，要求各级党委和政府必须遵循邓小平建设有中国特色的社会主义理论和党的十四大精神，在牢牢把握经济建设这个中心的同时，采取坚决措施，惩治腐败，加强党风建设。

1993年9月24日，临沭县委召开全县反腐败斗争、加强党风廉政建设工作会议，要求全县认真学习文件，统一思想，提高对深入开展反腐败斗争和加强党风廉政建设重大意义的认识，实行综合治理，打好反腐败斗争和党风廉政建设的持久战。11月27日，临沭县开始对全县党政群机关、企事业单位干部职工借支、挪用、拖欠公款以及公款私存问题进行彻底清理，至年底，全县共清理干部职工欠公款900万元，涉及215个单位、2508人，除个别确有困难、办理欠转贷或逐月从工资中扣除外，所有欠款都及时收回。

1994年6月28日，临沭县制定关于整顿机关作风的意见，集中半个月的时间，在全县范围内进行一次机关作风整顿。全县20个乡镇和县直单位7000名干部职工，在作风整顿活动中对照标准，严格自查，狠抓落实，精神面貌大为好转，有力促进了全县经济和各项工作的开展。1996年10月，临沭县召开纠风工作会议，全县清查出“小金库”资金35万元，查处各类违纪违规资金23万元，邮电、供电、公安、建行、工商等部门围绕提高服务质量，树立行业新风，有力推进全县行风建设，社会反响良好。

三、切实加强民主法制教育

按照县委普法规划要求，在广大干部群众中广泛深入地进行民主与法制教育、法律常识教育，增强公民意识，树立民主观念，真正使广大干部群众学法、懂法、守法、用法。

1994 年 3 月 18 日，临沭县根据中共中央、国务院和全国人大常委会关于加强社会治安综合治理的两个《决定》、中央综治委五部门《关于实行社会治安综合治理领导责任制的若干规定》，按照“属地原则”和“谁主管谁负责原则”，县与乡镇、机关事业企业单位，乡镇与村街、辖区单位等层层签订《社会治安综合治理目标管理责任书》。同时，建立临沭县见义勇为奖励基金会，设立“见义勇为奖励基金”，促进社会治安秩序的根本好转。1996 年 5 月 4 日，临沭县召开全县严厉打击严重刑事犯罪活动斗争动员有线广播大会，积极组织社会各方面力量，采取切实有效措施，集中打击严重刑事犯罪活动，按照“两手抓、两手都要硬”的方针，集中力量，突破重大案件，深化整治措施，集中解决一批突出的治安问题，至 1997 年开展打团伙、追逃犯工作，摧毁犯罪团伙 24 个，抓获团伙成员 79 名，其中盗窃团伙 14 个、52 人，抢劫团伙 5 个、16 人。1996 年 12 月 10 日，临沭县部署“三五”普法和依法治县工作，重点对司法人员、行政人员、干部、企业经营管理人员、青少年和农民进行普法教育宣传。“三五”普法期间，临沭县先后举办两期领导干部法律大专学历教育，215 名副科级领导干部取得了法律大专学历。2000 年，临沭县通过临沂市“三五”普法验收。

四、加强精神文明建设，树立和发扬社会主义道德风尚

社会主义精神文明建设，是建设具有中国特色的社会主义的一个

战略方针。搞好社会主义精神文明建设，对保证和促进经济体制改革及经济建设的顺利进行有着十分重要的意义。临沭县坚持“两个文明”一起抓，加强政治思想工作，广泛深入开展“五讲”“四美”“三热爱”和创建文明单位的活动，把精神文明建设不断引向深入。

临沭县提出“脱贫致富，振兴临沭”作为全县人民实现共同理想的奋斗目标，并把这个总的奋斗目标落实到基层。广泛开展“热爱临沭、振兴临沭”的活动；充分发扬临沭革命老根据地的光荣传统，通过请老党员、老干部、老英雄、老模范作报告等活动，使广大干部群众增强振兴临沭的光荣感、紧迫感，为临沭县经济建设做出新贡献。

临沭县主要抓好两点：一是职业道德建设。各行各业根据自己的特点，制定切实可行的职业道德规范。端正服务态度，做到公平、热情、周到、信实。二是搞好移风易俗和社会公德教育。坚决反对封建迷信、婚丧嫁娶大操大办、拉帮结伙、赌博等陈规陋习；把讲文明、树新风，作为评选文明单位、五好家庭的重要条件；广泛开展争创文明村、文明商店、文明医院、文明学校、文明班组和五好家庭的活动，促进社会风气的进一步好转。良好的社会公德，是精神文明的重要标志。积极兴办各项社会福利事业，乡（镇）、村要办好敬老院、托儿所、幼儿园，帮助烈军属、荣誉军人和社会困难户解决生产、生活中的实际困难。结合学雷锋活动，发扬团结友爱、邻里互助、扶弱济贫的风格，建立个人与个人之间、个人与集体之间、集体与集体之间新型的社会关系。特别注意对青少年进行思想教育，向他们灌输共产主义思想，组织他们学习中国近代史，加强爱国主义和革命传统教育，使他们成为有共产主义觉悟、有远大理想的一代新人。发扬临沭人民勤劳诚实、见义勇为、助人为乐、礼貌待人的传统美德，树立具有时代精神的新风貌。

第四章　富民兴沭全面建设小康社会

1997年9月12日至18日，中国共产党第十五次全国代表大会在北京举行。以江泽民为核心的中国共产党领导集体，领导全国人民进入了高举邓小平理论伟大旗帜，进一步推动建设有中国特色社会主义事业跨世纪发展的关键时期。在党的十五大精神指引下，临沭县改革向纵深发展，经济保持良好发展势头，社会稳定，人民安居乐业，走出了一条具有自身特色的小康建设之路。

▲ 中国共产党第十五次全国代表大会举行

第一节　以经济建设为中心，不断发展和完善市场经济机制

一、开展“百村治理”活动

1998年5月25日，县委、县政府为促进全县农村经济健康发展和社会全面进步，加快实施“安民、富民、兴县”工程，制定《关于

开展“百村治理”活动的实施意见》。同年3月18日至4月3日，县委、县政府抽调60个单位120名人员，组成20个调查组，分赴全县20个乡镇100个行政村（街）进行调查。调查采用座谈、入户调查和表格调查相结合的形式，普遍召开了村两委会议、党员会议和村民代表会议，访谈2500余人次，对全县村（街）基本情况、班子建设、产业结构及经济发展情况、集体经济情况、农村承包政策、农村制度建设、精神文明建设、社会治安、群众对上级的要求等10个方面的情况进行调查，找出了许多制约和影响农村经济健康发展和社会稳定的不容忽视的问题，同年5月，县委、县政府提出《关于加快农业发展的意见》，以实现农业增产、农民增收、农村稳定为目的，调整农业内部种植结构和产品结构，大力发展“两高一优”农业，实现农业内部的稳步增长和可持续发展。在“百村调查”的基础上，县委、县政府抽调县乡机关500余名干部驻村包点，在全县范围内开展“百村治理”活动。要求坚持以邓小平理论和党的十五大精神为指针，紧紧咬住经济发展不放松，坚持抓两头带中间，对部分先进村进一步规范、完善、提高，对部分班子较差、治安秩序较乱、财务管理混乱、经济发展落后的村街，实施重点治理，以点带面，点面结合，力争用一年的时间，抓好6个方面的工作：（一）注重学习教育，解决基层干部素质不高的问题；（二）突出抓好农村支部班子的整顿建设，真正解决“有人管事”的问题；（三）帮助找准致富门路，切实解决“有钱办事”的问题；（四）建立健全村级管理制度，努力解决“有章理事”的问题；（五）标本兼治，综合治理，彻底解决社会治安秩序较乱的问题；（六）进一步治理村容村貌，解决村庄环境脏乱差的问题。使群众反映强烈的热点难点问题得到基本解决，村级各项规章制度基本健全完善，农村经济稳步发展，村容村貌明显改观，群众安全感进一步增强。

通过“百村治理”活动，促进了全县农村经济健康发展和社会全面进步，加快了“安民、富民、兴县”工程的实施步伐。

二、稳定和完善农村土地第二轮承包，减轻农民负担

1999 年，按照中央“在原定耕地承包到期之后，再延长 30 年不变”的政策，开展二轮土地延包工作，15.5 万户农户与村集体签订承包合同，15.4 万户农户获得县政府颁发的农村土地承包经营权证。2003 年 3 月 1 日，《中华人民共和国农村土地承包法》正式实施，把稳定和完善以家庭承包经营为基础，统分结合的双层经营体制，依法保障农民土地承包经营的各项权利，赋予农民长期而有保障的土地使用权，维护农村土地承包当事人的合法权益，以法律形式固定下来。2004 年 10 月 1 日，《山东实施〈中华人民共和国农村土地承包法〉办法》实施后，临沭县建立健全土地承包合同鉴证、承包合同检查、合同纠纷及信访调处、合同档案管理等制度，进一步加强农村土地承包合同管理。

农村土地二轮承包之后，临沭县政府认真贯彻“土地承包期再延长 30 年不变”的政策，家庭承包经营制度为主的土地承包关系进一步稳定。原财政计税土地面积 5.51 万公顷，二轮土地延包面积 4.73 万公顷，税费改革期间，全县核实计税面积 5.85 万公顷。土地承包期全部延长 30 年，使农民的土地权益得到有效保护。

在稳定家庭联产承包责任制的同时，引导农民依法自愿有偿有序流转土地，并鼓励农民外出务工经商，土地向能人流转。土地流转形式主要有出租、互换、转包三种。转包主要是由于家庭缺少劳动力或劳动人口进城经商等原因，将土地转包给本村有经营能力的农户耕种。2006 年流转土地 752.7 公顷，2007 年流转土地 687.2 公顷。

2002 年，山东省进行农村税费改革试点之前，县内按照《山东省农业税附加、农业特产税附加征收管理办法（试行）》《山东省乡村公益事业金征收管理办法（试行）》规定，核定每年征收农业两税附

加1485.3万元，其中农业税附加1483.3万元，特产税附加2.02万元，核定征收乡村公益事业金534.4万元。2002年，实行税改，取消“三提五统”后，全县减轻农民负担1716万元，人均减负31元，减负率为23%。2003年7月21日，全省减负电视电话会议要求暂停征收乡村公益事业金，取消农业特产税。县政府按照要求，对除黄烟特产税以外的其他特产税一律取消，改征农业税，暂停征收乡村公益事业金。取消农业特产税、暂停征收公益事业金两项，使全县农民减轻负担634万元。同时，按“轻灾少减、重灾多减、特重全免、分级负担”原则，把农业税减免款确定到户，张榜公布；对各类税前减免款，按照公平、公正、公开的原则，落实到村、到户、到人。是年，落实灾歉减免款70万元，落实各类税前减免款473万元。2004年，根据财政部、农业部、国家税务总局财税〔2004〕77号和山东省财政厅、山东省农业厅鲁财农税〔2004〕4号文件精神，县内农业税税率按3%执行，全县农民减交农业税及附加3195万元，人均55元。2005年，农业税税率再降2个百分点，农民人均减负107元，农民人均负担由2000年的96.5元下降到17.7元。2006年，全部取消农业税。

三、实施产业化战略，积极推进农业增长方式转变

临沭县以增加农产品总量、增加农民收入、实现小康目标为总抓手，大力发展创收、创税、创汇农业，加快构筑产业化格局，加速粗放农业、产量农业向集约农业、效益农业的转变。

1997年，临沭县调整优化农村产业、产品结构，培植农副产品生产基地，实行区域化布局、专业化生产、规模化经营，提高农业生产效益、加速产业化进程。以提高农业对县乡财政的贡献能力和农民增收为重点，在稳定粮油生产的前提下，全县调增经济作物面积8万亩，大力发展茶、桑、柳、果、烟、菜、棉等优质高效产

业；并强化管理，搞好服务，让农民群众真正在调整中见效益、得好处，调动其发展优势产业的积极性。大力发展规模养殖业，全面实施“十百千万”工程（发展养牛过10头，养猪、养羊过100头（只），养鸡过1000只，户均年收入2万元以上的大户1万个），使畜牧业真正成为富民富县的支柱产业。

临沭县通过走市场牵龙头、龙头带基地、基地连农户的路子，重点培植10条“龙型”产业链：以县工艺柳制品厂为龙头，联合30多家集体、个体柳制品加工企业，带动沭河沿岸6万亩白柳生产基地的白柳产业链；以县兴大食品集团和23家脱水企业为龙头，带动10万亩蔬菜生产基地的蔬菜产业链；以县食品总公司和郑山屠宰专业村为龙头，带动养殖业“十百千万”工程的畜禽产业链；以县果品公司为龙头，依托20余家冷藏加工厂，带动15万亩干鲜果品生产基地的果品产业链；以县粮油加工厂、花生筛选厂为龙头，依托20个乡镇粮管所，带动25万亩优质花生生产基地的花生产业链；以大兴、唐岭茶叶加工企业为龙头，带动1.5万亩茶叶生产基地的茶叶产业链；以县烟草公司为龙头，带动2万亩烤烟生产基地的烟草产业链；以县丝绸公司为龙头，带动1万亩桑蚕生产基地的蚕茧产业链；以县棉麻公司为龙头，带动西部黑土湖1.5万亩棉花生产基地的棉花产业链；以酒精生产企业、后利城粉条专业村和果脯加工厂为龙头，带动20万亩优质商品地瓜生产基地的地瓜产业链。2005年农业结构不断优化，产业化水平明显提高，“东茶、西菜、南桑、北柳”的特色产业格局进一步凸现，省市级农业产业化龙头企业达12家。形成独具临沭特色的产业链、产业带、产业群，带动整个农村经济的大发展。

临沭县多渠道筹措资金，努力增加农贷资金和财政支农资金的投入，充分调动农民投入的积极性，用足用好“两工”政策，切实改善农业生产条件。在认真搞好东调工程和地方带动工程建设的同时，重点抓好牛腿沟沿岸6万亩易涝农田的治理，抓好沭河两岸20万亩

"双千田"的机电灌站配套和部分小型水库的渠系配套，做到旱涝保丰收。积极推进农业机械化，经过2至3年的努力，使农业耕、播、运、收等主生产环节的机械化作业面达到80%以上。认真落实中央13号文件精神，抓投入、办事业，注意减轻农民负担，并严厉查处农村"三乱"行为，切实保护好农民的合法权益和生产积极性。

按照县为中心、乡为骨干、村为基础、专群结合的服务模式，大力加强社会化服务体系建设。强化县乡涉农部门及经济实体的功能，不断充实服务组织，稳定服务队伍，开拓服务领域，面向农业生产第一线，及时为农民提供产前信息引导、产中物资技术、产后加工销售等一系列服务。突出抓好村级服务组织建设，大力发展壮大集体经济，积极兴办各类服务实体，注意解决一家一户解决不了、解决不好的事情，保证农副产品产得出、卖得好，最大限度地挖掘增值潜力，让农民得到更多的实惠。

四、培植规模经济，着力提高工业企业的运行质量

临沭县委、县政府以全面建设小康社会为目标，坚持"工业强县"及"三大"战略总揽全局，坚持内涵外延一起抓，加大投入膨胀规模，深化改革增强活力，强化管理增加效益，促进工业经济健康运行，紧紧抓住国家经济政策调整的时机和新亚欧大陆桥鲁南经济带开发的绝好机遇，积极引导和帮助企业深刻领会

▲ 粉条厂工人正在晾晒粉条

并用足用好上级赋予的优惠政策，慎密论证，果敢决策，实行一个项目、一套班子、一位县级领导的“三一制”，使更多的项目进入“省队”，跃入“国家队”。

按照扶优扶强育龙头的思路，把发展规模经济放在更加突出的位置，在领导、资金、人才、服务等方面最大限度地向骨干企业倾斜，重点抓好化工、机械、造纸、建材、食品等5大支柱行业，做大做强两个集团（金沂蒙集团、常林集团）企业，重点培植两个复混肥（金正大、史丹利）骨干企业，大力发展柳制品出口企业，发展高新技术，提高工业经济运行质量，以膨胀工业经济的总量，确保全县工业经济的持续、快速、健康发展。同时，鼓励骨干企业兼并或吸收相关企业组建“联合舰队”，提高市场竞争能力，发挥规模效益。

临沭县坚持以成本管理为核心，以节能降耗为突破口，强化财务管理、质量管理和现场管理，在提高经济运行质量上下功夫。认真开展“外学邯钢、内学沭化”活动，健全完善管理制度，将任务目标量化、细化到车间、班组和职工，确保任务顺利完成。切实加强企业班子建设，引入能者上、庸者下的竞争激励机制，鼓励、支持优秀人才脱颖而出，真正起用贤人，重用能人，奖勤罚懒。把加强企业管理与扭亏增盈结合起来，建立责任制，哪一级主管的企业由哪一级负责，是什么问题就下决心解决什么问题，组织最强的工作班子，拿出最硬的解困措施，增加效益，变资产包袱为经济财富。

临沭县把开拓市场作为企业生产经营的重中之重和生死存亡的关键环节，引导企业研究市场，适应市场，开拓市场，占领市场。大力加强销售队伍建设，把最优秀的人才充实到销售第一线，并制定更加有利于调动销售人员积极性的激励政策，建立市场化的营销分配机制，重奖销售有功人员和优秀企业，使产销率保持在97%以上。抓住国家重点项目、重要产业启动的机遇，组织专门队伍，靠上去抓推销，努力提高临沭县产品的市场占有率。

2005年，全县工业总产值达到106亿元，同比增长40.05%，工业增加值30.99亿元，同比增长41.51%；规模以上工业企业实现工业总产值85.51亿元，同比增长67.2%；工业增加值完成25.09亿元，同比增长42.2%；利税合计5亿元，实缴税金2.5亿元。均达到历史最高和最好水平。

五、推动县乡企业改革，改善企业发展环境

1998年3月14日至4月5日，临沭县委、县政府抽调98名干部，对全县16家县属工业企业、83家流通企业、54家乡镇办企业和个体私营企业进行普查，从被普查的企业中，选取100家有代表性的企业进行典型调查和重点调查。通过座谈、访问、实地考察、查账填表、统计分析等方法，对企业领导班子、职工队伍、改革、管理、发展以及外部环境等方面存在的突出矛盾、解决办法进行广泛、深入、细致地调查研究。针对企业存在的思想解放程度不够，企业改革缓慢，已改制的不彻底、不规范，企业基础管理薄弱，产品结构不合理，企业包袱沉重，偿债能力较低，资金普遍短缺，部分企业领导班子素质差，外部环境不宽松等问题，县委、县政府按照“在产权改革上做文章，在盘活存量上下功夫”的总体要求和“抓大放小，一企一策，改管结合，重点突破”的思路，采取“股、卖、送、并、租、破”等形式，对168家县乡企业进行改制，改制面达90.3%。1998年底，县乡企业共盘活停产、半停产企业50多家，盘活存量资产2.27亿元，安置职工1800人。

1999年，临沭县围绕企业改制和脱困目标，大力推进“三改一加强”。全县186家企业有182家完成改制任务，其中触及产权的137家，亏损企业由1998年的14个减少到5个，两个列入市里脱困计划的企业全部扭亏为盈，常林机械、沭化、古泉春、金星、兴大等企业分别购并了部分亏困企业，县造纸厂的国有资产全部划拨给人民日报

社下属的华泰企业管理有限公司，资本运营的领域进一步拓宽，使一批亏困企业在改革中起死回生。

对县属重点骨干企业金沂蒙集团、常林集团、古泉春集团等企业进行国有资产退出方式的改革，对临沭县化工总厂进行债转股方式改革。以产权改革为突破口，实施“抓大放小、因企施策、改管结合、重点突破”，企业改制工作取得实质性突破。通过改革，盘活资产 7 亿元，募集发展资金 1.8 亿元，争取改革开放试点县资金 3.4 亿元。

2003 年，对一部分老大难企业实施改革攻坚，加快劣势企业退出步伐。对一批资不抵债、扭亏无望、产品无竞争力的企业实施关闭破产，按照内联外引、公转民营、分块搞活的方式，最大限度地盘活闲置资产，安置失业人员，促使劣势企业退出市场；对中小企业充分运用联合、兼并、破产收购、租赁等多种形式，放开搞活。先后对县造纸厂、县电子材料厂、县酒厂、县水泥厂等企业实施破产重组，使一批劣势企业退出市场，优势企业获得更多要素投入，实现低成本扩张和资产优化重组，盘活存量资产，激发发展活力，壮大优势企业经济实力。2008 年，临沭县被评为“全国企业成长环境十佳县”。

经过上述几轮企业改制，县内国有或集体企业以及乡镇企业已改制成产权明晰、依法经营、独立发展的民营企业，全县非公有制经济发展得到强有力推进。家政服务、机械制造、物业管理等一批新兴行业应运而生，随着全县国有、集体企业产权制度改革的深入推进，国有资本退出竞争性行业，部分私营企业借势参与国有、集体企业改制重组，或利用大批国有、集体企业关、停、并、转腾出的空间，实现了企业投资主体多元化，以民营经济为主体的县域经济格局开始形成。

六、大力发展个体和民营企业

根据中央有关文件精神，临沭县鼓励具备生产能力和条件者，从事个体工商业；对个体工商户、私营企业的经营范围进一步放宽放活，允许跨行业、地区开展综合性经营活动。并对个体工商户和私营企业放宽税费政策、提供信贷支持、加快场地建设、维护合法权益，保证个体工商户和私营企业的发展。

1997 年，临沭县加强政策引导，搞好系列服务，营造宽松环境，促进民营经济快速发展。鼓励城镇待业、下岗人员和其他富余人员及农村剩余劳动力兴办个体私营企业，引导发展见效快、容量大的基础性、服务性第三产业。同时，加大对私营大户的扶持力度，鼓励其敢于“冒尖”，在更多的行业、更广的领域大显身手。全年个体工商户发展到 2.2 万户，私营企业达到 400 家，来自个体私营企业的税费突破 1000 万元。乡镇驻地商业网点的改造建设和沿街沿路及工贸小区的开发，为民营经济的发展提供良好的经营场所。

1998 年 3 月 20 日，临沭县召开全县民营经济工作会议，深入贯彻省、市会议和县委工作会议精神，传达县委、县政府关于鼓励扶持民营经济发展的意见和关于加快民营经济园区发展的实施意见，动员全县上下进一步解放思想、更新观念，以更大气魄、更大胆量、更有力的措施，放手、放胆发展民营经济。全县乡镇企业形成“产权明晰、自主经营、独立发展”运行机制，较好地解决了企业发展动力问题，自此乡镇企业通过改制走出低谷，进行第二次创业。

2000 年，临沭县叫响“发展个体私营经济光荣，支持个体私营经济有功”的口号，按照狠抓一个“优化”，着力培育“两体”的工作思路，进一步放手、放胆、放宽、放活，推动乡镇企业和个体私营经济快速发展。优化环境，积极营造加快发展的良好氛围。认真贯彻落实“支持、鼓励、保护、服务”八字方针，狠抓各项优惠政策和服务措施的落实，努力为乡镇企业和个体私营经济加大投资、扩大规模、膨胀总量创造良好的环境，鼓励支持农村干部、党员做农村经济的带头人，鼓励支持机关干部职工离岗，勇于当市场经济的弄潮人；鼓励下岗职工自谋职业，创办企业；鼓励支持农民离土经商搞个体，吸引更多的经营者上项目、办企业。抓住国有经济逐步退出竞争性领域的有利时机，支持、鼓励私营业户兼并、参股、控股或买断国有企业以及租赁其闲置的厂房、设备等。

2000 年，全县乡镇企业基本完成改制，集体股全部退出，实现了乡镇企业向民营经济的全面过渡，此后全县个体私营经济得到长足发展，形成包括复混肥、无缝钢管、蔬菜加工、条柳编织、屠宰加工、五金工具铸造等在内的一批重点行业。民营经济成为临沭国民经济持续、稳定、健康发展的新的增长点。

2001 年开始，县财政每年拿出 100 万元设立个体私营经济发展基金，实行重点奖励和扶持。坚持“一手抓铺天盖地，一手抓顶天立地”的思路，重点培植东盛、美艺等一批个体私营企业，促其向“专、精、特、新”方向发展，提高专业化生产、社会化协作水平。

2002 年，民营经济发展迅猛，上缴税金突破亿元大关，复混肥、柳编制品和蔬菜加工成为临沭县经济增长的三大“闪光点”，并被列为全国最大的复混肥生产基地。

第二节　深化政治体制改革，进一步加强民主法制建设

一、深化法制宣传教育

2006 年，临沭县制定《关于在全县公民中开展法制宣传教育第五个五年规划》，县人大常委会作出《关于开展法制宣传教育的决议》。县普法办公室根据县“五五”普法规划总体要求，结合平安创建工作，分解、细化普法依法治理工作内容，制定考核意见，列入县委、县政府年度社会治安综合治理和平安创建考核内容。各乡镇、县直机关各部门和企事业单位，根据县“五五”普法规划要求，成立领导小组，健全普法教育组织网络，制定年度普法实施计划，落实普法

经费，征订“五五”普法教材，确保“五五”普法依法治理工作的落实。通过深入扎实的法制宣传教育和法治实践，围绕司法、执法、普法、法律监督和法律服务等环节，开展“法律五进”活动（法律进机关、进乡村、进学校、进企业、进社区），实现依法治理工作的整体推进，为和谐临沭、法治临沭建设奠定坚实的基础。2007年，全市普法暨预防青少年违法犯罪工作会议在临沭县召开。临沭县创造的普法依法治理“三三三”工程（抓好学校“三项机制”：建立学教考核机制，建立特色教育机制，建立家校联络机制；搭建农村“三个平台”：搭建法律服务平台，搭建青少年教育平台，搭建平安协会平台；建立企业“三个载体”：建立企业普法宣教网，建立企业调解站点，建立企业职工学法俱乐部）在全市推广。

二、继续推进县乡机构行政区域改革

2001年1月8日，临沭县内区划调整，共设11个镇、1个乡，498个行政村、55个居民委员会，536个自然村。其中原辖域不变的有白旄、蛟龙、郑山、玉山4个乡镇；另16个乡镇合并为8个，即临沭镇与周庄镇合并为临沭镇，青云乡与韩村镇合并为青云镇，南古镇与醋庄乡合并为南古镇，曹庄镇与华桥乡合并为曹庄镇，石门镇与前庄镇合并为石门镇，店头镇与官庄镇合并为店头镇，大兴镇与古龙岗乡合并为大兴镇，朱仓乡与东盘乡合并为朱仓乡。其间经过多次变动，至2012年，临沭县辖临沭、郑山2个街道和蛟龙、大兴、石门、曹庄、白旄、青云、店头、玉山8个镇，共有49个居委会和238个行政村。

2002年6月，临沭县举行县直党政机构改革动员大会，县级机构改革按定职能、定内设机构、定人员编制和领导职数的“三定”办法，对县级机构合理划分职责权限，大力精简机构和人员，在干部调整上重实绩，推选有本事的人，加大干部交流力度，同时引入竞争机制，实行竞争上岗。

2007 年 3 月 24 日，临沭县制定印发《临沭县乡镇机构改革方案》，按照改变乡镇政府职能，加强基层政权建设，遵循政企、政事分开的原则，依法行政的原则，“精简、统一、效能”的原则，权责一致和实事求是的原则，从实际出发，合理设置乡镇机构，核定领导职数、人员编制，共核定行政编制 405 人，事业编制 405 人。

三、维护社会稳定，建设平安临沭

为维护社会稳定，社会治安综合治理的基础工作贯彻的是预防为主的方针。2000 年，推行“一联三网”(“一联”即实行乡镇综治成员单位联合办公制度，“三网”即司法调解网络、法制宣传网络和区域联防网络）综治工作新机制，促进全县社会治安综合治理工作深入全面开展。2003 年，按照职业化防范、市场化运作、规范化建设、科学化考核的工作思路，在城区实施“安民”工程，推行社会治安防范承包责任制。县委、县政府印发《关于重心下移强化基层落实责任建设安全临沭的意见》，县综治委、县纪委、县委组织部、县人事局、县监察局联合制定《关于实行社会治安综合治理领导责任制等“四项制度”的意见》，在全县建立完善社会治安综合治理领导责任制度、黄牌警告制度、领导责任查究通报制度和一票否决权制度。2005 年，按照“打防并举，惩教结合，重心下移，标本兼治”的原则，组织开展治安落后村居、道路交通秩序、矿山开采、建筑市场、安全生产、信访等六项秩序综合整治活动。2007 年，坚持抓巩固求创新，建立综治委成员单位联系乡镇工作制度，加大乡镇社会治安综合治理工作的检查、督导、帮扶力度。

治安防控组织网络的建立和完善，把大量的矛盾纠纷解决在萌芽状态，为社会治安的根本好转起到保障作用。至 2007 年，全县共有调委会 314 个，其中，村（居）调委会 300 个，调解小组 1693 个，调解人员 1820 名。

1997 年，县、乡均成立刑释解教人员安置帮教工作领导小组，村（居委会）成立安置帮教工作站，加强对刑满释放、解除劳教等人员的帮教、矫正工作及对未成年人的预防违法犯罪工作。全县统一印制规范的档案袋和档案材料，统一编号，做到一人一档，刑释解教人员回归之后，各乡镇均及时落实帮教措施，确定帮教责任人；工商、税务、财政、银行、民政、司法等部门按照中央八部委《关于进一步做好刑满释放、解除劳教人员促进就业和社会保障工作的意见》要求，制定出台具体的措施办法，并将相关政策落实到位；全县刑释安置率达 95% 以上，重新犯罪率控制在 3% 以下。至 2007 年，全县共接收刑释解教人员 839 名，其中，刑满释放 772 人，解除劳教 67 人，安置率 100%。至 2012 年，全县共累计接收社区矫正人员 1279 人，其中解除矫正 727 人。

第三节　推进党的建设新的伟大工程和精神文明建设

一、开展“三讲”教育和“三个代表”重要思想学习教育活动

根据中央和省、市统一部署，2000 年 3 月 14 日，临沭县召开“三讲”教育动员会议，从 3 月 14 日至 6 月初，约 100 天的时间，开展以“讲学习、讲政治、讲正气”为主要内容的党性党风教育，“三讲”主要经过四个阶段：思想发动、学习提高；自我剖析、听取意见；交流思想、开展批评；认真整改、巩固成果。在整个“三讲”教育中，县委坚持正确处理“三讲”教育与其他工作的关系，用经济建设的成果来检验“三讲”教育成效，推动各项工作的发展。各级领导班子和领导干部进一步统一了思想，理清了工作思路，明确了奋斗目标，形成了一心一意抓发展，“心齐、气顺、风正、劲足”的良好局面，基本上达到了中央和省、市提出的目标要求，取得了较为明显的成效。

2000年11月30日，中共中央办公厅下发《关于在农村开展“三个代表”重要思想教育活动的意见》。从2000年冬、2001年春开始，用两年左右的时间，在全国县（市）部门、乡镇、村级班子和基层干部中，有计划、有步骤开展“三个代表”重要思想学习教育活动。临沭县2001年1月20日召开“三个代表”重要思想学习教育工作会议，对“三个代表”重要思想学习教育活动进行动员和部署。此次学习教育活动时间为2年，分3个阶段实施。此次学习教育活动推动了临沭县经济发展和社会进步，2001年全县完成农业总产值12.8亿元，农民人均纯收入2413元，电话县建设提前完成，被市政府命名为“沂蒙第一电话县”。“三个代表”重要思想教育、“文明一条街”建设等为重点的各类精神文明创建活动深入扎实，被省委、省政府命名为“全省精神文明建设先进县”。县委要求各级党组织，要按照2003年7月1日胡锦涛在“三个代表”重要思想理论研讨会上发表的重要讲话精神，把学习贯彻“三个代表”重要思想不断引向深入，落实到行动上，加快推进临沭全面建设更高水平小康社会的奋斗目标的步伐。全县上下掀起学习和实践“三个代表”重要思想新热潮。

二、反腐倡廉，加强党风廉政建设

1998年以来，临沭县以查办党政领导干部、国家机关工作人员及其他监察对象的违纪违法事件为重点，严肃查处一批基层党员干部违纪违法案件以及党员干部违反政治纪律的案件。

2001年至2009年，全县立案查处违反党纪政纪案件1247起，通过交办、督办和直接查办等措施，查处一批违纪违法问题，惩治一批腐败分子，挽回大量经济损失，也为一批受到诬告错告的党员干部澄清了问题。对于反映党组织、党员在思想、工作、生活作风、廉洁自律等方面存在的轻微违纪问题，运用信访谈话、发信访通知书、建议召开专题民主生活会、与党委组织部门联系沟通等方式，大力开展信访监督，既促进了信访问题的落实，也教育、挽救和保护了一批干部。按照中央对反腐倡廉建设“三个更加注重”(更加注重治本、更加注重预防、更加注重制度建设）的新要求，坚持“教育、制度、监督”并重的原则，不断深化改革和创新纪检工作的体制、机制，全县纪检监察干部依纪依法查处审理案件的能力和办案质量显著提高，使案件查处收到了良好的社会效果。2008 年 8 月 4 日，临沭县就学习贯彻《建立健全惩治和预防腐败体系 2008—2012 年工作规划》举行会议，坚持以科学发展观为统领，加强对中央和省市县党委、政府的一系列政策落实情况的检查，确保政令畅通；严格执行党风廉政建设责任制，将落实《工作规划》列为重要的政治任务，列入议事日程，认真组织实施，将反腐倡廉建设放在更加突出的位置。

三、开展保持共产党员先进性教育活动

按照中央的部署，2005 年 2 月 1 日，临沭县召开以实践“三个代表”重要思想为主要内容的保持共产党员先进性教育活动，此次教育活动分三批进行，从 2005 年 2 月 1 日开始到 2006 年 6 月基本结束，全县共有 26 个基层党委，883 个党支部，30296 名党员参加，整个教育活动取得了丰硕的实践成果、制度成果和理论成果，党员群众满意率达到 99.96%，实现了“提高党员素质，加强基层组织，服务人民群众，促进各项工作”的目标要求。党员队伍展现了新面貌，实践“三个代表”重要思想的自觉性、坚定性进一步增强。各级党组织树立了新形象，创造力、凝聚力和战斗力进一步提高。党群干群关系呈现了新气象，服务基层、服务群众的工作机制进一步健全。各项工作开创了新局面，经济社会发展站在了新的起点上。

四、加强社会主义理想信念教育

根据党的十四届六中全会通过的《中共中央关于加强社会主义精

神文明建设若干重要问题的决议》，切实加强广大党员、干部群众的共产主义理想信念教育，全县在党员干部中开展“三个代表”重要思想学习教育活动、保持共产党员先进性教育活动和学习实践科学发展观活动。

围绕共产主义理想信念教育，县委制定了加强和改进新形势下的思想政治工作等方面的文件。1997 年以来，全县相继开展了一系列活动，引导广大党员、干部群众澄清思想理论上的模糊认识，从而坚定了广大党员、干部群众改革开放、建设中国特色社会主义、全面实现小康社会的理想信念。

临沭县以贯彻实施《公民道德建设实施纲要》为重点，深入开展社会主义荣辱观和社会公德、职业道德、家庭美德、个人品德宣传教育活动。自 2002 年开始，每 2 年开展一届，连续开展十佳文明公民、十佳文明私营企业、热心社会公益事业十佳人物等评选活动，树立了一批思想道德先进典型，形成良好的社会道德风尚。2004 年，召开专门会议进行安排部署，着力强化未成年人思想道德教育，制定《关于加强和改进未成年人思想道德建设工作目标任务分工》，成立领导组织，建立健全学校、社会、家庭“三结合”教育网络。先后开展“知荣明耻，爱我沂蒙”活动、“感恩父母，孝亲敬老”活动、“知荣辱、树新风、我行动”活动等一系列道德实践活动，取得良好效果，临沂市先后在临沭县召开两次现场会议推广临沭县做法。在为未成年人办好十八件实事的基础上，又不断探索学校、社会、家庭“三位一体”教育模式。2007 年实施未成年人法制教育“三三一”工程（三项“三个一”工程。抓好学校“三项机制”：建立学教考核机制，建立特色教育机制，建立家校联络机制；搭建农村“三个平台”：搭建法律服务平台，搭建青少年教育平台，搭建平安协会平台；建立企业“三个载体”：建立企业普法宣教网，建立企业调解站点，建立企业职工学法俱乐部）被市文明办转发，在全市进行推广，并作为重大创新案例向省里推荐。2005 年，为救助贫困学生，在全县副科级以上干部中开展了“一帮一”爱心助学活动，收到“爱心捐款”23.3 万元，救助贫困学生 1166 名。

五、深入开展精神文明“三级联创”活动

2005 年初，临沭县文明委从统筹城乡发展，促进城乡文明水平全面提升的角度出发，创造性地开展以创建文明城市、文明乡镇、文明生态村为主要内容的精神文明建设“三级联创”活动。制定下发《关于在全县开展精神文明建设“三级联创”活动的意见》及具体的实施方案和考核办法，成立工作指挥部，落实帮扶责任制，健全各项工作机制，确保各项任务的顺利完成。创建中，按照以文明城市创建为龙头，以文明生态村建设为基础，抓两头、带中间，以城带乡，以乡促城，城乡联动，整体推进的思路，调动全社会的力量，发挥各方面的积极性，齐抓共管，上下联动，全民参与，走出一条凝心聚力、联动创建的新路子，进一步解决了城乡在环境、秩序、服务、文化等方面存在的问题，达到了文明化、秩序化、安静化、便民化、和谐化的目标，实现了群众文明素质、社会文明和谐、全县文明水平的整体提高，有力地促进了全县三个文明建设的协调发展。

2006 年，临沭县文明委制定了《2006 年度精神文明建设“三级联创”活动实施方案》和《2006 年度精神文明建设“三级联创”活动考核办法》，召开会议对全年精神文明建设“三级联创”任务进行安排部署。全县各级各单位按照要求结合各自实际扎实开展了创建活动，取得了显著成效，推动了城乡文明水平的全面提高。临沭县被市委、市政府评为首届市级“文明城市”，全县 12 个乡镇中有 8 个乡镇被授予省、市、县级文明乡镇荣誉称号，80 多个村被评为省、市、县级“文明村”。

六、学习贯彻党的十七大精神，开展解放思想大讨论

▲ 中国共产党第十七次全国代表大会召开

2007 年 10 月 15 日至 21 日，中国共产党第十七次全国代表大会在北京召开。胡锦涛在会上作《高举中国特色社会主义伟大旗帜，为夺取全面建设小康社会新胜利而奋斗》的报告。临沭县委把学习贯彻十七大精神和“继续解放思想”作为一项重要政治任务，切实加强领导，精心安排部署。11 月 25 日，临沭县召开全县领导干部会议传达学习党的十七大精神，动员全县广大党员干部群众进一步统一思想、明确防线、鼓舞斗志、真抓实干，在十七大指引下，努力开创各项工作新局面。县委要求各级党组织和广大党员干部带头学习宣传十七大精神，以十七大精神为动力，大兴求真务实之风，以敢为人先、争创一流的精神，带领全县人民高举邓小平理论和“三个代表”重要思想伟大旗帜，全面贯彻落实科学发展观，沿着中共十七大指引的方向，为全面实现小康社会，构建和谐美好新临沭而努力奋斗。

2008 年 2 月，党的十七届二中全会召开，提出要把学习贯彻党的十七大精神继续引向深入，特别是要围绕党的十七大确立的主题和

提出的重大理论观点、重大战略思想、重大工作部署，继续在武装头脑、指导实践、推动工作上狠下功夫，更加自觉地把继续解放思想落实到坚持改革开放、推动科学发展、促进社会和谐上来。2008 年 5 月 12 日，临沭县委印发关于在全县开展“推进效能建设、加速临沭崛起”解放思想大讨论活动的意见，决定集中 2 个月的时间，在全县开展“推进效能建设、加速临沭崛起”解放思想大讨论活动，着重解决发展理念、发展环境、效能不高、作风不实四个方面的问题，更好地促进思想解放和观念更新。通过“推进效能建设、加速临沭崛起”大讨论活动的深入开展，全县干部群众受到一次思想的洗礼，党风廉政建设、经济社会发展等各项工作有了新突破，全县经济社会保持了又快又好的发展态势。

第四节　围绕兴县富农，培育特色产业

一、柳编产业

临沭县杞柳栽培、加工已有 1300 余年历史。早在唐朝，白旄镇柳庄一带就种植杞柳，当地柳毅传授植柳编柳技术的传说流传至今，并建有柳毅庙纪念。人们将细长而柔韧的杞柳枝条，加工成各种形状的器具，多为自用。清代已有一定数量柳制品销售。传统杞柳制成品主要有箱、囤、斗、升、筐、笼子、簸箕等家庭日常用具，品种单一，加工工艺简单，生产规模小，农民仅在农闲时生产、销售，赚钱贴补家用。20 世纪 70 年代，改进加工工艺，造型美观实用，多品种、多用途的杞柳制成品开始出口到国外。随着国内外市场需求量的增加，杞柳栽培面积和生产规模不断扩大，加工工艺不断提高，杞柳加工者逐渐增多，经济效益逐年提高。1986 年，随着改革开放的不断深入，杞柳加工工艺日臻完善和普及，柳编制品在国内外市场上供不应求。临沭杞柳栽培、加工业户快速发展，形成“公司 + 农户”产、

供、销一条龙经营模式，从业农民由此脱贫致富，杞柳栽培、加工能手们率先实现小康。杞柳栽培加工业成为临沭县“安民、富民、强县”和出口创汇支柱产业之一。2000 年临沭县被财政部农业综合开发办公室列为全国杞柳开发基地，被国家林业局、中国经济林协会命名为中国名特优经济林——杞柳之乡，被省政府命名为山东省条柳编制品产业基地。

2007 年，全县已有杞柳种植专业村 30 多个，从业农户 5 万户，从业人员近 10 万人，加工产品有 100 多个系列、13000 多个花色品种，产品销往亚洲、欧洲、美洲的 120 多个国家和地区，年出口创汇 7800 多万美元，成为全国最大杞柳种植基地和柳编制品加工生产出口基地。

2009 年中国工艺美术协会授予临沭县“中国柳编之都”称号。

▲ 柳编作品《龙腾盛世》

二、全国优质化肥生产基地县建设

临沭县复混（合）肥生产起步于1991年，经历从无到有、从小到大，从无序发展到规范发展的过程，为临沭经济发展的支柱产业。但由于发展过快，监管能力有限，出现个别企业制假售假、产品质量不达标问题，严重损害了农民的利益，并危及临沭肥料产业的健康发展。

▲ 临沭县华丰化肥厂

2004年11月，全国落实整治化肥区域性质量问题责任制现场会议在连云港召开，国家质检总局提出临沭创建全国优质化肥生产基地的要求。对此，县委、县政府高度重视，认为做好创建工作，是临沭县复混（合）肥行业进一步做大做强的“金字招牌”。确立以创建为抓手，在发展中整治，在整治中提高，力促复混（合）肥行业再登新台阶、再上新水平的思路，做到“三个倾斜”。一在领导力量上倾斜。进一步调整充实县复混（合）肥行业管理领导小组，由县长任组长，一名县级领导全力靠上具体抓，从质监、工商、公安、农业等部门抽调得力人员充实行业管理办公室，并健全上下贯通的三项工作制度，即联席会议制度、信息通报制度、检查督办制度。二在规划力量上倾斜。组织县内外优秀专家、学者及企业家，精心编制临沭“十一五”复混（合）肥行业发展总体规划，采取优势企业用“加法”（即扶持），劣势企业用“减法”（即限制）原则，努力构筑生产主体规模化、技术水平领先化、品牌影响扩大化的产品质量优势，把临沭建设成为独具复混（合）肥生产特色的质量型生产基地。三在宣传力量上倾斜。充分发挥舆论导向作用，大张旗鼓地宣传创建工作的重大意义，宣传重视产品质量的企业，宣传“质量兴县”“品牌强县”有功人员。对获得国家、省、市名牌及免检产品和通过ISO9000质量体系认证的复混（合）肥企业，每年县财政拨专款20多万元予以奖励。2000年至2007年，每年组织全县肥料生产企业负责人和销售人员进行产品质量专题培训，树立质量第一的意识。2004年6月，临沭县召开复合肥行业发展暨优秀肥料生产企业推介活动新闻发布会，邀请新华社、中央人民广播电台、中国新闻社、经济日报社、中国质量报社、中国化工报社、农资导报社等10家新闻媒体记者参加，进一步介绍宣传临沭县复合肥行业发展现状和整治情况。会上，临沭14家重点复合肥生产企业法人代表联名向全国同行发起行业自律倡议书。

临沭县把质量监管作为创建工作关键，健全长效机制，实行综合整治，履行“好肥料临沭造”的诺言。建立质量预警机制，改变过去“头痛医头，脚痛医脚”的观念，把事后整治转变为事前预防。2004年，县委、县政府印发《关于贯彻落实整治区域性化肥质量问题责任制试行办法实施方案》和《肥料产品质量预警实施办法》，对信息收集、预警实施、发布、管理都作出明确的规定。建立社会监督机制：针对复混（合）肥生产企业分布在5个乡镇，销售网覆盖全国90%以上地区，监管任务繁重的实际情况，依靠社会力量共同监督企业生产经营行为，先后聘请24名质量监督员，向社会公布举报电话，建立有奖举报制度。同时，县质监、工商、公安等部门开展临沭复混（合）肥产品质量行活动，定期到全国各地经销网点调研，联合经销网点所在地的质监、工商、公安等部门对产品质量信誉好的企业进行宣传和推荐，对差的企业进行联合通报，屡教不改的经营户和产品逐出市场。严把企业标准质量关：把复混（合）肥有效养分指标作为审查的重点关口，对不符合质量要求的企业标准不予备案，不准其生产。对备案的高含量元素复混（合）肥企业产品标准严格按要求审核把关，不准企业生产不符合国家强制性指标要求的产品。按照国家强制性标准规定，整顿和规范复混（合）肥包装标识，重点检查乱标总养分含量、中微量元素混标、虚假标识、模仿国外肥料包装等不法行为。严厉查处假冒伪劣行为：协调有关职能部门，紧紧抓住质量问题，严格监控，严厉处罚。针对造假、制假隐蔽性越来越强的实际，经常开展拉网式检查、抽查和“零点行动”，提出“谁砸临沭肥料的牌子，就砸谁的饭碗”的口号，狠抓产品质量，规范企业生产经营行为。2003 年至 2007 年，先后抽检产品 590 批次，开展“零点行动”37 次。勒令 6 家企业停产整顿，有 2 家企业法人代表和 14 名业务员因质量问题被刑事拘留，2 家企业法人代表和 3 名业务员被判刑。编制覆盖全县所有生产企业的定检计划，抽检覆盖率达 98% 以上，重点对企业原辅材料、进货检验、产品出厂检验和企业质量管理等实行抽检抽查。实施“黑名单”制度：对连续两次或两年内 3 次产品质量不合格或生产假冒伪劣产品企业，列入“黑名单”，并进行重点监管，加大抽查频次。对性质严重、情节恶劣的“黑名单”企业，在新闻媒体上给予曝光，停产整顿，直至吊销生产许可证。每年，县政府都与各乡镇、有关单位和企业签定复混（合）肥生产目标责任书，明确单位主要负责人是整治工作第一责任人，将优质复混（合）肥生产及质量整治责任目标分解到乡镇和部门，建立上级监督下级，下级对上级负责的工作体系，实行无缝隙、不留死角的质量监管责任制。质监部门将全县肥料企业分成 A、B、C、D 四类，实施分类管理，落实区域监管责任制，对列入质量不稳定的 C、D 类企业，加大监督检查力度，必要时派驻厂检查员。工商部门将肥料市场管理列入市场秩序整顿重要内容，在流通环节坚决堵住假冒伪劣行为。农业部门切实做好企业肥料登记证的申报和产品试验工作，及时搞好生产服务。公安部门依法加大涉嫌肥料违法案件查处力度，有力地震慑不法分子。全县14家重点企业联合发出“共同提高复混（合）肥产品质量、维护市场秩序”倡议书，严格按照质量标准组织生产，不让一粒不合格化肥流向市场，从根本上保证复混（合）肥产品的优质生产。

县委、县政府在引导企业搞好自主研发同时，积极牵线搭桥，部分企业与清华大学、中国人民大学、山东省农科院、南京化工大学等20多个大中专院校和科研单位建立技术合作关系，推进产学研联合。2003年至2007年，县内复混（合）肥企业先后引进国内外先进技术50多项，实施技改和新上项目51个，累计投资26亿元。肥料生产历经简单人工掺拌、一般机械造粒之后，发展到脱氯、喷浆造粒、氨化造粒、塔式造粒；产品种类已有复混肥、复合肥、涂层包膜控释肥、生物有机肥、有机无机复混（合）肥五大系列800多个品种，基本满足不同地域、不同季节、不同农作物和不同土壤的需求，形成产品精细化、配套化、系列化发展格局。2003年，史丹利公司在全国率先采用高塔造粒技术，建成全国第一座高塔造粒生产线，此后金沂蒙集团投资3.9亿元建成100万吨高塔熔体造粒复合肥生产线。2005年，史丹利公司投资4.6亿元建成80万吨双塔熔融复合肥和60万吨硫酸钾复合肥生产线，金正大公司投资6.8亿元建成100万吨包膜控释肥生产线，其控释肥研发和生产为国际先进水平。迈金农公司投资3.68亿元建成60万吨硫基氨化NPK（氮磷钾）造粒复合肥项目。

临沭县委、县政府积极引导企业牢固树立“质量就是生命、品牌就是市场”理念，通过推进“名牌兴企”活动，建立完善的质量管理和监督体系，靠过硬的产品赢得市场、打响品牌。至2007年，金正大、史丹利、迈金农、康田等公司生产的6个品牌的复合肥被国家质监总局评为国家免检产品，金正大公司被科技部认定为国家重点高新技术企业，“临沭复混（合）肥”获中国化工行业最具竞争力品牌特别奖；“金大地”“施丹利”“钻石”“沭丰”“康邦”“诗邦”牌复合肥等

6 个产品被评定为山东省名牌产品；“金大地”“史丹利”“撒尔奇”“沭河华丰”“久远”等产品获山东省著名商标。

2005 年 11 月，国家质检总局在临沭县召开全国化肥区域整治工作现场会议，对临沭县创建工作的经验和做法给予充分肯定，授予临沭县“创建全国优质化肥生产基地”称号。2006 年年初，中央电视台播出“全国优质化肥生产基地——中国临沭”的宣传片，引起强烈反响，经济效益和社会效益明显提升。

第五节　科学发展与跨越发展

一、加快发展，转变经济发展方式，综合实力大幅提升

2011 年，全县实现生产总值 149.7 亿元、地方财政收入 5.46 亿元，分别是 2007 年的 1.5 倍、2 倍，年均分别增长 13.8%、18.7%；三次产业比例调整为 10.8:52.2:37，经济发展的稳定性、协调性明显增强。围绕扶大强小抓工业。始终扭住工业发展不放松，深入推进“工业强县”战略，加大对传统产业改造提升力度，有效促进了县域经济的发展。2011 年，全县规模以上企业达到 209 家，精细化工、优质肥料、机械制造、金属制品、柳编制品、蔬菜加工等主导产业健康发展；特别是复合肥产业从无到有、从小到大，不断膨胀发展，生产企业达到 34 家，年生产能力超过 800 万吨，在全国市场占有率达到 30% 以上，荣膺中国产业集群品牌 50 强。坚持“质量兴企、品牌强县”战略，加快形成品牌集群优势，全县累计创中国驰名商标 3 个、中国名牌 1 个、国家免检产品 28 个、省名牌产品 13 个、省著名商标 12 个。

工业经济不断壮大，规模以上工业增加值、利税年均分别增长 21.4% 和 37.2%，高新技术产业产值占规模以上工业产值比重达到 27.1%。骨干企业和支柱产业支撑带动作用显著增强，年销售收入过

亿元的企业 35 家，利税过千万元的企业 22 家，其中复合肥产业率先跨入全市百亿产业行列，晋级“中国产业集群品牌 50 强”。农业结构不断优化，累计发展优质农产品基地 13 万亩、优质林产品基地 8.5 万亩，发展省级重点农业龙头企业 4 家、市级 24 家；建设市级标准化养殖小区 67 处，首次获得全国生猪调出大县奖励；成立农民专业合作社 674 家，累计注册农产品商标 49 件，认证“三品一标”30 个，优质农产品基地和品牌建设走在全市前列。农业综合扶贫开发有效推进，实施中低产田改造、扶贫整乡推进等项目 22 个。加快农业科技成果转化和推广应用，被评为“全国基层农技推广体系改革与建设示范县”。农业机械化装备水平不断提高，综合生产能力逐步增强，粮食总产、单产连续 9 年实现双增，成功入选“全国新增千亿斤粮食产能规划”。传统服务业加快提升，现代服务业积极拓展，社会消费品零售总额年均增长 20.3%。完成全县商业网点发展规划，新建商业步行街、远通汽贸、汽车站、常林国际大酒店等一批档次高、规模大的服务业项目；鲁源再生资源分拣中心建成使用，再生资源网络化经营格局初步形成。文化旅游亮点纷呈，城市规划展和国内首家柳编文化艺术馆建成使用，滨海红色文化纪念园建成开园，苍马山、冠山等景区成为省内外旅游热点，沭河风景旅游区成为全市开发重点。新发现的岱涧、朱车红石崖、狼窝沟黑崖岭三处丹霞地貌和岌山恐龙遗迹，填补了省内无丹霞地貌和中生代历史空白。

二、改善民生，推动社会事业发展，和谐局面更加巩固

坚持把保障和改善民生放在突出位置，每年都实施一批为民实事工程，2008 年至 2011 年，财政用于民生支出达 8 亿元。做大经济“蛋糕”，分好利益“蛋糕”。“创业临沭”建设深入推进，年均转移农村劳动力 2 万人、新增就业再就业 9000 人，城镇登记失业率控制在 2% 以内。社会保障体系更加健全，城乡养老、医疗保险达到全覆

盖，城乡低保实现应保尽保，社保基金滚存结余8.5亿元。坚持不懈地抓好农村水电路建设，率先在全市实现村村通硬化路、通客车、通自来水，农村自来水普及率达100%。水利建设实现新突破，累计完成投资11.3亿元，实施了中小型水库除险加固、沂沭河东调续建等120余处重点工程，新增、改善灌溉面积19.8万亩。各类教育均衡发展，教育教学质量显著提高，职业教育办学经验得到温家宝总理的充分肯定。在全市率先实施国家基本药物制度，镇街卫生院药价下降幅度达40%，新农合参合率达100%，群众“看病难、看病贵、看病远”的问题得到有效解决。深入实施文化惠民工程，改造提升镇街文化广场27处、村级文化大院221个、农家书屋159家，有线广播电视入户率达75%，文化信息资源共享工程基层站点实现全覆盖。人口计生工作健康发展，顺利完成市下达的人口控制计划。武装工作成绩突出，“临沭经验”在全省推广；征兵工作扎实有效，创下连续50年无责任退兵的全国最高纪录。普法依法治理工作深入开展，信访矛盾纠纷得到有效调处，安全生产责任制持续强化，治安防控体系进一步健全，“法治临沭”“平安临沭”建设成效明显。

三、城乡统筹，推进城乡一体进程，人居环境持续改善

加快推进新型城镇化，成功争创省级文明城市、省级园林城市和省级卫生县城，城镇化水平提高到45%。高起点制定城乡发展规划，完成新一轮城市总体规划和城区控制性详细规划，镇街总体规划修编率达37.5%、村庄规划修编率达54%。北城区、南城区建设加速推进，城市发展框架不断拉大；旧城改造实现重大突破，分5期对3000户民房及27家企业实施拆迁，腾空土地2200亩，建设安置楼80栋。房地产业健康发展，累计完成投资35.3亿元，建成一批配套完善、美观宜居的花园式住宅小区。保障性住房建设力度不断加大，初步构成公租房、廉租房、经济适用房、棚户区改造安置房、廉租房货币补

贴“五位一体”的住房保障体系。城市基础设施建设扎实推进，实施了体育中心、城市污水处理升级改造及管网配套、垃圾处理厂二期、城区电网改造等一批重点城建项目，完成327国道、苍山路、青石路、常林大街、沭河大街等27条道路的整治提升，完善水、暖、气等一批公用设施，城市功能日臻完善。农房建设工作走在全市前列，累计完成危房改造面积92万平方米，新建农房2.1万户。持续开展城乡环境综合整治，60%的村居初步实现“五化”目标。大力加强生态文明建设，实施了牛腿沟综合整治等9项污染治理重点工程，可持续发展能力不断增强，成功创建“国家级生态示范区”。

四、改革创新，破解各类要素制约，发展活力不断增强

创新农村土地经营模式，截至2011年底，全市首家县级土地流转信息服务平台建成运行，形成县镇村三级土地流转服务体系，流转土地面积8.7万亩。逐步理顺食品药品安全监管体制，成功创建“省级食品安全示范县”。金融机构存贷款余额实现倍增，贷款增幅连续四年位居全市前列。企业上市实现历史性突破，金正大公司、史丹利公司成功上市。项目建设数量不断增加、速度不断加快、体量不断攀升，规模以上固定资产投资年均增长24.4%，累计实际利用境外资金3635万美元，到位县外资金83.3亿元，有力促进了产业提升、发展提速。长深高速公路的建设、沂沭铁路的启动，赢得新的区位发展优势。园区开发迸发新活力，经济开发区综合环境不断改善，在全省排名逐步上升，常林高端装备制造产业园被认定为“省高端装备制造产业园区”，一大批高精尖项目开工建设，高端液压项目填补了国内空白；科技创新日益活跃，全县共承担省级以上重点科技计划项目37项，其中国家科技支撑计划3项，国家重点新产品11项；建立国家级工程技术研究中心1家、国家级产业技术创新战略联盟1家、博士后科研工作站4家、省级企业技术中心8家，各类研发中心、中试基

地、产学研基地38处；培育史丹利农业集团公司等7家国家高新技术企业；获得省级以上科技奖20项，其中金沂蒙集团等企业获得国家科技进步二等奖，临沭县被国家科技部连续4次（每两年一考核评选）命名为“全国科技进步工作先进县”荣誉称号，被国家知识产权局命名为“国家知识产权强县工程示范县”。2007年11月24日至25日，国家科技部副部长曹健林率领科技部15名司局级、处级干部赴临沂参加“国家火炬计划临沭复合肥产业基地授牌仪式暨中国新型肥料产业集群科技创新论坛”，此次活动引发广泛关注，《科技日报》、中央电视台《新闻联播》栏目等24家全国主流媒体相继进行了报道。启动实施“136”人才工程，有3人享受国务院政府特殊津贴、2人荣获“齐鲁友谊奖”，培养引进专业技术人员1.2万名。“品牌强县”“质量兴县”建设成效明显，拥有中国名牌产品1个、中国驰名商标4件、中国地理标志1个、省著名商标16件、省名牌产品12个，4家企业荣获市长质量奖，肥料产业标准联盟在全省推广。

临沭县全面贯彻党的十七大和十七届六中全会精神，以邓小平理论和“三个代表”重要思想为指导，以科学发展观为统揽，以建设幸福临沭为目标，以跨越发展为主题，以保障和改善民生为根本，突出经济规模膨胀、产业结构升级、自主创新驱动、镇域经济壮大、生态环境优化“五大”重点，推进新型工业化、农业高效化、城乡一体化、服务业现代化“四化”进程，实现创建国家园林城市、全国科技进步先进县四连冠、省级生态县、省级旅游强县、省级文化强县、省级创业型城市“六创”工作目标，努力把临沭建成新型工业强县、优质高效农产品生产加工基地、现代服务业集聚区、文明生态宜居新城。

第四编　中国特色社会主义新时代

（2012 年 1 月 — 2022 年 12 月）

党的十八大以来的十多年，是党和国家事业发展进程中极不平凡的十多年，是夺取全面建成小康社会伟大胜利的十多年，也是临沭县励精图治、实现新跨越的十多年。2013 年 11 月 25 日，习近平总书记亲临临沭县朱村视察，嘱托要“让老区人民过上好日子”。2018 年 3 月，总书记参加全国两会山东代表团审议时，指出“红色基因就是要传承”。2018 年 10 月，总书记在大众日报创刊 80 周年的批示中，要求“弘扬沂蒙精神”。2021 年 2 月，国家出台支持革命老区振兴发展的意见。2021 年 9 月，党中央把沂蒙精神纳入第一批中国共产党人精神谱系。2022 年 3 月，经党中央批准，沂蒙精神基本内涵正式表述为“党群同心、军民情深、水乳交融、生死与共”。习近平总书记的亲切关怀始终激励着临沭人民攻坚克难、奋发进取，不断取得事业发展新的进步和新的胜利。

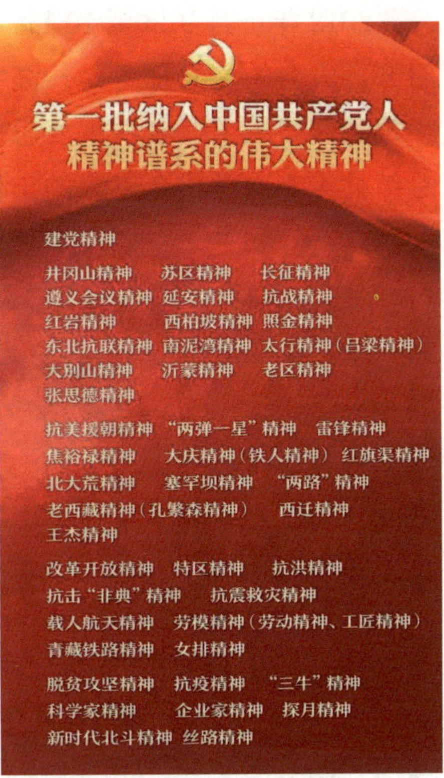

▲ 第一批纳入中国共产党人精神谱系的伟大精神

十多年来，临沭县各级始终坚持把学习习近平新时代中国特色社会主义思想作为首要政治任务，深刻领悟“两个确立”的决定性意义，以实际行动做到“两个维护”，团结带领全县人民锐意进取、奋力拼搏，夯基垒台、跨越赶超，与全国全省全市一道迈入全面小康社会，为现代化强县建设积蓄了强劲势能。

第一章　加快推进“四化”进程，建设“幸福临沭”

第一节　迈入“幸福临沭”新时代

2012年1月9日至10日，中国共产党临沭县第十一次代表大会召开。大会的主要任务是：高举中国特色社会主义伟大旗帜，以邓小平理论和“三个代表”重要思想为指导，按照科学发展观要求，回顾总结县第十次党代会以来的工作，审议确定今后五年的奋斗目标和主要任务，动员全县广大党员和干部群众，凝心聚力，奋发进取，科学发展，跨越赶超，为建设富庶秀美幸福临沭而努力奋斗。中共临沭县

▲ 2012年1月9—10日，中国共产党临沭县第十一次代表大会召开

委书记任庆虎在会上作了题为《科学发展跨越赶超　为建设富庶秀美幸福临沭而努力奋斗》的报告。

大会回顾总结县第十次党代会以来的工作，审议确定今后五年的奋斗目标和主要任务。今后五年全县工作的指导思想是：高举中国特色社会主义伟大旗帜，以邓小平理论和“三个代表”重要思想为指导，深入贯彻落实科学发展观，突出主题主线，抢抓参照执行中部地区政策的重大机遇，以建设“幸福临沭”为总目标，加快推进“四化”（新型工业化、农业高效化、服务业现代化、城乡一体化）进程，推动经济、政治、文化、社会以及生态文明建设全面协调发展，不断提高党的建设科学化水平，努力把临沭建设成新型工业强县、优质高效农产品生产加工基地、现代服务业集聚区、文明生态宜居新城。

根据这一指导思想，确定今后五年的工作任务是：

经济实力更强。到 2016 年，全县生产总值比 2011 年翻一番，地方财政收入比 2011 年翻一番以上，在全省县域经济发展年度综合排序中每年提升 23 个位次，全力打造富裕临沭。

发展方式更优。产业实现转型升级，三次产业结构更趋合理。科技创新能力进一步增强，科技对经济发展的支撑作用明显提升，高新技术产业产值占规模以上工业总产值比重逐步提高，打造创新临沭；资源节约型、环境友好型社会建设和可持续发展取得新成效，生态环境质量明显改善，打造生态临沭。

人民生活更富足。人民群众安居乐业，生活质量普遍提高，力争到 2016 年，城镇居民人均可支配收入达到 33000 元，农民人均纯收入达到 15000 元。各项惠民政策全面落实，社会保障体系不断健全，社会事业各项发展指数位次大幅度前移。确立“创业有功、致富光荣”价值导向，推动百姓创家业、能人创企业、干部创事业，全民创业氛围更加浓厚，打造创业临沭。

城乡环境更美。城镇规模加速膨胀，城镇功能进一步完善，城镇管理长效机制不断健全，绿化、美化、亮化、净化水平更高，力争明年成功创建国家级园林城市，打造宜居临沭。到2016年，城镇人口达到36.4万人，建成区面积达到30平方公里，城镇化水平达到55%以上。加快融入临沂市区一体化发展，打造半小时生活圈。

社会发展更和谐。民主法制建设全面加强，公平正义充分彰显，公民政治参与有序扩大，群众权益得到切实保障；良好思想道德作风进一步弘扬，群众文明素质明显提高，社会文化生活更加丰富多彩，打造文明临沭。政府效能明显提升，发展环境不断优化，临沭对外影响力、美誉度大幅提升，打造效率临沭、亲和临沭。社会管理体系更加完善，社会建设科学化水平明显提高，防灾减灾能力不断增强，社会总体和谐稳定，打造和谐临沭。

党的建设更富活力。党建工作不断加强和创新，各级领导班子凝聚力、战斗力进一步提高，科学执政、民主执政、依法执政的能力显著增强。党的基层组织建设不断加强，干部直接联系群众制度普遍建立，党群干群关系更加密切。党员干部队伍思想、组织、作风建设明显加强，党风廉政建设取得新成效。各级党员干部干事创业、加快发展的积极性进一步激发，各类人才加快汇聚，各方面创造活力充分迸发，打造人才临沭、活力临沭。

县第十一次党代会的召开，是临沭县进入全面建成小康社会决定性阶段召开的一次十分重要的大会，临沭从此进入新时代。

第二节　圆满完成“十二五”规划目标任务

2012年至2017年，也是临沭县全面推进“十二五”规划（2011—2015）落实的重要时期，“十二五”以来，面对国内外复杂多变的宏观经济形势和诸多矛盾挑战，全县在县委、县政府的坚强领导下，在县人大、县政协的监督支持下，坚持以提高经济发展质量和效益为中心，突出增收、民生、环境提升“三大任务”，大力推进“三引一促”，开拓创新，扎实工作，全县经济持续健康快速发展，社会更加文明进步，人民生活水平显著提高，“十二五”规划确定的主要发展目标基本实现。

综合经济实力迈上新台阶。2015年，全县地区生产总值达到212.4亿元，是2010年的1.6倍，年均增长9.9%。政府财力持续扩大，实现一般公共预算收入13.8亿元，是2010年的3倍，年均增长24.9%。规模以上固定资产投资完成180.1亿元，年均增长15.2%。社会消费品零售总额达到106.8亿元，年均增长14.4%。经济总量连续提升，发展速度保持较高水平，为临沭县经济社会发展夯实了基础、拓展了空间。

经济结构实现新提升。三次产业结构由2010年的11.5∶53.5∶35调整为2015年的9.2∶49.2∶41.6。现代农业发展步伐明显加快，农业产业化、区域化、规模化水平不断提高，农业增加值达19.6亿元，年均增长5.2%；各类园区累计达120个；累计注册农业类商标80个；创建市级以上知名农产品品牌7个。工业经济迈上新台阶，金正大连续6年入围中国民营企业500强，常林集团连续4年入选中国机械百强企业；中国驰名商标达到8个，省著名商标达到25个，新增省名牌产品8个；高新技术产业产值占规模以上工业总产值的比重达到34%，居全市前列。服务业发展迈入快车道，服务业增加值占生产总值的比重年均提高1.3个百分点；现代物流、金融保险、文化旅游等现代服务业快速发展，成为拉动经济增长的重要力量。产业化发展和集群优势的提升，增强了临沭县“十二五”时期经济社会发展的核心力和创造力。

城乡面貌发生新变化。坚持规划先行，完成了城区控制性详细规划和部分专项规划，镇街总体规划修编率达100%，村庄规划修编率达80%。立足“北扩西延、南优东进”，重点抓好北城区修建性详细规划和新型工业化实验区（滨海产业区）规划。电网投资逐年加大，“十二五”期间，累计完成投资5.25亿元，对220KV常林输变电站进行扩建，新建110KV变电站3座，增容35KV变电站2座，实施了大规模的农村电网升级改造，供电能力、可靠性大幅提升。交通基础设施建设投资力度进一步加大，沂沭铁路建成通车，长深高速公路投入运营，罗岚高速公路前期工作稳步推进，327国道拓宽改造工程顺利竣工通车。城市基础设施建设突飞猛进，城区路、水、热、气、电等公用设施进一步完善，城区绿化、亮化、净化、美化等精品工程深入推进。能源基础设施不断健全，截至2015年底，拥有集中供热企业2家，城区供暖入网面积达528万平方米；管道燃气企业2家，建设燃气管网300千米，天然气用户3.2万户；累计新建农村沼气池57400个。旧城改造进展顺利，对16个城中村32个棚户区进行拆迁，累计拆迁1.3万户，拆迁面积143万平方米，腾空土地6400亩，建设住宅楼320幢，建筑面积160万平方米，安置回迁户1.2万户，居民生活环境进一步改善；小城镇和农村住房建设成效显著，“两区同建”发展项目区20处，对66个村16890宅进行搬迁，建成17个新型农村社区，安置农户12999户，流转土地21398亩。新建和改造提升城乡道路657.5公里。修建村级公路357.4公里，完成村级公路网化示范县建设。农村自来水普及率达93%，受益人口51.6万人。城乡环境综合整治效果明显，脏乱差现象基本消除，城乡面貌明显改善。

改革开放取得新突破。以农村社区建设、农村土地产权确权流转、农村“四大载体”建设（农村供销社、农村信用社、农村专业合作组织、农村邮政物流）等为主要内容的农村综合配套改革深入推进，取得明显成效。形成并公布了《临沭县县级行政审批事项目录》，积极做好行政审批项目取消、承接工作，推行权力清单、责任清单制度，加强事中事后监管，推动政府管理重心从事前审批向事中事后监管转变，规范行政审批中介机构，建立行政审批中介服务收费项目清单。政府职能进一步转变，教育、文化、社会保障等领域体制改革取得新进展，医药卫生体制改革全面启动，国家基本药物制度稳步推行。对外开放跃上新水平，对外贸易实现恢复性增长，全县进出口总额达 47082 万美元，年均增长 9.41%，其中出口 31683 万美元，年均增长 11.54%。投资环境进一步优化，五年实际到位外商直接投资 22663 万美元。体制创新和扩大开放，增添了临沭县“十二五”时期经济社会发展的生机与活力。

居民幸福指数有了新提高。2015 年，全县城乡居民人均可支配收入达 21045 元，同比增长 8.2%；农村居民人均可支配收入达 10403 元，同比增长 8.7%；城镇居民人均可支配收入达 30597 万元，同比增长 7.5%。城乡居民消费水平进一步提高，消费结构进一步升级。社会保障体系逐步完善，保障覆盖面进一步扩大，城镇职工参加基本养老保险人数达到 83653 人，城乡居民参加基本医疗保险人数达到 528539 人，参保率为 99.15%。劳动就业工作取得较大成绩，累计新增城镇就业 5.5 万人，转移农村劳动力就业 7 万人，发放小额担保贷款 1.97 亿元，新增创业 9438 户，带动就业 4 万余人，城镇登记失业率控制在 2.7% 以内。居民生活水平不断提高，鼓舞了全县人民“十二五”时期加快全面建设小康社会的信心。

社会事业实现新跨越。教育事业不断进步，学前三年教育、义务阶段教育、高中阶段教育入学率分别达到 100%、100%、62%，全面完成规划任务目标。公共文化服务体系逐步健全，县图书馆、文化馆创建为国家一级馆，镇街综合文化站建设全面完成，农村文化大院、农家书屋覆盖率均达到 100%，“激情四季·唱响临沭”群众文化活动品牌成功创建为第三批国家公共文化服务体系示范项目。科技创新能力不断增强，被授予全国科技进步先进县，获评山东新型肥料农业科技示范园、山东省高端装备制造产业基地，以常林集团为主体的国家级临沂市高端液压元件及系统集聚区获批组建，建立院士工作站 3 个，博士后流动工作站4个，金正大和常林集团分别获批组建国家企业重点实验室，史丹利申报的国家认定企业技术中心顺利获批。人口计生、妇女儿童、民族宗教、广播电视、安全生产、外事侨务、国土资源、城管执法、防震减灾以及食品药品监管、气象、档案、民兵预备役工作、人事、监察、民政、审计、统计、粮食、物价、农机、老龄、史志等各项社会事业全面发展，很好地完成了“十二五”各项任务指标。五年来，临沭县先后荣获全国双拥模范县、国家级生态示范区、全国农村集体“三资”管理示范县、国家知识产权强县工程示范县、全国基层中医药工作先进单位、国家园林县城、全国社会主义新农村建设档案工作示范县、全国“六五”普法中期先进县、全国义务教育发展基本均衡县、全国供销社综合改革试点县、国家级出口食品农产品质量安全示范区、美丽中国示范县、省级文明县、山东省文化强省建设先进县、山东省未成年人思想道德建设先进县、山东省乡村文明行动首批示范县、山东省四德工程建设示范县、省级卫生县城、全省教育示范县、全省创业型城市、全省人才工作先进县、全省投资环境最佳县、省级生态县、山东省创业先进城市、全省社会文化先进县、省级药品安全示范县、省级国土资源节约集约模范县、全省优化营商环境先进县、全省城乡公交一体化示范县等称号；其间，习近平总书记第一次踏上临沭大地，进农村、入农户、察民情、听民意，给全县人民以巨大鼓舞；省委书记姜异康等20多位省部级领导先后亲临视察指导，给全县人民以关心厚爱。

生态环境建设初见成效。以建设生态临沭为目标，坚持经济社会与生态环境和谐发展，全力推进节能减排工作。严格执行主要污染物总量控制制度，氮氧化合物、二氧化硫等主要污染物年排放总量完成市下达任务。持续实施“大绿化工程”建设，全县林地面积26012公顷，森林覆盖率达到35.4%。以迎淮检查和大气污染防治为突破口，生态建设取得明显成效。万元生产总值能耗降低17.5%，二氧化硫排放量削减15%，COD排放量削减13%；城市污水集中处理率达到100%，生活垃圾无害化处理率达到100%，环境保护得到大力加强，循环经济开始起步。城市形象的提升，城市品牌的培育，增强了临沭县“十二五”时期经济社会发展的吸引力和竞争力。

第三节　习近平总书记莅临朱村视察

2013年11月24日至28日，习近平在山东省委书记姜异康和省长郭树清陪同下，来到青岛、临沂、济宁、菏泽、济南等地，深入革命老区、企业、科研院所、文化机构等，考察经济社会发展情况，推动学习贯彻党的十八届三中全会精神。

临沂是革命老区，为中国革命胜利做出了重要贡献。25日上午，习近平来到华东革命烈士陵园，向革命烈士纪念塔敬献花篮，参观沂蒙精神展，听取沂蒙地区革命战争历史介绍，并会见了当地先进模范和当年支前模范后代代表。他深情地说，我一来到这里就想起了革命战争年代可歌可泣的峥嵘岁月。在沂蒙这片红色土地上，诞生了无数可歌可泣的英雄儿女，沂蒙六姐妹、沂蒙母亲、沂蒙红嫂的事迹十分感人。沂蒙精神与延安精神、井冈山精神、西柏坡精神一样，是党和国家的宝贵精神财富，要不断结合新的时代条件发扬光大。

25日下午，习近平来到临沭县曹庄镇朱村，观看这个抗战初期就建立党组织的支前模范村村史展，了解革命老区群众生产生活。在83岁的“老支前”王克昌家中，他挨个房间察看，并坐下来同一家人拉家常，关切询问家里有几亩地、搞柳编能挣多少钱、还有什么困难，听老人说家里的生活有了改善，习近平很高兴。他强调，生活一天比一天好，但我们不能忘记历史，不能忘记那些为新中国诞生而浴血奋战的烈士英雄，不能忘记为革命做出重大贡献的老区人民。习近平叮嘱当地干部，让老区人民过上好日子，是我们党的庄严承诺，各级党委和政府要继续加大对革命老区的支持，形成促进革命老区加快发展的强大合力。

习近平总书记一行，先是参观朱村八路军老四团“钢八连”纪念馆和朱村村史展馆，详细询问当地革命历史发展历程，高度赞扬革命先驱和朱村人民为新中国成立所做的贡献，又听取当地民间柳编艺人对临沭柳编历史和柳编产品的介绍，并饶有兴致地参观村内柳编产品。还到朱村党员群众服务中心，询问服务中心工作人员的工作情况，并要求工作人员落实好政策，服务好群众。之后，习总书记来到“老支前”王克昌家中，和王克昌亲切拉起家常。总书记说：“我们这一代、下一代都要沿着中国特色社会主义道路向前，让老区人民生活得更幸福。”喜欢看新闻的王克昌老人说道：“总书记讲话我天天听。”习近平总书记说：“请你批评指正。”

走出王克昌家后，习近平总书记来到闻讯等候在大街上的人群之中，亲切地说道，“天气冷了，我来看望大家”，并同群众一一握手。群众情绪激动，齐呼“总书记好！”总书记沿着道路与群众挥手道别。最后，习近平总书记上了大巴车，向大家喊道：“祝大家身体健康，家庭幸福。”（据新华社）

第四节　构建现代化产业新格局

2012 年到 2017 年，县委、县政府带领全县上下，以结构调整为主线，以科技进步为动力，以大投入大项目为支撑，以提升产业竞争力为目标，大力实施高端高质高效产业发展战略，加快发展高端产业和产品，全面提升产业素质和产品质量，努力培育装备制造、优质肥料、精细化工、钢管加工、柳制品加工、食品加工、新型建材、照明电子、生物工程等一批具有国际竞争力、带动能力强的现代产业集群，着力培育一批规模优势突出、在国内外具有较强影响力的大型企业集团。2016年，全县实现生产总值230亿元、一般公共预算收入13.9亿元，是2011年的1.5倍、2.5倍，年均增长9%、20.6%。三次产业比例调整为9.2∶49.2∶41.6。工业经济提质增效。累计完成工业总产值2382亿元，年均增长8%。高新技术产业产值占比达35.2%。实施百企改造升级项目450个，完成技改投资290.1亿元。经济开发区跃居全省综合考核第27位。化肥化工产业集群入选中国产业集群品牌50强，成功创建全国复混肥知名品牌示范区。纳税过亿元的企业达4家。金正大公司主导制定的控释肥国际标准颁布实施，出资2.2亿欧元成功并购德国康朴公司，是国内化肥行业目前最大的海外并购。累计完成进出口总额22.7亿美元。2014年，临沭县被中国轻工业联合会授予“中国柳编之都”称号，自2014年起，临沭县开始举办中国（临沭）柳编进出口商品交易会，柳编区域品牌价值进入全国百强。2015年10月，国家质量监督检验检疫总局发文通报，批准临沭县国家级出口柳编质量安全示范区通过考核，并授予临沭县“国家级出口柳编质量安全示范区”称号，成为全国第一个创建成功的柳编质量安全示范区。全县新增中国驰名商标8件、省著名商标25件、省名牌产品1个。现代农业稳步发展。全程机械化、水肥一体化加快推进，被评为全国

▲ 2015年10月，国家质量监督检验检疫总局授予临沭县“国家级出口柳编质量安全示范区”

首批主要农作物生产全程机械化示范县，建成水肥一体化示范园区15个。新发展优质农产品基地22万亩。新增各类经营主体1863家，培育市级以上农业龙头企业21家。创建地理标志2个，认证“三品一标”61个。顺利完成农村产权“三项主体”改革和国有林场改革。累计投资9亿元，实施了新增千亿斤粮食产能规划、小农水、苍源河综合治理等工程，农业生产条件明显改善。第三产业日益活跃。累计实现社会消费品零售总额488亿元，年均增长12.8%。商贸物流、文化旅游、电子商务等产业加快发展，澳林国际商贸城、鲁商城市综合体等项目投入运营，成功举办了第三届全国休闲垂钓大赛，苍马山、冠山、沭河古道、夹谷关等景区建设初见成效，青云镇成为沂蒙淘宝第一镇，白旄西居、金柳、东朱崔成功创建中国淘宝村，电商发展、网商、网购3项指数连续两年居全市九县第一。金明寓建设集团、山东金正阳建筑工程有限公司被核准为建筑工程施工总承包国家一级资质。

第五节　深化改革开放迈出新步伐

2012年到2017年，全县上下围绕转变经济发展方式，抓住改革重点，加快制度建设和体制创新，突破影响生产力发展的体制性障碍，着力解决影响经济健康发展的深层次矛盾，努力推进重点领域和关键环节的改革取得新突破。临沭县被列为全省供销合作社综合改革试点县和新型农村合作金融专项试点县。围绕转变政府职能，明确乡镇职能定位，全面推进乡镇机构改革。探索经济开发区管理体制机制，增强发展活力。深化事业单位改革，加快经营性事业单位转企改制步伐。深化行政审批制度改革，进一步减少和规范行政审批，政府部门责任清单、行政权力清单公布实施，商事制度改革和营商环境建设成效显著，新增个体工商户1.3万户、私营企业5481家。把利用外资与产业结构调整结合起来，注重技术含量、品牌优势和集群效应，提高利用外资的质量和综合效益，“三引一促”（引资金、引人才、引技术，促进科学发展）成果丰硕。累计引进过亿元项目 170 个，实际到位资金 219 亿元；引进高层次人才 350 余人次、国外智力项目 236 个，11 个项目入选国家高端外国专家项目。项目建设数量、质量双提升，累计完成固定资产投资 782 亿元，年均增长 14.3%。有 4 个项目列入省重点、76 个项目列入市重点，累计争取上级无偿资金 12 亿元。深入实施“科教兴县”战略，以科技创新促进“转方式、调结构”，为提升经济运行质量、优化产业结构、提升产业竞争力提供有力支撑。共实施市级以上科技计划项目 152 项，12 项科技成果获得国家、省级科技进步奖。获批国家级研发平台 15 个、国家级科技孵化器 1 个，2 人荣获全市科学技术最高奖。2012 年 11 月 1 日，全市科技创新大会在临沂举行，为临沭颁发荣获的科技部“全国科技进步考核先进县”奖状，山东常林集团被国家发改委等五部门授予“国家认定企业技术中心”，是临沭首家获得此荣誉的企业，山东常林集团获批建设山东省院士工作站。2013 年 1 月，2012 年度国家科学技术奖励大会在北京人民大会堂召开，金正大公司“缓控释肥技术创新平台建设”项目荣获国家科学技术进步二等奖；2 月，金正大集团董事长万连步当选为第十二届全国人大代表，为临沭县历史上第二位全国人大代

▲ 金正大集团建设的国家缓控释肥工程技术研究中心

表。史丹利公司获得复合肥行业唯一国家技术发明奖。全县累计申请专利1652件，68%的发明专利实现产业化开发。被评为全国科技进步先进县、首批国家知识产权强县工程示范县、全省创新型产业集群基地、全省人才工作先进县。2014年4月，金正大集团筹建的“国家缓控释肥工程技术研究中心”通过科技部验收。不断完善促进金融服务业发展的配套措施，优化金融生态环境，加快推进全县社会信用体系建设，累计完成社会融资规模183亿元，引进银行业金融机构2家，新增股权挂牌企业8家。银企合作签约资金324.8亿元，年均到位率达98.4%。统筹推进农村住房建设和危旧房改造、新型农村社区建设、中心镇和重点镇建设，促进土地资源集约高效利用，实施增减挂钩项目44个、土地开发整理和农田建设项目9个，验收挂钩指标3871亩，新增耕地1110亩。2014年12月，临沭县被省国土厅授予临沭县“全省国土资源节约集约模范县”称号。实施农村电网改造升级工程，对全县300个行政村低压设施进行改造，彻底淘汰S7高耗能变压器及机械电能表，提高农村供电可靠性和电压合格率，电网投资累计达5.3亿元，初步建成现代化县域电网，供电能力实现本质提升。

第六节　打造城乡宜居新空间

2012年到2017年，全县上下围绕鲁南苏北地区文化旅游名县、国家生态园林宜居城市建设，调整城镇化发展体系，着力构建“一核、两心、两轴、两带”的城镇化发展新格局，推动城乡规划一体化、产业布局一体化、基础设施建设一体化、公共服务一体化，形成县城、中心镇、一般乡镇、中心村梯次发展的格局，推动农村人口逐步向中心村聚集。编制完成绿地、水系、“四供两排”等专项规划31个，中心城区控规覆盖率、镇总规覆盖率达100%。城市化进程不断加快，城镇化水平达54.4%，居全市九县之首，2014年1月15日，临沭县被住房和城乡建设部正式命名为“国家园林县城”。2014 年 10 月，临沭县通过了省级卫生县城暗访组专家对临沭县创建省级卫生县城情况的验收，成功创建省级卫生县城。城市功能逐步增强。先后实施城区供暖扩容、城市污水处理二期、红石湖公园改造等工程，城区供暖入网面积 553 万平方米，城市亮灯率达 98%，燃气普及率达 98.2%，城市污水集中处理率达 100%。北城区建设快速推进，苍源河湿地公园、文化中心、森林公园等项目陆续建成启用。完成 3 万吨引水工程，新建第二水厂，城乡一体化供水人口覆盖率达 90%。改造城中村 17 个、棚户区 32 个，拆迁腾空土地 6400 亩。镇村建设成效明显。2014 年 7 月，住建部和发改委等 7 部门授予临沭县青云镇、蛟龙镇为全国重点镇。管道天然气在全市率先实现“镇镇通”。实施农村道路“硬化 + 改厕”、连片整治和汪塘治理等工程，完成硬化面积 353 万平方米，改厕 3.1 万户，打造美丽乡村示范片区 11 个。朱村被列入全国“美丽乡村”建设示范村。“两区同建”扎实推进，建设新型农村社区 17 个、产业园区 20 个，搬迁村居 66 个。在全市率先实施环卫保洁市场化托管，被认定为全省城乡环卫一体化全覆盖县。道路交通更加顺畅。2013 年 1 月 20 日，长深高速青州至临沭段通车运营。主线全长 228 公里双向 6 车道的青临高速通车，结束临沭无高速公路的历史。2015 年 12 月 16 日，临沂至临沭铁路货运专线正式开通，结束临沭县无铁路历史。新建和改造城乡道路 343 公里。修建村级公路 357.4 公里，被列入全省第三批村级公路网化示范县。在全市率先完成城际公交改造，新增公交车 189 辆，更新出租车 206 辆，被列为全省城乡公交一体化示范县。城区公共自行车系统建成运行，布设站点 110 处，投放公共自行车 1900 辆。绿色发展初见成效。完成造林 10.8 万亩，林地面积达 45.8 万亩，森林覆盖率达 36.5%。完成 36 家重点企业水污染治理再提高工程，实施牛腿沟尾水生态建设等环境整治工程，整治畜禽养殖场 6673 家，出境断面水质稳定达标。整治大气污染企业 321 家，拆改 10 吨以下燃煤锅炉169家，空气质量得到改善。2016年被省环保厅命名为省级生态县。

第七节　增进民生福祉水平

进入新时代，全县各级在县委、县政府的正确领导下，牢记改善民生、造福百姓这个宗旨追求，坚持以人为本，从群众最关心、最迫切、最现实的问题入手，大力推进城乡教育、医疗、供水、交通等一体化发展，不断提高城乡公共服务水平，实现了经济发展与群众幸福感、获得感的同步提升。2012年到2017年，全县累计完成民生支出107.2亿元。城镇、农村居民人均可支配收入年均增长12%、10.6%。每年一批的为民工程、为民实事全部兑现。保障水平不断提高。大力推进精准扶贫、精准脱贫，累计脱贫5.9万人，建成精准扶贫示范点197个；年均新增城镇就业6000人、转移农村劳动力就业1.2万人。金融机构累计发放小额担保贷款4.1亿元，新增创业7553人，2014年2月，临沭县被评为山东省创业先进城市（县、区）。居民基本养老保险适龄人员参保率达95%以上，居民基本医疗保险参保率达99%以上。建成各类保障性住房2.1万套。2015年4月，社会福利服务中心投入运营，按照公办民营、管办分离的经营模式，委托青岛阳光佳苑养老服务管理有限公司负责中心的经营和管理。全县建成各类养老机构61处。城乡低保、农村五保、医疗救助、企业退休人员基本养老金都有新的提高。2014年10月县康复中心正式投入使用，重点开展了儿童脑瘫、智障康复和成人肢体康复，“医康结合”运营模式在全省推广。社会事业协调推进。优先发展教育事业，累计投资5.9亿元，新建第二、第三、第五实验小学和北城实验学校、特殊教育学校；改建扩建职业中专、第二初级中学，实施“全面改薄”项目42个，极大改善了办学条件。2015年4月，国务院教育督导委员会发布了2014年全国义务教育发展基本均衡县（市、区）名单，临沭县以优异成绩获此殊荣。医药卫生体制改革顺利推进，县人民医院新院、第三人民医院、镇街卫生院病房楼等项目加快建设，县妇幼保健院新院投入使用。2015年10月，被评为第二批全国基层中医药工作先进单位。落实“全面二孩”政策，综合治理出生人口性别比，出生人口质量稳步提升。大力发展文化事业，县文化馆、图书馆被评为国家一级馆，建成镇街综合文化站9处、乡村大舞台124处，2015年6月，“激情四季·唱响临沭”群众文化活动品牌成功入选国家公共文化服务体系示范项目，2014年8月，临沭县被省政府授予“社会文化先进县”称号。2013年10月，临沭县通过全国社会主义新农村建设档案工作示范县验收。社会管理持续深化。移风易俗扎实推进，精神文明建设不断深化。先后有4人被评为中国好人、7人被评为山东好人、2人被评为全省道德模范，荣获省“四德工程”建设示范县、山东省乡村文明行动先进县。征兵工作保持自1961年恢复建县以来连续无责任退兵的全国最高纪录。2016年7月31日，全省双拥模范城（县）命名暨双拥先进单位和个人表彰大会在济南举行，临沭县再次蝉联全省双拥模范县，实现了七连冠。滨海红色文化纪念园被列入全国爱国主义教育示范基地，

▲ 2014年10月，临沭县残疾人康复中心投入使用

滨海革命烈士陵园被批准为国家级抗战纪念设施。深化安全监管和隐患排查治理，安全生产形势持续稳定。县检验检测中心实验室顺利通过省质量技术监督资质认定，食品药品安全监管不断强化，2012 年被评为省级药品安全示范县。深入开展“六五”普法，2014 年获评全国“六五”普法中期先进县。

第八节　开启全面从严治党新篇章

党的十八大后中央通过了“中共中央政治局关于改进工作作风、密切联系群众的八项规定”，自此，全面从严治党成为各级党组织工作的重要内容。根据党中央统一部署，临沭县委精心组织开展了党的群众路线教育实践活动、“三严三实”专题教育、“两学一做”学习教育，深化“结亲连心”活动，扎实开展“强党性、重品行、敢担当”作风建设提升活动，党员干部思想得到了洗礼、作风得到了锤炼。尤其是党的群众路线教育实践活动，是进入新时代以来党中央部署在全党开展的第一次大规模、深层次的思想教育整顿活动，集中整治形式主义、官僚主义、享乐主义和奢靡之风“四风”问题。临沭县党的群众路线教育实践活动于 2014 年 3 月 4 日启动，共有 108 个单位、

▲　2015 年 5 月 11 日，临沭县“三严三实”专题教育工作座谈会召开

859个基层党组织、29498名党员参加。按照中央和省、市委部署要求，在省市委联合督导组指导下，围绕“照镜子、正衣冠、洗洗澡、治治病”总要求，以“为民、务实、清廉”为主题，聚焦“四风”问题，实现“干部受教育、作风得转变，发展上水平、群众更满意”目标。2015年，党中央部署在县处级以上领导干部中不分批次、不划阶段、不设环节开展“三严三实”专题教育，着力解决“不严不实”问题，临沭县基层党员干部也同步参加了学习教育。

2016年，党中央部署在全体党员中开展“学党章党规、学系列讲话，做合格党员”“两学一做”学习教育。通过一系列教育活动的开展，推动各级党组织书记抓党建责任落实，全县基层党的建设水平明显提升。临沭县创新开展了党员年度记实、村级事务规范化管理等工作，探索建立了“二三一”村干部待遇保障机制，基层组织建设不断加强。严格落实《党政领导干部选拔任用工作条例》，规范干部考核评价、选任流程等工作体系，树立了正确的用人导向。严格执行中央八项规定精神和省委、市委实施办法，“四风”问题得到有效整治。深入推进“两个责任”落实，党风廉政建设成效明显，营造了风清气正的政治生态。施政水平持续提高，累计办理人大代表建议395件、政协委员提案821件，答复率达100%。加大行政监察和审计监督力度，严肃查处了一批违法违纪案件。认真做好12345市民服务热线办理工作，镇街便民服务中心、村居便民服务点实现全覆盖，“三公”经费连年下降，超标办公用房全面清理，公务用车制度改革顺利推进。坚持依法行政，推进政务公开，狠抓简政放权，积极转变职能，政府系统的创新力、执行力、公信力不断提升。始终贯彻党要管党、从严治党的方针，从严抓班子、带队伍，坚持德才兼备、注重实绩的选人用人导向，倡树为民、惟公、争先、清廉的风气，调动了各级党员干部敢于担当、干事创业的积极性。

第二章　打造“和美幸福临沭”，全面建成小康社会

第一节　踏上“和美幸福临沭”新征程

2017年1月19日，中国共产党临沭县第十二次代表大会开幕。这次大会，是在临沭县全面建成小康社会决胜阶段、“十三五”发展征程全面开启的关键时期召开的一次十分重要的大会。会议的主要任务是，回顾总结县第十一次党代会以来的工作，审议确定今后五年的奋斗目标和主要任务，选举产生中共临沭县第十二届委员会和中共临沭县纪律检查委员会，动员全县各级党组织、广大党员干部群众，落实新理念、担当新使命，开启新征程、展现新作为，为全面建成小康社会而努力奋斗。刘飞代表中共临沭县第十一届委员会向大会作了题为《落实新理念 开启新征程 为全面建成小康社会而努力奋斗》的报告。

会议提出今后五年，全县工作的指导思想是：在以习近平同志为核心的党中央坚强领导下，高举中国特色社会主义伟大旗帜，以邓小平理论、“三个代表”重要思想、科学发展观为指导，深入学习贯彻习近平总书记系列重要讲话精

▲ 2017年1月18—20日，中国共产党临沭县第十二次代表大会召开

神，紧紧围绕“五位一体”总体布局和“四个全面”战略布局，认真贯彻落实新发展理念，以党的建设为统领，以提高发展质量和效益为中心，以建设和美幸福临沭为总目标，坚持强工重农兴商，推动三次产业融合发展，努力把临沭建成经济发达、生态优良、文化繁荣、城乡一体、社会和谐的临沂东部产业新高地、花园卫星城，确保与全省、全市同步全面建成小康社会。

确立今后五年全县经济社会发展的主要目标是：

发展质效显著提升。主要经济指标的总量均量、质量速度快速提升，地区生产总值年均增长 9% 以上、一般公共预算收入年均增长 10% 以上，固定资产投资年均增长 12% 以上，力争综合实力在全省县域排名中位次每年前移，迈入全市第一方阵。

改革开放充满活力。供给侧结构性改革成效显著，产业体系不断完善，高端装备制造、化肥化工、生物医药、商贸物流、文化旅游等产业实现长足发展；企业改革、行政审批改革、财税体制等重点领域改革继续深化，发展活力不断迸发；国际合作更加广泛深入，经济外向度明显提高；创业创新充满活力，高新技术产业产值占比达到 42% 以上，争创国家级创新型城市。

城镇建设彰显特色。县城带动能力进一步增强，镇街驻地中心作用充分发挥，城乡发展均衡度不断提升，生态环境不断优化，产城融合成效明显，城镇化水平达到 63% 以上，打造一批“特色小镇”，争创国家卫生城。

社会环境更加和美。社会主义核心价值观深入人心，干部队伍为民务实清廉，党风政风清正清明，人民群众包容友善，道德素养明显提升，努力促进邻里更加和睦、环境更加美丽、社会更加和谐、生活更加美好，争创全国文明城市。

幸福指数普遍提高。社会保障体系更加完善，民生实事普惠于民，社会安定有序，百姓安居乐业，城镇、农村人均可支配收入年均增长

9%、10%，到2021年，分别达到5.1万元和1.8万元。

自此，临沭县的中国特色社会主义建设进入新时代。

第二节　实现脱贫攻坚全面胜利

2021年2月25日，中共中央、国务院在北京召开全国脱贫攻坚总结表彰大会，习近平总书记在大会上庄严宣告：我国脱贫攻坚战取得了全面胜利！至此，临沭县与全国一样，高标准完成了脱贫攻坚任务。

2015年11月23日，中共中央政治局审议通过《关于打赢脱贫攻坚战的决定》，在全国部署开展脱贫攻坚工作，2016年2月，临沭县农业综合开发扶贫办公室更名为临沭县扶贫开发办公室，吹响了临沭县脱贫攻坚的号角。

脱贫攻坚以来，临沭县累计实现脱贫6.3万人、摘帽78个扶贫工作重点村，2018年底基本实现全部脱贫。2019年6月1—2日，全省推进乡村振兴暨脱贫攻坚现场会议在临沂市召开，省委书记刘家义，省委副书记、省长龚正，省政协主席付志方，省委副书记杨东奇出席会议。1日下午，省委书记刘家义、省政协主席付志方带队，到临沭县青云镇周官庄，郑山街道徐埠前村、朱果前村进行现场观摩指导。

脱贫攻坚以来，临沭县各级累计投入财政专项扶贫资金28903.29万元。其中，省级及以上资金15354.8万元，市级资金6848万元，县级资金6700.49万元。投入18930万元实施产业项目401个，实现贫困户差异化增收全覆盖。有效衔接期，争取上级衔接乡村振兴补助资金4306.12万元，实施衔接资金项目14个。其中，产业发展项目4个、基础设施项目9个、设备购置项目1个。基础设施项目全部完成，其余项目按照时间节点要求有序推进。投入146.35万元对扶贫产业项目购买“双保险”，确保持续产生收益。完成2475户贫困户危房改造，

27290 名建档立卡贫困户全部实现稳定脱贫。获习近平总书记扶贫理论研究优秀成果奖 1 项，作为全国唯一县区扶贫案例在国务院扶贫办作典型发言。“党建 +”扶贫、农机助力脱贫、文化精准扶贫、“非遗 +”脱贫等案例分别被国家和山东省推广。

强化扶贫开发工作领导责任制，深化驻村联户扶贫，切实发挥贫困村“第一书记”指导带动作用，建立健全“片为重点、工作到村、扶贫到户”工作机制，实现联系单位帮扶点全覆盖，做到贫困户不脱贫、帮扶单位不脱钩。实施分类扶贫，做好扶贫精准识别和建档立卡工作，建立扶贫对象帮扶工作信息系统平台，做到对症下药、精准滴灌、靶向治疗，实现贫困人口精准脱贫、理念脱贫。坚持把农业综合开发作为帮助贫困人口脱贫致富的主要途径，扶持贫困户大力发展蔬菜、食用菌、果品等特色种植业和牛、羊等草食畜牧养殖业，争取为每个家庭培养一个能够为本家庭提供收入来源的劳动力。将符合条件的贫困人口全部纳入最低生活保障范围，贫困家庭人均可支配收入超过当年省定扶贫标准的 50% 以上，达到全市农民人均可支配收入的 50%，稳定实现“两不愁三保障”。优先调整项目布局和资金投向，改善贫困村居的发展环境，确保全县贫困村全部“摘帽”，实现“五通十有”，全面消除绝对贫困。加强对贫困户、残疾人重特大疾病的医疗救助，加快建立县级社会救助综合信息系统平台。探索对贫困人口实行资产收益扶持制度，有针对性地做好项目扶贫、金融扶贫、教育培训扶贫等工作。把扶贫开发同基层组织建设有机结合起来，抓好以村党组织为核心的村级组织配套建设，把基层党组织建设成带领群众脱贫致富的坚强战斗堡垒。到 2018 年，提前实现农村贫困人口全部脱贫。

第三节　夺取全面建成小康社会伟大胜利

2021 年 7 月 1 日，庆祝中国共产党成立 100 周年大会在北京天安门广场隆重举行，习近平总书记庄严宣告：“经过全党全国各族人民持续奋斗，我们实现了第一个百年奋斗目标，在中华大地上全面建成了小康社会，历史性地解决了绝对贫困问题。”临沭县与全国一样步入全面小康时代，在十二次党代会以来的五年里，面对百年变局和世纪疫情，十二届县委坚持以习近平新时代中国特色社会主义思想为指导，认真贯彻党中央和省委、市委决策部署，“十三五”规划胜利完成，脱贫攻坚、全面小康重大任务圆满实现，“十四五”开局稳健，为推进现代化强县建设奠定了坚实基础。

综合实力稳步提升，经济结构持续优化。2020 年，实现地区生产总值 204.8 亿元，“十三五”期间年均增长 6.1%，是 2010 年的 2.3 倍，是 2015 年的 1.4 倍。完成一般公共预算收入 16.4 亿元，年均增长 3.4%；完成规模以上固定资产投资 126.8 亿元。产业结构进一步优化，三次产业比例由“十二五”末的 13.2 ∶ 38.3 ∶ 48.5 调整为 2020 年的 13.2 ∶ 32.1 ∶ 54.7。城镇居民人均可支配收入达到 40429 元，是 2010 年的 2.5 倍；农村居民人均可支配收入达到 15223 元，是 2010 年的 2.3 倍，地区生产总值和城乡居民人均可支配收入“两个翻番”的小康目标如期实现。

加快新旧动能转换，转型升级成效明显。农业方面，完成 50 万亩粮食生产功能区划定任务，建设优质农产品基地 25.9 万亩。注册农产品商标 200 个，认证“三品一标”90 个，创建市级以上优质农产品标准化生产基地 30 个，创建省智慧农业应用基地 1 个。培育市级以上农业产业化龙头企业 66 家，带动农户 11 万户。创建市级农业“新六产”乡镇 3 个、示范经营主体 10 个。“临沭花生”“临沭地瓜”“临沭柳编”获颁国家地理标志。绿色生态种植和社会化服务模式走在全省前列，被省委书记刘家义等领导批示肯定。全程机械化、水肥一体化加快推进，先后被评为全国首批主要农作物生产全程机械化示范县、全省平安农机示范县、全省农产品质量安全县。金丰公社入选全国农业社会发展服务典型案例，统一农业科技示范园入选全国农村创业创新园区。

科技创新方面，拥有国家级科技研发平台 27 个、省级创新平台 36 个、市级科研平台 89 个。获国家火炬计划临沭复合肥产业基地、全国优质化肥生产基地、绿色肥料产业基地等荣誉称号，国家级“专精特新”企业 1 家，入选国家计量助推企业提质增效优秀案例 1 个。新增国家级建筑工程施工总承包特级资质、甲级设计资质 1 家。新增国家高新技术企业 20 家，先后荣获国家科技进步二等奖 2 项、国家技术发明奖二等奖 1 项、全国石化科技进步奖 12 项、省科技进步奖 19 项、市科学技术奖 99 项，4 人次获市科学技术最高奖，科技成果转化已成为全县新旧动能转换的重要引擎。成功创建国家知识产权示范企业、国家级制造业单项冠军企业 2 家，省级制造业单项冠军企业 4 家，高新技术产业研究服务中心被认定为国家级科技企业孵化器。创建中国驰名商标 10 个、山东省名牌 6 个、山东省著名商标 25 个。建设博士后科研工作站 5 处，建站数量位居全省前列。2020 年高新技术产业产值占规模以上工业产值比重达 57.2%，研发经费 10.27 亿元，占 GDP 的比重达到 5.21%，位居全市第一。

新旧动能转换方面，传统动能改造稳定推进，累计完成工业技改投资 343 亿元，一大批拉动效应明显、震撼力强的项目先后落地投产。常林集团完成破产重组并实现盈利。新动能不断培育壮大，先后完成 8 个全省新旧动能转换重点项目建设。4 家企业被认定为国家绿色工厂，12 家企业被认定为省、市“专精特新”企业，10 家企业被认定为全省军民融合企业，1 家企业被认定为省级国民经济动员中心，5 家企业入选省工业互联网企业培育库。新型肥料产业集群成功入选省“十强”产业“雁阵形”集群、中国产业集群品牌 50 强。

服务业健康发展，顺利通过“中国柳编之都”复评和苍马山·冠山景区国家 AAAA 级景区复核，沭河古道景区成功创建国家 AAA 级景区，全县 AA 级以上景区达到 8 家。连续举办了八届中国（临沭）柳编产业博览会，各镇街文化旅游节会活动色彩纷呈。2017年12月，被省商务厅评为第三批电子商务示范县。青云镇白旄西居荣获2015年中国“淘宝村”称号，这是临沂市第一个“淘宝村”，2016年青云镇金柳村、东朱崔村又通过阿里巴巴淘宝村认证，青云镇也被认定为临沂市首个淘宝镇。柳编文化创意产业园区被评为省重点文化产业园区，金丰公社成功创建省级服务业创新中心，商业步行街被评为省级旅游休闲购物示范街、临沂市首批夜间文旅消费集聚区，天醁山生态小镇荣获2020年度省服务业特色小镇培育单位。全县金融机构本外币各项存贷款余额358.7亿元、307.5亿元，较2015年末分别增加121.8亿元、118.7亿元，年均分别增长10.28%、12.57%。

城乡格局逐步优化，城市建设快速发展。城市设施日臻完善，政务服务中心、文化中心、创业大厦等“五馆一中心”建成使用，奏响北城发展新篇章。户籍城镇化率为45.6%，常住人口城镇化率为51.5%，建成区面积25.48平方公里，建成区绿化覆盖率为44%，新增城市园林绿地面积105.69万平方米，改造棚户区6167户、老旧小区73个。建成综合性文化服务中心264处、“乡约临沭”记忆馆58处、文化广场282处、图书馆文化馆分馆15处。临岚高速通车，城东一路建成。成功创建国家园林县城、国家卫生县、中国领军智慧县级城市和省级文明县。美丽乡村建设加速推进，坚持区域联动、中心带动、城乡互动，统筹实施乡村振兴战略，城乡发展更加协调有序。在全市率先实现城乡公交一体化。完成农村公路“三年集中攻坚行动”，改造提升4米拓宽至6米的村村通道路240余公里。524个自然村全部通上自来水，实现“同网同质价更低”。创建省级美丽乡村12个、市级美丽乡村29个、县级美丽乡村27个、市级美丽乡村示范片区5个，美丽乡村覆盖率达到33.3%。郑山街道、临沭街道成功创建国家卫生乡镇，蛟龙、石门、曹庄、青云、店头、大兴、玉山7个镇成功创建省级卫生乡镇，曹庄镇成功创建全省乡村振兴“十百千示范镇”，青云镇荣获省级产业强镇。山里村荣获全国村庄规划示范村，朱村入选第四批中国传统村落名录，被列入全国美丽乡村建设示范村。沭河长廊、七彩百合园荣获市级乡村振兴齐鲁样板示范片区。

生态环境明显改善，绿色发展取得成效。打好大气防治攻坚战，建立县、镇街、村三级网格监管体系，实施工业污染深度治理、机动车污染防治、扬尘污染治理等攻坚任务。氨氮排放量削减率、二氧化硫排放量削减率等约束性生态指标均完成市下达任务。2020 年空气质量综合指数 4.70，PM2.5 平均浓度为 45μg/m³。超额完成“十三五”期间万元 GDP 能耗下降 17% 的目标任务。打好碧水防治攻坚战，全面落实河长制、湖长制，重点开展了牛腿沟、苍源河等重点流域治理，建设人工湿地水质净化工程，化学需氧量排放量削减率完成市下达任务，国控省控断面水质、饮用水水源地水质全部达标。实施污水处理工程和改造提升，完成城区污水直排口治理。打好土壤防治攻坚战，开展土壤污染防治专项执法行动，完成对 51 家重点行业企业用地污染情况调查，排查建立疑似污染地块名录和土壤污染重点监管单位名录。2017 年底，沭河国家湿地公园通过国家林业局验收。金正大中以现代农业示范园被评为省级生态循环示范基地。

深化改革全面推进，开放成果更加丰硕。全面深化改革，按照省、市统一部署，顺利完成政府机构改革任务。深化“放管服”改革，在全市率先设立县级开发区行政审批局，梳理“一次办好”事项 1972 项，208 项行政许可事项实现集中实施。先后被列入全省重点事权改革试点县、全国供销社综合改革试点县、全省农村交通物流试点县、全省新型农村合作金融试点县。被评为 2019 年度全省打好防范化解重大风险攻坚战专项评价先进县。县人民法院审判全流程改革、完善案件繁简分流机制等司法体制改革做法走在全国前列，入选全国第十批人民法院司法改革案例。有序推进农村承包地“三权分置”、农村宅基地、农村集体产权制度等改革，农村活力有效激发。持续扩大对外开放，“十三五”期间，累计完成进出口总额238.7亿元，年均增长21.3%，累计引进过亿元项目129个，实际到位资金370亿元。把人才作为发展的第一资源，建立“临沭籍在外人才库”，自主培育泰山学者、泰山产业领军人才等省级以上高层次人才12人，引进各类创新创业人才230余人、国外智力项目65个，硕士研究生、重点院校本科生600余人；组建了北京、上海、深圳3个在外招才引智工作站，3个项目入选国家高端外国专家项目，金正大入选首批山东省海外离岸创新人才项目。先后荣获国家级出口柳编质量安全示范区、国家外贸转型升级基地、省服务贸易特色服务出口基地等称号。金柳、荣华、美艺等3家企业被评为国家文化出口重点企业。晴朗、照兴等13家柳编工艺品企业被评为山东省重点文化产品和服务出口企业，占全省认定企业的五分之一。民生福祉不断增进，幸福指数明显提升。社会保障稳健有力，财政投入154亿元用于改善民生和发展社会事业，是“十二五”时期的1.68倍。居民基本养老保险实现全覆盖，重特大疾病保障水平显著提高。职工养老保险、失业保险、工伤保险参保人数分别增加4.2万人、4.02万人、4.68万人，完成“十三五”目标任务的111.5%、108.5%和135.89%。社保资金落实率94.5%，连续16年提高企业退休人员养老金。在全市率先开发农村公益性岗位，建设农村幸福院63处、县级福利中心1处，区域性敬老院4处。集中供养特困人员207名，失能人员集中供养率达52%。新增城镇就业3.2万人，城镇调查失业率控制在3.5%以内。创建省级四型就业社区11个，农民工工资支付监管实现全覆盖。社会治理更加有效，实行网格化管理，划设608个基础网格，建立“网格吹哨、部门报到”制度，构建“中心统筹、五化并举”社会治理现代化“大治理”模式。信访维稳和积案化解工作走在全市前列，社会安全感、群众满意度大幅提升。

教育事业不断完善。学前教育三年毛入园率达到90%，小学学龄儿童入学率为100%，义务教育巩固率达到98%以上，中小学“大班额”全部清零，普通高中和中等职业教育协调发展，临沂市工业学校被确定为首批山东省示范性中等职业学校。文化事业蓬勃发展。卫生健康事业快速发展，荣膺2017年度“国家级妇幼健康优质服务示范县”称号，2017年被确定为全国首批健康扶贫示范区，并被授予“全国综合健康扶贫项目示范基地”称号，2020年12月被公布为第二批全省医养结合示范先行县。2018年10月，县人民医院新院完成搬迁并投入使用，县中医院建成中医药医共体。全县拥有床位2739张，创建省、市级示范标准村卫生室22个，全科医生万人比全市第一，互联网医院建设走在全省前列。体育健身设施实现县域全覆盖，体育中心二期工程建成使用，承办省级体育赛事7项，2017年荣获“山东省第七届全民健身运动会先进单位”称号，2021年10月被评为“2017—2020年度全国群众体育先进单位”。

疫情防控成效明显。2020年伊始，一场突如其来的新冠肺炎疫情肆虐中华大地。这次疫情是新中国成立以来我国遭遇的传播速度最快、感染范围最广、防控难度最大的一次重大突发公共卫生事件，也是百年来全球发生的最严重的传染病大流行。在党中央坚强领导下，全国人民风雨同舟、众志成城，发扬一方有难、八方支援精神，构筑起疫情防控的坚固防线。临沭

▲ 2020年2月9日，付晓玲（前左四）、王裕虎（前左三）、井芳（前左二）组成的援鄂医疗队在县人民医院举行出征仪式

县在全市率先成立疫情处置指挥部，建立网格化防控体系，落实常态化疫情防控措施。2020 年，累计治愈患者 4 例、筛查管理密切接触者 163 人，点对点闭环接回 469 名境外来人、3391 名省外来人，实行集中隔离和健康监测。选派 3 名业务骨干驰援武汉，圆满完成援鄂任务。完成 3 家县直公立医院、12 家镇街卫生院和 5 家民营医院的发热门诊、哨点诊室建设，对境外来人、重点地区来人等各类重点人群开展核酸检测 15.1 万人次、冷链环境样本核酸检测 5.7 万份。进入 2021 年，落实新冠肺炎常态化疫情防控各项措施，建立完善平急一体化疫情防控机制，组织全县疫情防控工作会议、调度会议 40 余次。通过严防境外疫情输入和国内疫情重点地区疫情输入，严格做好集中隔离点、院感防控、重点人群核酸检测“应检尽检”等重点环节管理，全力推进新冠疫苗接种工作，保障疫情防控应急物资储备水平，实施县域核酸检测能力、重大传染病防控及急救能力提升工程等措施，实现全年全县无境外输入和本土病例的防控目标。2021 年，累计接返境外来人 477 人、摸排重点地区来人 23847 人，储备集中隔离点 34 处、隔离房间 1307 间，重点人群“应检尽检”率居全市前列，接种新冠病毒疫苗 119.69 万剂次，各年龄段接种进度均位居全市前列。

第四节　打造临沂东部产业新高地

临沭县委、县政府坚持“工业强县、创新发展”战略，以构建和美幸福临沭为主线，全力推进临沂—临沭一体化战略，充分发挥区位优势、生态优势、产业优势，着力建设弘扬新时代沂蒙精神践行区、承接长三角产业转移先行区、鲁南苏北高质量发展引领区，奋力打造临沂东部产业新高地、花园卫星城。工作中，坚持做大做强主导产业，聚焦建设临沂东部产业新高地，深入实施“工业强县、创新发展”战略，构建“一区三园”发展格局，2018 年 6 月，临沭经济开发区化工产业园经山东省人民政府认定公布为首批省级化工园区。培育了高端装备、高端化工等“3+2”主导产业，入选省新旧动能项目 15 个。2019 年 3 月 19 日，省委书记刘家义带领全省新旧动能转换项目落地观摩团现场观摩临沭县金丰公社项目。临沭县创建山东省优质复混（合）肥基地以品牌强度 880、品牌评估价值 217.73 亿元，位列 2019 年度创建山东省优质产品基地品牌价值 10 强榜单第四位，2018 年被商务部公布为国家外贸转型升级基地（临沭柳编）。主动承接长三角等优势产业转移，累计招引落地亿元级项目 70 个，到位资金 327 亿元。2021 年，实现地区生产总值 252 亿元，同比增长 4% 左右；完成一般公共预算收入 19.2 亿元、同口径增长 11.5%；规模以上工业增加值增长 12.2%；固定资产投资增长 15.6%。

坚持改造提升传统产业，培育壮大新兴产业，夯实了高质量发展的“主根基”。新型肥料产业集群，入选省“十强”产业“雁阵形”集群。培育中国驰名商标 1 个，争创省长质量奖 2 个、山东名牌 40 项。史丹利集团获评国家级技术创新示范企业，金沂蒙集团、金正大集团获评国家级制造业单项冠军示范企业，雷华公司获评国家级专精特新“小巨人”企业，金明寓公司获批国家级建筑工程施工总承包特级资质，5 家企业获评国家级绿色工厂，2 家企业入选山东省“瞪羚企业”。深化开发区体制机制创新，化工产业园区成为全省首批、全市首家通过省级认定的化工园区，“一区三园”发展格局初步形成。发展动能加速集聚。主动承接长三角地区优势产业转移，招引落地亿元级项目 70 个，到位资金 327 亿元。其中，世界 500 强和中国 500 强企业投资项目 9 个。完成固定资产投资 643.6 亿元，15 个项目入选省重大项目、57 个项目入选市重点项目。大力推进“百企百项”技改工程，实施技改项目 361 个，技改投资年均增长 15%。要素保障精准有力。累计减税降费 6.5 亿元，惠及市场主体近 2 万户。供应土地 1.5 万亩，供地率居全市前列。成立城投公司、财金公司、利城公司、国控集团，设立新旧动能转换基金、中小企业转贷资金，有力解决了投融资难题。金融机构存贷款余额分别是2016年的1.6倍、1.8倍，年均增长10.4%、12.5%。引进金融机构7家，新增挂牌企业9家，中润液压、戴克生物入选省级重点上市后备企业名单，获批全省上市公司孵化聚集区试点。2021年，实现地区生产总值232.4亿元；完成一般公共预算收入18.3亿元，是2016年的1.3倍，年均增长5.6%；居民人均可支配收入达3.3万元，是2016年的1.5倍，年均增长7.8%。主导产业量质齐升。产值过亿元企业达65家，比2016年增加18家。

第五节　吹响乡村振兴时代号角

党的十九大提出实施乡村振兴战略，2018年9月，中共中央、国务院印发了《乡村振兴战略规划（2018—2022年）》并发出通知，要求各地区各部门结合实际认真贯彻落实。临沭县委、县政府紧扣临沭优势和特色，深入实施乡村振兴“三步走”战略，以打造面向长三角的优质农产品供应基地的“临沭分仓”、中心城市后花园的“临沭美景”为着力点，建立种养、灌溉、施药、配肥、农机制造租赁及技术服务为一体的综合性服务体系，有序开展“山之线”“水之线”美丽乡村建设，做足做活“山之秀”“水之灵”文章，持续推进农业增效、农村增美、农民增收，打造乡村振兴临沭模式，争创全市乡村振兴样板示范区。2017年至2021年，临沭县坚持三农优先、城乡统筹，乡村振兴破局起势。扎实推进乡村振兴“三步走”战略，圆满完成农村集体资产清产核资和产权制度改革，获评首批全国主要农作物生产全程机械化示范县，全省推进乡村振兴暨脱贫攻坚现场会到临沭观摩，“临沭地瓜”“临沭花生”“临沭柳编”荣获国家级农产品地理标志认证。打造东部“山之线”、西部“水之线”精品旅游线路，红色朱村等节点性项目建成运营，“乐游临沭”品牌越擦越亮。全县优先发展“三农”不放松，奏响了乡村振兴的“最强音”。现代农业增产增效。建设优质农产品基地30万亩、高标准农田21.2万亩，粮食产量稳定在30万吨，面积稳定在78万亩。发展新型经营主体6330家，获评国家级示范社2家、省级19家。家庭农场达3928家，数量全市第一。获评国家级标准养殖场2家、省级1家。深入推进农村集体产权制度改革，成立农村集体股份经济合作社525个，县供销联社获评全国百强县级社。金丰公社入选全国农业社会化服务典型案例。“临沭柳编”“临沭花生”“临沭地瓜”通过国家农产品地理标志认证，获评省农产品质量安全县、省农产品加工业示范县、省农业社会化服务试点县。2019年11月，全国甘薯生产全程机械化现场推进会在临沭县举行，2020年9月，全国油料作物生产全程机械化推进会在临沭县举办。临沭县获评全国平安农机示范县、全省首批农业机械“两全两高”示范县。乡村面貌焕然一新。创建市级以上美丽乡村59个，覆盖率达41.6%。全省推进乡村振兴暨脱贫攻坚现场会与会人员到临沭县观摩。《朱村组织引领老区人民破译“幸福密码”》是全省唯一入选全国乡村振兴村级典型范例，红色朱村发展实践案例上报中央改革办。实施农村公路“三年集中攻坚”专项行动，改建道路432.7公里，硬化通户道路124万平方米，“四好农村路”智慧养护管理列入省试点。乡镇和建制村通客车经验在全国

▲ 十里薯乡，临沭地瓜主产地

推广。2020年11月25日，朱村沭河大桥建成通车。40个行政村完成生活污水治理，徐埠前村生活污水治理项目入选全省农村生活污水和黑臭水体治理典型案例。在全市率先完成城乡供水一体化，实现“同网同质不同价”，获评全国节水型社会建设达标县。农村粪污处理和资源化利用工作经验在全国推广。文化旅游繁荣发展。创建全国文明村镇1个、省级12个，文明达标村覆盖率居全市前列。县融媒体中心建设通过省级验收，建成基层文化服务中心268处、文化广场300处、乡村记忆馆70处。文化和旅游部公布2021—2023年度“中国民间文化艺术之乡”，临沭县人民政府（柳编）入选。2018年被省委、省政府评为第三届山东省文化强省建设先进县。乡村旅游提速发展，亿龙水上风情园、红色朱村开园运营，苍马山·冠山景区创建国家AAAA级景区，沭河古道景区、红色朱村旅游区创建国家AAA级景区。2020年12月，“临沭柳编”入选国家级非遗项目名录。2020年1月6日，全国文化科技卫生“三下乡”活动启动仪式暨山东集中示范活动在临沭县举行。2020年12月，临沭县顺利通过“省级文明县”复查验收，同时获得第六届全省未成年人思想道德建设工作先进县荣誉称号。

第六节　奏响深化改革时代强音

临沭县认真贯彻落实中央关于机构改革的决策部署，2019年初，根据省、市批复的《临沭县机构改革方案》，印发《中共临沭县委临沭县人民政府关于临沭县县级机构改革的实施意见》（沭发〔2019〕1号），全面完成县级机构改革工作。按时完成机构组建、挂牌、人员转隶等工作。本轮机构改革后，县级共设党政工作部门37个，直属事业单位29个。开展乡镇行政管理体制改革，全面完成镇街行政管理体制改革方案批复、人员定岗、机构挂牌等工作。改革后各镇街统一设置“七办五中心”。规范综合行政执法机构编制管理，对改革后执法队伍名称等事项进行规范，保留县综合行政执法大队等 8 支专门执法队伍，锁定执法队伍人员 389 人，编制 448 名。深入推进相对集中行政许可权改革。组建县行政审批服务局，实现“一枚印章管审批”。将涉及市场准入、投资建设、国土规划、交通运输、民生保障等领域的 173 项行政许可事项、26 项关联事项、7 项收费事项划转到县行政审批服务局集中实施，划转人员 53 人，促进审批高度集成、流程最大优化。明晰县乡职责，规范“属地管理”。开展“争试点、抓亮点、破难点、强宣传”“三点一强”和“改革三年行动”，新增上市公司孵化聚集区、法治指数等省级以上试点 16 项；深化司法责任制改革、创新实施自然资源“135”执法监管模式等一大批经验做法获国家和省、市推广。培育创新第一动力，累计争创国家级科技奖 6 项、省级 41 项，拥有省级以上创新平台 59 家、高新技术企业 35 家，数量居全市前列。2017 年至 2021 年，全县坚持深化改革创新不止步，激活了开放发展的“强动力”。“放管服”改革纵深推进。大力推行“一窗受理、一次办好”，在全省首创“五证齐发”，率先实现工程建设项目“无纸化”申报、“不见面”审批。成立人才发展集团，引进培育高层次人才 450 人。其中，泰山产业领军人才 8 人，居全市首位。拥有高新技术企业 35 家、省级以上创新平台 59 个，高新技术产业产值占比达 57.2%，居全市第一。经济开发区高创中心获批国家级科技企业孵化器，史丹利集团、东泰公司荣获国家科技进步二等奖，金正大集团土肥利用国家工程研究中心正式挂牌，金德碳化硅微通道反应器技术被工信部列入推广应用目录首位。深入开展“百家院所进临沭”活动，实施科技项目 167 项，转化先进技术 151 项，争创国家级科技奖 6 项、省级 41 项，2021 年 10 月，临沭县被省科技厅认定为省级技术转移先进县，成为全市 9 县中唯一获批的县。对外开放持续深化，累计实现进出口总额 300 亿元，实际利用外资 2.5 亿美元，获评国家外贸转型升级基地。2017—2021 年连续举办五届中国（临沭）柳编产业交易会，柳编产业集群进入全国百强。2019 年 11 月，“中国柳编之都”顺利通过复评。

第七节　建设花园卫星城

临沭县委、县政府根据城市总体规划和县域城镇体系规划，顺应“核心 + 圈层 + 轴线”的县域城镇化空间演化趋势，着力构建“一核、一圈、两轴、三副、四点”的空间布局。2017 年至 2021 年，全县各级坚持城镇带动战略，加大城乡建设投入，提高城乡建设水平，提升城乡综合服务功能，不断提升城镇集聚人口、产业、公共品的能力，加快城乡一体化进程，逐步形成以县城区为中心、重点镇为支撑、新型农村为基础的城镇化新格局，城乡面貌日益改善。贯通了县城“八纵七横”路网，实现“四路并进”对接融入临沂，沂沭一体化战略稳步推进，花园卫星城建设取得实质性进展。实施水城、东城、西城“三城同建”，拉开城市发展框架。开展“绿满临沭”行动，城市绿化覆盖率达 43.8%。全县生活垃圾清运率 100%，2020 年被命名为国家卫生县城。促进美丽乡村连片成面，创建市级以上美丽乡村 46 个，覆盖率达 41%，乡镇和建制村通客车、“厕所革命”后续管护等经验获全国推广。2017 年至 2021 年，全县坚持提升形象品质不停步，城市功能布局日臻优化。修编《县城总体规划》《城区控制性详细规划》等各类规划 160 个，县级国土空间总体规划形成初步成果，“一张图”建设列入市试点。启动了 7 个镇国土空间规划编制，完成 116 个行政村规划编制。推进中心城区扩容提质，新建改建常林大街、苍山路、正大街、玉山路等道路 23 条，滨河大道、岚罗高速建成通车，城市路网更加完善。政务服务中心、文化中心、创业大厦等标志性建筑建成使用。在全市率先建设地下综合管廊 3.5 公里，县污水处理厂三期投入使用。冠山 220 千伏变电站建成运行，供电能力大幅提升。新建城区供热热源 1 处，新增供暖面积 426 万平方米。建成苍源河体育公园、金正大公园、森林公园等一批公园广场，新增绿地面积 349.2 万平方米，城园融合初步显现。2017 年启动城镇违法建设治理工作，拆违拆临工作走在全市前列。扎实推进城市老旧小区改造，改造老旧小区 81 个、棚户区 19 个，城市更新步伐不断加快。大力推进水城建设，展现了“水净、河畅、岸绿、景美”的新画卷。城市管理更加精细。全面推进“三长一会”管理模式，市容市貌整洁有序。改建城市公厕 53 座。创新城乡环卫一体化管理模式，生活垃圾无害化处理率达 100%。加快智慧城市建设，建立智慧城管数字化管理平台，2020 年 11 月，由高交会智慧城市组委会和国际数据（亚洲）集团 IDG 主办的“2020 年度亚太智慧城市评选”结果揭晓，临沭县荣获“2020 中国领军智慧县级城市奖”。

第八节　民生领域迈上新台阶

2017 年至 2021 年，全县上下以脱贫、教育、就业、医疗卫生、文体、社保、社会治理等工作为重点，强化对民生事业的投入，促进各项社会事业的全面发展，不断提高居民生活水平和质量，全力打造“幸福临沭”升级版。城乡供水实现“同网同质农村价更低”，2020 年，被水利部评为第三批节水型社会建设达标县。强化“一张网、一平台”基层综合服务

▲ 人民公园一角

管理平台建设，进一步提升城市和农村社区网格化管理水平；全面推进为民服务中心建设，创新“中心统筹、五化并举”社会治理模式，在全省群众满意度调查中创历史最好成绩。

2017 年至 2021 年，全县持续改善民生不松劲，收获了普惠共享的“新成果”。完成民生支出 163.4 亿元，年均增长 5.9%，占一般公共预算收入的 83.5%。脱贫攻坚全面胜利，78 个贫困村、6.3 万贫困人口全部脱贫摘帽。居民人均可支配收入在全市九县率先突破 3 万元。“一引两线四项目”案例，荣获全国学习习近平扶贫理论优秀成果奖，是全国唯一县区实践创新案例。社会保障提标扩面，发放创业担保贷款 4.7 亿元，新增就业 3.2 万人。在全市首创“残疾人康复托养一体化”运营模式，建成全市第一家县级康复中心，2021 年底，获评“十三五”期间全省残疾人工作表现突出集体。全县新建敬老院 5 处、城市日间照料中心 3 处、农村幸福院 12 处，养老服务体系日趋完善。健全医保服务结算机制，跨省就医住院直接结算开通率达 100%。成立社会救助综合服务中心，城乡低保、农村五保、医疗救助、企业退休人员养老金都有新提高，大病救助实现全覆盖。2020 年 12 月 22 日，山东省模范城（县）命名暨双拥模范单位和个人表彰大会在济南召开，临沭县再度荣膺“全省双拥模范县”称号，实现了“八连冠”。民生事业均衡发展，投资 17 亿元，实施中小学教育“大班额”化解、“全面改薄”等项目 257 个，在全市率先实现“大班额”清零、率先完成城区配套幼儿园专项整治。临沂市工业学校获评首批山东省示范性中等职业学校。体育中心二期建成使用，公共体育设施“三二一”工程建设走在全省前列。建成实体化县域医共体、中医药医共体。县人民医院新院区、新精神卫生中心建成使用，新建镇街卫生院综合门诊楼 8 处，新改建村卫生室 235 处。2020 年 12 月，临沭县被国家卫健委表彰为 2018—2020 年全国计划生育优质服务先进单位。2021 年 9 月 15 日，顺利通过国家级健康促进县专家组现场评审。

第九节　坦然应对重大风险挑战

近年来，国际国内形势愈加复杂，各类风险因素交织叠加，防范化解系统性风险已成为摆在各级党委政府面前的一项紧迫的任务。2017年至2021年，全县坚持严防风险、守牢底线，打好疫情防控阻击战，抓严常态化防控措施；倾力守护绿水青山，蓝天、碧水、净土三大保卫战取得明显成效；压实安全生产责任，强力推动大排查大整治，构建政府和企业同频共振、齐抓共管的良好格局；强化金融风险化解，政府债务风险等级为绿色；深入推进法治临沭、平安临沭建设，扫黑除恶专项斗争成效明显，社会大局保持和谐稳定。

全力以赴抗击新冠肺炎疫情。自2020年初新冠肺炎疫情暴发以来，全县上下坚决落实“四早”“四集中”要求，坚持“内防扩散、外防输出”的总策略，取得了疫情防控阻击战的胜利；在常态化疫情防控阶段，筑牢“外防输入、内防反弹”的坚固防线，持续巩固来之不易的疫情防控成果，全县疫情防控总体平稳，未发生大的疫情传播；在动态清零阶段，坚决贯彻党中央防疫总策略、总方针，完善县镇一体指挥体系，强调快速和精准，加强能力建设，统筹保通保畅，派出医疗队支援兰陵、蒙阴等兄弟县区，有效防范疫情传播，最大限度保护了群众生命安全和身体健康，最大限度减少了疫情对经济社会发展的影响。防控措施调整优化后，认真落实“二十条”“新十条”，及时把工作重心转到保健康、防重症上来，加强疫情监测，提升医疗救治水平，强化重点人群健康管理，实现平稳有序转段渡峰。

社会治理精准高效。顺利完成两轮村“两委”换届选举。在全市率先建成社会治理中心，“中心统筹、五化并举”经验做法上报中央改革办，信访量大幅下降，群众满意度逐年提升。扫黑除恶专项斗争、三年禁毒人民战争成效显著。安全生产形势稳中向好，环境质量持续改善。食品药品安全监管全面加强，获评省食品安全先进县。2020 年，临沭县被省农业农村厅命名为第三批山东省农产品质量安全县，被山东省食品药品安全委员会命名为山东省食品安全县。2020 年 8 月，成功抵御沭河 60 年一遇特大洪水。2021 年 10 月 9 日，山东省自然资源厅印发了《关于对临沭县卫片发现违法占用耕地和新增违法占用耕地“双清零”表扬的通知》，对临沭县自然资源执法工作予以表扬，并奖励新增建设用地指标 300 亩，临沭县自然资源“135”执法巡查经验还被国土资源部在全国推广，获省、市奖励土地指标 600 亩。2020 年 10 月 27 日，全国能源化学地质系统基层工会组织建设现场会在临沂市召开，与会人员现场观摩了临沭经济开发区化工产业园工会组织建设及金沂蒙集团、史丹利农业集团工会工作。2016 年，圆满完成第三次全国农业普查。2019 年完成第四次经济普查。公报显示，2018 年末，全县共有从事第二产业和第三产业活动的法人单位 5018 个，产业活动单位 6356 个；其中从事第二产业活动的法人单位 1288 个，第三产业法人单位 3730 个，第三产业活动的法人单位的比重为 74.33%，比 2013 年末（2013 年是第三次经济普查年份）提高 1.28 个百分点。个体经营户 32532 个。2020 年完成第七次人口普查，公报显示，2020 年 11 月 1 日零时，全县常住人口为 586024 人，与 2010 年第六次全国人口普查的 589385 人相比，下降 0.57%。

第十节　开启新时代红色村居建设新征程

朱村，位于曹庄镇驻地东南，耕地面积 1490 亩，918 户 2786 人，党员 71 人。因境内河流纵横、溪水汇流、玉带缠绕，呈“九龙戏珠”之格局，故村庄由此得名“珠村”，后村民由于崇尚朱子儒学，正式更名为朱村。

2013年11月25日，习近平总书记到曹庄镇朱村视察后，红色朱村一夜成名，“枪声就是命令”、钢八连朱村保卫战等故事传遍大江南北，临沭人民以习近平总书记的重要指示精神为动力，牢记“让老区人民过上好日子”的殷切嘱托，对朱村红色历史和传统文化、现代产业等进行深入挖掘提升，将弘扬沂蒙精神与推动乡村振兴有机融合，全力将朱村打造成为老区人民幸福生活示范村、沂蒙红色精神代代传示范村、乡村振兴齐鲁样板示范村、山东传统村落保护示范村。几年来，朱村已成功创建国家AAA级旅游景区，先后获首批山东省景区化村庄、首批山东省红色文化特色村、第二批省级“绿水青山就是金山银山”实践创新基地、国家级传统古村落、全省文明村、山东省宜居村庄、山东省乡村振兴战略“十百千”工程示范村、省级乡土产业名品村、省级美丽乡村示范村等荣誉称号。新华社、人民日报、中央电视台、光明日报、解放军报、中国青年报等中央主流媒体纷纷进行报道。

县委、县政府高度重视朱村发展，聘请浙江大学规划设计研究院编制了《朱村村庄规划》，明确朱村发展定位，着力打造以红色文化为主体，以有机农业、古韵民俗为辅助，农旅复合型的示范性美丽乡村。聘请中国美术学院风景建筑设计研究总院编制《临沭红色朱村改造提升项目修建性详细规划》，计划将朱村打造成以红色文化、历史文化、治淮文化、名人文化、民俗文化为底蕴，集文化体验、商业服务、休闲度假于一体的村落型景区。

为改善朱村交通条件，在上级有关部门的支持下，投资1.15亿元建设朱村沭河大桥及附属工程，大桥长951米，按照二级公路标准进行建设，于2020年11月顺利通车。配合大桥的修建，先后投资1.2亿元实施了沭河东岸滨河大道、朱村沿河路等周边道路工程建设，进一步打通了朱村融入临沭、对接临沂的交通大动脉。2020年11月，投资5.2亿元的“红色朱村”改造提升项目正式启动，实施片区拆迁建设，重点建设“一心五馆四街五巷”，“一心”即建设游客服务中心，“五馆”即建设沂蒙支前纪念馆、导沭整沂纪念馆、朱村村史档案馆、沂蒙民俗文化展览馆和进士府，“四街”即打造主题购物街、朱雀大道步行街、柳编商贸街、滨水休闲街，“五巷”即建成拥军巷、支前巷、进士及第巷、民谣青石巷、农耕拾遗巷，建设县委党校朱村分校学员公寓、“三同”教育基地及整村配套提升项目，对朱村进行全方位提升改造，2021 年 7 月 1 日，“一心五馆”试运营，10 月 1 日正式对外开放。

为做好朱村老村片区整村提升改造，聘请山东省冶金设计院和山东天人规划设计院对朱村整体风貌和现有明清民居、玄武庙等进行修复，对好运角、梨园采摘园、黄白总干排两岸进行打造提升，完成村街巷道硬化 3 万多平米，新修生产路 6000 米，新增绿地面积 2000 余平米，恢复沿河 2 公里生态环境，建设湿地公园，村庄环境焕然一新，村民幸福指数有了很大提高。同时，按照“修旧如旧”原则，结合明清古建筑特色，对八路军老四团钢八连朱村抗战旧址房屋（明末清初民居）、临沭县人民政府旧址进行修缮，打造了“一街一巷一园七户”古村落，重现了原生态田园风光和浓郁乡情乡愁，吸引多方游客和古

▲ 朱村新貌

建爱好者慕名前来，成为“网红打卡地”。2021年，以红色朱村建设为中心，编制朱村“一村带九村”好日子乡村振兴示范片区创建工作实施方案，坚持“党建联抓、产业联建、事务联议、治理联动、成果联享”基本定位，按照“党委推动、支部牵动、政策驱动、产业拉动、村村互动、村民主动”引发“镇、村、企”三级联动，形成“五联六动”的片区振兴新模式。发挥朱村的示范引领作用，带动周边马庄、山前村、新庄、岭南头、旺南庄、文家埠村、前店子村、后店子村、河口村等9个村居，建设“一村带九村”好日子示范片区。

第三章　推进“七大工程”，建设“强富和美”现代化临沭

第一节　开启“强富和美”现代化临沭新未来

2022年1月18日召开的中国共产党临沭县第十三次代表大会，是在全面开启社会主义现代化强国建设新征程的关键节点，召开的一次十分重要的会议。大会的主要任务是：深入学习贯彻习近平新时代中国特色社会主义思想，回顾总结县第十二次党代会以来的工作，审议确定今后五年的奋斗目标和主要任务，选举产生中共临沭县第十三届委员会和中共临沭县纪律检查委员会，动员全县各级党组织、广大党员干部群众，砥砺前行、勇争一流，在高质量发展上先行一步、在现代化建设上快人一程，朝着建设“强富和美”现代化临沭阔步迈进。张雷代表中共临沭县第十二届委员会，向大会作了题为《砥砺前行　勇

▲ 2022年1月18日，中国共产党临沭县第十三次代表大会召开

争一流 朝着建设“强富和美”现代化临沭阔步迈进》的报告。

大会确定今后五年全县工作的指导思想是：坚持以习近平新时代中国特色社会主义思想为指导，深入贯彻党的十九大和十九届历次全会精神，认真落实习近平总书记视察山东、临沂、临沭重要讲话精神，始终牢记总书记“让老区人民过上好日子”的殷切嘱托，完整、准确、全面贯彻新发展理念，服务融入新发展格局，围绕建设“强富和美”现代化临沭总体目标，以党的建设为统领，以高质量发展为主线，以改革创新为动力，统筹推进工业强县、创新立县、兴农稳县、生态美县、文化润县、民生惠县、善治安县“强富和美”七大工程，加快建成鲁南高质量发展先行区、沂蒙老区“好日子”示范区、精致美丽卫星城，努力创造临沭人民更加幸福美好的新生活。

围绕这一指导思想，今后五年全县经济社会发展的主要目标是：

综合实力更加强劲。新时代现代化强县建设取得突破性进展，实现与临沂市区一体化发展，在鲁南经济圈和长三角协同发展中的节点作用更加凸显，地区生产总值突破 300 亿元，一般公共预算收入达到 30 亿元，固定资产投资年均增长 6% 以上，综合实力进入全市第一方阵，在全省县域排名持续前移、迈入第二方阵。

产业质态更加优化。供给侧结构性改革成效显著，三次产业结构不断优化，科技对经济增长贡献率达 6.5% 以上，产业现代化水平明显提高，经济质量大幅提升，形成相互融合、相互支撑的产业生态链。

城乡发展更加均衡。中心城区承载力、辐射力、带动力明显增强，建成区面积达 29 平方公里，城区常住人口 26 万人，城镇化水平达到 60% 左右。乡村建设行动有序推进，环境保护取得明显成效，宜居宜业水平不断提升，镇街财政自我平衡，实现城乡一体、均衡发展。

人民生活更加美好。基本公共服务均等化水平稳步提高，社会保障覆盖面进一步扩大，80% 以上财力用于民生支出，居民人均可支配收入年均增速高于全市平均水平，共同富裕取得实质性进展。

社会治理更加高效。依法治县深入推进，人民民主更加充分，基层治理能力显著提高，防范化解重大风险机制不断健全，文明程度全面提升，社会大局安定和谐。

党的建设更加有力。全面从严治党纵深发展，各级领导班子更加坚强，基层党组织战斗堡垒作用、党员先锋模范作用充分发挥，干部队伍作风素质更加过硬，政治生态更加风清气正。

2022 年，面对复杂严峻的外部环境，面对新冠疫情的反复冲击，新一届县委、县政府认真践行习近平新时代中国特色社会主义思想，深入学习贯彻党的二十大精神，全面落实市委、市政府决策部署，围绕建设“鲁南高质量发展先行区、沂蒙老区‘好日子’示范区、精致美丽卫星城”，高效统筹“疫情要防住、经济要稳住、发展要安全”三件大事，扎实开展“强富和美”七大工程，发展质量稳步提升，“强富和美”现代化临沭建设开局良好。临沭县在 2022 年度全市综合绩效考核中位列第 3 名，历史性地进入“第一方阵”，荣获一等奖。

第二节　落实高质量发展首要任务

2022 年，县委、县政府准确认识先进工业在现代化建设全局中的关键地位，紧抓工业强县战略不动摇，大力推进工业振兴“十个一批”，冲刺新旧动能转换“五年取得突破”。主要经济指标增幅均高于全市、全省平均水平，预计实现地区生产总值 252 亿元、增长 4% 左右；完成一般公共预算收入 19.2 亿元、同口径增长 11.5%；规模以上工业增加值增长 12.2%；固定资产投资增长 15.6%；预计社会消费品零售总额增长 1% 左右；金融机构存贷款余额分别为 440.8 亿元、379.4 亿元，增长 9.6%、11.9%；存贷比 86.06%，居全市九县首位；居民人均可支配收入达 34957 元，增长 5.6%。

狠抓招商引资。坚持沙场点将、尽锐出战，建立县领导带头招商机制，带动全县各级外出招商160余次，新签约项目70个，总投资395亿元。坚持按“图”索骥、靠“谱”招商，梳理产业链弱点断点，绘制10幅招商图谱，成立14个镇街园区招商组和22个县直招商队，“一业一策”精准招商，碧桂园皓耘智能装备、港口集团冷链食品加工产业园、百事食品山东生产基地等世界500强项目相继落户临沭。皓耘现代农业高端智能装备项目，实现签约56天产品下线，获评全市招商引资“十好项目”。坚持优化服务、保障要素，落实“实好多快”标准要求，实行一项目一专班，构建“落建营”全过程服务机制，促进签约项目快落地、开工项目快建设，吸引更多金凤凰择“沭”而栖。成立重点项目绩效考核办公室，设立“龙虎榜”“蜗牛榜”，新建过亿元项目61个、实际到位资金75.2亿元，新签约项目开工率73%。争取政策性开发性金融工具、设备购置与更新改造贴息贷款项目20个，投放贷款5.5亿元，项目数量和争取资金均居全市前列。

加速动能转换。引导新动能提质，大力发展“四新”经济，重点培育新医药、新材料、新能源产业，获评市级专精特新企业16家、省级专精特新企业18家、瞪羚企业4家。促进旧动能提效，实施“百企转型、百项技改”工程，金正阳入选“省绿色化技改十大优秀案例”，4个项目列入省技改导向目录，3家企业获评市重大技术改造标杆，数量全市第一。获批市级以上绿色工厂4家，中润液压被认定为省级智能工厂，华盛化工被认定为省级数字化车间；史丹利等3家企业被认定为省级工业互联网标杆工厂；常林铸业基于高精密绿色铸造数字化协同管控项目被认定为山东省数字经济重点项目；力士德电动装载机、山田新材料碳化硅反应烧结真空炉、山东路友废钢破碎线3款产品被认定为全省技术装备首台（套）。入选国家制造业中长期贷款项目40个，贷款额度48.7亿元，获得专项债券额度10.55亿元。建立“1+2+5”技改项目跟踪服务机制，完成技改投资76.4亿元，居全市第

2位。实施数字化提能，持续开展智能制造提升三年行动，引导企业“上云用数”“牵手工业互联网”，智能制造支撑环境明显改善，3家企业获评省数字经济重点项目（智能工厂、数字化车间）。

完善产业布局。培育优质企业，坚持“行业抓龙头、分级抓骨干”，获评国家级“小巨人”企业2家、国家级单项冠军企业1家，5家企业列入市级优质企业库，数量居全市首位。出清低效企业，在全市率先开展低效工业用地企业提升行动，“改收并法”多措并举，盘活企业80家、土地5900多亩，全市低效企业整治提升暨亩产效益评价工作现场推进会在临沭县召开。强化园区平台，深化“一区三园”机制改革，建设智能装备、智慧物流等“园中园”，引导优势产业入园成群，持续放大产业集群效应。

优化营商环境。推行“一窗受理、一次办好”，创新实施“1+9+N”全流程帮办代办，建立投诉“直通车”机制，开展“企业评部门”活动，行政审批全面提速。依托“爱山东”App、“临沂审批服务”微信公众号、山东政务服务网，实现企业开办全程网办。建立县级领导联系帮包企业制度，率先在全市设立“企业生产宁静日”“企业家早餐会”，有求必应、无事不扰，让企业安心经营、加速发展。召开工业振兴暨优化发展环境大会，隆重表彰优秀企业家，旗帜鲜明倡树企业家精神。在临沭，有需要的企业可以“未建设先投产”，有抱负的企业可以“一项目一园区”，有作为的企业可以“坐C位拿金牌”。开展“企业评部门”活动，聘请30位企业家担任优化营商环境监督员。全面落实国务院稳经济政策和省市政策清单，累计为企业减免缓退税费8亿元，解决融资需求40亿元。创新普惠金融服务下沉模式，新增“沂蒙金融超市”75家。兑现各类涉企扶持资金4.4亿元，向23名优秀企业家颁发金牌。城市信用监测指数稳居全市前列。

第三节　用好改革开放关键一招

2022年，临沭县坚持以深化改革统领发展，以扩大开放融入发展，以科技创新驱动发展，加快推动发展质量变革、效率变革、动力变革。

深化改革蹄疾步稳。强力推进“十大创新”行动，以“争试点、出亮点、树品牌、创一流”活动为抓手，重点推进、跟踪培育，在相对优势中推出了一批改革成果，获批国家知识产权强县建设、重点村分类管理、教育强镇筑基等8个国家和省级试点，“中医药+慢性病”防治融合经验做法被中央办公厅简报推广，成功争创国家健康示范县、省粮油绿色高质高效行动示范县等一批省级以上荣誉，农村宅基地制度、水资源税远程监控等20多个典型经验获省认定推广。开发“12345·临沭首发”诉求承办平台，解决群众诉求10.2万件，满意率提高3个百分点。群众诉求纠纷闭环处置经验做法全省推广。新建“标杆型”镇级便民服务中心9处，建立村居“两清单”制度，实现“小事不出村、大事不出镇”。“县镇村三级一体化”政务服务模式，入选省政府“优化营商环境创新案例”。1346项依申请事项实现线上办理，一网通办率100%。工程项目“无纸化”审批改革，入选全省第一批“揭榜挂帅”改革创新试点。企业商事登记、重点项目帮代办、工程建设“五码服务”等改革经验全省推广。“农村宅基地制度改革”入选省典型案例。

对外开放提质增效。服务融入“双循环”，用好国际国内两个市场，实现外贸进出口总额81.7亿元、增长18.4%。扭住“扩大内需”战略基点，大力发展互联网经济，培育直播、跨境电商等新业态，完成网络零售额5.7亿元，限额以上消费品零售总额增长14.3%。实施“跨河西融”行动，抢抓沂河新区、商城转型等战略机遇，建设医美健康、食品加工、柳编工艺品等地产品产业园，推动“产自临沭”走向全国。

创新活力竞相迸发。启动科技创新示范县建设，建成“五链统筹”体系，研发投入占GDP的3.7%，居全市前列。推动市场主体保存量、扩增量，市场主体突破6万户。实施新技术企业五年倍增计划，构建“科技型中小企业—高企培育库入库企业—高新技术企业”梯次培育体系，组织47家企业参加高新技术企业认定，82家科技型中小企业完成入库。启动规上工业企业研发平台三年全覆盖计划，金正大获批全国重点实验室，金沂蒙技术中心获批国家企业技术中心，华盛化工工程研究中心获批省工程研究中心，市级以上创新平台达190个。获批科技成果转化贷款风险补偿金1.3亿元，创历史新高。史丹利获评省科技进步二等奖，金正阳、雷华等4家企业获评省科技金桥二等奖。山田智能陶瓷装备等3款产品被认定为全省技术装备首台（套）。荣获山东优质品牌6项、山东知名品牌4项。获评全国科普示范县、国家知识产权强县建设试点示范县。深化人才强县战略，集聚人才第一要素，出台人才新政“黄金二十条”，设立3000万元人才专项资金，构建人才发展集团、人才协会、技术市场协会三位一体成果转化机制，促进产业链、人才链、创新链深度融合，入选国家人才计划3名、泰山产业领军人才1名。在粤港澳大湾区布局“人才飞地”，成立山东临沭·深圳清新研究院离岸创新中心。3个人才项目入围国家重点人才工程支持对象，1人荣获齐鲁杰出人才奖，争取泰山产业领军人才项目、省重点扶持区域急需紧缺人才项目各1个。

第四节　全面协调推进乡村振兴

2022年，县委、县政府坚持农业农村优先发展，持续巩固拓展脱贫攻坚成果同乡村振兴有效衔接，探索推进农业农村现代化的新路径，在全市观摩中取得第2名的好成绩。

促进农业高质高效。守护粮食安全，实现夏粮产量 21.6 万吨，秋季播种面积 55 万亩。新建高标准农田 5 万亩。坚持乡村振兴产业先行，发挥农业产业发展引导资金撬动作用，推进现代农业产业园等“三园同建”，链式培育柳编、地瓜等特色产业，全县涉农规上企业营业收入增长 26.4%，培育省级农业产业化重点龙头企业 2 家、示范联合体 2 个。“临沭蓝莓”入选国家名特优新农产品目录。实施“双强双增”工程，创新“双社联合”“星光农场”模式，成立支部领办合作社 260 家，带动 380 个村集体增收、村民增收 1 亿余元，行政村集体收入全部达到 10 万元以上，全市农业社会化服务现场推进会在临沭县召开，经验做法获全省推广。实施农业社会化服务“百千万”工程，“源自临沭 · 服务全国”产业振兴金丰模式全省推广。9 家企业入选市级长三角中心城市农产品供应基地。县农机中心荣获全国星级基层农技推广机构。动物免疫无疫区建设通过国家验收。获批省级现代农业产业园，获评省粮油绿色高质高效行动示范县。启动省级全域旅游示范区创建，伊卡洛斯航空乐园开园运营，苍马山景区通过 AAAA 级景区复评。举办朱村国潮文化节、苍马山槐花节、蓝莓旅游文化节等节会活动，丰富旅游业态供给，提升游客假期体验。朱村获评省乡村旅游重点村、红色文化特色村，3 个村入选省级景区化村庄，2 个村入选“山东手造 · 产自临沂”特色乡村。被国

▲ 在临沭朱村，“老支前”王克昌为孩子们讲故事

家文旅部授予中国民间文化艺术之乡。推广“直播电商”“互联网直采”等农产品进城新模式，网络零售额达1.4亿元。

促进乡村宜居宜业。深入开展“千村示范、万村整治”工程，推动乡村建设点上出彩、面上美丽，1镇8村入选全省乡村振兴“十百千”工程示范创建名单。完善农村人居环境整治长效机制，以“全域清洁秀美”擂台赛为抓手，滚动开展村庄清洁“四季战役”，创建省级美丽乡村示范村16个、市级美丽乡村示范村75个，美丽乡村覆盖率达50%。城镇开发边界以外，19个美丽宜居乡村安置区全部建成投用。集中开展“三资”专项整治行动，清收近7700万元，化解村级债务4800多万元，集体经济发展包袱小了、动力更足。建设红色朱村“一村带九村”好日子示范片区，带动朱村集体年均增收500多万元、周边村民增收1200余万元。探索“三二三”高素质农民培育模式，70人分获“齐鲁乡村之星”“沂蒙乡村之星”。

促进农民富裕富足。激发群众创业创富内生动力，创新引入乡村职业经理人，成立乡创文旅公司，发展农家乐、电商直播、农业研学等10余种新业态，培育家庭农场等新型经营主体500多家，入选全国星级基层农技推广机构。引导普惠金融向农村倾斜，发放“鲁担惠农贷”等各类贷款5.1亿元，为农村群众创业注入金融活水。金融机构存贷款余额分别为440.8亿元、379.4亿元，增长9.6%、11.9%，存贷比为86.06%。实施城乡公益性岗位扩容提质行动，开发公益岗4500多个，让农民在家门口就有活干、有钱赚。分层分类开展全产业链技术培训，新增各类人才350多人，获批全省高素质农民培育质量效果评价试点单位。

第五节　全力以赴办好民生实事

2022年，临沭县树牢人民至上理念，谋民生之利，解民生之忧，全力以赴提升群众幸福感满意度。全县完成民生支出 41 亿元，占财政支出的 84.3%，70 件民生实事全面完成。

民生事业均衡发展。落实就业优先政策，实现城镇新增就业 6200 多人，发放创业担保贷款 1.2 亿元，入选全省就业环境友好型城市创建县区。提升基础教育质量，9 个“改薄”提升项目建成投用，师德师风建设提升年活动走深走实，国家学前教育普及普惠县建设顺利启动。中山路小学、实验中学、红石湖实验学校建成使用，新增学位 9900 个。创建市级“智慧化校园”40 个。大力发展职业教育，职业教育高考连续 20 年全市第一，获评全市职业教育改革成效明显县。临沂市工业学校获评省乡村振兴示范性职业院校，入选第一批全省高水平中等职业学校立项建设单位，首次承办全国职业院校技能大赛并获得金牌。深化公立医院综合改革，实行“专家下乡、诊断进城、双向转诊、上下一体”，协同推进降费增效，县人民医院入选国家首批“千县工程”综合能力提升医院，县中医院入选国家基层西学中能力建设工程带教基地。中医药医共体“四中心两基地”建成使用，经验做法全国推广。获评全省公立医院综合改革示范单位。成功创建国家

▲ 苍源河公园一角

级健康促进县，全市唯一。承办全国武术套路锦标赛、全省少数民族武术邀请赛、第十一届山东省少数民族传统体育运动会。获评全国围棋之乡。

城市功能日臻完善。坚持城乡一体规划，“三区三线”划定成果正式启用，高标准编制《临沭县国土空间总体规划（2021—2035 年）》和镇级国土空间总体规划。滚动推进城市更新，启动苍源河片区等“两大片区、十大项目”，全方位提升城市能级。完成振兴片区、尤庄片区、化工园区等拆迁扫尾。用 7 天时间圆满完成兴隆片区 1045 户拆迁。改造老旧小区 21 个、清洁取暖 5391 户。7 个社区获评第一批山东省绿色社区。优化交通路网，建设提升常林大街等 12 条道路，杨庄桥、黄庄大桥、段山子桥建成通车。完善农村路网 191.3 公里，获评“四好农村路”省级示范县。整治城区积水点 10 处，消除黑臭水体，改造雨污合流管网达 21.2 公里，水清岸绿新常态持续巩固。美化城市景观，建设苍源河体育公园、6 处“口袋公园”，新增绿地面积 73.8 万平方米，让群众出门见景。设立 1 亿元专项资金，开展小城镇三年提升行动，促进颜值气质双提升。开放企事业单位停车位 1122 个，新建停车位 500 个。健全城乡环卫一体化机制，生活垃圾无害化处理率达 100%。实施低碳智慧供热提升工程（一期），新增供暖面积 41.5 万平方米。新建燃气管道 31.2 公里，为全县 7 万户居民免费更换软管和自闭阀。

社会保障提标扩面。强化产业、就业、创业帮扶，脱贫人口人均增收 18.5%，持续保障 1.3 万户、2.1 万人不返贫。深化社保制度改革，贯彻实施企业职工养老保险全国统筹、失业保险省级统筹，新老制度平衡衔接，社保内控“静默认证”被确定为全市试点。发放创业担保贷款、稳岗补贴 1.38 亿元，新增城镇就业 6909 人，安置公益性岗位 4530 个，稳岗 2.6 万人。企业职工养老保险扩面 5465 人，基本医保扩面 15981 人，失业保险扩面 4663 人，工伤保险扩面 4696 人，新开工工程建设项目工伤保险参保率100%。不断优化医保经办服务流程，实现高频次医保业务就近办、一次办，住院、普通门诊实现联网直报。首创“残疾人康复托养一体化”运营模式，率先在全市实现残疾儿童康复全免费。“如康家园”实现镇街全覆盖，经验做法全省推广。开展农民工工资支付监管全覆盖专项行动，在建工程项目全部纳入监管平台管理，代发工资15万人次、8.5亿元。完善社会救助网络，低保特困等困难群众救助保障标准提高10%，发放救助资金6000多万元，牢牢兜住基本民生底线。“三保”工作有力有效，财政管理绩效综合评价居全国第41位，获财政部奖励。

第六节　坚决守牢“一排底线”

2022年，临沭县坚持以迎接党的二十大胜利召开为主线，聚焦建设法治临沭、平安临沭，持续推进社会治理体系和治理能力现代化，全力营造和谐稳定的社会环境。

疫情防控总体平稳。动态清零阶段，坚决贯彻党中央防疫总策略、总方针，完善县镇一体指挥体系，加强能力建设，统筹保通保畅，支援兄弟县区，有效防范疫情传播，最大限度保护了群众生命安全和身体健康，最大限度减少了疫情对经济社会发展的影响。在全市率先建设永久性大型隔离方舱医院，全面加强疫情防控能力建设，坚决守住不发生规模性疫情的底线。防控措施调整优化后，认真落实“二十条”“新十条”，及时把工作重心转到保健康、防重症上来，加强疫情监测，提升医疗救治水平，强化重点人群健康管理，实现平稳有序转段渡峰。

社会治理更加高效。开展“八五”普法宣传，“三三三”青少年普法模式入选全国司法行政案例库。加强社会治理中心规范化建设，推行群众诉求“线上线下一揽通办”，在全省“一站式”矛盾纠纷多元化解机制建设推进会议上作典型发言。探索“主动创稳”机制，摸清矛盾底数、专班攻坚化解，圆满完成“两奥”“两会”和党的二十大等重大活动维稳安保任务，在平安临沂建设领导小组会议上作典型发言。扎实推进扫黑除恶斗争常态化，实施“警灯闪烁”工程，深化禁毒人民战争，严厉打击各类违法犯罪。开展夏季治安打击整治百日行动，对电信诈骗、侵财盗窃、黄赌毒、食药安全等违法犯罪保持严打高压态势，抓获违法犯罪人员1619名，破获案件650起，挽回群众损失800余万元。保持严打邪教态势，全市反邪教工作现场推进会在临沭县召开。创新推进未成年人全面司法保护，“沭禾”未检获评全省检察机关优秀文化品牌，“智慧矫正中心”建设获评全省创新实践案例。

生态保护更加有力。深入落实黄河重大国家战略，实施新一轮“四减四增”行动，促进减污降碳协同增效，编制《临沭县“十四五”生态环境保护规划》，新获批市级绿色工厂3家、省级1家。落实重污染天气应急响应，预计单位GDP能耗下降3.7%，空气质量综合指数和主要污染物总量减排继续保持全市前列。开展危险废物排查治理专项行动，推进工业固体废弃物综合利用，污染地块安全利用率达100%。落实河湖长制，实施穆疃河、新沭河水环境整治和凌山头水库水源地保护、牛腿沟干支水生态保护修复工程。建立镇街断面水质常态化监测机制，国省控断面水质年度均值稳定达标。畜禽粪污综合利用率达91.4%。统筹推进土壤污染防治和危废监管执法，77家涉危废企业全部纳入智慧监管平台，受污染地块安全利用率达100%。加大环境污染违法行为打击力度，抽查污染源412家次，立案查处40起。

安全底线更加牢固。认真落实国务院“十五条”和省“八抓二十条”，创新安全生产“四查”模式，推动风险隐患动态清零，全县未发生有影响的安全生产事故。完成危化品企业“机械化换人、自动化减人、智能化无人”改造，经验做法全市推广。化工园区通过省应急厅风险等级复核。开展全县非法金融活动大排查大整治“百日攻坚”行动，“一企一策”化解重点企业风险，维护金融安全稳定。开展食品药品领域“守底线、查隐患、保安全”专项行动，实施“互联网＋明厨亮灶”工程，推行农贸市场超市化管理，让群众吃得安心、用着放心。牢牢守住耕地红线，连续3年实现卫片执法和新增占用耕地违法建设“双清零”，获市奖励用地指标80亩，全市自然资源执法现场推进会在临沭召开。解决47个小区不动产登记证办证难问题。

第七节　持续擦亮“为军向战送好兵”金字招牌

临沭县自1961年恢复建县以来，坚持大力弘扬沂蒙精神，把做好征兵工作、服务备战打仗作为政治责任，为部队输送优质兵员2.5万余名，连续61年实现无责任退兵，累计立功受奖1800余人次，征兵工作先后受到4任国防部长5次批示勉励，2次被表彰为全国征兵工作先进单位、6次被表彰为全省征兵工作先进单位。特别是党的十八大以来，临沭县坚持以习近平新时代中国特色社会主义思想为指导，深入贯彻习近平强军思想，认真落实习近平总书记关于山东工作重要指示批示精神，增强“四个意识”、坚定“四个自信”、做到“两个维护”，坚定理想信念，传承红色基因，助力强军兴军，形成了“为军送好兵、为战点精兵”征集高质量兵员的典型经验。2022年12月12日，中共山东省委、山东省人民政府、山东省军区联合发文作出《关于学习临沭县征集高质量兵员经验的决定》。2022年9月20日，由省军区、省委宣传部、临沂市委、临沂军分区主办的“临沭县61年为军向战送好兵”先进事迹报告会在济南举行。

培塑报国之志，厚植适龄青年尚武从军的政治底色。临沭县接续传承老区人民“好钢做刃、好男当兵”的优良传统，用沂蒙精神哺育青年，把对党忠诚刻进骨子里，把红色基因融入血脉中。一是用理论之光照亮从军梦想。创办临沭讲堂、沭河论坛等平台，组建县乡两级理论讲师团宣讲党的理论，连续15年开展“读书·悟理·成才”网络互动活动，坚持把思政课作为校园开学第一课、常设课，送党的声音进企业、进农村、进机关、进校园、进社区，使党的理论成为激励青年矢志报国的最强音。二是用沂蒙精神滋养从军情怀。连续10年实施“战例·战地·战将·战斗英雄”红色资源挖掘工程，打造八路军一一五师师部、红色朱村、蛟龙湾等革命教育场所，组织开展“红动临沭·报国有我”群众活动，扩大朱村每年“春节第一碗饺子敬先烈”等生动事例影响，连年编演《红色临沭》主题舞台剧、集中学唱《沂蒙山小调》，通过营造浓厚的红色文化氛围引导青年树立爱党爱军、至诚报国志向。三是用英模典型引领从军之路。大力宣传“枪声就是命令”的钢八连、“女民兵战斗英雄”侍振玉、“支前模范”王克昌、“时代楷模”满广志、“战斗英雄”童培友等在临沭涌现出的英雄模范，推出“沂蒙精神临沭兵”“绿色军营临沭人”等栏目，发动自媒体广泛宣传先进典型，为青年树立精神榜样、点亮前行方向。

紧扣为战点兵，实现兵员征集供需对接的精准耦合。临沭县创新征兵体制，把征兵工作“准星”瞄向战斗力“靶心”，选兵“精”、验兵“严”、定兵“准”。一是紧贴部队需求精准发动。探索推开军地一体、兵员潜力与需求底数衔接的“一体两翼”征兵动员模式。摸清底数敲准发动鼓点，主动与接兵干部沟通、到新训机构回访、赴驻军单位座谈，汇聚各方信息、把准工作脉搏。划分类别掌握发动重点，研制“精准征兵大数据辅助系统”分类建档，特别对大学毕业生、高级技工等主要征集对象，将任务分解到具体单位和责任人，实现重点方向无盲区、重点群体不落人。因人施策化解发动难点，一季一研判、一人一对策，军地联合做好个性服务，形成“锁定—发动—反馈—跟进”宣传动员的闭合回路。二是聚焦打仗需求严格筛选。严格检查考核遴选一批，体检政考人人都按“条件兵”来考、按“疑点兵”来查，严格单项淘汰、双向把关、三方会审等制度，走实初检初审、体检政考、复查复审三个环节，引入第三方复查复审，对在外时间较长的人员普遍组织外调。役前教育训练淘汰一批，坚持县人武部领导驻点、基层专武干部带队、班长骨干住班跟训组训，在零距离接触中加强情况研判，对思想和身体存有隐性问题的坚决予以淘汰。三是着眼岗位需求衔接匹配。定兵由“概略瞄准”转向“精确制导”，创新形成汇总需求、分类排序、对口分配、个别调剂的精准定兵“四步法”，采取体质评估、体能测试、军事职业能力适应性测试等方式，从思想、身体、技能等维度考察衡量，对应不同岗位需求择优匹配，最大限度实现兵员征集供需精准对接。据统计，临沭兵65%以上选晋为军士，1600多人成长为军官，其中将校军官800余人。

弘扬尊崇风尚，催生踊跃参军建功军营的不竭动力。临沭县长期秉持“再穷不能穷武装、再难不能难军人、再苦不能苦军属”理念，通过实施军人优先、军转优岗、军属优待、军娃优学、军烈优抚，让尊崇军人的社会新风激励着更多优秀青年投身国防事业、建功火热军营。一是让当兵的人有无上荣光。创新军人军属优待政策，完善权益保障机制，常态开展欢迎欢送、荣誉送达、走访慰问、上门惠兵、忠魂荣归“五个仪式”，让军人享有政治荣誉和社会地位。持续开展“共享军功·见证荣耀”军地联动活动，广泛学习宣传英模典型，县级媒体开设“功臣颂”专题专栏，建有功臣名录、功勋家庭数据库、军人荣誉墙，对功臣先进给予慰问优待，营造“一人当兵全家光荣、一次当兵终身荣耀”的浓厚氛围。二是让退役军人有施展舞台。制定退役军人基本优待目录清单、安置措施，健全完善享受国家定期抚恤补助的优抚对象待遇增长机制、未就业和失业退役军人“三包一”帮扶机制，建成退役军人创业就业孵化基地，营造退役军人干事创业的良好环境。实行干部转业职级待遇不降对等安排、符合安置的士兵多岗意向选择岗位，定期选拔优秀退役军人充实到基层班子。1999年兵役制度改革以来，全县村居“两委”班子成员中退役军人达1400余人，担任过村支书的306人。三是让军人军属有优厚保障。第一时间落实军人军属优先优待政策，率先成立拥军工作促进会和就业就医、助餐助力等网格志愿服务区，强化军属安置就业、军人子女入学入托保障，最大限度维护军人军属合法权益，设立专项资金解决军人军属生活难、住房难、医疗难等问题，将党的温暖及时传递到军人军属的心坎上。

▲ 举行"临沭县61年为军向战送好兵"先进事迹报告会

接续担当作为，倾力扛起精选兵送好兵的使命责任。临沭县把精选兵、送好兵作为一项政治任务和光荣传统，代代跑好接力棒、层层扛起肩上责、人人唱好主角戏，使征兵工作不断焕发新的时代光彩。一是"肩上的责任谁都不能推"。坚决扛牢征兵责任，一把手负责、一票制否决、一把尺衡量、一站式服务、一班人定兵、一体化保障。县委书记带头参加征兵工作会议、役前训练动员大会、新兵欢送会，组织开展乡镇（街道）党（工）委书记任前管武装抓征兵责任谈话、每年专题述职，把征兵工作纳入党政领导政绩考核、重点工作调度、年度综合发展考评。二是"优化的制度谁都要执行"。优化征兵机制，紧跟时代要求，将实践探索形成的征集兵员成功做法上升为工作原则和制度规范，出台《选拔推荐优秀预征对象实施办法》《征兵工作制度和严格奖惩办法》等规定，按照选拔有标准、资格有认证、岗前有培训、履职有考核的原则建强征兵工作队伍，县乡村三级层层细化任务、明确措施。三是“定下的规矩谁都不能破”。坚持廉洁征兵，制定公布阳光征兵“11 个严禁”、定兵原则“9 个优先”要求，利用廉洁征兵监管系统，建立健全廉洁征兵零报告等制度，设立县乡村三级举报电话和举报信箱，定期对征兵工作进行联合检查、明察暗访、回访调查，严肃查处违规违纪人员，以铁的纪律维护临沭征兵的良好口碑。

第八节　扛牢从严管党治党政治责任

2022 年，临沭县深入贯彻新时代党的建设总要求，坚持守正创新，抓好主责主业，推动全面从严治党向纵深发展。

加强基层组织建设。实施“全域服务提升年”行动，新成立纯城市社区 22 个，扩大商务楼宇、商圈市场等新领域党建覆盖，塑造“城市·沭与你”中小城市党建品牌。开展党建模式创新，组建机关“党建联盟”38 个、“社区 +”党建联盟 21 个，成立直播电商、快递物流、外卖 3 个行业党委，在全县村居党组织开展“党徽在闪耀、党员在行动”，推动各领域党建均衡发展。着力打好后进班子、村改社区两场“攻坚战”，经验做法入选全省案例。承接省委组织部依托党群服务中心打造党建综合阵地试点，争取专项经费 340 万元。

加强党员队伍建设。坚持新时代“好干部”标准，选优配强各级领导班子，共提拔使用干部 79 名，晋升干部职级、等级 78 名，激励干部担当作为。旗帜鲜明奖实绩、励担当，嘉奖 368 人、记三等功 67 人，对工作成绩突出的县自然资源和规划局、县卫生健康局记集体三等功，实现有功即奖、奖在平时。用好各年龄段干部，注重年轻干部培养，开展“青锐兴沭”专业化干部培育三年行动，首批确定 40 名培育对象，持续优化干部队伍结构。打通中层干部交流微循环，实施“畅优提能”计划，推动中层干部轮岗交流。开展“老骥伏枥”展风采活动，为老干部搭建干事创业平台。建立健全农村干部“选育管用”全周期专业化管理机制，选配党组织书记26名，顺利完成中组部重点村分类管理试点任务，村级事务规范管理典型做法入选全国案例。开展建国前老党员居家环境改造暨“老党员之家”建设工作，全市建国前老党员养老关爱服务工作交流推进会在临沭县召开，相关做法获全省推广。

加强党风廉政建设。常态化压实主体责任，开展全面从严治党年中检查，召开全县党风廉政建设推进会和全县党风廉政警示教育大会，组织履职谈话84人、述责述廉79人、廉政谈话264人。强化政治监督，聚焦疫情防控、美丽宜居乡村建设、安全生产等方面发现问题1390个，推动整改1183个。发挥巡察“利剑”作用，完成资金工程领域、黄河流域生态保护和高质量发展两轮巡察，发现问题688个、线索60件，开展十二届县委巡视巡察整改情况“回头看”，建立县委常委会专题听取巡察整改情况汇报制度，做好问题整改“后半篇文章”。做实专项监督，围绕营商环境、12345热线办理等领域立案146起，给予党纪政务处分137人，约谈362人次。一体推进“三不腐”，共立案273起，给予党纪政务处分306人。系统推进“清廉临沭”建设，实现清廉村居建设全覆盖，清廉机关、清廉学校等梯次推开，“村事民议”工作法全省推广。加强廉洁文化建设，创建“清廉临沭·同心同行”文化品牌。狠抓干部作风建设，查处“四风”问题31起、处分37人；作风整顿启动以来，查处作风问题7起、处理16人。

加强意识形态建设。牢牢掌握意识形态工作领导权，进一步明确各级各部门意识形态工作责任清单、负面清单，结合重要时间节点，聚焦重要阵地领域，对重点人群开展意识形态领域风险隐患排查，累计排查处置风险隐患119条，坚决守住意识形态领域安全底线，代表临沂市迎接省委意识形态精准督查，获高度认可。

附　录

大事记

1931 年

夏　在郯城求学的禹王城村（时属郯城县，后属临沭县，1945 年 9 月划至临沂县）马峭峰加入中国共产党。其为临沭地方第一个中共党员。

1938 年

4 月　中共禹王城支部建立，是临沭地方最早建立的中国共产党支部。

5 月　中共苏鲁豫皖特委指示丁梦孙以第五战区民众抗日动员委员会临沂指导员的合法身份，建立中共外围组织“临郯青年抗日救国团”(简称青救团)。随后，即在沂河东部的苍（山）马（陵山）地区的连家埠、耿家埠、禹王城一带组织临郯青救团第九分团，在马石河、姜墩一带组织临郯青救团第十九分团，在埠前店一带组织临郯青救团第三十分团。这是临沭地方最早的抗日群众组织。

1939年

4月　中共苍马（亦称沂东）区委成立。这是临沭地方最早的中共区级委员会。

12月18日傍晚　一一五师东进支队二大队在队长王秉璋带领下到达陈巡会，部队驻留半个月后转移。此后，一一五师东进支队以陈巡会为中心开辟了鲁东南抗日中心。

1940年

1月16日　东进支队二大队和陇海南进支队三大队攻打积极反共的国民党郯东北办事处驻地南古庄。经一天一夜战斗，南古解放。此是临沭一带解放的标志。

1月下旬　临沭地方最早的抗日民主政权——郯东北第一办事处（后改称苍马办事处）成立。

是月　郯东北民众抗日动员委员会（后改称苍马民众抗日动员委员会）办事处成立。

4月　山东纵队工作团，由团长何雨田带领，到苍马地区开辟工作。中共苍马区委撤销，成立中共苍马工作委员会（简称苍马工委）。

7月　刘白涛调任苍马工委书记兼苍马办事处主任。

是月　苍马办事处在南古召开士绅名流大会，徐金六、韩瑞三、王乐平、郑德轩等当地社会名流参加。宣传中国共产党统一战线主张，动员一切抗日力量。

是月　苍马办事处整顿地方武装，将动委会所辖特务大队、五乡边防大队和青救团所辖青抗营南下后余部，统编为苍马游击大队，隶属于中共苍马工委和苍马办事处。苍马游击大队辖4个连，500多人，刘白涛兼任大队长和政委，钟伯荣任副大队长。

9月21日　鉴于国民党五十七军军长缪澂流积极反共、投降日本侵略军的罪恶行径，其所部一一一师师长常恩多和三三三旅旅长万毅派兵包围军部驻地东盘，缪澂流脱逃，其余通敌军官被扣。22日，常恩多、万毅通电全国，提出“锄奸救国”的口号。这一正义行动震动了鲁南苏北，被称为“九二二锄奸救国运动”。

夏秋　国民党顽固派梁钟亭纠集苍马地区的国民党地方武装陈通三、高树经、吴硕三、胡伯衡、许兰笙等部，从东、北、西三面进攻苍马根据地。至9月，苍马解放区只剩下沿沭河南北不足9公里、东西不足2.5公里的狭小地带。苍马游击大队配合一一五师东进支队二大队英勇抗击，顶住了各方敌人的进攻，保卫了新生的人民抗日政权。形势至“九二二锄奸运动”后开始好转。这一段艰难的斗争称作“百日奋战”或“百日反顽斗争”。

10月至年底　苍马地区随着解放区的不断扩大，打破原郯城县六区、七区的旧建制，相继建立岌山、古贺、大兴、蛟龙、夏庄、巡会、沂滨7个区。

12月　中共临东工委成立。

1941年

1月　一一五师教导二旅进驻鲁南、滨海地区。至抗日战争胜利，教导二旅四团长期驻于临沭一带，与当地军民并肩战斗，结下了深厚友谊，群众亲切地称其为“老四团”。

是月　中共苍马工作委员会改称中共苍马县委员会，刘白涛任书记。

2月7日　临东行署（县级）建立。

春　苍马地区新设挂剑区。

春　政府鼓励民营纺织业的发展，每张布机贷款200元（北海币，以下至1949年所用货币同此）资助。

4月初　国民党抗敌同志协会（简称抗协）苍马办事处成立。

6月28日　新华社山东分社在蛟龙湾成立。

6月　中共中央山东分局、山东省战工会、山东军区、一一五师师部移驻陈家巡会村。

7月4日　中共中央山东分局在驻地蛟龙湾召开会议，号召全省人民开展十大运动。会后，中共苍马县委、苍马办事处成立十项建设运动竞赛委员会，贯彻执行十项工作。

8月　苍马区改称临沭县。中共苍马县委改为中共临沭县委，刘白涛任书记，苍马办事处改为临沭县抗日民主政府，刘白涛兼任县长。

是月　鲁南区第四地委、第四行署成立，驻地设在陈巡会。中共临沭县委、临沭县抗日民主政府隶属于四地委、四行署。

是月　县内新设钟山区、店头区。

9月12日　太平洋学会进步作家汉斯·希伯由苏北到蛟龙湾，住一一五师师部。

9月29日　日伪军数百人对西山前村重兵包围。该村群众在张作洪带领下，用土枪、土炮、大刀、长矛、铡刀同敌人血战竟日，打死日伪军50多人。西山前38名群众献出了生命，民族英雄张作洪壮烈牺牲。日伪军烧毁房屋500多间，掠去群众100余人，财物被抢劫一空。

9月　为加强边沿区对敌斗争的领导，成立沭河工委、沭河办事处，辖沂滨、古贺、钟山、岌山等区。

10月上旬　盘踞临沭南部、陇海路北侧的土匪高振东部600余人被收编为山东国民抗敌自卫军独立团，团长郑亦桥，政治部主任马培卿。不久，该部编入一一五师教导二旅六团。

12月10—26日　日伪军3000余人多路“扫荡”滨海地区，临沭军民进行了英勇的反“扫荡”斗争。罗荣桓指挥师直机关和教导营在朱仓、湖子一带与敌周旋，敌扑空后返回临沂。

12月底　临沭县伊斯兰抗日救国大队（又称回民大队）在店头清

真寺成立，文益太任大队长。

1942 年

1 月　一一五师师直机关在临沭县朱仓、湖子一带进行精兵简政，精减机关非战斗人员充实连队，以适应敌后斗争形势的需要。

2 月　沭海中学在朱樊村创立，校长朱明远，副校长郇华民。

3 月 23 日　中共中央山东分局决定，将鲁中区五地委和鲁南四地委合并为滨海地委，归中共中央山东分局领导，临沭县自此划归滨海地区。

3 月 29 日　一一五师师部由赣榆县刘福楼村移驻临沭县朱樊村。

春　挂剑区划给郯城县，店头区改称桃园区，巡会区并入大兴区和桃园区。

4 月 10 日　中共中央政治局候补委员、华中局书记、新四军政委刘少奇受中共中央委托，3 月下旬由苏北穿过日军严密封锁的陇海铁路，到中共中央山东分局和八路军一一五师师部驻地临沭县朱樊村，检查、帮助、指导山东工作，历时 3 个多月，对扭转山东危局，实现胜利转折，起了重大作用。当年 7 月下旬，刘少奇从滨海出发，经鲁南、湖西地区去延安。

5 月 4 日　中共中央山东分局根据刘少奇的指示，作出关于减租减息，改善雇工待遇，开展群众运动的决议。

5 月 10 日　滨海区农救会召开 400 人干部大会，布置减租减息工作。会上决定莒南、临沭两县为“双减”实施中心县。

5 月中旬　中共中央山东分局向莒南、临沭派出“双减”工作团。临沭工作团团长为袁成隆。工作团主要由抗大一分校文工团 40 余人及部分抗大民运工作团的成员组成，工作团分四个工作队，工作地区以大兴为主，蛟龙次之。每队以一村为主，带动周围村庄。团部设在盐店官庄。随后，一一五师教导二旅也组织了工作团，在临沭开展“双减”工作。

5月20日　“双减”工作团在大兴区盐店官庄召开3000人追悼大会，悼念1938年被梁钟亭杀害的村民，以发动群众起来进行“双减”斗争。中共中央山东分局、滨海地委、临沭县委部分负责人参加会议。会上处决3名凶手，并决定成立自卫团。

5月下旬　临沭县农救会召开减租减息、改善雇工生活待遇工作总结会。中共中央山东分局书记朱瑞莅临会议指导。

是月　教导二旅四团配合县大队和民兵围剿马陵山一带土匪，为该地区20多个村庄除掉匪患。

6月15日　临沭县政府召开桃园、古贺两区行政村长会议，检查村财政。省战工会及滨海专署派人参加。

6月底　中共中央山东分局在东盘召开干部大会，进一步布置“双减”工作。袁成隆在会上介绍临沭试点村“双减”工作经验。

8月20日　300余名日军和数百名伪军进攻曹庄。教导二旅四团一部和当地民兵奋勇迎战，击毙日军小林大队长以下日伪军50多名。

9月3日　大兴区召开自卫团成立大会。42村3300名自卫团员参加大会，并进行军事演习。

秋　通过“双减”和增加工资的斗争，全县雇工1871人增粮110382公斤。

1943年

1月17—19日　为配合一一五师教导二旅攻打郯城，古贺区民兵与醋大庄日伪军连战3昼夜，掩护被占村民回家抢搬粮食。

3月　县委、县政府发动群众春耕春种，植树造林，组织各村游击小组配合主力部队和地方武装保卫春耕，对贫困抗属和农民发放贷款，解决其春耕春种中的困难。

4月初　县、区各级纷纷成立文化运动推进委员会，开展文化运动。

4月25日　临沭县第一届第二次议员会议召开。参议长徐金六提出以“眼宽、耳真、口直、心热、负责”的精神，积极参政议政。

4月下旬　中共滨海地委改为中共滨海区党委，中共临沭县委改为中共临沭中心县委，指导郯城、海陵两县的党组织工作，临沭县抗日民主政府改为临沭中心县抗日民主政府。

5月下旬　县政府召开全县中心小学校长会议，研究改进教育工作。

6月初　临沭县边沿区实行劳武结合，抢收抢种。滨海军区四团配合临沭县地方武装、民兵包围醋大庄据点7天7夜，掩护群众抢收小麦5200亩（347公顷）。

秋　恢复巡会区，设岌西区。

10月28日　滨海区第二地委、第二行署、第二军分区（又称滨南地委、滨南行署、滨南军分区）成立，辖临沭、郯城、沭水、海陵四县。临沭中心县撤销，成立中共临沭县委、临沭县抗日民主政府。

11月　陈毅派医生王雨田和国际友人奥地利医学博士罗生特到临沭。为罗荣桓治病的同时，在陈巡会村教导二旅卫生处和陈氏祠堂救治大量伤员。

1944年

1月18—21日　滨海军区四团、临沭独立营在民兵的配合下，攻克醋大庄、周庄、马家石河、林宅、小墩日伪据点，俘日伪军280人，缴获枪200余支。

2月上旬　滨南行署拥军大会在临沭县店头召开，与会2万人。会上成立滨南军分区白涛营，临沭县392名青年参军。

4月10日　临沭县医药合作社（又称平民药房）在朱樊村成立。

7月上旬　县委、县政府配合军事行动，派出武装宣传队，深入敌占区开展政治攻势宣传，共计宣传42村。此次政治、军事紧密配合行动，解放沭河西部100余村庄。

8月5—7日　滨海区1.5万人破袭临郯公路60多公里，使日伪军交通阻断，李家庄等据点陷于孤立。

秋　撤销古贺区、巡会区，岌西区并入沂东区。

1945年

2月　临沭独立营扩建为临沭独立团，下辖3个营。郭廷万任团长，铁瑛任政委，袁光泉任副团长。

春初　九曲店日伪据点被攻克。至此，临沭日伪占领的村庄全部解放。

4月15日　滨海专署改为滨海行政公署，谢辉任主任，周纯全任副主任。公署下辖一、二、三专署，崔介、刘白涛、丁梦孙分任一、二、三专署专员。临沭县属二专署。

5月27日　滨海军区反“扫荡”斗争胜利结束。

6月22日　滨海军区四团及第二军分区独立二团，在鲁南军区五团配合下，向盘踞在郯城、邳县边沿的国民党顽固派山东挺进军第十七纵队梁钟亭部发动进攻，歼其500余人，活捉梁钟亭。8月11日，滨海行政公署在临沭县陈巡会村召开万人大会，将梁钟亭公审处决。

8月11日　蛟龙区总结查减工作。两月来，2877户农民获得果实折款150余万元；各救会会员发展到10930人，占总人口的44%；民兵发展到800余人。

9月　临沭县抗日民主政府改称临沭县政府。刘子峰任县长。

10月　沭水县撤销，将其青云、朱仓、苍山3个区及石河区一部分划归临沭县。

1946 年

2 月　全县实行变工互助（农民之间以人力、畜力、农具等换工形式相互调剂、帮助），掀起春季生产热潮。

4 月上旬　全县对农民进行“吴满有方向”教育，提倡勤劳致富，打破“均产思想”。

5 月 11 日　滨海行署召开全区司法干部会议。临沭县岌山区徐贺城调解委员会根据政府禁止早婚的法令，说服青年实行晚婚，事迹突出，受到会议表彰。

6 月 6 日　县政府、县各救会为纪念“六·六”教师节，联合发出开展“拥师运动”号召。

7 月 7 日　全县各地群众纷纷集会纪念“七·七”荣军节，慰劳在乡荣誉军人。

7 月中旬　临沭县各地军属积极生产，减轻群众负担。

7 月　撤销中共滨海区党委，成立滨海地委，谷牧任书记，孙汉卿任副书记。原滨海行署改为滨海行政专员公署，谢辉任专员，刘白涛任副专员。临沭归滨海地委、专署领导。

8 月初　县商业联合会召开时事座谈会，会议通过《告全国商界信》。信中揭露国民党阴谋发动内战，破坏民族工商业发展的罪行。表示：“临沭一万商人愿和各地同仁联合起来，为争取关税独立，发展民营工商业，为新民主主义的经济建设而奋斗。”

8 月初　县参议会驻委会发出《告议员书》，号召全县参议员展开对群众的宣传教育，揭发蒋介石特务分子的一切阴谋，动员一切力量支前，并希望各议员在反内战中以身作则。

9 月 17 日　临沭县子弟兵团一个大队 300 人开赴新浦海州前线。

9 月　全县各地开始进行土改第一步工作，即调查摸底，训练干部，发动群众。

10月22—23日　夏庄区妇女赶缝5000套棉衣支援部队。

10月29日　临沭县保安团1000余人，在团长刘成汉的率领下，赶赴临沂开挖工事。马邦才、夏洪玉等127人获一等功，周善泉等180人获二等功，王振美等169人获三等功。

11月2日　由临沭、临沂、日照、东海等县区干部、民兵组成的滨海民兵第二先遣爆炸队开赴鲁南前线。

11月16日　全县献棉1万公斤，备战支前。

11月19日　全县土改工作，除沂东区南部30个村庄外，其余村庄已全部完成，共没收地主、富农土地5万余亩（0.33万公顷），获地农民18万人。

12月　为阻击国民党军队向滨海解放区进攻，滨海区组织数县群众对陇海铁路进行大破袭。临沭县动员4000余人扒毁新沂至牛山之间的铁路数十里。

1947年

1月6日　滨海区向临沭发放贷款100万元，帮助发展纺织、榨油、运输合作事业。

1月7日　为大力发展纺织业，滨海专署在大兴镇设立滨南合作推进社。临沭县纺织业由此得到迅速发展。大兴镇、吴家后、金花、观音堂、涝枝、岔河等44个村庄，发展2016个纺线户、78个纺线组，全县成立21个纺织合作社。

1月9日夜　白旄一带逃往沭河以西的还乡团40余人，抓去腾马庄男女村干部、民兵14人，经惨无人道的折磨后，放回4人，活埋10人。史称“腾马惨案”。

1月16日　全县各地纷纷召开祝捷会，庆祝解放军鲁南大捷。

1月21日　为支援前线，全县商人献金615.2万元。

1月　中共中央华东局群委会书记、民运部部长张晔到临沭，向县委书记李华林指出：战争的性质已由打日本的民族斗争变为打蒋介石的国内阶级斗争。对敌斗争绝不能心慈手软，敌人来了要坚持区不离区、县不离县，不能住“租界”。张晔走后，县委召开紧急会议，决定立即准备应付战争。

是月　临沭县大队原兵力编为滨海军分区一团二营，县大队由各区抽调武装重新组建。

2 月 6 日　华东人民解放军第二纵队在白塔埠地区发起讨伐叛军郝鹏举部战役。陈毅、韦国清率部队到陈巡会村指挥“讨郝”战役。临沭县民兵 3000 余人参加了支前战斗。

2 月 7 日　滨海地委、滨海专署通令表扬 6 位支前模范干部：临沭县县长汲书田、日照县县长刘鸣若、莒县副政委陈定一、莒南县委宣传部部长杨毅、日照县委组织部副部长张学义、临沭县委宣传部副部长武同峙。

2 月 18—22 日　临沭县军民配合滨南各县地方武装首次围歼还乡团。5 日内歼敌 500 余人，攻克临沭、东海两县境内石门、棠楼、石寨、竹墩、顶户、山左口等 10 余据点。临沭县沭河以东，石门以北村庄全部解放。

2 月下旬　县委在西盘召开对敌斗争大会。会议决定，为便于指导全县反蒋斗争，成立东、西线两个指挥部。东线指挥部由刘成汉任指挥，张砚田任政委；西线指挥部由禚绍南任指挥，沈星之任政委。

2 月　为便于对敌斗争，滨海专署将竹庭县朱孟区划归临沭县。同年 10 月形势好转，复划归竹庭县。

是月　自国民党军队进犯滨南以来，著名的高广珍、马步坦、马邦才、马文香爆炸队，广开地雷战，两月歼敌 600 余名。

3 月中旬　县武装部为大力开展伏击战、地雷战，精选岌山、钟山、苍山、玉山等 4 区特等射手，扩充马邦才爆炸队，成立马邦才爆炸大队。

3 月 25 日　滨海评功委员会发布一号通报，表扬首批立功的区委副书记以上干部 40 人。临沭县单永和（岌山区委书记）、刘乃哲（玉山区委书记）、吴书福（苍山区委书记）、杨林波（蛟龙区委书记）、郝兰琦（钟山区委书记）、李安邦（岌山区委副书记）、赵次庸（桃园区委书记）7 人受到表扬。

3 月 29—4 月 7 日　临沭西线游击队、武工队配合滨海军分区一团，攻打沭河以西梅家埠、小庄子、李家庄一带还乡团，毙俘 350 人，收复沭河以西、李家庄以东大片村庄。此为第二次集中力量围剿还乡团。

4 月 3 日　县评功委员会通令表扬全县首批立功干部：韩贞瑞获特等功；胡遵岩等 7 人获一等功；刘纯一等 27 人获二等功；有 13 人获三等功。

4 月 9 日　马邦才爆炸大队坚持边沿斗争，成绩突出，全队记功。

4 月 28—30 日　在国民党军队主力北上后，临沭县游击队、武工队与东海、郯城、临沂三县地方武装配合，第三次围剿还乡团。歼敌 500 余人，攻克八里巷、店头、张庄、蛟龙湾、小埠子、巡会、大官庄、白旄、石门、石寨、李埝等 10 余据点，收复沭河以东 300 余平方公里之广大地区，全县除沂东区和钟山区一部外，重又收复。

4 月　人民解放军滨海军分区第二团在蛟龙区吴家后一带阻击进犯之国民党军队二十八师，双方死伤数百人。

5 月 10 日　滨海评功委员会发出第五号《立功通报》。通报表扬临沭县韩贞瑞（岌山区副组委）、周作美（大兴区妇救会长）、吴福岗（苍山区青救会长）、刘树松（大兴区副组委）、杨林波（蛟龙区委书记）、胡遵岩（蛟龙区各救会副会长）、周秉公（桃园区长）、郇如升（桃园区组委）等 8 人的模范事迹，给他们各记大功一次。

5 月 28 日　滨海地委决定，成立临郯海工作委员会，代表地委管理、督促和检查临沭、郯城、东海三县的恢复区工作和国民党统治区工作。刘白涛任工作委员会书记。

7月15—30日 高广珍、马邦才爆炸队在欢墩埠外围六战六捷，歼敌34人。

10月初 临沭县总团建立，张百川任总团团长，县委书记李华林兼总团政委。

11月15日 为统一指挥对敌斗争，临沭、莒南两县联合成立对敌斗争委员会。

1948年

1月 岌山区曹庄武装干事侍振玉与王兰露等9名妇女埋雷30次，与敌作战6次，攻打据点3次，割电线14丈（47.7米）。侍振玉被评为女爆炸英雄，她后来参加了新青团（中国新民主主义青年团）全国代表大会。

是月 临沭县民兵、地方武装数百人破袭国民党军队重要补给线临郯公路数十里，俘敌45人。

2月 根据上级要求，县长汲书田等百余名干部离职南下，支援大别山一带的革命斗争。

是月 临沭县组建远征子弟兵团。

3月27日 国民党军队出扰神泉院，被击退。国民党之陈家埠、张家村乡公所人员均逃至李家庄与沙墩据点。至此，岌山一带边沿区大部解放。

3月 县武装部从县总团分出。总团部队改为临沭县独立营，张百川任营长，李华林任政委。

8月 滨海地委、专署改为鲁中南区第六地委、第六专署，谷牧任书记，郑子久任副书记，谢辉任专员。

1949 年

1月上旬　为支援淮海战役，临沭县5批民工长途运粮274.5万公斤。运粮中，出民工2万余人，区、乡、村干部1200余人，动用小推车15300多辆，驴9000头，并有300多名民兵担任护粮和通信工作。

3月11日　山东省导沭委员会成立，鲁中南行署副主任李乐平兼任主任委员。驻地设在陈巡会。

4月11日　临沭县“全国女民兵战斗英雄”侍振玉参加中国新民主主义青年团第一次全国代表大会。

4月上旬　临沭县导沭第三指挥部成立，张砚田任总指挥。指挥部组织2000多名民工赴陈家棠楼一带动工。

4月　临沭县组织3个常备担架团，共3000多人，随军南下，支援前线。

5月初　鲁中南第六地委、专署改为滨海地委、专署。

10月1日　中华人民共和国成立。全县各界1万余人民群众在此后数日内多次隆重集会，热烈庆祝。

10月19—21日　临沭县第一届各界人民代表会第一次会议在夏庄召开。来自全县各界的117名人民代表欢聚一堂，共商新中国成立后临沭县革命和建设的大事。选举徐金六为山东省各界人民代表会议代表。

11月23—26日　临沭县第一届各界人民代表会第二次会议在夏庄召开。会议讨论议定临沭县急需进行的重大工作。

是年　临沭县辖沂东、岌山、钟山、大兴、桃园、蛟龙、玉山、夏庄、苍山、青云10个区，568个村庄，71856户、295261人。共有中共党支部442个，其中机关团体16个党支部、农村426个党支部，共有党员9475人。

1950年

3月21—25日 临沭县第二届各界人民代表会第一次会议在夏庄召开。会议就结束土地改革、镇压反革命、取缔反动道会门、发展生产作出相应的决议。

5月 滨海地委、专署改为临沂地委、专署。

7月 临沭县第二届各界人民代表会第二次会议在夏庄召开。

1951年

5月1日 临沭县10个区名称由地名称谓改用数字排列：一区（沂东）、二区（岌山）、三区（钟山）、四区（大兴）、五区（桃园）、六区（蛟龙）、七区（玉山）、八区（夏庄）、九区（苍山）、十区（青云）。

春 中央美术学院院长、著名画家徐悲鸿及其弟子一行三人到临沭陈巡会村导沭工地体验生活并作画。

7月12日 临沭县第四届各界人民代表会第二次会议在夏庄召开。

11月17日 临沭县第五届各界人民代表会第一次会议在夏庄召开。会议主要议定各界人民代表会如何代行人民代表大会职权问题。

11月19—25日中共临沭县党员代表会议在夏庄召开。会议议定整党计划。

12月6日 临沭县第五届各界人民代表会第二次会议在夏庄召开。此次会议代行人民代表大会职权，选举单永和为县长，并选出16名县政府委员。

12月 临沭县政府改为临沭县人民政府。

是月 临沭10个区112个乡全面结束土改工作，县政府向所有农民颁发土地证。在临沭，封建土地所有制被废除，广大农民实现了

“耕者有其田”的千古梦想。

下半年　全县1500名青年参军，超过原定任务1倍。

1952年

3月　临沭汽车站（停车点）在夏庄东北村建成，结束无客运历史。

9月22日　新中国成立后，临沭县第一次城乡物资交流会在夏庄召开。5天会期，到会约5万人，成交额1.73亿元（指1948年发行的第一套人民币）。

10月26—29日　临沭县第五届各界人民代表会第四次会议在夏庄召开。

1953年

2月21—24日　临沭县第五届各界人民代表会第五次会议召开。

10—11月　遵照中央批复，江苏省东海县6乡34村和山东省郯城县1乡8村，共计4955户、21254人，6490公顷土地划归临沭。临沭县新建第十一区即石门区。

11月　导沭整沂工程完成。此项工程先后调动临沂、沂水、泰安、滕州、胶州、徐州等6个专区34个县（市）的民工114万人次，历时3年半，总投资3549万元，完成土石方4800多万立方米，使鲁南、苏北1450万亩（96.97万公顷）土地大大减轻了洪涝灾害。临沭县境内的新沭河河道、沭河拦河大坝、溢洪堰、分沂入沭河道均在此间挖凿修建而成。

是月　水利部部长傅作义到临沭县视察导沭整沂工地。

12月　导沭整沂工程落成典礼在陈巡会村举行。苏联科学院院士、地理研究所所长沙伊奇斯可夫到临沭县陈巡会村导沭整沂工地参观考察。

1954 年

3 月　全县干部群众完成 7.39 亿元（第一套人民币）公债的认购任务。

是年　全县已办起初级农业生产合作社 113 处。

1955 年

6 月 3 日　临沂专署批准临沭县夏庄、李庄为乡级镇。不久撤销。

7 月　临沭县实行工资改革，将包干制改为货币工资制，取消“工资分”制；对原有的企业管理人员实行“停留工资”，供给制与工资制并存阶段结束。

9 月 24 日　县政府将县内各区名称由数字排列称呼改为按地名称呼。一至十一区依次改为李庄区、岌山区、钟山区、大兴区、店头区、蛟龙区、玉山区、夏庄区、韩村区、青云区、石门区。

1956 年

3 月 8 日　山东省人民政府发出关于调整区划的命令，决定将临沭县撤销。并将全县 11 个区调整为 9 个区，北部玉山、蛟龙、青云、夏庄（钟山区沭河东岸部分划归夏庄区）4 个区划归莒南县，南部石门、大兴、李庄、岌山 4 个区划归郯城县，西部钟山区（沭河西岸部分）划归临沂县。

3 月 18 日　临沭县县级机关停止办公。

1958 年

1 月　莒南县撤区建乡，原从临沭县划入的青云、夏庄、蛟龙、玉山 4 个区划分为白旄、夏庄、周庄、韩村、蛟龙、朱仓 6 个乡。

4 月　郯城县撤区建乡，原从临沭县划入的石门、大兴、岌山 3

个区划分为石门、店头、大兴、观堂、曹庄、南古6个乡。

1959年

是年　自1958年冬动工的龙潭水库建成，库容245万立方米。后经几次扩建，至1981年，库容达到1370万立方米。

1960年

冬　中共中央和毛泽东开始纠正农村工作中“左”的错误，“大跃进”停止。莒南、郯城县委开始领导农村群众纠正人民公社化过程中平调社队群众物资和资金的错误。群众被硬性调出的木器、锅、鏊子等部分退赔还家。

1961年

7月8日　国务院决定恢复临沭县。从郯城县划入曹庄、南古、石门、店头、大兴、观堂6处人民公社，从莒南县划入白旄、韩村、夏庄、蛟龙、朱仓5处人民公社。全县辖11处人民公社，561个大队，2863个生产队，人口33.5万人。县城驻地夏庄。

1962年

3月28日　县人委组织2000名民工疏浚牛腿沟。经过65天，完成土石方15万立方米，治涝3667公顷。

11月29日　全县改划为8个区，77个人民公社。

1963年

春　王埠前机灌站建成使用。是为临沭县第一处国营机灌站。

4月7日　临沭县手工业生产合作社社员代表大会第二次会议在夏庄召开。临沭县手工业生产合作社联合社成立。

1964 年

8 月 14 日　县公安机关破获重大反革命集团案——岌山区东、西郭疃“农民起义军”案。参与这个集团的有临沭、郯城、东海三县的 48 名罪犯。

1965 年

10 月初　山东省委和临沂地委两级派出的“四清”工作团赴临沭县开展“四清”。

10 月 7 日　工作队入点，进驻 337 个生产大队。

1966 年

4 月　西盘水库建成。库容 345 万立方米。

7 月　朱果机灌站建成。

1967 年

是年　中华山南的沭河大桥建成通车。结束临沭乘车去临沂绕道莒南县板泉的历史。

是年　凌山头水库建成。库容 1230 万立方米。

1968 年

3 月 23 日　临沭县革命委员会成立。

1969 年

1 月 24 日　临沭县撤销 8 个区 77 个人民公社的建制，设立夏庄、白旄、韩村、玉山、蛟龙、大兴、观堂、石门、店头、南古、曹庄 11 个人民公社。

是年　临沭县农具厂改为临沭县农机修造厂（山东常林集团前身），是县内第一个地方国营工厂。

1970 年

3 月 11 日　11 个人民公社改为 11 个区。

10 月 1 日　临沭县毛泽东思想文艺宣传队成立。1978 年 6 月 15 日，该队改为临沭县京剧团。

1971 年

2 月　临沭县 11 个区复改为 11 个人民公社。

3 月　夏庄人民公社分为夏庄、周庄、泉埠 3 个人民公社。

4 月　国务院对石梁河水库库区区划作调整：将临沭县蛟龙公社的西朱樊、东朱樊、姚朱樊、相小湾、石门头二村、石门头三村、石门头四村、东窝子、王半路、袁半路，大兴公社的老鸹墩、小埠子、北辰一村、北辰二村，观堂公社的东尧、郑庄、长沙头、南辰、西山后、东山后，共 20 个村庄、4343 户、20120 口人划归江苏省东海、赣榆两县。

11 月 16 日　沂沭河洪水东调工程动工。此工程至 1981 年底共调集 9 个县 56 万民工参加施工，工程量完成过半。后因国民经济调整停工。

是年　临沭县第一座电灌站——岭南头电灌站建成。

1972 年

11 月 15 日　县内开始第三次治理牛腿沟。至 1973 年底，共开挖土石方 150 万立方米，砌石 8000 多立方米。

是年　县内实行稻改，全县种水稻 4667 公顷，是临沭历史上种水稻最多的一年。

是年　1968年始建的苍山烈士陵园，至是年年底已初具规模。

1973年

9月　临沭县师范首次从社会招收学生。该校1980年停办。

12月　县医院门诊楼、县商业局服务公司客房楼竣工。是为临沭县建楼之始。

1974年

是年　临沭县第一批知识青年到玉山公社营子、河湾大队插队落户。

1975年

3月　夏庄供销社三层商业门市大楼建成，是县内第一座商业门市楼。

4月　县委作出《关于开展丧葬改革实行火化的决定》。5月，火化场在县城北岭建成。6月初，实行火化。

冬　县委从机关、农村抽调1100人组成工作队，分赴玉山、泉埠、夏庄、白旄、韩村5个公社开展农业学大寨运动。工作队在一年多的时间里，虽然贯彻了“大批促大干”“割资本主义尾巴”等一套“左”的做法，对农村经济发展起了消极作用，但工作队和群众一起，实行山、水、林、田、路综合治理，治岭改土0.5万公顷，治涝0.59万公顷，水利配套完成0.57万公顷。对于这些成绩，农民给予充分肯定。

1976年

是年　大官庄新沭河泄洪闸建成。闸长224米，上附交通桥，为县内最宏伟壮观的水利建筑。

1977 年

4 月　朱仓公社分为朱仓、玉山两个公社。

7 月 21 日　全国花生科研会议在临沭召开。韩村公社大蔡庄科学实验队作了如何防治花生枯萎病的经验介绍。

12 月 20—24 日　山东省机械工业厅在临沭召开县农机修造厂研制的 4ZJ 涡轮增压器鉴定会。

12 月 21 日　岌山公社常林大队女青年魏振芳在田间劳动时，发现一颗世界罕见的特大金刚石，重 158.7860 克拉，献给国家，被命名为“常林钻石”。这颗金刚石发现在太平洋西岸中国的深大断裂带上，对于地球科学的研究、寻找原生矿，以及研究天然金刚石的形成环境等，具有重要的意义。新华社记者贾建舟，新华社通讯员孙佳志、季玉璞为此写了专题通讯《献宝记》。

1978 年

是年　县化肥厂被中共山东省委、山东省人民政府命名为“大庆式企业”。

是年　县公路站被山东省交通厅命名为“全省公路系统先进单位”。

是年　县文化馆被山东省文化局评为全省群众文化系统先进单位。

1979 年

2 月 8 日　临沭县四级干部会召开，传达中共十一届三中全会精神，解决把工作重点转到社会主义现代化建设上来的认识、政策、管理、作风问题。

10 月　临沭县电影院建成使用，结束了县城电影露天放映历史。

11 月 17 日　县内各界青年曹佃华、吴福香、李金全、魏邦芬被共青团中央命名为“新长征突击手”。

是年　县运输公司汽车驾驶员傅文娥被交通部授予“全国交通战线安全行车标兵”称号。

1980 年

5 月　山东省人民政府授予县运输公司“全省先进企业”称号。

10 月 12—15 日　中共临沭县第三次代表大会召开。陈学明当选为县委书记，王桂秋、朱心璞当选为县委副书记。

10 月　统计全县已平反冤、假、错案 2362 起，为 3426 名“四类分子”（反革命分子、地主分子、富农分子、坏分子）摘掉“帽子”。

1981 年

3 月 22—25 日　临沭县第八届人民代表大会第一次会议召开。会议选举刘尚文为县人大常委会主任，矫怀忠、邵立祥、李树兰为副主任；王桂秋任县人民政府县长，李甫、宋志友、王德顺、万青枝为副县长；英荣贵任县人民法院院长；鲁统传任县人民检察院检察长。

4 月 15 日　张汉三任县委副书记。

1982 年

7 月 28 日　山东省柳编制品选样会议在临沭县召开。

是年　山东省商业厅授予县百货公司“六好”企业称号。

1983 年

8 月 6—13 日　山东省柳编制品选样会议在临沭县召开。

秋　原煤炭部办公厅主任、部党组成员李华林，原农机部副部长袁成隆到临沭县指导工作。

10 月　县工艺美术公司的柳编制品获山东省“百花奖”。

1984 年

2月26日　中共山东省委、中共临沂地委按照干部革命化、年轻化、知识化、专业化的标准，对临沭县领导班子作了调整。陈学明任县委书记，魏本建、张杰文任县委副书记，张杰文兼任县纪律检查委员会书记。

8月20—24日　政协临沭县首届一次会议在县城召开。会议选举朱心璞为政协主席，李洪亮、李昌平、丁竞武为政协副主席。

8月21—24日　临沭县第九届人民代表大会第一次会议在县城召开。会议选举解广先为人大常委会主任，万青枝、矫怀忠、王德顺为副主任；魏本建任县人民政府县长，宋志友、高熙瑞、武善堂、甄玉珍（女）为副县长；赵恒玉为县人民法院院长；党纪贤为县人民检察院检察长。

9月16—18日　中共临沭县第四次代表大会在县城召开。会议选举产生中共临沭县四届委员会。随后的一次全委会会议选举陈学明为县委书记，魏本建、张杰文为县委副书记，张杰文兼任中共临沭县纪律检查委员会书记。

10月29日　中共山东省委书记苏毅然、副书记李昌安到临沭检查指导工作。

10月　原铁道部副部长刘白涛、浙江省图书馆馆长王健英、云南省副省长王士超、滨海专署副专员崔介到临沭指导工作。

1985 年

8月5日　政协山东省委员会主席李子超、中共山东省委原书记高启云到临沭县检查指导工作。

9月9日　中共浙江省顾问委员会主任、中共浙江省委原书记铁瑛到临沭指导工作。

1986 年

1 月 21—22 日　临沂地区化学工业公司代表省化工厅在临沭县城召开“高效稀土微肥”鉴定会。临沭县化肥厂试制的高效稀土微肥通过省级鉴定，填补省内空白。

1 月　县内 44563 人领到脱（文）盲证书。全县少、青、壮年混合非盲率为 90.7%，达到脱盲县标准。

4 月 8—28 日　郑山乡陆沙埠村青年农民陆汉利参加广州春季国际贸易交流会，与德意志联邦共和国等国家签订 27 万元柳制工艺品贸易合同。为县内个体户首个直接出口合同。

5 月 17—18 日　中共临沂地委书记刘明祖、行署专员王渭田等一行到临沭现场办公。

8 月 22 日　临沭县被省委、省政府列为全省 14 个贫困县之一。经 10 年奋斗，至 1996 年 10 月临沭县被评为脱贫先进县，受到省委、省政府的表彰奖励。

9 月 21 日　赴滇参战功臣报喜庆功大会召开。全县赴滇参战军人 322 名。其中，1 人荣获中央军委授予的“战斗英雄”称号，3 人立一等功，27 人立二等功，111 人立三等功。

9 月　临沭商场建成。是以个体业户为主体的“天天集市场”，位于县电影院东侧，占地约 2000 平方米。从此打破了县城购买农副产品靠 5 天一逢集和国营商业一统局面。

是年　县劳动局首次与胜利油田等用工单位建立劳务合作关系，开始了政府有组织的劳务输出工作。

是年　投资 252.59 万元对 327 国道东段进行拓宽改造，从县城东至胡小湾省界，全长 18.8 公里；县城常林路拓宽至 32 米，长 3.6 公里。1992 年投资 1200 万元，对该段路面铺筑沥青混凝土。至此，327 国道临沭段全面硬化。

是年　临沭县第一座成品油加油站建成，位于沭新街东段。

1987 年

1 月 10 日　临沭县在北京翠明庄招待所举行老干部座谈会。中组部副部长王照华、北京军区副政委吴岱、外交部原副部长符浩、农机部原副部长袁成隆、解放军基建工程兵水文地质指挥部原副政委刘炬及部分临沭籍在京人员代表共 60 余人参加座谈。

4 月 6—9 日　政协临沭县第二届委员会第一次会议召开。会议选举张汉三为政协主席，李洪亮、李昌平、丁竞武为政协副主席。

4 月 7—10 日　临沭县第十届人民代表大会第一次会议召开。会议选举万青枝为县人大常委会主任，王德顺、甄玉珍（女）为副主任；魏本建为县人民政府县长，宋志友、高熙瑞、王友忠、黄秀山为副县长；卜光富为县人民法院院长，刘金科为县人民检察院检察长。

8 月　国防部授予临沭县人武部“征兵工作先进单位”称号。自 1961 年恢复建县 27 年，临沭县 1 万余名青年应征入伍，无一责任退兵，多次受到解放军总参谋部、山东省军区表彰。

是年　临沭县手扶拖拉机制造厂建成投产。该厂主要产品为沭河 -61 型 4.4 千瓦手扶拖拉机。

1988 年

4 月 4 日　省委、省政府授予临沭县“社会治安综合治理先进单位”称号。

7 月 10 日　中共中央组织部原副部长王照华到临沭视察工作。

1989 年

3 月 7 日　山东省军区司令员闫琢到临沭县视察工作。

5 月 20 日　县邮电大楼建成，全县自动拨号电话同时开通使用，结束人工接续市话的历史。

6月　县曹庄化工厂硫脲生产线建成投产，产品填补省内空白。

10月18日　七届全国人大常委会委员、全国人大常委会外事委员会副主任符浩到临沭县视察工作。

冬季　临沭镇西朱车村建成全县第一个温室大棚，种植黄瓜。

是年　临沭县基本消灭疟疾。

1990年

3月29—4月2日　政协临沭县第三届委员会第一次会议召开。会议选举宋志友为主席，李洪亮、丁竞武、范伟远、袁堂忠、张艾群、武宜娟（女）为副主席。

3月30—4月2日　临沭县第十一届人民代表大会第一次会议召开。会议选举万青枝为县人大常委会主任，甄玉珍（女）、玄德印、吴乃林、武传礼为县人大常委会副主任；鲁东涛为县人民政府县长，王友忠、高熙瑞、王玉贵、李玉玺、张连魁为副县长；卜光富为县人民法院院长；梁征培为县人民检察院检察长。

4月10—12日　中国共产党临沭县第六次代表大会召开。魏本建当选为县委书记，鲁东涛、宋志友、王祖和为副书记。

5月　临沭县第一家台胞合营企业——临沭吉夏针织有限公司成立，利用外资10万美元，结束临沭县无“三资企业”的历史。

6月2—3日　中共山东省委副书记、省长赵志浩到临沭视察并现场办公，提出“建好班子、选准路子、强化基础、发挥优势”的指导思想。

7月　县内第一座小商品批发商场——兴隆商场建成开业，商场位于常林大街西首。

8月31日—9月1日　全国政协副主席谷牧到临沭视察工作。省政协副主席陆懋曾、临沂地委书记王渭田等陪同。

9月4日　临沂地区配方施肥技术推广现场会在临沭召开。临沭县自1986年开始试验、推广配方施肥技术，至1990年，累计配方施肥11.3万公顷，增产粮油2285万公斤，增产果品1600万公斤，共增加农业产值5916万元。

1991年

7月1日　县委、县政府为“中共中央山东分局遗址“山东省战工会遗址”一一五师师部驻地遗址”等八处革命纪念地立碑。

11月13—16日　全国TY-61型系列拖拉机联合体工作会议在临沭召开。

1992年

7月1日　凌山头水库自来水厂建成，该水库成为县城自来水主要水源。

9月15—18日　全省扶持优抚对象解三难奔小康经验交流会在临沭召开。

10月　位于苍山路和常林大街交会处的粮贸大厦开工建设，主楼13层，建筑面积1.38万平方米。1993年10月竣工。时为县城最大的商贸会展中心。

1993年

2月23—27日　政协临沭县第四届委员会第一次会议举行，徐敏瑞当选为主席，范伟远、张艾群、杨爱华（女）、袁堂忠、李培德当选为副主席。

2月24—27日　临沭县第十二次人民代表大会第一次会议召开。会议选举：宋志友为县人大常委会主任，甄玉珍（女）、吴乃林、武传礼、王文祥、刘茂芳、张步行为副主任；李洪海为县人民政府县长，仇景阳、高熙瑞、武宜娟（女）、梁征培、张守仕为副县长；王洪亮为县人民法院院长；于家珍为县人民检察院检察长。

3月　县内开通126人工寻呼台和127自动寻呼台，首批用户114户。

11月10日　大官庄水利枢纽人民胜利堰节制闸动工，1994年5月建成投入运行，总投资5008万元。

12月18日　县委、县政府召开动员大会，全县县乡机构改革开始。全县设一、二类乡镇各10个；撤销、合并减少行政管理部门和单位32个。

是年　经临沂地区行署验收，临沭县实现普及初等义务教育。

1994年

2月　临沭县职业介绍所成立，县内企业用工开始推向市场。

9月10日　国务委员、国家环保委主任宋健带领国家环保委等20个部委及鲁、豫、苏、皖4省分管领导，到临沭检查环保工作。

是年　县燃料公司东货场改建为1.8万平方米常林商城。1995年12月开业，吸引个体工商户经营服装、鞋帽等商品批发零售业务，为县内最大服装城。

1995年

1月　建筑面积5600平方米的百源大世界商场运营，时为县内最大商场。

3月15日　分沂入沭水道复堤及涵洞工程开工，同年12月10日竣工。完成复堤工程18.2公里，排水及灌溉涵洞22座，总投资1187.49万元。

3月　分沂入沭调尾拦河坝工程开工，位于石门镇大官庄村北沭河河道上，1997年11月建成投入运行，工程总投资5929万元。

5月　县城区主要街道、路巷设置道路标志牌150座、门牌1.2万块，为临沭历史上首次。

6月21日　全县20个乡镇通往县城的公路全部硬化，是全市最早实现乡乡通油路的县（区）。

8月　沭河华山大桥新桥开工，是临沭境内沭河上的第一座特大型桥梁，投资1200万元。1996年10月竣工。

10月　山东手扶拖拉机厂185柴油机生产线、县人造革厂1900压延生产线技术改造、县真空速冻脱水厂、蛟龙冠泉酒精生产线及县人民商场二期工程等5个工商业项目竣工投产。

12月　临沭县实现户户通电。

1996年

1月10日　临沭县通过山东省人民政府组织的教育工作“两基”验收，认定“临沭县基本普及九年义务教育，基本扫除青壮年文盲”。

5月　临沭县被省委、省政府命名为“精神文明建设工作先进县”。

9月28日　临沭县创造连续35年征兵1.6万余名，无一责任退兵的“全国之最”。中央军委副主席、国务委员、国防部长迟浩田亲笔题词：“三十五年优质爱国壮举，一万六千精兵扬我国威。”

10月9—11日　鲁苏九县市政协工作协作区第六次会议在临沭县举行。江苏省新沂、睢宁、东海、沭阳、宿迁和山东省郯城、苍山、临沭等9县市政协领导出席会议。

11月5日　东盘乡出土一批东汉时期文物，该批文物为一兵马车阵，三匹陶土马并排拉一战车，马上三名陶俑，马前两侧、车的左、右后方各一陶俑。马高约25厘米，长50厘米，陶俑高20—40厘米不等。

11月8日　全国手扶拖拉机质量统检总结会暨行业会议在临沭县

召开，临沭县手扶拖拉机厂生产的“沭河”牌手扶拖拉机获全国质量第一名。

12月　国家绿化委员会授予白旄镇沙窝村全国“林业生产千佳村”称号。该村100公顷优质板栗园，年产量达30万公斤，经省有关部门鉴定，其株产、总产、糖分与淀粉含量、出口量均居全省村级第一。

是年　临沭县被省委、省政府授予“山东省第三届精神文明建设工作先进县”称号。

是年　临沭县被国家科委命名为“全国科技工作先进县”。

是年　全县电话用户突破万门，94%的行政村通上了电话，市话用户达7000户。

1997年

1月15日　民政部、总政治部授予临沭县“拥军优属模范县”荣誉称号。

1月23日　山东沭化集团公司、山东常林机械集团、临沭兴大食品集团公司在原国有企业基础上改为股份制。

2月　全县553个行政村全部通上电话，临沭县成为全市第二个实现村村通电话的县。

5月17日　中央军委副主席、国务委员兼国防部长迟浩田到临沭视察，要求各级继续发扬优良传统，做好征兵优抚工作。

7月　临沭县被电力部授予“部级农村电气化县”称号。临沭县于1993年实现村村通电、1995年实现户户通电，率先在全市实现农村电气化。

8月　临沭县高考本科进线人数万人比居全市第一，高考本科进线254人，比1996年增加142人，创临沭县恢复高考以来的最高纪录。

10月16日　临沭县承担的省级星火计划项目——“30万亩甘薯脱毒苗快繁技术开发”通过验收，两年累计推广2万公顷，平均亩增产29.6%，增收6000万元，打破了国内地瓜单产十余年徘徊不前的局面。

10月27日　省委书记吴官正到临沭视察，先后到鲁临西柳编品厂、邱炳胜工艺品厂、恒利食品有限公司、陈洪武养猪场、山东常林机械集团、山东沭化集团、县化工总厂等企业考察。

10月　周庄木材批发市场正式营业，是鲁东南最大的木材批发市场。

是年　分沂入沭调尾拦河坝建成，全长1600米，坝顶高程为58.2米，坝顶宽6.5米。

1998年

2月7—9日　中国人民政治协商会议临沭县第五届委员会第一次会议召开。会议选举徐敏瑞为县政协主席，刘金科、杨爱华（女）、袁堂忠、李培德、王洪亮、解桂茹、王维玺为县政协副主席。

2月8—10日　临沭县第十三次人民代表大会第一次会议召开。会议选举徐林田为县人大常委会主任，吴福胜、高熙瑞、梁征培、张步行、刘月友、赵全兴、王德超、逄本义为副主任；丁凤云（女）为县人民政府县长，李金国、张守仕、王桂圆（女）、田全鹏、凌伦泽为副县长；徐仰平为县人民法院院长，岳德传为县人民检察院检察长。

3月　临沭县抽调320人组成50个工作组，采取“股”“卖”“送”“并”“租”“破”等形式，对168家县乡企业进行改制，改制面达90.3%。至年底，县乡企业共盘活停产半停产企业50多家，盘活存量资产2.27亿元，安置职工1800人。

7月　山东沭化集团有限公司投资3000余万元扩建的年产1.5万吨醋酸乙酯生产装置投产，该装置生产能力为全国最大，产量约占全国的 25%。

1999 年

10 月 12 日　在全省双拥模范城（县）命名表彰大会上，临沭县被省委、省政府、省军区授予“双拥模范县”称号。

2000 年

1 月 12 日　临沭县再次获得“全国双拥模范县”荣誉称号。

6 月 13 日　国家环保总局局长解振华到临沭视察环保工作。

10 月 20 日　由国家化肥质量监督检验中心、国家磷复肥研究中心主办，临沭县人民政府承办的 21 世纪中国复合肥质量管理与行业发展研讨会在临沭县召开，40 余名专家学者出席会议。

10 月 21 日　由中国企业管理培训推进行动组委会、中国人民大学工商管理研修中心、临沭县人民政府联合举办的中国企业管理智慧论坛在临沭县举行。农业部原副部长杜子瑞等到会讲话，中央电视台等 20 多家新闻单位的记者到会采访。

是年　国家林业局、中国经济林协会授予临沭县“中国名特优经济林杞柳之乡”称号。

是年　苍马山被认定为“省级风景名胜区”。

是年　临沭县职业中专被教育部认定为首批国家级重点职业中专。

2001 年

1 月 8 日　全县乡镇行政区划调整。设临沭镇、大兴镇、石门镇、曹庄镇、南古镇、青云镇、店头镇、郑山镇、蛟龙镇、白旄镇、玉山镇、朱仓乡共 12 个乡镇；原前庄镇、青云乡、东盘乡、古龙岗乡、官庄乡、周庄乡、华桥乡、醋庄乡撤销。

3 月 1 日　临沭县公安局获“全省优秀公安局”称号，这是临沭县公安机关迄今为止获得的最高集体荣誉。

5月17日　临沭建成全市第一个电话县，这也是全国革命老区建成的第一个电话县，被市委、市政府授予“沂蒙第一电话县”称号。

9月9日　金沂蒙集团公司改制成功，90%国有股转让给企业管理层和员工，实现从国有企业到民营企业的转变。

9月　省委、省政府授予临沭县“全省第五届精神文明建设工作先进县”荣誉称号。

是月　省政府授予临沭县“山东省‘两基’工作先进县区”荣誉称号。

10月22日　由中央电视台文艺中心和临沭县委、县政府联合录制的《梦想剧场》临沭专辑在苍马山下录制完成。

11月　山东常林集团SH190型柴油机、101-1型手扶拖拉机被认定为2001年中国国际农业博览会名牌产品。

12月18日　山东常林机械集团股份有限公司国有法人股全部退出，改制为民营企业。

12月　县华丰化肥有限公司与美国史丹利农业科技国际集团合作成立史丹利化肥有限公司。

是年　临沭县被省国土资源厅表彰为“国土资源执法模范县”。

2002年

1月　临沭县板栗首次直接出口新加坡13.5吨。

6月21日　国家环保总局批准临沭县为第七批国家级生态示范区建设试点。

6月27日　金大地工业园奠基仪式在沂蒙创业园举行。标志着该公司二次创业开始。

6月　临沭县被评为“全国民政工作先进县”。

8月16—17日　中共中央政治局委员、山东省委书记吴官正到临沭，先后考察山东常林机械集团、白旄镇周官庄村、山东金沂蒙集团、临沭一中新校、店头镇桑蚕生态示范园和金星贝尔 BOPP 拉伸膜建设项目等。

9 月 17 日　斯里兰卡农村经济发展部长兼财政部副部长班杜拉·古那瓦德那一行到山东常林集团考察。

9 月　临沂市金大地复合肥有限公司注册的“金大地”商标被省工商局评为“山东省著名商标”，为临沭县首个省级著名商标。

12 月 18 日　全国 4 家民营企业家创业园之一——位于临沭县城西部的沂蒙创业园开园。

12 月 25—26 日　全省土地资产经营工作现场会在临沭召开。

是年　临沭县创连续 41 年征兵 1.8 万余名无责任退兵的全国征兵最高纪录，先后 12 次受到国防部、济南军区、省政府、省军区、市政府、军分区的表彰。

2003 年

2 月 9—12 日　中国人民政治协商会议临沭县第六届委员会第一次会议召开。选举张守仕为主席，于清玺、解桂茹、王维玺、逄本义、张秀坤、刘美厚（女）、云雪飞（女）为副主席。

2 月 10—12 日　临沭县第十四届人民代表大会第一次会议召开。会议选举季保劲为县人大常委会主任，王德超、王桂圆（女）、张云龙、付学可、季沛谱、刘乃廷为副主任；李明开为县人民政府县长，张建军、凌伦泽、钟华、朱孔科、李成彪、宋春森、吉兴梅（女）为副县长；石东风为县人民法院院长；岳德传为县人民检察院检察长。

2 月 18—19 日　中国共产党临沭县第九次代表大会召开。选举赵启全为中共临沭县委书记，李明开、徐勇、赵富军、庄光海为副书记。

3 月 3 日　省人民检察院为临沭县人民检察院记集体一等功。

4 月 14 日　由几内亚共和国政府部长、几内亚驻华大使等组成的几内亚共和国政府代表团到山东常林集团参观访问。

2004 年

2 月　临沭县被省委、省政府表彰为“山东省第六届精神文明建设先进县”。

11 月 13 日　山东常林集团“沭河”商标被评为“中国驰名商标”。

11 月　史丹利化肥有限公司高塔复合肥一次性投产成功，首创国内高塔造粒技术。国家邮政总局为此发行“史丹利复合肥”邮票纪念。

12 月 23 日　县国土资源局被人事部、国土资源部授予“全国国土资源管理系统先进集体”荣誉称号。

12 月 31 日　县内进行全国第一次经济普查，全县从事第二、三产业法人单位 1537 个，产业活动单位 2925 个，个体经营户 26535 个，全部工业企业总产值 64.56 亿元。

2005 年

是月　临沭县被省科协授予“全省科普示范县”荣誉称号。

11 月 7—8 日　在北京召开的全国职业教育工作会议上，临沭县职业中专被评为“全国职业教育先进单位”，是临沂市唯一受表彰的学校。

11 月 22—24 日　全国化肥区域整治工作暨临沭县创建全国优质化肥（复混、复合肥料）生产基地经验交流现场会在临沭召开。会上，国家质检总局向临沭颁发“创建全国优质化肥（复混、复合肥料）生产基地先进县”奖牌。

12 月　由县富民建筑公司承建的县教师培训中心办公楼通过山东省最高建筑质量奖“泰山杯”评审，实现临沭县“泰山杯”奖零的突破。

2006 年

1 月 21 日　国家环保总局副局长张力军一行到临沭大兴桥国控断面水质控制现场、大官庄闸省控断面水质控制现场、牛腿沟污水处理厂和牛腿沟沟体综合整治工程现场进行实地考察。

2 月 27—28 日　在山东省规范教育收费示范县（市、区）表彰大会上，临沭县被授予“山东省规范教育收费示范县”荣誉称号，获奖金 15 万元。

2 月　临沭县被省政府授予“山东省实施名牌战略、质量兴市先进单位”荣誉称号。

8 月 3 日　省委书记、省人大常委会主任张高丽到临沭视察，参观考察了美艺工艺品公司、山东常林集团、金沂蒙集团、郑山镇丰岭村、史丹利集团和金正大集团。

10 月　山东省民政厅出版《山东千年古县志》，临沭县被命名为千年古县。

是月　金正大集团被中共中央农村工作领导小组办公室、国家统计局等部门评为“新农村建设十大贡献企业”。

是月　临沭县双语实验学校被全国妇联命名为“全国流动人口、农村留守儿童示范家长学校”。

2007 年

1 月 26—27 日　中国共产党临沭县第十次代表大会召开。十届一次全会上，选举孙丰刚为县委书记，张凯、江玉龙为县委副书记。

3 月 29 日　临沭经济开发区被省政府批准为省级经济开发区。

4 月　科技部正式认定临沭县为全国唯一一家“国家火炬计划复合肥产业基地”。

5 月 28 日　全省“百万农村妇女创业行动”启动仪式暨现场推进

会在临沭召开。会上成立山东省农村妇女创业者协会。

6月　朱仓乡被山东乡村发展论坛组委会评为“山东十大旅游名镇”。

8月　临沭县城被命名为“省级卫生县城”。

9月22日　第四届中国中小城市可持续发展高峰论坛在北京召开，中国中小城市科学发展评价体系研究课题组公布2007年度全国最具投资潜力中小城市百强评价结果，临沭县名列第60位，是临沂市唯一获此殊荣的县区。

是月　在“2007年中国行业企业排行榜”评选活动中，金正大集团获得2007年中国复混肥料制造企业五十强首位，金正大牌复混肥料被评为著名品牌。

10月10日　临沭县残疾人运动员王蓬蓬在上海举行的2007年世界特殊奥林匹克运动会上，夺得女子帆船三人艇金牌。

10月12日　青云镇村民发展互助资金合作社成立。该社是全省首个村民发展互助资金合作社。入社户数1553户，自筹资金80.3万元，上级拨付扶贫资金75万元，形成资本金155.3万元。

11月25日　国家火炬计划临沭复合肥产业基地授牌仪式暨中国新型肥料产业集群科技创新论坛在临沂市举行。科技部副部长曹健林，省委常委、副省长王军民为临沭县授牌。

11月　临沭县苍马山景区旅游公路全线贯通。该路贯通苍山、马山、草山、冠山、演武山五山，是苏鲁边界首条旅游路。全长5.2公里，总投资1200万元。

12月14日　临沭县城被山东省人民政府命名为“山东省园林城市”。

12月16日　全国人大常委、农村与农业委员会副主任舒惠国带领“中国缓控释肥料行业自主创新与产业化发展研究课题”调研组到临沭调研。

是年　省政府授予临沭县“山东省柳编制品产业基地县”称号。

2008 年

1月　临沭县连续五年被省委、省政府、省军区命名表彰为“全省双拥模范县”。

是月　临沭县社会保险服务大厅被劳动和社会保障部授予“全国劳动保障系统优质服务窗口”称号。

是月　临沭镇获“省级文明乡镇”称号。

2月27日　全国人大代表刘建文（女）赴京参加第十一届全国人民代表大会第一次会议。县农业局职工刘建文是临沭县历史上第一位全国人大代表。

2月　临沭县被科技部评为“全国科技进步工作先进县”。

6月13日　中国社会科学院城市发展与环境研究中心、中国世界贸易组织研究会、全球品牌论坛举办的产业集群与品牌城市高峰论坛暨“中国产业集群品牌50强”发布会在北京召开。临沭复合（混）肥产业集群荣膺“中国产业集群品牌50强”，是本市唯一获此殊荣的县区。

9月8日　应常林集团邀请，著名词作家乔羽到临沭采风。

11月22日　在北京人民大会堂举行的中国中小企业发展县（市）长高峰论坛上，临沭县获“全国企业成长环境十佳县”荣誉称号。

12月13日　在《小康》杂志社（由《求是》杂志社主管）主办的中国全面小康论坛上，临沭县获“2008中国全面小康成长型百佳县（市）”称号。

2009 年

4月20日　郑山镇农村财务管理服务中心被农业部授予“全国第二批农村集体财务管理规范化示范单位”称号。

7月1日　省委书记、省人大常委会主任姜异康到临沭视察工作，先后到金正大集团、金沂蒙集团、史丹利公司和常林集团了解企业生产经营状况。

7月16日　全省农村手工艺产业化促进工作现场会在临沭县召开。同日，临沭县被中国工艺美术协会授予“中国柳编之都”称号。

7月27日　临沭县依托特色工艺品园区申报的“山东优质杞柳加工创业基地”被农业部列入第二批“全国农产品加工创业基地”，这是县内首个国家级农产品加工创业基地。

8月3日　全国小型农田水利建设重点县评审会议在济南市颐正大厦召开，临沭县从38个候选县市区中脱颖而出，成为全国小型农田水利建设重点县。

9月1日　由国家化肥质量监督检验中心（上海）与山东金正大集团共同起草、国家质检总局批准的《缓释肥料》国家标准正式实施。该标准分别从缓释肥料的要求、试验方法、检验规则、标识、包装、运输和贮存等方面对缓释肥作出明确规定。

9月17日　山东省文物局、临沂市文管办与临沭县文管所联合对临沭县东盘遗址进行考古发掘，至11月23日结束。揭露面积1000余平方米，发现北辛文化、龙山文化、岳石文化和西周、春秋、西汉、东汉时期文化遗存。1993年被县政府公布为县级重点文物保护单位，2003年被市政府公布为市级重点文物保护单位，遗址面积近2万平方米。

9月　临沭县人民政府征兵办公室被国防部评为全国征兵工作先进单位。

10月16日　位于苍山脚下的滨海红色文化纪念园暨“刘少奇在山东”纪念馆奠基，占地7.2公顷，建筑面积1200平方米。2010年6月29日建成开园。

10月18日　由中国技术市场协会、中国肥料业专家年会、中国肥料网等单位联合举办的中国土壤肥料业60年庆祝大会暨颁奖典礼在北京人民大会堂举行。临沭县获“中国土壤肥料业60年突出贡献单位”奖，是山东省唯一获此殊荣的县市；金沂蒙集团张立省获“中国土壤肥料业60年最具影响力人物”；金正大集团缓释肥技术获“中国土壤肥料业60年最具影响力技术”；史丹利公司“史丹利”高塔复合肥、迈金农肥业公司“英宝”复合肥获“中国土壤肥料业60年最具影响力产品”等奖项。

10月20日　在日照举行的第十一届全运会赛艇比赛项目中，临沭籍运动员陈令部和队友们获得男子2000米八人单桨有舵手项目第四名的好成绩。

10月29日　中共中央政治局常委、国务院总理温家宝到临沭郑山镇北沟头村、临沭县职业中等专业学校等地就新农村建设、农村新型合作医疗、农村超市建设、医疗卫生体制改革、职业教育事业发展、社会保障体系建设等民生事业进行调研。

2010年

1月9日　金正大公司与美国佛罗里达大学联合建设的山东省中美缓控释肥国际科技合作研究中心经省科技厅批准成立，这是省内首家肥料行业国际科技合作研究中心。

1月11日　金正大公司承担的《新型作物控释肥研制及产业化开发应用》获国家科技进步二等奖。

是日　临沭县获“2009中国全面小康成长型百佳县”称号，是临沭县第二次获选。

1月13日　临沭县人事局被山东省委、省政府授予山东省“人民满意的公务员集体”荣誉称号。

1月29日　临沭县数码影城在县电影院开业。从此，临沭县有了数字电影放映厅。

4月3日　原针织厂棚户区改造安置楼建设项目、鼎钰华居及弘盛华庭项目奠基。原针织厂棚户区改造涉及居民258户，是全县实施棚户区改造政策的首例。

4月25日　山东省中小企业产业集群电子商务经验交流会暨临沭复合肥产业集群电子商务平台启动仪式在临沭县举行。

4月　在上海召开的“迎世博·2010中国文化旅游主题年高峰论坛”上，临沭县获“中国优秀文化休闲旅游县”称号。

5月15日　国家缓控释肥工程技术研究中心在临沭县山东金正大集团成立。

6月20日　在山东省首届镇域经济发展高端论坛上，临沭镇获评首批“山东百亿大镇”。

6月　临沭县职业中专获“全国中等职业学校德育工作先进集体”荣誉称号，是临沂市唯一获此殊荣的学校。

7月　临沭县曹庄镇朱村卫生室李广友被卫生部评为“全国优秀乡村医生”。

是月　临沭县与云南省镇康县缔结为友好县。

9月16日　临沭县城市公交开通。

10月18日　临沭县被卫生部、民政部、中国联残命名为“全国残疾人社区康复示范县”。

10月21日　临沭县沭河水利风景区和苍源河水利风景区通过省水利风景区评审委员会评审，成为第七批山东省省级水利风景区。

12月　山东省知识产权局确定临沭县为“山东省知识产权示范县”。

是月　临沭县苍马山旅游区、冠山仙境旅游区被省旅游局批准为国家AAA级旅游景区。

是月　沂沭铁路有限责任公司成立暨第一次股东会、董事会、监事会在济南举行。沂沭铁路为国铁Ⅱ级，全线立交、单线，电力牵引，牵引质量5000吨，到发线有效长度1050米，半自动闭塞，线路全长19.25公里，建设工程投资总概算7亿元，按部省7：3的出资比例，铁道部授权济南铁路局代表出资4.9亿元，省政府授权临沂市政府，由临沂市投资发展有限责任公司、临沂经济开发有限公司和临沭县融达投资股份有限公司三方出资2.1亿元，成立沂沭铁路有限责任公司，建设经营沂沭铁路。

2011年

5月27日　水利部副部长胡四一带领国家防总淮河流域防汛抗旱检查组到临沭县检查指导防汛抗旱工作。

5月　县国税局办税服务厅获得中华全国妇女联合会、全国妇女“巾帼建功”活动领导小组授予的“巾帼文明岗”称号。

8月11日　经省政府批准，临沭县行政区划调整：原玉山镇撤销并入朱仓乡，改称玉山镇；撤销南古镇，其沭河以西醋庄前村、醋庄后村、玉河村、友谊村、贺城村、凤凰墩村、栗行村、干沟渊村8个行政村划归临沂经济开发区，沭河以东8个行政村划归郑山街道；曹庄镇南庄子村、张贺城回族社区、王贺城村、彭古庄村、黄贺城村5个行政村划归临沂经济开发区。此次调整后，临沭县辖2个街道办事处、8个镇，总面积1010平方公里，人口63.37万人。

9月18日　全国丹霞地貌旅游开发研究会终身名誉会长、中山大学地理系原主任黄进教授，中科院地理科学与资源研究所博士后齐德利等一行四人组成专家考察组，到临沭县实地考察丹霞地貌。专家组初步确认石门镇岱涧、临沭街道朱车红石崖和蛟龙镇狼窝沟黑崖岭三处为丹霞地貌，为省内首次发现丹霞地貌。

9月26日　中华全国供销合作总社党组书记、理事会主任杨传堂，党组成员、理事会副主任顾国新，副省长贾万志一行到郑山街道北沟头社区服务中心调研。

11月　临沭县第三次被科技部评选为“全国科技进步先进县”。

12月25日　中宣部、科技部、司法部、农业部、文化部、卫生部、国家人口计生委、国家广电总局、中国科协和山东省委、省政府联合举办的2012年全国文化科技卫生“三下乡”活动启动仪式在临沭县城金沂蒙广场举行。

是年　临沭县被中国科协命名为“2011—2015年度全国科普示范县”。

2012年

1月2日　临沭县首条城乡客运一体化公交线路——县城至观堂开通。

1月9—10日　中国共产党临沭县第十一次代表大会在县政府招待所小礼堂召开。选举产生中共临沭县第十一届委员会和中共临沭县纪律检查委员会。中共临沭县第十一届委员会第一次全体会议选举任庆虎为县委书记，程守田、傅磊为县委副书记，王佃利、宋玉智、武玉芹（女）、刘飞、杨会军、宋国山、缪兴智、王景美为县委常委；中共临沭县纪律检查委员会第一次全体会议选举王佃利为县纪委书记，刘祥伟、刘文军为县纪委副书记。

1月31日—2月2日　中国人民政治协商会议第八届临沭县委员会第一次会议召开。选举钟华为政协第八届临沭县委员会主席，王维玺、朱孔科、孟庆然、刘会迎、朱梅（女）、冯树方为副主席。

2月1—3日　临沭县第十六届人民代表大会第一次会议召开。选举任庆虎为常务委员会主任，姜自棠、云雪飞（女）、刘美厚（女）、王景光、王建华为副主任；选举程守田为县人民政府县长，宋玉智、杨会军、于丽华（女）、王新端、王峰立、李真为副县长；选举侯雷为县人民法院院长，汲广虎为县人民检察院检察长。

2月28日　全省双拥模范城（县）命名表彰大会召开。临沭县连续六次荣获“全省双拥模范县”称号。

4 月 7 日　临沂电视台《红色沂蒙 365》首播仪式在临沭县滨海红色纪念园举行。

5 月　山东常林集团被中国机械工业联合会、中国汽车协会评为 2011 年度“中国机械工业百强企业”，是该企业连续三年获此称号。

6 月 27 日　临沭县《行风热线》正式实行广播电视同步直播。

6 月　山东金正大生态工程股份有限公司“沃夫特 VOLFERTILE 及图”商标被国家工商总局认定为“中国驰名商标”。至此，全县已经累计拥有中国驰名商标 5 件、山东省著名商标 16 件、地理标志证明商标 1 件。中国驰名商标总数位居全市各县区首位。

7 月 16 日　县内区划调整，将苍马山景区范围内临沭街道山西村（含凌山头、玉山头、东朱车、西朱车 4 个自然村）、苍隆居（含庙南、庙北、庙西、庙东 4 个自然村）、山里村（含山里北、山里南、戴家河 3 个自然村），玉山镇月庄村（含东月庄、西月庄、北月庄 3 个自然村），蛟龙镇西盘村（含西盘东村、西盘西村 2 个自然村），青云镇曹界前村（含曹界前、朝阳村 2 个自然村）、李界前村共 7 个行政村，19 个自然村划归苍马山风景旅游区管理，涉及总面积 5542 公顷，总人口 20180 人。景区党工委、管理委员会行使与镇（街）相同职能，管理所辖行政村。至此，临沭县辖 2 个街道，8 个镇，1 个经济开发区，1 个风景旅游区，1 个新型工业化实验区。

7 月　临沭经济开发区入选全省开发区 50 强和“山东省新型工业化示范基地”。

是月　农业部授予宏兴蛋鸡养殖专业合作社“全国农民专业合作社示范社”称号，是临沭县第 2 家获此荣誉的养殖专业合作社。

8 月 17 日　中共临沭县纪委、临沭县监察局、临沭县人民政府纠风办主办的临沭“民声在线”网络信息平台开通。民众可通过网络反映意见或投诉。

8月21日　商务部副部长钟山到临沭调研经济社会和商务发展情况。

10月26日　全国化肥产品质量提升示范项目现场会在临沭召开。

10月29日　副省长张建国到临沭县调研工业经济运行情况。

10月31日　国家行政学院党委委员、纪委书记杨文明，中国民营科技促进会副会长、北京华商管理科学研究院院长袁青鹏一行到临沭调研。

10月　常林集团瑞典专家阿尔夫·卡西米尔·雷诺舟被国家外专局授予2012年度中国政府“友谊奖”，为临沂市首位获得中国政府“友谊奖”的外国专家。

是月　农业部正式认定全国155个县（市、区）为全国农村集体“三资”管理示范县，临沭名列其中，是临沂市唯一获此殊荣的县区。

11月　山东常林集团被国家发改委等五部门授予“国家认定企业技术中心”，是临沭首家获此荣誉的企业。

12月2日　古生物专家在临沭县岌山省级地质公园内考察鉴定恐龙足迹化石。经过美国克罗拉多大学古生物博物馆长马丁等专家考察鉴定，岌山省级地质公园内2011年发现的近百个足迹化石为恐龙足迹化石，同时专家在考察中新发现世界罕见的“驰龙”足迹化石。“驰龙”是一种很小的食肉恐龙，有两个脚趾，其足迹化石十分少见，此前世界上仅发现7例，这是第8例。“驰龙”足迹化石的发现对于研究“驰龙”的生活习性，还原古地理、地貌具有重要意义。

2013年

1月8日　金正大公司“缓控释肥技术创新平台建设”项目在2012年度国家科学技术奖励大会上荣获国家科学技术进步二等奖。

1月20日　长深高速青州至临沭段通车运营，结束了临沭无高速公路的历史。

3月5日　CCTV-7农业频道主办的“2013春耕行动”大型公益活动首站走进临沭县。活动以“粮安天下，春耕有我”为主题，以专家现场答疑、明星倾情演绎、企业爱心捐赠、农民朋友现场互动等方式，助力全国春耕生产。

3月26日　由中国科协、中国科技馆主办，山东省科协、山东省科技馆协办，临沭县委、县政府承办的中国流动科技馆临沭巡展在临沭一中启动。展期3个月，共有21230人参观和体验。

3月28日　临沂城30万吨东线供水工程供水仪式举行。从此临沭县城市用水有了双重保障。

3月　金正大集团董事长万连步当选为第十二届全国人大代表，为临沭县历史上第二位全国人大代表。

是月　商务部、中宣部、财政部、文化部等6部委发布《2011—2012年度国家文化出口重点企业和重点项目目录》，临沭县柳编文化产业基地成功入选国家文化出口重点项目，临沂金柳工艺品有限公司、临沭县荣华工艺品有限公司2家柳编企业入选国家485家重点企业目录。临沂市仅此2家企业入选。

是月　全国第一家县级商标馆——临沭县商标馆建成使用。

4月8日　中国农村专业技术协会规范化建设现场会在郑山街道北沟头社区召开。中国科协、各省（直辖市、自治区）科协的领导和专家共100余人到郑山街道金篮柳编协会参观指导。

4月　被誉为海内外铸造专业航母展的第六届中国铸造零部件博览会在苏州举行。会展期间，常林铸业公司参展的液压多路阀体、FIAIE6缸体两款产品备受中外参观者瞩目，并以技术含量高、工艺复杂、产品质量过硬等特点，受到专家评委一致好评，被评为“中国优质铸件金奖”。

5月27日　山东省企业技术创新促进会第四届会员代表大会暨“创新驱动品牌发展”专题报告会在济南召开，会上为山东常林集团等29家入选山东省“全国工业品牌培育试点企业”的企业举行授牌仪式。

5月 国务院印发《关于核定并公布第七批全国重点文物单位的通知》，临沭县北沟头遗址被列入古遗址文物保护类别。

7月26日 韩国新国家党中央青年委员会运营委员、首尔特别市瑞草区议会议员金炳玟，韩国新国家党青年委员、政治学校宋贞恩到临沭县考察选派“第一书记”工作。

9月23日 临沭县被国家知识产权局评为首批“国家知识产权强县工程示范县”。全国共有22个县区获评，山东省共2家，临沂市仅临沭县1家获评。

9月 山东金正大生态股份有限公司和史丹利公司入围全国工商联评选的“2013中国民营企业500强”，分列第356位和438位。

10月17日 临沭县通过“全国社会主义新农村建设档案工作示范县”验收。

10月 临沭县发现恐龙足迹动物群遗址。中国与美国、瑞士、德国、加拿大、波兰等国古生物学者考察研究后宣布：在临沭县下白垩纪地层中发现一个庞大的恐龙足迹动物群遗址。该遗址保存了包括大型蜥脚类、中型四足类、两种兽脚类、鹦鹉嘴龙类等在内的丰富的足迹化石，对研究白垩纪早期恐龙的演化、迁徙具有重大意义。这一成果在国际学术刊物《白垩纪研究》上发表。

是月 临沭县司法局玉山司法所所长、玉山镇人民调解委员会主任王兵被司法部授予“全国模范人民调解员”称号。

11月25日 中共中央总书记习近平到支前模范村曹庄镇朱村视察，观看村史馆，看望83岁的“老支前”王克昌。习近平说：“我们这一代、下一代都要沿着中国特色社会主义道路向前，让老区人民生活得更幸福。”喜欢看电视的王克昌插话：“总书记讲话我天天听。”习近平说：“请你批评指正。”

11月30日　在中国县域品牌发展协会、中国生态旅游投资与促进会、中国旅游投资促进会共同主办的“美丽中国·首届全国特色生态旅游城市创建与发展论坛”颁奖盛典上，临沭县获“美丽中国示范县”称号。

12月13日　“2013中国照明产业与技术应用发展论坛暨行业年会”在临沭县召开。

12月31日　临沂市人民政府〔2013〕239号文批复临沭县部分行政区划变动调整：撤销白旄镇，将其原行政区域并入青云镇，青云镇驻地不变；原白旄镇华南村并入郑山街道办事处；临沭街道办事处的胡赵庄、井店子村，玉山镇的东盘村、西盘村、丁庄村并入蛟龙镇；临沭街道办事处的瑯琳子村并入郑山街道办事处。

2014年

1月14日　住房和城乡建设部下发《关于命名2013年国家园林城市、县城和城镇的通报》（建城〔2014〕4号），临沭县城被正式命名为“国家园林县城”。

2月11—13日上午　中国人民政治协商会议第八届临沭县委员会第三次会议召开，大会补选陈庆祥为八届县政协副主席。

2月12—13日下午　临沭县第十六届人民代表大会第三次会议召开。会议选举高希华为县人大常委会副主任，胡勇为县政府县长。

是月　省政府授予临沭县“山东省创业先进城市”称号。

4月10日　省政协副主席、党组成员许立全带领“青年职业教育发展情况”调研组一行到临沭县职业中专、常林集团实地参观考察。

6月30日　大众报业集团联合省文明办、省网络办、省公安厅、省教育厅组织开展的“荧光童行——为山东小学生捐赠荧光衣”大型公益活动临沭县启动仪式暨全市第四批荧光衣发放仪式在临沭县实验小学举行。

7月1日　中国工艺美术协会副秘书长、高级工艺美术师侯会哲带领“中国柳编之都”复评考察组到临沭，对临沭县“中国柳编之都”荣誉称号进行复评。考察组一行实地察看部分柳编企业及中国柳编文化艺术馆，召开临沭县“中国柳编之都”荣誉称号复评会议。之后，中国工艺美术协会授予临沭“中国柳编之都（2014年8月—2019年8月）”荣誉称号。

7月11日　临沭县职业中专学校正式通过教育部、人社部、财政部验收，成为第一批“国家中等职业教育改革发展示范学校”。

7月26—27日　山东省第六届千乡乒乓球比赛临沂赛区预赛在临沭县体育中心举行。

7月31日　住建部和发改委等7部门授予临沭县青云镇、蛟龙镇为全国重点镇。

8月2日　省政府授予临沭县“社会文化先进县”称号。

9月11日　人社部、教育部授予临沭一中“全国教育工作先进集体”称号。

10月28日　县委宣传部和山东广播电视台齐鲁网主办的“中国梦·临沭梦”全国媒体聚焦临沭发展采风活动启动仪式暨临沭经济社会发展情况新闻发布会在临沭县常林大酒店举行。

11月6日　山东省住建厅公布山东省第一批“宜居小镇、宜居村庄”名单。其中，曹庄镇朱村荣获“省级宜居村庄”称号。

11月18日　临沭县在全市率先实现“城乡环境卫生一体化”全覆盖。

11月22日　国家工商行政管理总局局长张茅率调研组到临沭进行调研。

11月　县残疾人康复中心投入使用，总建筑面积5690平方米，内设康复病床50张，可同时容纳50名9岁以下残疾儿童入住，进行脑瘫、智障、听力、语言、肢体康复。位于沭新西街。

12月 省国土厅授予临沭县“全省国土资源节约集约模范县”称号。

是月 临沭东泰公司与青岛农业大学联合申报的“花生机械化播种与收获关键技术与装备项目”获山东省科技进步一等奖。

是月 临沭店头镇郇楮林村农民郇亚军入选全国种粮大户。

2015 年

1 月 22—23 日 生态山东建设工作领导小组办公室组织的验收组同意临沭县通过省级生态县验收。

3 月 18 日 中共中央宣传部命名批准临沭县滨海红色文化纪念园为全国爱国主义教育示范基地，成为临沂市第 5 处全国爱国主义教育示范基地。

3 月 24 日 以色列驻华大使马腾率领以色列代表团到金正大集团参加中以现代农业发展高峰论坛。

3 月 25 日 司法部、民政部发布《关于表彰第六批“全国民主法治示范村（社区）”的通知》，玉山镇东朱仓村被命名表彰为第六批“全国民主法治示范村”。全县已有 2 个国家级、5 个省级、40 个市级“民主法治示范村”。

4 月 2 日 全省档案依法行政推进会在临沭召开。

4 月 15 日 临沭县社会福利服务中心与青岛阳光佳苑养老服务管理有限公司正式签订合作协议，试水“公建民营”养老模式。

是月 县内区划调整，将苍马山风景区范围内共 7 个行政村（19 个自然村）划归临沭街道管辖。调整后苍马山景区党工委、管委会主要负责景区规划、建设、开发管理工作。

5 月 8 日 民进省委领导到临沭县调研“第一书记在新农村建设中发挥的重要作用”课题。

5 月 21 日 玉山镇李庄村、玉山镇河湾村、石门镇小岱村、蛟龙镇前塘村被列入2015年全国贫困村旅游扶贫试点。

5月22日　济南军区司令部援建临沭县郑山街道曹庄子“八一爱民学校”挂牌。

是月　山东省农业厅公布全省家庭农场省级示范场名单，临沭县开心种植农场榜上有名，是临沭县唯一一家。

6月5日　九三学社山东省委财经委员会、文教委员会、山东省司法厅走进玉山镇中心小学，开展“2015年金色梦想爱心助学活动”爱心捐助活动。

6月19日　中共临沂市委书记、市人大常委会主任林峰海到临沭县调研工业经济运行情况。

6月28日　中以合作签约暨诺贝丰30万吨水溶肥项目投产仪式在金正大公司举行。

是月　山东常林集团“力士德及图”被国家工商总局认定为中国驰名商标。

7月2日　中央文明办在安徽省安庆市举办“中国好人榜”6月入选名单发布仪式暨全国道德模范与身边好人现场交流活动，全国各地107位身边好人光荣上榜。其中，临沭县人骆洪昌以勇救3人的事迹成为临沂市两位上榜好人之一。

7月3日　临沭县石门镇一水库发现大规模桃花水母。该生物为有“水中大熊猫”之称的桃花水母，是世界级濒危物种，国家一级保护动物。

8月24日　为纪念中国人民抗日战争暨世界反法西斯战争胜利70周年，国务院下发《关于公布第二批国家级抗战纪念设施、遗址名录的通知》，批准临沭县“滨海革命烈士陵园”为“国家级抗战纪念设施”。

10月22日　国家质量监督检验检疫总局发文通报，批准临沭县国家级出口柳编质量安全示范区通过考核，并授予临沭县“国家级出口柳编质量安全示范区”称号。成为全国第一个创建成功的柳编质量安全示范区。

10月22—23日　全国媒体关注“临沭现象”聚焦“临沭发展”采访团在临沭县集中采访。

10月23日　全国刘少奇纪念地工作交流会议在临沭召开。

11月23—24日　临沭县普降暴雪，平均降雪量32.2毫米，造成雪灾，直接经济损失3754.8万元。

12月1日　临沭县数字乡镇地理信息公共平台建设项目通过验收，成为全市首个通过验收的县区。

12月16日　临沭县玉山镇夹谷关旅游区被批准为“国家AAA级旅游区”。

同日10时　临沂至临沭铁路货运专线正式开通，结束临沭县无铁路历史。

同日　临沭县十六届人大常委会第二十七次会议举行。表决通过关于接受胡勇辞去临沭县人民政府县长的请求的决定，以无记名投票的方式表决通过关于提请任命刘飞为临沭县副县长、代理县长的报告。

是月　阿里巴巴授予青云镇白旄西居“中国淘宝村”称号，成为临沂市首个淘宝村。

2016年

1月16日　临沭县社会福利服务中心运营启动暨中德养老管理技术合作实验院揭牌仪式举行。

1月21日　山东女子创业大学训练营暨村妇代会主任电商创业培训试点启动仪式在临沭举行。

3月19日　全省主要农作物生产全程机械化推进现场会在临沭县召开。

3月26日　临沭县沂沭铁路段首趟货运班列运载1800吨化肥实

现首发。

4月12日 国务院参事室调研组到金正大公司就化肥行业去产能及新型肥料扶持政策情况进行调研。

5月27日 市委书记、市人大常委会主任林峰海带领市级领导班子成员到临沭开展“两学一做”党性教育。

5月30日 临沭县被农业部确定为“全国首批基本实现主要农作物生产全程机械化示范县”。

6月12日 根据《省级生态市、生态县（市、区）建设考核命名办法》，经核查、验收、审议、公示，山东省环境保护厅决定命名临沭县为“省级生态县”。

6月29日 国家质检总局在文审论证和现场验收合格后，同意命名临沭县为“全国复混（合）肥产业知名品牌创建示范区”。

是月 临沭县农田水利项目建设方案顺利通过省水利厅、财政厅专家评审，临沭县被批准为2016年中央财政农田水利项目县，获得1000万元农田水利专项资金。

7月12日 金正大集团在德国法兰克福举行并购德国康朴公司（CompoGmbH）交割庆典和交割签约仪式。中国化肥行业最大一宗海外并购案圆满完成。

7月29日 中共山东省委、山东省人民政府、山东省军区命名临沭县为“山东省双拥模范县”。

8月20日 广东省政协考察团在全国政协常委、广东省政协副主席、九三学社中央常委、九三学社广东省委会主委姚志彬带领下到临沭参观考察。

8月27日 市委副书记、市长张术平带领市国土、发改、科技、财政、水利、环保、农业等部门负责人到临沭就金正大中（国）以（色列）现代农业科技示范园项目进行现场办公。

9月14日 临沭县人民政府与意大利道依茨法尔现代智能农业收

获及畜牧机械产业发展项目签约仪式在临沂市铂尔曼酒店举行。该项目计划总投资1亿欧元，占地9.3公顷，总建筑面积5.16万平方米，建设周期2年。

9月22日　省委副书记、省长郭树清到临沭县就产业转型升级工作进行调研。

11月11日　第三届中国（临沭）柳编商品交易会在山东省临沭县会展中心开幕。开幕式上为白旄西居、东朱崔村、金柳村3个淘宝村和沂蒙淘宝第一镇青云镇授牌。

12月10日　全县领导干部会议召开。市委组织部副部长、老干部局局长、离退休干部工委书记孟凡成宣布省委、市委关于临沭县委有关干部职务调整决定。经省委批准：刘飞任中共临沭县委书记；任庆虎不再担任中共临沭县委书记职务。市委决定：刘飞兼任中共临沭县委党校校长，张雷任中共临沭县委委员、常委、副书记。任庆虎不再担任中共临沭县委常委、委员、县委党校校长职务，另有任用。

2017年

1月19—20日　中国共产党临沭县第十二次代表大会举行。共有代表313名。刘飞代表中共临沭县第十一届委员会向大会作报告；选举产生中国共产党临沭县第十二届委员会委员38名、候补委员7名；选举出中国共产党临沭县纪律检查委员会委员27名；选举出29名出席中国共产党临沂市第十三次代表大会代表。中国共产党临沭县第十二届委员会第一次全体会议选举中国共产党临沭县第十二届委员会常务委员会委员和书记、副书记。中国共产党临沭县第十二届纪律检查委员会第一次全体会议选举产生新一届中国共产党临沭县纪律检查委员会常务委员会委员、书记、副书记。

1月22—24日　政协第九届临沭县委员会第一次会议举行。钟华当选为政协临沭县九届委员会主席，朱孔科、孟庆然、朱梅、冯树方、李秀、胡文君当选为副主席。大会审议通过县政协2017年协商工作计划，通过政协第九届临沭县委员会第一次会议提案审查委员会关于提案审查情况的报告，通过县政协九届一次会议决议。

1月23—25日　临沭县第十七届人民代表大会第一次会议在常林会议中心举行。选举姜自棠为临沭县人大常委会主任，张雷为临沭县人民政府县长，云雪飞、高希华、王建华、郭和法、刘彦华为临沭县人大常委会副主任，王景美、于丽华、王峰立、韩新华、王淑军为临沭县人民政府副县长，张星磊为临沭县人民法院院长，汲广虎为临沭县人民检察院检察长。选举丁善余等37人为出席临沂市第十九届人民代表大会代表。

2月13日　全县"解放思想、凝心聚力、真抓实干"大讨论活动动员会议召开。会议深入贯彻县第十二次党代会精神，安排部署全县"解放思想、凝心聚力、真抓实干"大讨论活动任务，动员全县广大干部群众进一步解放思想，转变观念，以思想的大解放、观念的大转变，推动全县经济社会又好又快发展。

5月19日　省禁毒委为临沭举行"全省社区戒毒社区康复工作示范单位"授牌仪式。

7月24日　北京林业大学到临沭县开展科技服务及实践调研活动启动仪式举行，并授牌"北京林业大学研究生社会实践基地"。

8月12日　全省报业印刷年会在临沭召开。临沭县有1个园区入选第五批山东省重点文化产业园区，3家企业被评为国家文化出口重点企业，省级重点文化产品和服务出口企业达12家。

8月26日　市委书记王玉君到临沭县调研。先后到史丹利新型肥料国家级研发中心、县妇幼保健院新院、临沂金柳工艺品有限公司、城市规划展览馆、华山社区、金正大公司、常林集团中川液压件项目等处实地察看。

9月　临沭县上半年脱贫攻坚工作考核位列全市全面突破区第

一名。

10 月 17 日 《解密“临沭现象”——一个省界老区县的发展纪实》荣获社科优秀成果一等奖。该书由临沭县委宣传部组织编写，是第一部系统地将临沭经济社会发展奇迹作为“现象”来研究的著作。书籍选取临沭县复混（合）肥、柳编、脱水蔬菜、装备制造等在全国大占比的地方优势产业集群作为研究对象，深入挖掘现象背后沭商、沭官、沭人、沭土新时期的“沂蒙精神”，展现在这种精神的引领下，临沭适应经济发展新常态、抓好县域经济发展，打好扶贫开发攻坚战、加快改善老区老百姓生活、在全面深化改革中积极作为，实现崛起的经验做法。

11 月 18 日 首届中国（临沭）柳编产品创意设计大赛开幕。

11 月 25 日 水利部到临沭检查农村饮水安全巩固提升工作。

12 月 7 日 全省复合肥制造行业“两个体系”建设观摩会在临沭召开。

12 月 26 日 省环保厅、省畜牧兽医局到临沭开展畜禽养殖禁养区关闭搬迁及畜禽粪污专项整治工作联合检查。

同日 全省深化三年禁毒人民战争暨贯彻实施《山东省禁毒条例》现场推进会在临沭召开。

2018 年

1 月 17 日 省教育厅副厅长、总督学关延平带领省政府考核组到临沭检查考核消防工作。

1 月 24 日 全市省级经济开发区现场观摩会与会人员到临沭观摩。

3 月 15 日 淮河防总常务副总指挥、淮委主任肖幼带领检查组到临沭检查防汛抗旱工作。

4 月 9 日 全市春季农业工作暨畜牧业转型升级现场会在临沭

召开。

4 月 24 日　鲁苏交界六县区警务协作会议在临沭县召开。临沭、赣榆、东海、郯城、莒南、临港六县区公安机关签署《鲁苏交界六县区警务合作协议》。

5 月 3—4 日　以“新时代、新机遇、新挑战、新作为”为主题的临沂市首届新旧动能转换新材料产业高峰论坛暨临沭县“四新四化”项目签约仪式在临沂市举办。

5 月 7—9 日　国家卫生县城技术评估专家组对临沭县创建国家卫生县城工作进行技术评估。

5 月 29 日　国家统计局山东调查总队综合处调研员杨渊蘅，国家统计局临沂调查队党组书记、队长崔现顺一行到临沭县调研农村土地流转工作。

6 月 8 日　全国深化司法体制综合配套改革重点问题研讨会在临沭县召开。

6 月 21 日　“百家院所进临沭”活动启动暨签约仪式举行。会上印发《全县“百家院所进临沭”活动实施方案》，计划在三年内邀请国内外 100 家以上拥有关键核心技术和优秀科技成果的高校、科研院所、科技创新平台、研发中心、国外知名专家到临沭开展产学研合作，到 2020 年底，全县开展实质性产学研合作企业不少于 100 家，新建各类研发平台不少于 40 个。

7 月 3 日　中国农业发展银行总行国际部副总经理刘旭峰，外汇信贷处处长屠庆忠一行到临沭调研。

7 月 19 日　省国土资源厅综合行政执法和国土资源执法有效衔接专题调研组到临沭县检查指导工作。

7 月 22 日　2018 姚记万盛达扑克大赛山东赛区比赛在临沭县举行。

8 月 4 日　国务院发展研究中心资源与环境政策研究所副所长李

佐军带领调研组到临沭县考察调研金丰公社。

8月7日 国网山东省电力公司总经理孙可奇一行到临沭县省派第一书记任职村调研。

8月13日 临沂市委副书记、市长孟庆斌到临沭县调研经济社会发展情况。先后到史丹利新型肥料国家级研发中心、金丰公社总部、金正大公司、金正阳高端合金管材智能制造项目、家家乐公司等处实地调研。

9月6日 全省畜禽养殖场异味除臭现场观摩会在临沭县召开。

10月3日 鲁商集团总经理凌沛学一行到临沭县考察。

10月9日 临沭县人民医院新院启动仪式举行。县人民医院新院区地处225省道西、沭河大街以北，已投资4.2亿元，建成建筑面积4.8万平方米的门诊综合楼和6.8万平方米的病房楼。检验流水线、直升机停机坪、中型箱式物流系统、综合手术室、B级标准的信息机房等均为临沂市首家投入使用的县级医院。

11月22日 兰州大学课题组到临沭县调研。兰州大学管理学院名誉院长、博士生导师包国宪带领课题组一行，就中国县级政府绩效指数与政府绩效领导课题进行调研并举行座谈会。

12月6日 省供销社党组书记、理事会主任付伟到临沭县调研深化供销社改革发展工作。

12月14日 光大国际集团董事兼副总经理钱晓东到临沭县考察。

12月21日 教育部专家组到临沭县验收教育信息化试点工作。

2019年

1月11日 中国共产党临沭县第十二届委员会第四次全体会议召开。全会审议通过《中共临沭县委临沭县人民政府关于临沭县县级机构改革的实施意见》。

3月14日 省科技厅党组书记、厅长唐波一行到临沭县调研科技创新工作。先后到中川液压、金沂蒙集团、金德新材料、金正大等处进行实地调研，详细了解本县科技创新工作开展情况。

3 月 30—31 日　临沭县首届粉条传统美食旅游文化节在蛟龙镇举行。

5 月 28 日　省档案馆馆长李世华到临沭县调研“档案工作服务乡村振兴战略工作试点”项目进展和农业农村档案工作情况。

6 月 1—2 日　全省推进乡村振兴暨脱贫攻坚现场会议在临沂市召开。省委书记刘家义、省政协主席付志方带队，到临沭县青云镇周官庄，郑山街道徐埠前、朱果前村进行现场观摩指导。

7 月 30 日　国家中医药工作先进单位复审工作组到临沭县开展国家中医药工作先进单位复审验收工作。

9 月 29 日　2019 年中国农民丰收节·第六届中国（临沭）柳编旅游文化产业博览会在“朱村柳韵”田园综合体开幕。

10 月 12 日　市委副书记、市长孟庆斌带领全市推进乡村振兴暨脱贫攻坚现场会议与会人员来临沭县观摩。先后到临沭街道城南标准化生产基地、高埠前村、朱村柳韵田园综合体片区进行现场观摩。

10 月 29—30 日　全省村级档案工作服务乡村振兴经验交流会在临沭县召开。

11 月 1 日　全国甘薯生产全程机械化现场推进会在临沭县举行。

11 月 14 日　“奋斗新时代·见证新发展”全国媒体临沭采风活动暨《临沭，临山临水临仙境》新书发布仪式举行。

11 月 23 日　临沂（青岛）展洽会临沭县主题日在青岛奥林匹克帆船中心举行。

11 月 28—29 日　由中国轻工业联合会会同中国工艺美术协会组成的以中国轻工业联合会手工艺综合业务部副主任蒲永祥为组长的复评专家组，对临沭县 2014 年荣获的“中国柳编之都”称号进行复评，同意继续授予本县“中国柳编之都·临沭”荣誉称号。

11月29日　市委书记王玉君到临沭县调研。先后到水城建设工程、县体育中心、县政务服务中心、县群众诉求服务中心、临沭经济开发区众创空间、金正大集团等现场进行实地察看。

12月24日　“我们的中国梦”文化进万家暨中国文联、中国书协“同心同书·祖国新春好”书法文化惠民公益活动走进临沭。

12月31日　国家药品监督管理局药品评价中心主任沈传勇到临沭县调研药械化安全监测工作。

2020年

1月6日　2020年全国文化科技卫生“三下乡”活动启动仪式暨山东省集中示范活动在曹庄镇朱村举行。

1月15日　临沭县“不忘初心、牢记使命”主题教育总结大会召开。会议深入学习贯彻习近平总书记在“不忘初心、牢记使命”主题教育总结大会上的重要讲话精神以及全省、全市主题教育总结大会精神，总结全县主题教育开展情况，对进一步巩固和拓展主题教育成果、持续加强党的建设作出安排。

2月1日　市委书记、市委新冠肺炎疫情处置工作领导小组组长王玉君到临沭县检查防控物资保障情况，慰问疫情防控一线工作人员，现场督导疫情防控工作。

2月9日　临沭县三名医疗队成员驰援湖北抗击新冠疫情。经过基层筛选，县中医院护理部主任付晓玲，县人民医院感染科副主任、主治医师王裕虎，县人民医院呼吸内科副护士长、主管护师井芳被确定为援鄂医疗队成员。

5月13日　省文旅厅到临沭县开展纪念“莱西会议”30周年推动党建引领下的乡村公共文化建设调研工作。

7月7日　省总工会到临沭县观摩工会阵地建设工作。

7月9日　省科技厅来临沂市专题调研肥料产业转型升级工作，

并召开座谈会。

7月15日　副省长汲斌昌到临沭县检查指导防汛工作。实地察看大官庄水利枢纽工程，听取有关情况介绍，详细了解临沭县防汛备汛及河道除险等情况，并对防汛工作给予充分肯定。

7月22日　副省长、省副总河长于国安到临沭县检查指导防汛备汛和生态农业发展情况。深入沭河华山橡胶坝和金正大生态种植示范园，仔细听取相关人员关于防汛备汛工作开展情况的汇报，详细了解关于推广生态种植模式的成果、思路与举措。

8月13日　山东铁路有限公司领导到临沭县调研沂沭铁路运营情况。

8月21日　省人大代表、市财政局局长矫晓斌带领驻临沂省人大代表第四小组到临沭县调研优化营商环境工作。

9月7日　省政协界别活动召集人座谈会暨市县政协界别工作观摩会与会领导到临沭县现场指导。

9月11日　全市农村饮水安全两年攻坚行动暨信息化建设现场推进会在临沭县召开。

9月14日　全国花生生产全程机械化薄弱环节技术研讨会暨全国油料作物生产全程机械化推进活动在临沭县举行。

9月19日　省卫生健康委中西医结合指导处处长、二级巡视员贾青顺，省卫生健康委中医药产业发展处副处长王海立带队到临沭县调研中医药工作。

9月19—20日　2020年弘扬中华优秀传统文化经验交流大会在吉林省敦化市举行，临沭县设分会场。本次弘扬中华优秀传统文化经验交流大会除敦化主会场外，山西太原市、河南郑州市、山东临沂临沭县等八个分会场在线上同步进行。

9月29日　2020中国农民丰收节暨第七届中国（临沭）柳编旅游文化产业博览会在临沭柳编博览中心开幕，仪式现场同时启动临沭县

“世界柳编之都”创建工作。

9月30日　临沭县第一届金秋乡村文化旅游节开幕式举行。

10月17日　临沭县举办纪念夹谷会盟2520周年暨首届夹谷论坛开幕式。

10月27日　全国能源化学地质系统基层工会组织建设现场会在临沭县召开。

10月28日　国家自然资源督察济南局党组书记、局长田文彪到临沭县实地调研。

10月29日　“中国农业生产托管万里行——走进山东省”大型全媒体直播活动在临沭县启动。

11月11日　民政部基层政权建设和社区治理司领导到临沭县调研基层政权和社区治理工作情况。先后到沭河农耕文化馆、郑山街道新村、临沭街道便民服务中心进行实地查看，听取相关情况汇报，详细了解基层政权和社区治理工作情况。

同日　朱村沭河大桥正式通车。大桥全长6公里，起点位于朱村东分沂入沭大桥东桥头，向东经顶子村、于庄子村，至店头镇南，终点与S225设置平面交叉相接，为双向两车道。

11月29—30日　水利部委托中国水利工程协会组成考核验收组对大官庄局申报国家级水利工程管理单位进行考核验收。

12月3日　省人大常委会调研组到临沭县调研脱贫攻坚工作。

2021年

5月14日　山东省高级人民法院党组成员、省纪委监委驻省法院纪检监察组组长、一级巡视员周宣东到临沭县调研指导法院工作。

7月17日　山东土地发展集团三大战区项目现场实地观摩团到临沭县观摩。

9月28日　全市中医药工作现场推进会在临沭县召开。先后到县中医药医共体、石门镇卫生院、朱村卫生室、朱村健康服务中心现场观摩。会上，为临沭县中医医院市级区域中医医疗中心揭牌。

9月29日　第八届中国（临沭）柳编产业交易会、2021年中国农民丰收节临沭庆祝活动暨红色朱村文化旅游节在朱村红色旅游区举行。

10月6日　市委副书记、市长任刚，副市长张玉兰到临沭县调研产业发展、校园安全等工作。

10月12日　外交部涉外安全事务司司长白天带领12省市外办领导到临沭县曹庄镇朱村开展党建联学活动。

11月18日　市退役军人就业创业示范基地揭牌暨山东常林集团对口援助新疆生产建设兵团捐赠仪式举行。

11月22日　临沂市基金支持重点骨干企业高质量发展现场会在临沭县召开。

11月23日　省司法厅领导来临沭县调研矛盾纠纷排查化解、司法所建设、社区矫正等工作。

12月23日　全县领导干部会议召开。市委组织部副部长、三级调研员朱祥法出席会议，宣布省委、市委关于临沭县领导干部调整的决定。省委批准：张雷同志任中共临沭县委书记；刘飞同志不再担任中共临沭县委书记职务。市委决定：张雷同志任中共临沭县委党校校长；刘飞同志不再担任中共临沭县委常委、委员，县委党校校长职务。

2022年

1月13日　省体育局党组成员、副局长张柄臣带队到临沭县调研体育工作。

1月18—19日　中国共产党临沭县第十三次代表大会举行。共有代表315名。张雷代表中共临沭县第十二届委员会向大会作报告；选举产生中国共产党临沭县第十三届委员会委员39名、候补委员7名；选举出中国共产党临沭县纪律检查委员会委员27名；选举出31名出席中国共产党临沂市第十四次代表大会代表。中国共产党临沭县第十三届委员会第一次全体会议选举中国共产党临沭县第十三届委员会常务委员会委员和书记、副书记。中国共产党临沭县第十三届纪律检查委员会第一次全体会议选举产生新一届中国共产党临沭县纪律检查委员会常务委员会委员、书记、副书记。

1月27—29日　政协第十届临沭县委员会第一次会议举行。会议选举朱烨为十届县政协主席，朱孔科、孟庆然、马静、班立江、朱孟英、张媛媛为副主席。通过了《政协临沭县委员会2022年协商工作计划》《政协第十届临沭县委员会常务委员会关于十届一次会议提案审查情况的报告》和《县政协十届一次会议决议》。

1月28—30日　临沭县第十八届人民代表大会第一次会议举行。选举王京凯为临沭县人大常委会主任，侯素云为临沭县人民政府县长，于丽华、陆永春、孟凡峰、王维庆、陈飞为临沭县人大常委会副主任，颜士刚、周超、胡文君、管涛、庄金才、苗壮为临沭县人民政府副县长，黄新岩为临沭县监察委员会主任，王冠龙为临沭县人民法院院长，姚晓东为临沭县人民检察院检察长。选举丁善余等36人为出席临沂市第二十届人民代表大会代表。

6月8日　水利部淮河水利委员会副主任杨锋到临沭县调研沂沭河水资源节约、水量（生态）调度保障机制及沭河上游堤防加固工程建设工作。

6月21日　市人大常委会副主任、市总工会主席刘飞来临沭县调研重点项目建设情况。

7月4日　省科技厅党组书记、厅长唐波来临沭县调研科技创新工作。先后到金沂蒙集团实地考察企业科技创新、人才引进、院企合作等情况。

8月23日　中国普惠金融研究院领导来临沭县调研普惠金融改革工作。先后到金丰公社、荣华文创藤饰公司、红色朱村党性教育基地进行实地参观，详细了解了临沭县普惠金融改革的实施情况、成效与经验。

9月1日　山东皓耘智能装备有限公司首台GA4016大型自走式多作物联合收获机下线仪式举行。首台下线的GA4016大型自走式多作物联合收获机是国内首台350马力以上的大型收获机产品。该产品涵盖无人驾驶和有人驾驶机型，整机使用高强度钢材，耐磨工艺，防松设计，最大化提高整机作业的可靠性。独创的脱离技术实现了玉米、大豆、小麦、水稻多种作物的兼收，填补了国内外技术空白，实现了用户收益的最大化。

9月6日　临沭县举行企业家早餐会。县委书记张雷，县委副书记、县长侯素云，县委常委、县纪委书记、县监委主任黄新岩，县委常委、统战部长张英杰等与史丹利集团、金沂蒙集团、皓耘智能装备等8家企业代表共进早餐，话发展、听意见、解难题，共商共议加快推进产业现代化。

9月17日　临沭县与百事食品（中国）有限公司举行百事食品山东生产基地项目合作框架协议签约仪式。

同日　市委常委、组织部部长、统战部部长赵纪钢到临沭县视察第十一届山东省少数民族传统体育运动会分赛场筹备工作。

9月20日　由省军区、省委宣传部、中共临沂市委、临沂军分区主办的“临沭县61年为军向战送好兵”先进事迹报告会在省军区举行。县委副书记、县长侯素云，县委常委、县人武部上校部长孙军涛，县退役军人事务局优抚科科长杨进美，玉山镇人民武装部部长吴利远，县融媒体中心记者魏方强组成报告团，代表临沭县在会上作专题报告。

11月25日　第32次县委常委（扩大）会议在县委党校朱村校区召开。与会人员重走习近平总书记视察路，实地查看了朱村好运角项目、朱村抗日战斗纪念馆、朱村支前体验区，听取了红色朱村“一村带九村”好日子乡村振兴示范片区工作开展情况和红色朱村核心区二期等重点项目建设情况汇报，市派朱村第一书记、朱村党支部书记、部分村民代表进行了发言，与会县级领导、县直有关部门围绕贯彻落实习近平总书记系列重要讲话精神和视察山东、临沂、临沭重要指示批示精神，就促进朱村加快发展分别作了发言。

后 记

《临沭县革命老区发展史》历经两年多的努力，数易其稿，反复修改，今天终于付梓了。这凝结着全体编纂人员的心血和汗水。

《临沭县革命老区发展史》是在临沭县委、县政府高度重视、支持下，由临沭县革命老区建设促进会精心组织指导，临沭县委党史研究中心通力配合下，根据上级要求完成编写的。为做好编纂工作，临沭县革命老区建设促进会于2023年3月初制定了《关于编纂〈临沭县革命老区发展史〉实施方案》，组织专家撰写了编写大纲，正式启动编写工作。确定该书的结构框架主要从新民主主义革命时期、社会主义革命和建设时期、改革开放和社会主义现代化建设时期、中国特色社会主义新时代四个历史阶段，时间跨度自1931年夏起，止于2022年岁末，全面系统记录临沭县革命老区90多年的发展历程，深入挖掘整理老区红色文化资源，大力弘扬老区精神，全面展示革命老区建设的丰硕成果和老区人民奋发向上的精神风貌。

编纂之初，明确三个具体要求：一是提高站位。要以中共中央《关于若干历史问题的决议》《关于建国以来党的若干历史问题的决议》《中共中央关于党的百年奋斗重大成就和历史经验的决议》三个历史决议和《中国共产党的一百年》等文献为基本依据，以党的十八大、十九大、二十大精神和习近平新时代中国特色社会主义思想为指导，参照《中共临沭县地方史》（第1、2卷）、《中共临沭党史大事记》（第1—3卷）、《临沭县志》《临沭年鉴》《临沭大事记》等县内党史地情资料，以历史和时代眼光来审视，精心筛选，认真考证，严格判定，表述准确。拿不准的不写，有争议的不写，没有做出结论的不写。二是明确体例。按照中国老区建设促进会《编写说明》要求，实行编年体与纪事本末体相结合、以编年体为主的编写体例确定框架结构；运用时经事纬、点面结合的方式记述史实；坚持人事结合、以事带人的原则处理人与事的关系；采取夹叙夹议、叙论结合以叙为主的方法展开内容。要求达到革命史籍精品的精神高度、思想深度、知识广度、语言力度，做到文字精炼、内容新颖、逻辑严谨、文风朴实，增强发展史的权威性和社会影响力。三是确保质量。针对时间紧、任务重、责任大的实情，要求明确时间节点，严把稿件质量，根据分工，按时保质保量完成撰稿任务。

2023年4月份，成立了《临沭县革命老区发展史》编纂委员会，抽调编纂人员开展工作。具体分工如下：新民主主义革命时期（1931—1949年），由陈兆永、刘涛负责；社会主义革命和建设时期（1949—1978年），由英荣攀、朱孔荣负责；改革开放和社会主义现代化建设时期（1978—2012年），由李成彬、吴沛峰负责；中国特色社会主义新时代（2012—2022年），由陈秀焘、石洪欣负责；文中图片，由刘涛、刘亮负责；大事记，由刘亮负责。最后，石洪欣对稿件统筹总纂、审核把关，冯树方通篇审定了全书。经过反复修订、打磨，形成了《临沭县革命老区发展史》（征求意见稿），并征求了有关领导、专家的意见。这期间，编纂人员本着对历史、对人民负责的态度不辞辛苦、孜孜以求，全面搜集、深入挖掘、广泛查阅历史档案资料，以大量翔实的数据和图片资料，再现了临沭革命老区光辉革命史、不懈奋斗史、辉煌成就史。

临沭县委、县政府高度重视《临沭县革命老区发展史》的编纂工作，县委书记张雷同志多次过问该书的编纂情况，并亲自为该书作序。县委副书记、县长侯素云同志亲自为该书协调出版资金，提出指导意见。县革命老区建设促进会会长冯树方同志对编纂工作提出具体要求，明确任务目标，积极争取财政资金支持，帮助解决实际困难，为编纂人员加油鼓劲。在编纂过程中，县委办公室、县政府办公室、县委组织部、县委宣传部、县人武部、县发改局、县财政局、县档案馆、县融媒体中心、县文联、县摄影家协会等单位和个人对编纂工作给予了大力支持，提供了大量有价值的资料和热心的帮助。

在此，谨向关心、支持、帮助《临沭县革命老区发展史》编纂工作的省、市老促会，县委、县政府，向热情提供资料的单位和参与编纂工作的全体人员，致以崇高敬意和和衷心感谢！

由于年代久远、史料收集困难，加之时间紧迫、编者水平有限，书中难免有很多疏漏和不当之处，敬请各位领导、专家学者和广大读者批评指正。

编者

2025 年 8 月